近代日本思想史大概

飯田泰三
Taizo Iida

法政大学出版局

近代日本思想史大概◉目次

近代日本思想史大概

まえがき

本書は、「かわさき市民アカデミー」の講座で一九九八年四月から七月にかけて話した「近代日本の思想」（全十四回）を、活字化したものである。

「かわさき市民アカデミー」は、広く専門的学識を習得できる生涯学習の場として、今も武蔵小杉を拠点に年間約一〇〇の講座を開設して活発に活動しており、ご存知の方も多いと思う。自治体版のカルチャーセンターとして、一九九三年にできたものらしい。しかし、一九九八年三月にそこから電話をもらったとき、私はその存在を全く知らなかった。

電話は、神島二郎先生が脳梗塞で倒れられ、予定されていた「近代日本の思想」全十四回の講義ができなくなったので、それを急遽「代行」してくれないかというものだった。神島さんは、一九七〇年に私が立教大学に専任助手として行って以来、たいへんお世話になったことがあるし、「近代日本の思想」という話なら、一般の人相手に雑談的に話すのであればなんとかなりそうだと考え、取りあえず引き受けると返事をした。

しかし考えてみると、私は一九七一年に法政大学に就職して以来、四半世紀間にわたって「日本政治思想史」の講義をしてきたが、「近代日本の思想」全般を通史的に概観する講義はしたことがない。それに、テキストとして使えるような、「近代日本思想史」を通観する一冊の本というものも思い浮かばないのである。一九六〇年代には、筑摩書房から『近代日本思想史講座』（全八巻）が、丸山眞男先生を中心に多分野の大勢の研究者を糾合して刊行された。また、「近代日本思想史」と銘打った何冊かからなる通史ないし講座が、共著のかたちで何種類か出たこともある。しかし、『近代日本思想史』という一人の著者が書き切った通史は、いまだ出現していないのである。

しかし、ひとつ思い付いたことがある。それは、私が一九九〇年九月から半年間、北京日本学研究センターに出講したときに作った講義レジュメを使うことであった。「北京日本学研究センター（北京日本学研究中心）」というのは、一九八五年に日本の国際交流基金と中国教育部の協力で北京外国語学院内に作られた大学院修士課程（研究班）であって、中国全域から集められた日本語能力抜群の学生（「言語」「文学」「社会」「文化」コース、各五名）を相手に、日本から派遣された日本人教授が日本語で授業を行うものであった。わたしは「文化」コースで「日本文化論」として、実質的には「明治政治思想史」の話をしたのだが、なにぶんにも中国人相手の授業である。明治期の文語文など、耳で聴いただけではノート筆記もできないだろうと考え、レジュメを作って配布することにしたのである。それを日本に帰ってから、法政の授業でも使おうと思い、当時急速に普及し始めていたワープロ専用機で活字化した。そのプリントを「川崎市民アカデミー」で使えないかと考えたのであった。ただ、レジュメは「明治」期だけなので、「近代日本の思想」にするために、大正期、昭和初期、戦後期についての数回分を（口頭で）付け加えることとし、プリントを講座開講の初日に持参して、全一四回分のテーマ・タイトルとともに、コピーして配布してもらうことにした。

そのレジュメは、市民アカデミーの授業のなかでも、しばしば引用し、また「そこのところはプリントに詳しく書いておきましたので、後で読んでください」として触れているので、本書では巻末に〈附・講座レジュメ（配布プリント）〉として付けておいた。

本書は基本的に一九九八年に市民アカデミーの講座で喋ったままを残すことに努め、明白な言い間違いを直し、話のつながりが乱れているところを整えた以外は、新たな論点やその後に得た知見を、付け加えることはしなかった。（ただし、「追記」と断って加筆したところがある。）

ともかく、二年前に、すっかり忘れていたカセットテープが見つかって、ほぼ二十年ぶりでそのテープ起し原稿を読み返してみると、予期したところとは違って、けっこう今でも通用するような話をしているようである。気楽に読んでいただければ幸いである。

第一回　日本近代思想史の方法と対象

ウィリアム・モリス
飯田泰三・画

モリスのよく知られた小さな写真を、著者が1986年に画用紙に4B鉛筆で拡大模写したもの。1985～6年、在外研究でイギリスに行っていた著者は、ヴィクトリア朝の「文明批評」をテーマに、各地の古本屋を廻って800冊余を蒐集したが、E. P. Thompsonの処女作、*William Morris – Romantic to Revolutionary*を皮切りに、カーライル、ラスキン、モリス以下の「文明批評家」のもの、それにアイスランド・サガ関係が中心だった。

〔注〕「まえがき」でも触れたとおり、かわさき市民アカデミーの一九九八年度前期「歴史・自分史コース」は、立教大学名誉教授・立正大学教授（当時）の神島二郎が「近代日本の思想」を講義する予定であったが、急遽、著者が代行することになった。

一　私の知的関心の変遷――自己紹介を兼ねて

神島二郎先生との縁

一九七〇年でしたか、私が大学院の博士課程三年目におりましたときに、当時、立教大学法学部では、大学院生として籍を置いたままで学生を専任の助手に採用するという制度を作っておりました。これは非常にありがたい制度でした。当時、神島二郎先生は立教大学法学部の先生で、また野村浩一先生という、これは中国政治思想史の分野で中心的なお仕事をされた先生もいらっしゃって、おそらくこのお二人に引っ張られるかたちで、私は一年間だけ助手をやらせていただきました。立教時代は勤労学生控除という制度のおかげで税金が少なくて、その一年後に法政大学に助教授として就職したところ、税金を取られるせいもあって少し給料が下がったのを覚えています(笑)。

そんなことで、神島先生にはずいぶんお世話になりました。したがって、あらかじめ配布されておりましたような、神島先生のさまざまなご議論についても、もし、ご質問があれば、これはどういうことだ、とお聞きいただければ、だいたいは頭の中に入っているつもりでおりますので、お答えできると思います。〔追記――当日配布されていた神島二郎の「講義概要」は、『[新版]政治をみる眼』(NHKブックス、一九九一年)をテキストとして、「①近代化と秩序モデル」「②民主化の三類型」「③秩序の培養基」「④基点の喪失」「⑤民主化の先祖返り」「⑥馴成社会と異成社会」「⑦孤島状況の社会」「⑧アニミズムの伝統」「⑨アニミズム史観と主体性」「⑩日本政治と武力の問題」「⑪日本政治と異文化接触」「⑫政治の論理1・支配」「⑬政治の論理2・帰嚮」「⑭構造的詐欺としての議会政治」をテーマに、順次講ずるというものだった。〕

私の狭い意味での専門

今回、神島二郎先生のこのプランで講義を進めるということは、急遽ということもありちょっと難しいので、たまたま手元にあったレジュメを使ってお話ししようと思います。これは法政大学の講義「日本政治思想史」用に十年近く前に作ったものでして、本当はそろそろ改訂しなくちゃいけない、講義のレジュメです(前半部分のみ)。後半部分を作りかけて、そのままになっていまして、最近忙しくなったものですから、なかなかその続きが作れなくて、非常に中途半端なものになっていますが、これをところどころ使いながらお話しできたらと思っております。

それから、自己紹介的なことを言いますと、いちばん長期間にわたって専門的に勉強したのは明治、大正、昭和の、つまり近代の日本政治思想史ですが(私が一九七三年度に提出した博士論文の題目は、「大正知識人の成立と政治思想――『文明批評家』の場合を中心に」というものでした）、ただ、法政大学に就職してからの数年間は、江戸時代の儒教から国学へ、という思想史を講義していました。

その後、近代中心の講義をしてきたのですが、しかし一九八〇年前後（当時の私は四十歳ぐらいでした）、いくらかマンネリ化してきたような感じを覚え、どうもこれだけではいかん、ということで勉強をし直しました。あらためて古代からやり直そうと、それこそ古事記・日本書紀から始めて、仏教、中世のいろいろな芸能や文学、能狂言のようなもの、それから『神道集』という民間信仰関係の文学など、そのようなものをしばらく勉強していたこともあります。

そして、今からちょうど十年ちょっと前に二年ほど、大学が海外に行かせてくれると言うので、イギリスに行きました。そこでは、主として十九世紀のヴィクトリア朝の「文明批評」の思想史のようなものを、古本屋巡りをして古本を買いながら勉強しました。

ウィリアム・モリスとアイスランド

ウィリアム・モリスという人が十九世紀のイギリスにおりまして、この人は、イギリスに社会主義やマルクス主義を導入していく先駆的な役割をしました。また、モリスという人は、同時にアーティストでもあり、いわゆるプリ・ラファエライト、「ラファエル前派」と言われる一派の代表者の一人で、絵画から建築とか、あるいは、のちにモリス・デザインと呼ばれるインテリア・デザインにおいて、いまだに影響力を残してます。

そのような人が、いわば革命家に変わっていくということに興味をもち、たまたま気がついたことがあります。芸術上の革命運動のようなことをやっていたモリスが、社会主義運動家に切り替わる転機に、アイスランドとの出会いがあったようだ、ということです。十世紀頃から十三世紀ぐらいまでのアイスランドは、主としてノルウェーやスウェーデン、イギリス北部のスコットランドあるいはアイルランド、そのあたりから移住してきた人たちがつくった、いわば新しい国家でした。そこでは、他の中世の諸国とは違って、王様を置かないで共和制のもとで自由にやっていこうとしていました。それから、警察や軍隊も置かないで自治でやっていく、一種の共和国をつくっていた。そういう地域ですから、政治学的にも非常に面白いのですが、そこで生まれた「アイスランド・サガ」と言われる物語にウィリアム・モリスは非常に興味をもったのです。

歴史家のエドワード・トムスン（あるいはトンプソン）らの、いわゆる「ニュー・レフト」運動がイギリスで一九六〇年代初めにかなり目立ったのですが、そのトムスンの処女作は『ウィリアム・モリス』で、サブタイトルは「ロマンティック・トゥー・レボリューショナリー」、つまり、「ロマン主義的なものから革命的なものへ」と言います。これは非常に大きな評伝ですが、「革命的なもの」への切り替えのときに、アイスランドとの出会いがあるというわけです。

モリス自身がアイスランドに二回行っており、その記録、紀行文のようなものも残っています。当時は船で、スコットランドから何日もかけて、途中、ファロー・アイランドなどに泊まったりしながら、たどり着く。さらに現地では、何頭かの馬にテントと食料を積んで、そういうものを運ぶ人夫を引き連れて島を回るという、そういう旅行の仕方です。

ところで、アイスランドの言語というのは、ノルド語と言います。たとえば英語の中に th の発音（θ）がありますが（スとかズです）、あれは、いわゆる北方ゲルマン言語からきているもので、ラテン系にはありません。アイスランド語というのはそのノルド語をいちばん純粋に遺していて、それがのちに分化・発展するかたちでスウェーデン語、ノルウェー語、デンマーク語になったということらしいのです。ほんとうは、そのノルド語あるいはアイスランド語を勉強して、サガを読んだり、またエッダという北欧神話を読んだりしなければいけないのですが、それがなかなかできずに、英語文献でいろいろ読んだりしているうちに、アイスランドに行ってみたくなり、十五日間のツアーで一周してきたのが一九八六年です。

戻って来てから、じつはアイスランドについて一年間講義したこともあります。ですから、こういう場所でアイスランドについて一年間話せ、と言われても私はなんとか喋れるのです。

沖縄と能楽

法政大学には沖縄文化研究所があり、私はその運営委員もしばらく務めていました。そこで沖縄の民俗や、「おもろさうし」という、いわば沖縄の万葉集にあたるものなどに興味をもつわけです。

同じく法政大学には能楽研究所があり、これにも私は関係していましたので、能を通して中世の芸能とか文化がもつ意味についてもいろいろ考えてみた。さらに能楽との関係で、天皇制についても考えることができるのではないか、などということをひところ研究していたこともあります。

このような「浮気」をしたことによって、関心がどんどん広がっていった時期があります。以上が私自身の知的関心の変遷です。

丸山眞男先生と「戦後」という時代

さて、この四～五年、つまり一昨年に丸山眞男先生が亡くなられるその前からなのですが、私は、『丸山眞男集』〔全一六巻＋別巻、岩波書店、一九九五～一九九七年〕の編集の手伝い、というより実質的には全てのゲラ刷りに目を通して、チェックするという仕事をしていました。それから丸山先生が亡くなられた後も、ちょうどいま、店頭に並び始めている『丸山眞男座談』〔全九巻、岩波書店、一九九八年〕、また、来月出始める『丸山眞男講義録』〔全七巻、東京大学出版会、一九九八年〕の編集をやる羽目になっています。そこで、丸山先生の仕事を全面的に振り返ることになったわけです。

いろいろな意味で丸山先生は「戦後民主主義」的なものと結びつけられて論じられることが多いのですが、その「戦後」という時代とは何だったのか。それからけっきょく、それが「近代化」＝「高度成長」して復興したということは、いったいどういう意味をもつのであろうか。そういうふうなことを、あらためて考えざるをえなくなりました。

こういうわけで私は、あまりアイスランドとかその他で遊んでばかりいないで、本業の日本政治思想史にもどって、もう一度ちゃんとやり直さなければいかん、という気分になりかけていたところでした。ですから、神島二郎先生の代わりに「近代日本の思想」について話せというのは、とてもありがたいお話なのです。

本講座のプラン

ということで、今回のこの一四回の話というのは、そのお配りしましたプログラムに示しましたように、明治維新から始まって、できれば戦後の時期まで、いわば、ポイント、ポイントを拾い上げながら概観していこうというものです。当初の神島先生のプランは、むしろ問題ごとに論じるもので、いわゆる時系列に沿って時代順に話をしていくという構成ではないのに対して、もうすこしオーソドックスに、ある意味ではイージーなのですが、時代順でその近代思想の歴史を追ってみようと考えているわけです。

プログラムを見ていただければだいたい見当がつくと思いますが、維新から始まって、福澤諭吉、自由民権運動、明治二十年代、キリスト教や明治社会主義、それから大正デモクラシー、昭和マルクス主義、ファシズム、戦後ももう五十年経ってしまっているわけですから、戦後民主主義だけでもやったほうがいいかなと思っております。

二　思想史の方法的軸（一）――「思想」とは何か、「構造軸」

まず、「思想史の方法と対象」ということで、いわゆる方法論を論じてみたいのですが、これは本格的にやりだすとたいへんなことになります。配りましたプリントの四頁め〔巻末三一頁〕に、「いくつかの方法的軸」として、三つ挙げているので、これについて、少し話をしてみたいと思います。

人間と動物との違い――「考える」とはどういうことか？

思想というものに歴史がある、それが「思想史」なのですが、それは、たまたまある時代に誰かがこういうことを考えたと、それをただ並べるという以上の意味があります。つまり、「思想」とは何かということを言い出すときりがないのですが、単純に考えてみて、動物と人間とどこが違うかというと、パスカルではありませんが「人間は考える葦である」という、「考える」ということです。

考えるとはどういうことか。動物の場合には、環境からある刺激が与えられると、それに対して、いかに的確に、本能によって反応していくかということが肝心であり、それができれば、順調に生きていけるわけです。つまり、外からの刺激（心理学の用語でいう「スティミュレーション（S）」）と、それに対する反応（「レスポンス（R）」）の間、そのSとRの間にあって、たんに身体の中に埋め込まれた、いわば本能的な反応ではないことをするのが、「思想」であるわけです。

つまり、ある事件に出会う、あるいはある環境の中に置かれて、それに対して、どう反応し、生きていくかというさいに、その状況に対して、あるいは与えられたメッセージや刺激に対して、人間の場合には一定の意味づけをするわけです。これはもともと誰の言葉だったかわかりませんが、丸山先生がよく使われていた言葉の中に、

「人間は無意味の混沌には生きられない」というものがあります。世の中すべて「無意味」だということを言う、いわゆるニヒリストも、実は無意味だという「意味」づけを与えて、それなりの安心をしているんだというのです。

人間の自由と判断力——情報化社会の陥穽

つまり、その与えられた刺激、情報、それによって作られたイメージというものが「混沌」として押し寄せてくるなかで、そのなかで何らかの意味を与えて秩序づけて、そしてそのうえで秩序というのは同時に「価値」を与えるわけですね。つまり、この事よりもこの事の方が重要である、意味がある、価値があると。そういうふうな価値付与と言いますか、そういうことをすることによって、いわば物事に優先順位を決めていく。そして、自分の立てた目的なりなんなりとの関係で一定の行動を選んでいくということをする。それが、ものを考えるということをしたうえでの人間の自由な行動となるわけです。

つまり、本能とかあるいはただ与えられた状況に従わされるだけで受身の反応をするのではなく、能動的に、いわゆる「主体的に」あるいは自由に生きていくということは、そういう環境に対する意味付与、意味づけをしながら、そのなかに優先順位をつけて、選択をしていく、選び取っていくことなのです。

最近は「情報社会」などと言いまして、情報さえちゃんと手に入ればなんとかなる、という発想があります。しかし、いくら情報があっても、その情報にどういう優先順位をつけて、どれを選び取るか、選択するかということ、つまりただ知るだけではなくて、それに対して判断を加えていくという価値判断を加えなければ、認識から行動へ、というわけにはいかないのです。そういう判断力をどうやって養うのかというのが、実は情報化社会のなかではむしろ、失われていく。

非常にわかりやすい例で言えば、かつてはいろいろな情報、判断材料というのは、活字で与えられていました。

新聞、雑誌、本とかです。

ところが、テレビを中心にした、いわゆるビジュアルなメディアというものが中心の時代になりますと、結局、情報の受け止め方が非常に受身になるわけですね。つまり、テレビを見る場合と比較してみると、新聞を読む場合には、紙面を広げてどこか面白そうなところから読む。そうやって自分で選んで、ある特定の箇所を読み、それから、そこがつまらなかったら先に行ったり、重要そうだと思ったら少しゆっくり読んで考え込んでみたりと、そういうことができるわけです。

ところが、テレビの画面に向かっている場合には、一方的に向こうから、次々と情報なりメッセージなりが与えられて、それをカットしたり、飛ばしたり、あるいは少し止めてもらったり、そこでゆっくり考えたりという余裕がないわけですね。もちろん、ビデオに撮っておいて、後からゆっくりということは可能なわけですが。そういうことを一つとってみても、つまり、情報化社会になっていけばいくほど、その情報に対していかに主体的に選択していくかという判断力はマヒしていく。そういうことがあるのではないかと思います。

思想とは、もちろん何を知っているかという「情報」の部分もありますが、それだけではなくて、それにもとづいて考えて、どういう判断をしていくかという、そういう筋道を与えてくれるものであるということが、重要ではないかと思います。

「構造軸」(その一) 思想観念の階層構造──「思想と生活」

プリント四頁め〔巻末三一頁〕の「いくつかの方法的軸」のうち、まずいちばん下の「C思想と生活」という部分を見てください。「思想」と言われるもののなかに、いろいろなレベルがあるわけです〔巻末三一頁、参考附図、参照〕。いちばん上の方(a)には、高度に理論化された「学説」や「教義」があって、そういうものに従って考えていくような、いわゆる理性的な部分がある。

しかし、その少し下あたり（b）に、もうすこし漠然とした、理論づけや体系化はされていないけれども、オピニオン、つまり「意見」として、「こういうふうに判断をする」とはっきり自分の意見として言えるようなレベルの観念がある。それが社会的には、「輿論」とかパブリック・オピニオンとか、そういうものになるわけですね。

さらにもうすこし下の方（c）には、はっきり意見としては述べられず、理論としては説明できないけれども「感覚」あるいは「実感」として感じている、そういう感性的な部分がある。感覚・実感はなんとか表現できるわけですが、そのもっと下（d）に、さらにモヤモヤとして表現しきれないような、しかし「気分」あるいは「雰囲気」として漲っているような層がある。それから、さらに、おそらく本人は意識していない、自覚的に意識はしていないけれど、しかし底にうごめいている、いわゆる「下意識」や「潜在意識」（十九世紀の終わりにフロイトらが出てきて、精神分析学で突き止めていこうとした世界です）がある（e）。この辺になると、もはや明確な意識ではないから、「思想」とは言えない。それは、「生活」の中の行動そのもののなかに姿を消してしまう。そういうふうに、思想においては、いわばピラミッドのようなかたちで、レベル、層を考えることができるわけです。

「近代日本の思想」なんていうと、通常はいちばん上の非常に高度な学説のようなものを指すわけですが、しかし実際には、そういう思想が社会的に意味をもって時代を動かしていったりするのは、もっと下のレベルの、感覚や実感に裏づけられ、さらには、もっとその社会が醸し出している雰囲気、気分のようなものによって支えられるときなのです。そうでなければ、いわゆる思想というものは力となりえないわけです。

戦後あまり読まれなくなったものに、カントの哲学があります。戦前の旧制高校では「デカンショ節」という歌があって、これはデカルト、カント、ショーペンハウエルのことであると言われています（語源としては違うという説もありますが）。つまり、明治末から大正デモクラシー期、それから昭和初期にかけて、いわゆる旧制高校の文学青年、哲学青年たちが担いでいた三人の哲学者の中にカントの名前が出てくるわけです。そのカントの

『純粋理性批判』のなかだったか、こういう言葉があるのです。「理性によって導かれない感性は盲目である〔どちらに行くかわからない〕。しかし感性によって支えられない理性は空虚である〔空っぽである〕」というのです。「C思想と生活」とか、それからこのCを「構造軸」と書いたのは、実はこれを二つに分けたほうがいいと私が思っているからです。それでさっき四つと言ったのですが、いまここで話している思想観念のレベルに層をなしている構造があるという問題と、他方で、社会構造軸と言うような問題が、実は重なってくるわけです。

「構造軸」（その二）社会構造——「知識人と大衆」

特に古典的には「知識人と大衆」と言いますが、非常に高度な観念・理論といったものを駆使できる「知識人」と、それに対して実感と感性だけで動いている「大衆」という区分がありました。日本の場合は、（これは近代日本論になるのですが）非常に早くから文盲率が低くなるわけです。大正時代になると、ほとんど全員が小学校へ行くようになりますし、それから「新大学令」（大正七〔一九一八〕年十二月）の頃になると、旧制中学・高校が整備され、大学の数も増える。おそらく現代中国の学校教育の普及段階は、まだ大正期の日本よりも以前ではないかという気がします。

そういうなかで、知識人と大衆の区別は、特に高度経済成長後には、あっという間に消えてしまいました。「知識人」という言葉もあまり使われない。俺が知識人だ、なんて顔をしている人もいませんし、それにかわってタレントのような存在しかいなくなってきているように思います。労働者や農民といった「肉体を労する」存在と、それに対して、「智を労する」（頭を使う）存在の違い、頭脳労働者と肉体労働者の違いのようなことを中国古代の孟子は言うわけですが、「大衆」とは、その後者に当たるわけです。そして孟子は結局、智を労する人間が肉体を労する人間を指導するのだ、と言う。儒教の中には、基本的にそういう考え方があるわけですね。

ですから、江戸時代においては、そのような儒教をいわゆる体制イデオロギーにして、武士階級が自分たちは働かず、物を生産せず、年貢米を知行米としてその殿様なり大名から貰って、要するに、働かないで食っている存在であるということを正当化したわけです。けっきょく武士階級は、知能を働かせて統治者という社会的職分を果たしているんだということを、儒教の孟子の思想などを使って言っているわけです。それはともかく、「知識人と大衆」だとか、「知識人と民衆」だとか、あるいは「知識人と生活者」だとか、きれいに分けられなくなってしまっているのが、ある時期からの現在の状況だと思います。

しかし、逆に言うと、それぞれの人間にとって、知識人的な部分と民衆的な部分、大衆的な部分とが分かれてきている。それがさっきの「思想」の〈成層軸〉というか〈構造軸〉の、より観念的・理性的な上位にある部分と、それから、下の方にある実感的な部分、感性的な部分というものとの分離になって現れているのではないか、ということを私は思うわけです。思想のあり方を考える場合に、たえずそういう思想の表層部分、非常にくっきりと表れているけれども、いわば上っ面にすぎない部分と、もっと底辺の根っこにある部分とを区別して考えるということが重要である。そして、区別するだけではなくて、両者がどういうふうに関連しあっているかを考えることが重要であるわけです。

マルクス主義の「思想」観

その点に関して、そこにちょっと言葉としてあげておいた「上部構造と下部構造（土台）」という問題があります。これは戦前の（戦後もそうですが）マルクス主義をくぐっている人には非常によくわかる言葉です。マルクスは「唯物論」の哲学ということを言い出して、それまでの、さっき名前をあげたカントやヘーゲルのような人たちの立場は「観念論」であると言った。そして、観念が現実を動かしているのではなくて、物質的なものが現実を動かし歴史を動かしているのであるという、いわゆる「史的唯物論」を展開したわけです。そのなかで、思想というものはある意味で非常に低く位置づけられる。つまり、世の中を動かしているもの、あるいは歴史を動かしているものは、基本的には、生産力と生産関係、経済的関係である、あるいは経済的な力であると見る。それが「土台」なのであって、その土台の上に乗っかっている「上部構造」として、政治や法律があり、観念体系としての思想もある。この意味で「思想」を「イデオロギー」、イデオロギー的上部構造と言ったのです。

そして、「イデオロギー」は基本的には経済的関係によって（したがって「階級」によって）決められています。たとえば、ブルジョア階級、資本家階級のイデオロギー、プロレタリア階級、労働者階級のイデオロギー、それから農民階級のイデオロギー、さらにはいわゆる「プチブルジョア（プチブル）階級」のイデオロギー（これがじつはいちばん問題で、この「プチブル」という範疇が出てくることで、問題がわかったようでわからないものになってしまうのですが）等々です。そして、そういう経済的な階級というものですべての説明がつくとする、いわゆる「反映論」によって、思想とは経済的な利害関係や「土台」の関係を「反映」しているものにすぎない、したがって、物質的なものの反映が観念に映し出されたものが思想、イデオロギーである、とマルクスは論じたわけです。

目的意識性と自然生長性

その下のところに「目的意識性と自然生長性」という言葉を書きましたが、これはレーニンの言葉です。レーニンがロシア革命よりだいぶ前の段階で書いた『何をなすべきか』（一九〇二年）という名著のなかで使われています。戦前の「プロレタリア文学」をめぐる論争のなかでもこの言葉が使われていたりするのですが、ここでレーニンは何を言おうとしているのか。これはリーダーシップをとってロシア革命を成功させようとして言っているものですが、当時、ロシアでは「アナーキズム」（無政府主義）が非常に大きな力をもっていました。マルクスと同時代にもバクーニンというアナーキストがいますが、彼の後、ロシア革命の段階では、たとえばクロポトキン（もともとは生物学者で、関東大震災のときに虐殺された日本の無政府主義者・大杉栄に大きな影響を与えた）がいまして、そういう人の指導のもとにあるアナーキズムの勢力が強かったのです。

アナーキズムの主張

アナーキズムとは何かというと、人間の中にあって自然に伸びていく、いわば本能のようなものを信頼していればいいんだという主張で、レーニンはそれを「自然生長性」と言ったのです。それを、権力が押さえつけて抑圧している。その抑圧を撥ね退ければ、おのずからいい世の中ができるんだ、という考え方です。あまりそのへんに深入りするとややこしくなってしまいますが、クロポトキンはもともと生物学者で、生物学の方ではダーウィンのいわゆる「進化論」に対する批判をしたことで有名です。

チャールズ・ダーウィンの「種の進化」の理論とは、あらゆる動物は生存のための闘争（struggle for existence）を通じて、闘争で勝ち残った者を優秀な種とし、優秀な種が残ることで進化していくのだ、という論です。自然選択（natural selection）、「自然淘汰」、つまり自然の争いに任せておけば「弱肉強食」で強いものが勝って、優秀な種が残り、そのような生存競争、生存闘争によって生物は進化するというわけです。これが十九世紀後半の社会にたんなる生物学上の理論を越えて大きな影響を与えたのです。産業革命を達成したヨーロッパは、いわゆる自由主義経済にもとづく自由競争の社会です。自由競争に任せておけば、神の見えざる手（invisible hand）の力が働いて、結局、やはり優秀な者が残るかたちで社会は進歩していく。そういう考え方が、勃興期の資本主義の時代には非常に強かったわけです。

それに対して社会主義者たちは、それは資本主義を支えているブルジョアジー、資本家たちにとって都合のいい論理だと言います。さらに、社会主義者たちは同時に、「階級闘争」ということも言い出したわけですね。つまり、富の上ではブルジョアジーは圧倒的な力を示すかもしれないけれども、それに対して圧倒的多数の労働者が団結して対抗していけば、そのブルジョアジーの支配を倒すことができるかもしれない。そういうふうに、ダーウィンの進化論的な「生存闘争」説は、じつは、社会主義者の方にも受け継がれていたのです。それに対してクロポトキンは、そうではないのだ、と言います。ダーウィンはジャングルの中の世界、あるいはケニアあたりの平原の世界を前提にして動物社会を考えている。しかし身近な生物のあり方、たとえば蜜蜂とか蟻とかその他いろいろな小動物を見ていると、彼らはまず最初に、生存のための闘争ではなくて mutual aid（大杉栄は「相互扶助」と訳しています）によって支え合って生きているではないか。「相互扶助」の本能（「互助本能」）の方が「闘争本能」より勝っているのが通常の生物の姿であると、クロポトキンは言います。別の種と出会ったときには争い合うけれども、同じ種のなかではお互いに助け合って、分業でやっていくのが本来の生物の姿だと言うのです。だから、他の群れとの対立で「戦争状態」が起こらなければ、人類は平和にやっていけるはずであり、権力は要らない、という無政府主義－アナーキズムの主張が生まれたのです。

レーニンによる自然生長性（アナーキズム）批判

話を元に戻しますと、レーニンがそういうクロポトキン的なアナーキズム勢力に対して、それじゃダメだということを言ったのが『何をなすべきか』という本だったのではないかと思うわけです。つまり、「大衆の自然生長性」にもっぱら依拠しているアナーキズムに対して、それは盲目的なエネルギーへの依存でしかないから、「前衛の目的意識性」によって「指導」されねばならない、と言ったのです。「目的意識性」をもった「前衛」（つまり「党」）が確立され、これが「大衆」を導かねばならないというのです。つまり、マルクスの本来の理論で言えば、プロレタリアート自身が主人公になる社会をつくる、それが社会主義である、というのが共産主義理論であるわけですが（『共産党宣言』で「万国のプロレタリアート団結せよ」という主張を打ち出したわけです）、それに対してレーニンは、自然のままの大衆そのものでは力になりえない、「党」という存在が必要なんだということを言い出したのです。それに基づいて、ソビエトの「共産党」による「一党独裁」が始まり、それをスターリンが歪めていって、「ノーメンクラツーラ」という党官僚による新しい貴族階級のようなものを作ってしまい、腐敗堕落が起こった。その果てに、ソ連は崩壊したということになるわけです。（このレーニンの『何をなすべきか』における「自然生長性と目的意識性」をめぐる問題は、後の第一二回の「昭和マルクス主義の思想」でも取り上げます。）

そういう具合に、「思想」（の成層）の問題を考える場合には、だいたいおわかりだと思いますけれども、そういう感性的なエネルギーの部分と、それから理性的な指導の部分が、「社会階層」の問題と結び付きながら、絡んでくるわけです。

歴史の転轍器としての「理念」の役割

そして、この問題をもっと突き詰めたかたちで議論した人物の一人にマックス・ウェーバーという社会学者がいます。特にウェーバーにおいて重要だと思われるのは、「宗教社会学」という分野を切り拓いたことで、特に宗教と経済の関係、あるいは宗教と政治の関係を考えようとしたことです（彼は政治学でも非常に大きな役割を果たしています）。「理念と利害状況」という言葉があります。ドイツ語で理念は「イデー」、利害状況は「インテレッセン・ラーゲ」と言います（「インテレッセ」はインタレスト、「ラーゲ」はシチュエーションです）。この言葉を使って、さきほどのマルクスの「唯物論」のテーゼとは異なり、歴史を動かしていく、あるいは社会を動かしていくさいには、「理念」や観念の役割が大きいんだ、特に「宗教」と結び付いた理念・観念の役割は大きいんだ、ということをウェーバーは言ったのです。

ただし、ウェーバーの説明の仕方に従えば、通常の状況（「日常的」状況とも言います）においては、あるいは普通の時代には、だいたい「経済」的な「利害状況」が時代を動かしていきます。しかし、歴史の中にはしばしば、大きな「転換期」が起きる。花田清輝という人は「転形期」（形が転じる時期）という言い方をしましたが、形が転ずる、ひっくり返る、そういう時期があるわけです。「革命的」な状況とも言えますが、そういうときには、

「利害状況」ではなくて「理念」というものが、ウェーバーの言い方だと「転轍器」の役割を果たします。転轍器というのは、列車の線路の分かれ目のところにあって、ポイントを切り替え、列車が右にいくか、左に行くかを切り替える役割をする。それに近い、それに似た役割を、「理念」あるいは思想というものが果たすことがあると言うのです。

ひとつの例――マルクス主義の登場と資本主義の自己修正

歴史上で言うと、古代以来、そういうときに宗教的な「預言者」が現れて、その予言に基づいて新しい社会がつくられたりします。さきほどのレーニンのロシア革命にしろ、毛沢東の中国革命にしろ、それに近い。まさにマルクス・レーニン主義や毛沢東主義でもって引っ張ることによって、社会を一定の方向に導いたわけです。つまり、「預言者」の役割をした。そういう意味では、マルクス主義の言う「反映論」に対して、「土台」から一方的に反映されたものとしての思想や観念があるだけではなくて、逆に、観念・思想が状況を動かすという場面もあるわけですね。

これも、ある意味で、非常に皮肉な、というか逆説的なことなのですが、マルクス主義というものが十九世紀に登場したことによって、じつは、資本主義のあり方が変わったわけですね。マルクスは『資本論』において、資本の論理あるいは商品の論理というものが貫徹していくなかで、いかに資本主義が自己崩壊していくかということを描いたわけです。特に恐慌が起こり、恐慌を繰り返すなかで、資本主義は倒れるであろう、それにかわって社会主義が出てくるのだ、という展望を睨みながら『資本論』を書いたわけです。

ところが、そういうマルクスの『資本論』が現れたことによって、資本主義のなかで自己修正がなされることになるわけです。大きな目で見ると、「ケインズ理論」などがおそらくその最たるものではないかと思います。つまり、資本主義の自己運動の論理を、「修正」するということが起こった。そこで起こっている事態というのは、マルクスという理論家・思想家が出てきたことによって、現実が変わったわけですから、現実のただ「反映」として思想とか理論があるというのとは、逆のことが起こっているわけですね。ある意味で宗教的預言者が果たすのと同じような役割を、マルクスは果たしたというふうに言ってもいいんではないかと思います。

とにかく、「思想と実生活」の関係や「知識人と大衆」の関係、「理念と利害状況」の関係といった、非常にダイナミックな構造的な関係があるということを、これからの話を聞かれるさいに踏まえておいてほしい。これが一つ目の「C思想と生活」あるいは「構造軸」です。

三　思想史の方法的軸（二）――「時間軸」と「空間軸」

それからあと二つ、「A時間軸」、「B空間軸」と仮に書いたのですが、まずAの「時間軸」です。

「時間軸」――歴史における「持続と変革」

歴史というものを見ていく場合にたえず問題になるのは、「持続」と「変革」の関係です。つまり、過去と現在と未来のなかで、過去の「伝統」を引きずりながら現在があり、また、未来に対する一定の展望、「ユートピア」的な意識――あるべき未来の姿を見すえつつ現在を変えていこうとする。しかしその、変えていこうとするさいに、過去の伝統の遺産というものを手がかりにする場合がありうる。そういうふうに、たえず「持続と変革」（それが近代の場合で言うと「伝統と近代化」）という問題が、歴史の中に付きまとっているというわけです。

「空間軸」――「外」と「内」の関係

そして、Bの「空間軸」というのは、外と内の関係と言ってもいいのですが、日本列島というのは古代以来、（これも丸山先生の持論ですが）ある意味では恵まれた位置にありました。つまり、古代から中国大陸（いわゆる「中華」という四大文明の一つの発祥地であり、文明の中心地の一つであるところ）と、離れすぎてもおらず、近すぎることもなかったということが、日本にとって運がよかったというわけです。

つまり、中華の地にもっと近い、たとえば朝鮮とかベトナムとかを考えてみると、これらの国は、中国大陸の本土の方、つまり中国が非常に盛んになった時期（秦漢帝国から隋唐帝国、それから後の清朝とかです）には征服されます。元（モンゴル）のときも典型的にそうです。逆に、中国が内部対立して「五胡十六国」とか、秦帝国以前の「春秋戦国」とかの時期になると、征服された国も自立・独立できるわけです。そういう歴史の繰り返しです。ベトナムは、越の国の南にあるというので「越南」という名称があるわけですが、中国との関係は非常に緊張したものがあるし、歴史というのは平和になだらかには続かないわけです。

日本列島の恵まれた位置

しかし、他方で、南太平洋の島々など、「文化人類学」の研究対象となるような、非常に古い原始時代以来の民俗文化が残っている地域がある。そういうところは、征服される恐れはないけれども、全く外からの刺激がないものだから、停滞してしまいます。

そのちょうど中間のような位置に日本列島はあって、適度に刺激を受けながら、しかし侵略されるところまでいかなかったというわけです。だから、「洪水」のように中国の文明が押し寄せてきて流されるということもなく、取り残されて枯渇することもなく、ポツンポツンと「雨だれ」のように新しいものが刺激として入って来るため、うまく良いものを取り入れたり、都合の悪いものは捨てたり、あるいは組み合わせたりして、自分なりにモディファイして、修正変容させながらやっていく余裕があったと、丸山眞男は言うのです。

そういう下地があったものですから、古い時代の仏教の入って来たときも、儒教の入って来たたときもそうですが、十九世紀後半の「帝国主義」の時代に「西洋文明」に接したときに、日本はそれに対して、他のアジア諸地域ではできなかったような対応ができたわけです。つまり、適当に取り入れながら、それを使って自立を図っていく、「近代化」を図りつつ「独立」を達成しようとするという、そういうやり方が可能であったのではないか。

そういう位置にあるだけに、プリント四頁め〔巻末三一頁〕に書きましたように、しばしば日本の歴史のなかでは「拝外思想と排外思想」（たまたま発音は同じですが、外国崇拝の思想と外国排斥の思想）が交代するという現象が起こる。近代でいうと「欧化」に対抗する「国粋」、江戸時代でいうと中国からの儒学（漢学）に対抗する「国学」、古い時代、仏教が入ってきたときには、後の「神道」、神々の世界を守る物部氏が蘇我氏に対抗することになる。そういうことを繰り返してきたのが日本の歴史だということになるわけです。

ですから、その下の図の所に、矢印のようなものを書き入れてるわけですけれども、基本的なパターンとして、「外来」思想とか文化というのは、だいたいまず「上から」入って来るわけですね。現在でいう国際関係（「国際交流」というのは「民間交流」であり、民衆・大衆が自分たちで交流できるわけですが）のルートを、かつては支配層が独占していて、「上から」入って来て下に下がっていく、その間に「下から」の反発を受けて、入ってきた「外来」思想も変わっていく（「土着化」していく）、というふうなことの繰り返しの歴史になってるわけです。

「古層」あるいは「執拗低音」――外来思想を変容させるもの

下の方には、丸山眞男が「古層」とか、あるいは音楽用語を用いて「執拗低音」（バッソ・オスティナート basso ostinato）と呼んだ層があります。「通奏低音」（バッソ・コンティヌオ basso continuo）というのがバロック期などの音楽にありますが、それとは違います。「通奏低音」というのは、ずっと底部で鳴り続けていて、その上に主旋律＝メインテーマが展開されるものですが、「執拗低音」は、ときどき現れては主旋律を攪乱するというか、変容させる役割をするもので、いつもあるわけではないのだけれども、ときどきふっと出てくる。そういう古い層が、日本の思想史においては、下の方にいつまでも残り続けているんではないか、ということを丸山は言ったわけです。

現実問題としては、そういうことを可能にしたのは、さきほど述べた地理的条件（文明の中心から、「遠すぎ」ず、「近すぎ」ず）なのですけれども、それも交通手段やコミュニケーション手段が変わっていけば、どんどん変わっていきます。

社会の変化と意識の変化との「時差」

そして、そういう底辺で長い間ずっと持続していたのが日本型農村共同体です。これは法政大学の私の同僚で、先輩である松下圭一先生が言うわけですが、「農村型社会」というのは、おそらく新石器時代ぐらいから始まって、今日まで何千年も続いてきた。それが、ほんのこの数十年間ぐらいの間に「都市型社会」に変貌した。農村人口と言いますか、農業で食べている農民人口が一〇パーセントを切るという事態になった（これはヨーロッパではもうすこし前から進んでいました）。この巨大な変化というものの意味を考えなきゃいかん、ということを基本にして「松下政治理論」は成り立っています。つまり、「市民自治」とかには、そういう文明史的意味があるのだ、というわけです。それからすれば、ここで述べているような軸というのも、そうとう変わってきていると見るべきかもしれません。

しかし、人間の意識というのは、なかなか変わらない。われわれがものを考える場合、特に抽象的なことを考える場合には、言葉を使って考えているわけですが、その言葉というもの、われわれが使っている日本語が、いったい何千年の歴史を経て成り立っているのか、ほとんどわかっていないわけですね。そういう日本語で考えるがゆえに起こってきているであろう一定の考え方の傾斜というか癖、そういうところまで変わっていくのは（深層構造、下意識、潜在意識が関わる問題だと思いますが）、容易なことではないと思うわけです。

そういう意味で言うと、こういう時間軸、空間軸、構造軸を睨み据えながら、思想というものがどういうふうに展開してきたかということを知ること自体、否応なしに、自己認識というか、われわれ自身の「今」を知るということに繋がっていくのではないかと思います。今日のところは非常に抽象的な話になってしまいました。

次回からは、具体的に、明治維新から話を説き起こします。そのなかで、今の「伝統と近代」の問題、「世界と日本」とか「西欧と日本」の関係の問題、それから「思想と生活」の問題を見ていきます。明治時代には「ナショナリズム」が生まれ、「国家」というものをどうやってつくっていくか、そのうえでどうやって「近代化」していくかとかいうことが、当初は中心的問題となり、それが次第に変わっていくわけですが、そういう話を次回からやりたいと思います。

第二回　維新・啓蒙期の思想状況

竹越三叉
『三叉文存』至誠堂書店、1914年より。

一　明治維新認識の始まりと新しい世代の登場

今日は、まず、「明治維新とは何か」という話をします。プリント八頁め〔巻末三二頁〕の頭のところに「明治維新観小史」というものを付けています。今までどういうふうな明治維新についての見方があったのか、明治維新観の歴史ということです。八つぐらいの段階に分けて、古い順番から見ています。また、田中彰先生という明治維新期の歴史の専門家の『明治維新観の研究』〔北海道大学図書刊行会、一九八七年〕という本があります。興味のある方は、それなど参考にしながら、その「小史」だけでも読んでおいてください。

明治二十年代——明治維新認識の始まり

「明治維新とは何か」について、プリント九頁め〔巻末三三頁〕の、竹越三叉という人の『新日本史』という本から始めます。この竹越三叉（三叉が号、名は與三郎）の『新日本史』という著作は、明治二十四年から五年〔一八九一〜九二年〕にかけて書かれ、「上」と「中」だけ出て「下」は出なかったのですが、ある意味で画期的な本でした。明治維新が終わってちょうど四半世紀、二十四、五年経ったその段階で、いわば「同時代史」として維新を描くということをした最初の本です。その後、『明治文学全集　明治史論集（一）』〔第七七巻、筑摩書房、一九六五年〕に収録され、図書館等にはあると思います。前からこれはいい本なので岩波文庫に入れたらどうか、と文庫編集者に言っているのですが、文語体で、しかも非常に漢字が多くて、今の若い人には読みにくいということで実現していないのがちょっと残念です。〔竹越与三郎『新日本史』は、二〇〇五年に岩波文庫より刊行された。西田毅校注・解説。〕

竹越三叉らの世代は、明治維新のときにはまだ生まれたばかりであったり、あるいは小さい子どもであったりして、維新には「生まれ遅れてきた」世代です。育ったのが自由民権運動の時期です。ちょうどこの明治二十年代半ばごろというのは、ほぼ明治維新の「結果」が固まるという時代です。

「明治維新とは何であったか」という結論のようなことは後でまとめたいと思うのですが、要するに、「近代国家」をつくろうという意図が根本にあるわけです。「ネーション・ステイト」、政治学では「国民国家」と言いますが、それをつくる。「ネーション・ビルディング」〔国民国家建設〕のための変革というのが「明治維新」であったとすると、そのいちおうの「結果」が出るのは明治二十二〔一八八九〕年です。いわゆる「大日本帝国憲法」〔明治憲法〕が発布され、その翌年には国会が開設される。同時に教育勅語が公布されます。そういうかたちでいちおうの「結果」が出る。その結末が見えたところで、あらためて明治維新を振り返るということが可能になったわけです。

「ミネルヴァの梟」——歴史認識の後知恵的性格

変化がずっと進んでいる最中には、なかなか歴史というものは見えてこない。方向性というものがわからないと、その意味づけもできないわけです。たとえば、有名な言葉ですが、ヘーゲルというドイツの哲学者（哲学者としては最後の人かもしれません。ヘーゲル以降になると、哲学者らしい大哲学者というのはいなくなってきます）が、『法哲学綱要』序文で「ミネルヴァの梟は夕暮れになって飛び立つ」と言っています。つまり、歴史認識というものを「ミネルヴァの梟」に例えるのです。「ミネルヴァ」というのは、ギリシャ・ローマ神話に出てくる知恵や運命を司る女神ですが、そのミネルヴァの神の肩にはいつも梟が乗っています。その梟が夕暮れになると（梟ですから夜行性です）飛び立って、世界を見て帰って来て、見てきた世界の様子をミネルヴァに報告するという、説話というか神話が古代ギリシャ・ローマにあるのです。歴史というのは、そのミネルヴァの梟のようなものだとは、つまり、ある一日が終わって、夜になってはじめてその日の全体の意味がわかる。つまり、事柄が終わった後になって、認識というのは可能になるんだというのです。そういう意味で、歴史認識にはいつも後知恵みたいな部分があるわけです。この歴史認識というものが、日本近代史においては、明治二十四、五年から始まると言えるのです。

「民友社」と「政教社」——新世代の登場

この竹越三叉という人は、これを書いた頃には「民友社」という結社にいました。これは徳富蘇峰という人に率いられたグループです。プリントの三頁め〔巻末三〇頁〕に、前回説明しなかった「思想史学の歴史」をまとめていますが、そのなかの「第二期」（これは明治二十年代、「同時代的思想史」というものが現れた時期を整理しておいたものですが）に、竹越三叉の『新日本史』が明治二十五〔一八九二〕年に出たというのと、竹越三叉、山路愛山、徳富蘇峰、陸羯南、三宅雪嶺を並べています。このなかの上から三人まで、竹越、山路、徳富がその「民友社」グループです。それを率いていたリーダーが徳富蘇峰で、本名は猪一郎、有名なのは弟の蘆花、徳冨健次郎になるわけですね。その徳冨蘆花のお兄さんである蘇峰の方は九十すぎまで長生きして、亡くなったのは第二次世界大戦後であり、ジャーナリストとして一生活躍しました。その蘇峰が、そこに書きました『新日本之青年』という著作を明治十九〔一八八六〕年に書いて、デビューします。

つまり、明治維新というのは「天保の老人」たちがやった革命であると、蘇峰は言います。その天保の老人たちの果たした役割はもう終わった。それに代わって、明治生まれの新青年たち、すなわち「新日本之青年」こそが新しい時代の担い手として、第一の維新に続く「第二の維新」、明治維新のいわば第二革命を起こさなければならない、ということを言って蘇峰は登場します。そして『新日本之青年』と『将来之日本』という二つの本がベストセラーになり、それに自信を得た蘇峰は（その号からわかりますように熊本の阿蘇山の麓の出身です）、上京して、『国民之友』という雑誌と『国民新聞』という新聞を出します。その母体が「民友社」になるわけです。そこで竹越三叉、それから山路愛山といった人たちは、その蘇峰を慕うかたちで民友社に入って、そこでジャーナリストとして活動を始めた世代になるわけです。

ですから、さきほどの「歴史認識は事柄が終わってから」ということで言えば、このころ「事柄が終わった」というわけなのですけれども、それは同時に世代交代であり、維新をした世代ではなくて、維新のなかから生まれてきた世代が自分たちの自己主張を掲げて出てきたということでもあります。それがこの「民友社」グループになるわけです。

それから、ついでにちょっと触れておきますと、（同じく「同時代的思想史」を展開した）陸羯南と三宅雪嶺、この人たちはほぼ同じ時期に「政教社」というグループを作ります。彼らが掲げたのは、「日本主義」とか「国民主義」というものです。それに対して、民友社の蘇峰たちが掲げたのは「平民主義」、多分これは、「デモクラシー」の翻訳として使っていたのではないかと思います。ちなみに、「民主主義」という言葉は、明治末期ぐらい、三十年代以降にならないと出てこない。むしろ、「平民主義」という言葉の方が、自由民権運動のなかで中江兆民などに使われておりまして、当時はそういう言い方をしたわけです。そういう、平民主義を掲げる「民友社」と、国民主義を掲げる「政教社」という二つのグループが、ジャーナリズムをリードしていたというのが明治二十年代というわけです。明治二十年代の話は、第八回目にやります。

竹越三叉の『新日本史』

まさにその時期、明治二十五年に三叉は『新日本史』という著作をあらわしたのです。なお、その三叉は政治家になり、やがて西園寺公望の秘書格となり、西園寺を支えるグループの一人として活躍し、大正・昭和の時期には貴族院議員になるという、そういう人物です。非常にリベラルな政治家であったと同時に、若い頃には歴史書も物している。

その三叉が『新日本史』で明治維新というものをどういうふうに論じているかという、その紹介から明治維新についての見方を少し整理してみようかというのが、プリント九頁め〔巻末三三三頁〕の書き出しになっているわけです。

二　明治維新をどう見るか?――竹越三叉の議論を手がかりに

「三十年間の大変」

その三叉の書き方で非常に面白く、印象的なのが、彼がこれを書いた明治二十五〔一八九二〕年の段階で、三十年前の日本と、それから当時の明治二十四、五年の日本との間に、いかに巨大な変化が起こったかということを「三十年間の大変」と表し、(「大変」は「大変化」という意味です)それに注意せよと強調しているということです。つまり、三十年前はまだ安政年間なのです。そうすると、そのころは、たとえば藤田東湖らの、いわゆる「後期水戸学」というのがあり、水戸が幕末のこの段階では「尊王攘夷」の動きの中心の一つをなしていたわけです。たとえば吉田松陰なども長州藩を脱藩して全国いろいろな名士を訪ねて歩きますが、そのときに藤田東湖に真っ先に会いに行こうとする、そういう人物です。しかし、この人は安政の大地震（これは関東大震災の前の巨大地震であるわけですが）で、小石川の藩邸（今の礫川公園のある辺りに、水戸藩の江戸藩邸がありました）にいたときに、地震で建物が潰れて、その下敷きになって死んでしまった。非常にあっけなく死んでしまった。もし生きていたら、明治維新のとき、もっとリーダー的な役割をしたと思われる、そういう人物である藤田東湖が死んだのが「三十年前」であるわけです。

その後間もなく、というか前後して、「安政の大獄」が井伊直弼のリードで行われ、「尊王攘夷」派を片っ端から捕まえる。吉田松陰も下田からアメリカ船に乗って密航しようとして捕まって、それだけなら死罪にならなかったのに、自分からすすんで間部詮勝《まなべあきかつ》という老中を暗殺する計画を自分はもっていたんだと喋ってしまうものですから、死罪・切腹ということになった。吉田松陰は（藤田東湖はちょっと年上ですが）まだ二十代です。明治維新というのは、これは後に大隈重信が言っているのですが、「書生の革命」であったというのです。要するに、二十代、あるいはせいぜい三十代前半ぐらいの人たちが中心であり、なかには十代末の人たちもいる。そういう「青年」たちの革命であったというわけですけれど、そのなかでも特に指導者格だった吉田松陰はもう死んでしまっている。それから、安政の大獄を実施した井伊直弼は、その後間もなく、「桜田門外の変」で暗殺されるわけです。

こういう人たちは、三十年後に生きていても不思議ではないわけです。このような人物たちがもし、あの世からよみがえって来て、この明治二十四年の東京に現れたら、さぞかしびっくり仰天するだろう。すべてが変わっている。目に見える光景としては、たとえば銀座の街並み。あれは最初、煉瓦造りで、湿気が多いというのでその後また変わるのですが、木造ではない不燃性の街並み。それから、最初「陸蒸気《おかじょうき》」と言われた蒸気機関車、列車です。そういうものから、「電信」もそうですし、着るもの、食べるもの、何もかも「大変」している。そして、世相が変わるだけではなくて、制度、社会関係、それから、「人心」という言葉を竹越三叉は非常によく使うのですが、人々の精神状態、ものの考え方にまで、全く予想もつかなかったような巨大な変化が起こっている。そういう「大変」をもたらしたものが維新なんだと言うわけです。

「勤王論」的維新史観と「海防論」的維新史観の批判

そういう変化をもたらしたものは何だろうか。その「動機」は何かという言い方をします。モチーフ（ワーグナーの「楽劇」で言う「ライトモチーフ」）です。通常、すぐに思いつくのは二つあって、一つは「勤王論」、もう一つは「外交の一挙」（海防論）です。要するに、（「尊王攘夷運動」などと言われるときの）「尊王」と「攘夷」で、それが維新をもたらしたというのが、すぐ連想されるところなのですが、しかし、その二つが真の「動機」かというと、そうではないのではないか。

まず、「勤王論」の方は、要するに徳川幕府を倒すために、将軍よりも上位の権威としてある、（少なくとも建前上そうなっていた）天皇あるいは皇室という、いわばシンボルを担ぎ出して、それを「譜牒」にして、志士たちが倒幕運動をやったというにすぎないと言います。

それからさらに、「勤王論」というのは、変革によってもたらされた「結果」にすぎないと言います。それはどういうことかというと、明治維新の結果としてできあがったのが、「天皇制国家」（この言葉は第二次世界大戦後から使われるようになったものですが）であるということです。明治憲法というものは、ご承知のとおり、第一条が「大日本帝国ハ万世一系ノ天皇コレヲ統治ス」で始まり、それから第四条に「天皇ハ神聖ニシテ犯スベカラズ」、そういう項目があります。つまり、近代国家をどういうかたちで創っていくか、というときに、自由民権運動の時期などを経て最終的に、（これは後で紹介します）伊藤博文とか井上毅《いのうえこわし》といった人たちが、天皇主権を中心にして近代国家を創っていくことにしたということです。だからそれは、「結果」にすぎないんだというわけです。それから、「攘夷」の方の「外交の一挙」ですが、ペリーの黒船ショックから始まって、攘夷というかたちでナショナリズムの感情が盛り上がって、それで明治維新の変革が始まった。それは、確かにそうなんだけれど、そういう変革のきっかけを与えた、いわばショックにすぎないんだ（つまり、「動機」ではない）、という説明を三叉はしています。

「革命」としての明治維新

そして、明治維新は、そのあと（プリント九頁〔巻末三三頁〕）に書きましたように、「後ろから」の変革、つまり幕府政治の前の段階の、天皇を中心にした政治、王政に復古するという変革ではない、と三叉は言います。

それからまた、天皇を中心にしたという意味での「上から」の変革というのでもないと。さらに「外から」「外交」的な黒船ショックによって、外圧によって行われた変革というふうにも見るべきではない。

そうではなくて、その当時の日本社会の「下から」、底辺から変わらざるをえないひとつの勢い、必然性、あるいは流れがあって、「内から」、外からではなくて内側から起こされた変革だと言うのです。その意味で三叉は、明治維新のことを「王政復古」と言うか、それとも「維新革命」と言うかといえば、維新は「下から」「内から」の「革命」とみるべきである、というふうに言い切るわけです。

その上で、「維新革命の性質」はいかなるものであるか、という問いを発して、革命というのには「三種の革命」があるのだという独特の説を唱えていまして、これもちょっと面白いのです。

三種の革命①——「復古的」革命

まず第一種の「革命」は、いわば過去に「楽園」があって、昔のゴールデン・エイジというか、「黄金時代」に戻るという、そういうかたちで行われる革命。つまり、それが「楽園は過去にあり」とする「復古的の革命」と言われるのですけれど、明治維新がそれであるかというと、今の説明からわかるように、違うというわけです。

しかし多くの「革命」というものは、何らかのそういう「復古的」なビジョンというのを持っていることが多いわけですね。たとえば、近代革命の最初というのは、多分、イギリスの「ピューリタン革命」ですけれど、そして、アメリカの独立革命、フランスの一七八九年のフランス革命というふうに続くとみると、最初のピューリタン革命などの場合にも、かなり、そういう復古的なイメージがあるわけです。それはなぜかというと、当時出回ったパンフレットのようなものに、よく出てくる言葉に、「アダムが耕し、イヴが紡いでいた（機《はた》を織って着物を紡いでいた）ときに、〞ジェントルマン〞がいたか」というのがあります。つまり、支配階級としてのジェントルマン階級、そんなものはアダムとイヴの「エデンの園」の段階には無かったはずである。そういう自由で平等なユートピアが、かつてはあった。それが自由を失い、不平等というものが生じてきた、というわけです。

これは後に、フランスの例の『社会契約論』を書いたジャン・ジャック・ルソーが『人間不平等起源論』などを書きますけれども、それは、もともとは平等であった、それが不平等になっていったのはどうしてかというふうな議論ですし、それから、『社会契約論』のなかでのルソーの有名な言葉に「人間は自由なものとして生まれた。しかし、今や鎖に繋がれている」という文句があるわけです。だいたい、変革のパトスというか、そういうものが表明されるときには、しばしば、そういう、もともと理想的なユートピア的な状態があったのが、奪われて、現在のその桎梏とか苦痛とか、そういうものがあるんだという書き方をすることが多い。で、明治維新の場合どうかというと、そういうイメージというのは無いんではないか、というわけです。

また、事実、面白いのは、幕末の尊王攘夷運動において、かなり大きな役割を果たしたものに、いわゆる「平田（篤胤）派国学」の運動などがあるわけです。「国学」というのは、本居宣長あたりから一つの思想ないし学問として大きな力を持ったものですけれど、それは、古代の、古事記・日本書紀に描かれた日本に、その原型－理想的状態があったというものです。宣長によれば、カラゴコロ（漢意）、ホトケゴコロ（仏意）に毒されているその後の日本から、カラゴコロとホトケゴコロを取り去って、ヤマトゴコロに戻さなきゃいかんという、そういうかたちでの一種のナショナリズムを主張するわけです。「漢意」（中国的精神、漢意と書いてカラゴコロと読ませます）によって毒される前の古代日本には、古事記・日本書紀の神話にあるように、天照大御神の孫のホノニニギノミコトが「天孫降臨」して高千穂の峰に降りてきて、それから三代か四代経って、神武天皇というのが、いわゆる「神武東征」で近畿地方の方に進出していって、いわば日本の中枢を押さえて、橿原で即位し初代天皇になった。その天皇を中心にして、日本国民というのが一つに纏まっていた。その時代が理想的な状態であるというイメージを出したわけです。

しかし、これは、平田派国学などの場合にはですね、神官たちが尊王攘夷運動に加わっていったりするかたちをとる。その辺は、島崎藤村の『夜明け前』の世界などによく描かれています。これは、江戸時代の神道というのは「神仏習合」してしまっていて、しかも仏教の方がむしろ中心になっているのを、引っくり返して、いわゆる「廃仏毀釈」で仏教を追い出して、代わりに神道が中心になろうとする運動となる。そして、古代律令制では「太政官」と並んで「神祇官」というのがあったわけですね。その太政官と神祇官はいわば同格であった。「王政復古」によってその状態に戻そうというわけです。それを元に、神祇官というのが大きい役割をするような体制を作る。いわゆる「祭政一致」のマツリゴトというのは、政治のことをマツリゴトって古語で言うわけですけれども、それは、神を祀るマツリゴトというのと一つでなければならない、というふうなことを言ったわけです。しかし、それはなんせ、古事記・日本書紀的な、それから平安朝まであった律令体制に戻すというビジョンなんで、これが本当に、本気で、明治維新を起こすエネルギーになっていったかというと、とてもそうは思えないというわけですね。三叉の言う「復古的革命」というのが、もしあり得るとしたら、そんなものしかなかったということでしょう。

しかし、当時はヨーロッパ列強が押し寄せて来て、アジアを植民地化しようとしている。特に幕末の知識人にとってショックだったのは、「アヘン戦争」が起こって、それまでずっと日本が尊敬して、いつもそのモデルを求めてきた中国というのが呆気なく、イギリスとかフランスとか、そういう西洋の国々に負けて敗れてしまったということです。だから、それが日本にやって来たら、ひとたまりもないという、そういう意識ですね。そうすると、それに対抗するためには、何らかの意味で近代化して（これは後に「富国強兵」路線というものになるわけです）、西洋の軍事力のようなものを身に付けなければ、負けてしまう。しかし、その軍事力というのは、その背後に科学とか、それから、産業とか、そういうものの発展がなければ、軍事力だけもってくるというわけにいかんというふうなことで、「近代化」の動きが始まるわけです。そういう動きとこの復古的な「平田派国学」のビジョンとは、ぜんぜん繋げることは不可能に近いわけです。そういうこともあって、この要素は結局、中心的なものと見るわけにいかないというわけです。

三種の革命②――「理想的」革命

それから、その次の第二の革命のイメージというのを、「理想的革命」というふうに名付けているわけです。つまり、さっきの復古的革命というのは、過去を志向している。それに対して、未来志向と言いますか、三叉の言い方だと「政治的自由の天国」というふうな、そういう生き生きとしたユートピアというか、そのビジョンというものが国民の胸中に植え付けられて、光明はただ前途に存するというふうに、現状を打破して未来に向かって進むというふうな、そういう理想の王国を築き上げるということで革命が起こる。これがいちばん、革命らしい革命であるわけですが、明治維新がそういう「政治的自由の天国、其国民の胸中に植られ、光明は唯前途に存する」と見る「理想的革命」かというと、これも、どうも違う。それだけ明確なビジョンというものは、特に一般国民の中にあったかというと、とてもそんなものではないというわけです。

三種の革命③——「乱世的」革命

要するに、三叉に言わせると、第三の、つまり、過去志向でも未来志向でもなくて、ただ現在の社会に不満であって、その現在の自分に降り積もった痛苦、痛み苦しみに耐えきれないで起こした、そういう変革であった。それを「乱世的革命」と名付けていまして、ルビが「アナルキカルレボリウーション」と振ってある。「アナーキカル」（「アナーキー」に近い）つまり、どっちに行くかわからないけど、とにかく、それまでの古い秩序というのをぶち壊して、そして、いわば成り行きで動いていったような、そういう性格を持った革命ではないか、という言い方をしているわけです。（「故に曰く戊辰慶應の革命は、新政を理想せる理想的の革命にもあらず、王朝を回顧する復古的革命にもあらず、社会自身土崩瓦解せんとする乱世的革命にして、転々の際偶然にも、外交のために維新の波際に打ち上げられしもののみ。」）

これが明治維新というものの説明にどこまでなっているか、ということは別問題ですけれども、しかし、とにかく、その「復古的革命」でもなく、「理想的革命」でもないというあたりは、説得力がある議論だと思うのです。

明治維新の根本性質——〝ナショナリズム革命〟

それで結局、三叉は、別の所で言っているのですが、明治維新の革命というのは、何が根本かというと、いわばナショナリズム革命だというふうに捉えていると言っていいと思うわけです。それはプリント九頁〔巻末三三頁〕に書きましたけれども、『新日本史』の「維新前記」の「二」として「日本国家の現出」という一節があります。つまり、「日本」という言葉、それから、「国家」という言葉は、もちろん、以前からあるわけですけれども、しかし、「日本国家」が現実の生きたビジョンというか、観念として登場したのは、この幕末の混乱のなかからであると言うのです。ペリーの来航以後の大混乱（「人心の紛乱」という言い方をしています）を叙述した後に、「日本国家の現出」という項目を設けまして、「挙国震驚、人心擾々の中より、先づ霞の如く、雲の如く、幻然として現出せるものは『日本国家』なる理想なりき」というのです。

「国家・国民」観念の意識化

つまり、「日本国家」という観念は、実は、この幕末の段階で初めて意識された。もちろん、その前史のようなものを辿れば、たとえば「蒙古襲来」があった時期に「神国日本」などという観念が出てきます。つまり、元のフビライが派遣した大軍隊、それが奇しくも、いわゆる「神風」が吹いて（台風に襲われて）その船が沈んでしまうというふうなことがあって、辛うじてその危機を免れるわけですが、そのときに、要するに、神によって守られた国である「日本」というものが、このように外からの「元寇」、元の襲来という事態に出会って初めて自覚されるということが、過去にあったことはあるわけです。

しかし、それ以後、とりわけ徳川時代には、「天下国家」などという言葉はありましたけれども、国家、国というとき、実はこれは「藩」のことであるわけですね。「お国はどちら」というときに、「土佐です」というふうなのが国であって、日本全体をいうときには「天下」という言い方をしていたわけです。それが、世界との関係で「日本国家」ということを、そういう観念を否応なく持たざるを得なくなったというのが、この幕末、維新の段階であったというわけです。そういうなかで、その「世界の中の日本国家」というものの存在を維持し、そして発展させねばならないという意識、それが、結局、明治維新から自由民権期、日露戦争ぐらいまでの時期の国民にとっての最大の強迫観念であった、と言ったら変ですが、とにかく「日本国家」というものをつくり、維持しなければいかんという、そういう意味でのナショナリズムが明治前半期の日本を動かしていった、というふうに言っていいだろうと思うわけです。

「上から」のナショナリズムと「下から」のナショナリズム

その際に、しかし、ナショナリズムにも、いわば「上から」のナショナリズムと「下から」のナショナリズムのようなものがあるわけです。それはどういうことか。ナショナリズムの歴史的なことで言うと、おそらく、近代ナショナリズムが最初に燃え上がったのは、やはり、なんといっても、フランス革命の後だと思うのです。当時、フランス革命に対して、いわゆる「干渉戦争」が起こり、イギリスやドイツの連合軍がフランスに攻め寄せて来る。それに対して、各地から義勇兵たちが立ち上がって、戦場に赴くわけです。「ラ・マルセイエーズ」というフランス国歌は、そのマルセイユから来た義勇兵が行進しながら歌った歌なのです。

つまり、フランス革命というのは、なんといっても自由・平等・友愛というものを掲げて（いわゆる三色旗の三つの色がそれを示しているわけです）起こった革命です。そこでどういうことが起こったかというと、それまでは国家というのは、王様の所有物としての国家、あるいは、貴族たちが共同で所有している国家であったのに対して、フランス革命によって達成されたのは、いわゆる「人民主権」の国家であるということになります。そのルソー的な人民主権説というものを掲げて、ロベスピエールのような人たちが出てきて、その「人民の名において」ひどいこともしたのですが、とにかく、国家というのは、人民の国家である、という意識が生まれた。ということは、自分たちの国家である。自分たちが造った国家である。その自分たちの国家が犯されようとしているんだから、自分たちが守らなければならない。これが、「愛国心《パトリオティズム》」というものの最初の噴出の仕方だったわけです。

それまでは、戦争というのは、いわゆる傭兵、雇い兵を使って王様とか貴族たちがやっていた。だから、決定的に負けそうになると、兵隊たちは逃げるのが当然である。つまり、金で雇われて戦っているわけなんで、自分たちの命を本気で投げ出してまで戦う気は、実はないのです。それに対して、「ラ・マルセイエーズ」を歌いながら行進して行った義勇兵たちというのは、自分たちの国家を守るんだと、命がけで戦うということを本気でやるわけです。それで、そのエネルギーを使って、ナポレオンが、あのように、ヨーロッパ中を制覇するということが可能になったわけです。

そういう「下から」のナショナリズムというものをつくり出すというところまでは、日本の場合にはいかないわけですね。それに替わるかたちで、いわゆる代替物、代用品として、そこに天皇、天皇制というものが導入されてくる。

代用ナショナリズムとしての「天皇制」

つまり、「一君万民観念の形成」ということを書きましたけれども、もともと徳川時代までの観念で言いますと、「君臣」関係というものでもって成り立っている支配層、これが武士たち、武士階級なわけですね。で、これが統治者で、その下に、統治対象、あるいは支配対象として、「民」があって、この民の方は、「年貢さへ納め候らへば、百姓ほど気楽なものは是なく」(慶安御触書)という有名な文句がありますけれど、要するに、それだけの存在であって、決して、「君臣」関係の中に入らないわけです。その君臣関係の網の目のようなものがたくさん存在していたのが幕藩体制でした。それをぶち壊して、そして、忠誠、忠義を尽くす主君というものを天皇一人に集中させていくということが「王政復古」ということの一つの意味であるわけですね。と同時に、非常に象徴的なのは、大日本帝国憲法において「臣民」という言葉が使われるわけです。これは江戸時代では考えられない。つまり、「臣」というのは、君と君臣関係を結んでいる武士階級だけの話であって、それと「民」という観念は結びつかない。それを「一君」へと集中することによって、万民が一君、天皇の家臣であるという、そういう観念を作り上げていくわけです。その結果が「臣民」という言葉になった。ですから、「大日本帝国憲法」では、いまの「日本国憲法」で「国民」という言葉が使われているところが、全部「臣民」になっているわけで、国民の基本的人権を定める「国民の権利義務」にあたるところが「臣民の権利義務」になっているという構成になっているわけです。

　そういうふうに「天皇」というものが、いわば、疑似ネイション・ステイトというか、そういうもののシンボルになり得たのは、あるいは、中心になり得たのはどうしてか、ということがあるわけです。

徳川幕藩体制における「天皇」の位置

　その点について、藤田省三『維新の精神』〔みすず書房、一九六七年〕の中の議論がちょっと面白いので、プリント九頁〔巻末三三頁〕の真ん中あたりに引用しておきました（先生は今、病気療養中ですが）。藤田先生は『天皇制国家の支配原理』〔未來社、一九六六年〕という本の元になる論文を、たしか二十七歳のときに書いてデビューした学者です。

　すなわち、幕末の段階で天皇というものの価値が急上昇する、というか、天皇がシンボルとして担ぎ出されることができたのは、徳川幕藩体制のなかで天皇が置かれた、非常に奇妙な位置に関係しているという議論です。つまり、一方で徳川幕府はいわゆる「征夷大将軍」という、これは鎌倉幕府・室町幕府以来、源頼朝や足利尊氏がやったスタイルですけれど、つまり、天皇から征夷大将軍という、これはもともと坂上田村麻呂とか、実際に「東蝦夷《あずまえびす》」というか「蝦夷《えみし》」そのものを征服するために派遣した将軍だったわけですけれども、そういう称号を天皇から授けられる。そういうかたちで権力をいわゆる授権される、委ねられている。そういう位置に徳川将軍をおくこと、これは家康の知恵であるわけです。つまり、戦国時代の、戦国状況における徳川氏というのは、諸大名の一つでしかなかった（いわゆる同輩者中の第一人者 primus inter pares）。その意味では他の、たとえば、伊達《だて》公とか、それから前田公とか誰でもいいのですが、それらと資格としては同格ですね。それが、たまたま関ヶ原合戦以降、徳川氏がいちおう、力のうえでは全国を統一するというだけの力を得た。しかし、そういう力の上でただトップであるというだけでは、実は権力というのは非常に不安定なわけです。

権力における実力（実効性）と権威（正統性）

これは政治学の方でよく言うのですが、「権力」というものには二つの契機があって、一つは「実効性」(efficiency)です。しかし実際にそれが権力として、パワーとして発揮されているということのほかに、もう一つ「正統性」(legitimacy)というのが必要である。つまり、象徴的な言い方をすると、「実効性」が権力のうちの「実力」の部分ですね。「正統性」がいわば「権威」の部分です。ドイツ語で言うと、「実効性」がいわゆる「ゲバルト」(Gewalt)になります。暴力と結び付くような、英語で言えば「フォース」(force)ですね。それと、「正統性」が「オーソリティー」(authority, ドイツ語ではアウトリテート Autorität)。その両方をもってはじめて「権力」(パワー power、ドイツ語ではマハト Machat)というものが成立する。

徳川幕藩体制――「実力」と「権威」との分裂システム

徳川幕府が成立したときに、ですから、「実力」の点では確かに天下を統一できた。しかし、それが「権威」として、つまりその統治・支配が正統なものであるという正統性をどうやって獲得するかというときに、いくつかの可能性があったと思うのです。しかし結局、家康は一種のリアリズムでもって、頼朝以来の、鎌倉幕府・室町幕府以来の制度を、あらためて徳川「幕府」として敷くというかたちで、つまり、天皇から権威を授けられたという形式をとることでもって、他の諸大名とは違って、「将軍」という、ひとつ抜きん出た存在であるというシステムとして「徳川幕藩体制」をつくったわけです。

しかし、その際に、「禁中並公家諸法度」を見るとわかるのですが（「禁中」というのは皇室のことです）、その朝廷全体として三十万石か五十万石位、それくらいの経済的基盤しか与えられないし、それから、いかなる実質的な政治的権力も与えられない。ただ、要するに名目的な権威は天皇から流出する。つまり、天皇が「正何位」とか「従何位」とかいう位階を与える（位階勲等の位階です）権限を持つということです。たとえば、吉良上野介とかは非常に高い位を与えられて、対する浅野内匠頭は実力の上では非常に大きいが、位階は下の方になってしまう（そこから赤穂事件が起こる）というふうな、そういうシステムをつくったわけですね。

幕末における「天皇シンボル」

幕末段階で、そこからどういうことが起こったかというと、一方では、天皇というのは権威として担がれている。だから、いちおう忘れられられないでいる。つまり、徳川氏が本当に、文字通り、自分が国王になるというかたちで徳川幕藩体制をつくっていたら、幕末には天皇の存在なんていうのは忘れられてしまっていて、担ぎ出されるという余地はなかったはずなのですが、そうではなかった。しかし他方で、実質においては虐待されているわけです。蒲生君平、高山彦九郎とかいろいろな人たちが、いかに皇室がひどい目に遭っているかを言う。それから、その天皇の所領が三十万石になっているわけです。そういう、適度に虐待され、適度に担がれているという状態だったということが肝要なのです。もっと担いで、完全に幕府と天皇家が一体であるという体制になっていたら、倒幕運動が起こったときには、その幕府とともに共倒れするはずだし、逆に、もっと徹底的に虐待し否定されていたら、思い出されることはないはずなのです。そういう位置に天皇というシンボルがあったということが、天皇を中心にして天皇制国家をつくるというかたちでネイション・ビルディングが行われることを可能にした、というのが藤田さんが『維新の精神』で展開した面白い議論です。

大日本帝国憲法ができ、特に教育勅語によって「修身」教育と称して「国民道徳」なるものが叩き込まれる後とは違って、この幕末維新期には、たとえば大久保利通とか木戸孝允の手紙などを見ると、ここでそろそろ「玉を動かす時」であるとか、それから、「玉を奪われたら」たいへんだから用心しろとかいうふうに、要するに、将棋の「玉《ぎょく》」＝王将、そういう駒を動かすようなかたちで、天皇シンボルを使うというリアリズムがあったわけです。それがその後、天皇を神様にしていく方向に転換するなかで、急速になくなるわけですね。

そのあたり、大日本帝国憲法の体制がどういうかたちでつくられるかというのは、もっと後のところでやりたいと思います。

三　さまざまなレベルの明治維新——民衆・為政者・知識人

とにかく、そういうなかで明治維新というものをどう見るか。基本はさっき言いました、「ナショナリズム革命」、英語で言えばrevolution for nation building、ネイションを建設するための革命というものであったと見るべきだと思いますが、しかし、そこにはさまざまな側面があったので、「さまざまの維新」を三つのレベルに分けて論じてみます。細かいところは、プリント九頁〔巻末三三頁〕以下を読んでもらうと、なんとなく雰囲気がつかめると思います。

「文明開化」のポジ——自由な開放感、民衆レベルの明治維新①

その三つのレベルの第一が〈民衆意識・世相・風俗レベル〉です〔巻末三三〜三四頁〕。『文明開化』のポジとネガ」とサブタイトルを付けましたが、一方では、解放感が満ちあふれていると同時に、他方で解体というか、むしろ、非常にニヒリスティックな状況というのかな、そういうものが裏表になっているということがあるわけです。「自由という言葉の大流行」を最初に取り上げましたが、「自由」は訳語で、「フレーヘード」というオランダ語から来ているのですけれど、もともと江戸時代にも「自由」という言葉はあって、室町時代から使われているのです。しかし、その時代の自由は、あくまで「自由自儘」とかいう言い方に象徴されるのですが、要するに、勝手気ままなことをするだけの自由だった。しかし、そうではないと、福澤などが「フリーダム」という英語を翻訳するときに、これを「自主自立」みたいな言葉で訳していくわけです。そのへんは後に触れますけれども、要するに、独立の主体性というか、そういうものをもつことが自由であるというふうな観念はなかなか定着しないわけです。しかし、とにかく、「自由」という言葉が流行る。プリントにあげているいくつかの例を読んでおいてください。

それから、「文明開化本」が大流行し、「開花鍋」を食べる『安愚楽鍋』の仮名垣魯文《かながきろぶん》の戯作の世界とかですね。そういうふうに「文明開化」、「自主自由」が謳歌される。もっとも、明治十年頃になると、物騒な戯れ歌がありまして、「自主の主の字を解剖すれば王の頭に釘を打つ」なんていう。要するに、民権派が共和制論をやるなかで、そういう物騒な戯れ歌が流行ったりなどします。もう一つ、「世の中は明治だなんていうけれど、オサマルメーと下からは読む」。そういうふうな、解放感からくる、ほとんどアナーキーなムードというものも、一方ではあるわけです。〔追記――この戯れ歌は、吉野作造が『明治文化全集　文明開化篇』（昭和四年刊）のコラムのようなところで引いていた。〕

「文明開化」のネガ――「敗者」にとっての維新、民衆レベルの明治維新②

しかし、他方で、プリント一〇頁〔巻末三四頁〕の「さまざまの維新」後半の（ニ）（ホ）（ヘ）（ト）で書いたように、むしろ、維新のなかで、マイナス面というか、ネガの面も現れてくる。さっき挙げた島崎藤村の『夜明け前』の主人公青山半蔵というのは、島崎藤村の父親がモデルだと言われているわけですが、維新後、思っていたような理想の「王政復古」による「祭政一致」の世の中が来るかと思ったら、正反対で、「攘夷」ではなくて「開国」してしまうし、次々と「文明開化」のなかでヨーロッパかぶれしたような方向に移って行く。そういうなかで、精神的におかしくなっていく、狂気に陥っていくわけです。彼にとっては維新というのは、いわば「裏切られた革命」になってしまう。そういう様相もある。

それから、もう一つここで引いておいたのは、吉川英治の小説で、これはあまりよく読まれているものではないのですが、『松のや露八』というのがありまして、これは太鼓持（幇間）の松のや露八という人物を主人公にした、そう長くない小説ですが、露八はもともと旗本だったわけです。幕臣だったわけですね。そしてその攘夷派と佐幕派、倒幕派と佐幕派の運動が競り合っているなかで佐幕派の、いわば志士として、ちょうど新選組とかと同じような動きをしていました。新選組はれっきとした旗本御家人ではなくて、もっと下っ端の、雇われたような連中が仕立て上げられていくのですが、そうではない佐幕派の、いわば活動家であった。その松のや露八は、そういう志が敗れたというので、太鼓持に身を持ち崩している。ところが、そこに新政府の役人が茶屋に乗り込んで来て、松のや露八が接待役で、その前で馬鹿踊りをして座を盛り上げる役をさせられた。その真ん中に座ってる人物の顔をふと見たら、それがかつて一緒に幕府を守るためというので戦っていた仲間であった。そういうなかで素知らぬ顔をして、ばか踊りを踊って見せるという、そういう世界を吉川英治は描いている。吉川がそういう視点を持っていたというのは、吉川英治論としても重要ではないかと思うのですけど、とにかくそういう世界もあるわけです。

それから、『ある明治人の記録』という中公新書。これも二、三十年前に出たのですけれど、興味深い本なので、読んでいただくといいと思うのです。主人公は会津藩士なのですが、会津藩は、ご承知の通り、最後まで幕府方で抵抗したわけです。会津藩主だった松平容保《まつだいらかたもり》が「京都守護職」というのをやっていた間に、尊王攘夷派の薩摩とか長州の志士連中を取り締まる役で、大勢彼らを捕まえて殺したりなどしたので、その仇討ちだというので、戊辰戦争のピークの一つになった会津戦争では、会津藩だけはいくら恭順の意を示しても全滅させるんだという意気込みで、薩摩と土佐の官軍が攻め寄せるわけです。そういう状況のなかで、例の白虎隊の集団自決のようなことも起こります。そして維新後は、朝敵、賊軍だったからと、下北半島の方、斗南《となみ》藩に会津藩士たちは移住させられて、そこで、ろくに食べ物もないような真冬の雪が吹き込む中で、赤犬が通りかかると、目の色を変えて捕まえて、やっと食料の補給をするという状況に追い込まれるのです。『ある明治人の記録』というのは柴五郎という人の手記で、斗南藩時代の藩士の姿を印象的に描いています。

その柴五郎の兄貴が柴四朗、ペンネームが「東海散士」で、『佳人之奇遇』（明治十八〔一八八五〕年、初篇刊）という、いわゆる政治小説の傑作と言われているものを書く。これは会津の遺臣である東海散士が、自由民権運動が盛り上がっていた時代に、いわば亡命のような感覚を持ちながらアメリカにわたり、フィラデルフィアの独立閣で、アイルランドの美女とスペインの貴族の娘とめぐり会うというのが発端で、のちに中国の明朝の遺臣も加わるという、スケールのでっかい話なのです。たとえば、記憶に間違いがなければ、バスク独立運動の志士とかですね、それから、ポーランドというのは当時、ドイツとロシアに分割されて、国がなくなっているわけですが、まさに「亡国」の運命にあるポーランドの志士とか、さらに、フィリピン独立運動、当時、アギナルドらが日本に援助を求めてきたりするというようなことがあったのですが、そういう人たちとの連帯感のようなものを示しながら、ちょっと恋愛感情のようなものが漂ったりという、そういう世界を小説に描いた。その作者の東海散士というのが、やっぱり会津藩士として、そのような「亡国」の目に遭った人物であったわけです。

しかし、非常に興味深いというか、奇妙な感じがするのは、西南戦争から日清戦争を経過するなかで、結局、彼らもナショナリズムの中に取り込まれていくことです。というのはどういうことかというと、まず西南戦争で会津の元藩士たちが続々と、つまり、薩摩の士族たちに自分たちはやられた、そのいわば敵討ちであるという感じで、政府軍に参加していくわけです。そういうなかで、つまり、もはや「朝敵」、賊軍ではないという、自分たちも「官軍」の側になるという経験をした後、さらに日清戦争が挙国戦争として戦われるなかで、完全に日本人としての、帝国臣民としての自覚、つまり、逆徒として疎外された存在ではないという意識を持つに至るわけです。とにかく、会津藩士たちにとっての明治維新というものは、そういう、非常に屈折したものにならざるを得ないということであったのです。ちょっと話が先の方に広がってしまいましたが、以上、「さまざまの維新」の「ネガ」の面について述べました。

為政者レベルの明治維新

他方、〈為政者レベル〉ではどうなるかということはプリント一一頁〔巻末三五頁〕にまとめていますが、これは、「上から」の国家形成と言いますかね、大久保利通らがまずリードして、それを受けるかたちで伊藤博文とか山縣有朋とか、いわゆる「維新の元勲」と言われる連中がやっていくわけです。それは、政府が主導権を取って、それで人民のレベルを、民衆のレベルを引き上げていって、そして「殖産興業」をし、「富国強兵」へということなのですが、ただそこにも、いろいろな側面があって、むしろその政府の方が「文明開化の運動」の推進力であったという、先ほどの竹越三叉の『新日本史』の中の指摘などもちょっと引いておきました。と同時に、天皇の存在のありがたさを「啓蒙」するということも熱心にやっていて、そのへんも非常に興味深いのですが、そこは読んでおいてください〔巻末三五〜三六頁〕。

知識人レベルの明治維新

そして、〈民衆レベルの維新〉と〈統治者レベルの維新〉との間に挟まれるようなかたちで〈知識人レベルの維新〉というのがあって、彼らがいわゆる「啓蒙思想家」として啓蒙活動をやっていくわけです。プリント一二～一三頁〔巻末三六～三七頁〕にいくつか例を挙げておきましたけれども、最後のところに引いた中村正直のケースだけ、話しておきます。

中村正直の場合 ――「人民の一新」の希求

中村正直の『西国立志編』という本が、福澤諭吉の『学問のすゝめ』と並ぶ明治初年のベストセラーになりました。これは、スマイルズという人の本の翻訳なのですけれども、*Self-Help*（「天は自ら助くる者を助く」）という英語の訳語で、だから後には「自助論」と題して訳したりされます。それを「西国」（ヨーロッパ、具体的にはイギリスです）、イギリスで志を立てて成功した人の話を集めたものということで、「立志」という言葉を使ったのです。多分、この命名のおかげでベストセラーになったわけですが、いかにして権威に頼ったりとか、コネというもので成功するのではなくて、自分の自力でもって志を達成していったかということを強調したのですね。この『西国立志編』の中村正直も、明六社（明治六年に結成された結社なので明六社というわけです）のメンバーの一人でした。この人は、もともとは江戸幕府の「昌平黌《しょうへいこう》」、湯島にある「昌平坂学問所」の儒者だった人。それが幕末の段階で洋学、とくにイギリス学を学んで、英国に留学し、一時期はキリスト教を信仰するにいたったりした人で、ジョン・スチュアート・ミルの『オン・リバティ（*On Liberty*）』を『自由之理』というタイトルで訳した人です。

その人が明六社でおこなった演説（この時期、初めて「スピーチ」というものが導入されます）が、「人民の性質を改造する説」です。それが『明六雑誌』第三十号に載っています。そこでこんなことを言っているわけです。

近頃みな「御一新、御一新」と言う。この時期、まだ明治「維新」という言葉はあまり使われていなくて、「御一新」と言ったり、「王政復古」と言ったりということが多かったようですけれど、その「御一新」というと、全てが一新されて新しくなったように聞こえるけれども、それまでなされた御一新というのは、「政体の一新」にすぎないではないか、と中村正直は言うのです。政治体制のようなものは確かに変わった。しかし、肝心の「人民の一新」がなされていないということを強調するわけです。

> 人民ハ矢張旧《モト》ノ人民ナリ。奴隷根情ノ人民ナリ、下ニ驕リ上ニ媚ル人民ナリ、……労苦ヲ厭ヒ艱難ニ堪ザル人民ナリ、……浮薄軽躁胸中主ナキ人民ナリ、自立ノ志ナクシテ人ニ依頼スルヲ好ム人民ナリ、……

これは福澤で言うと、「独立心」とか「人民独立の気風」という言葉になるのですけれど、「独立」とは、英語でindependenceですね。「インディペンデント・スピリット」。インディペンデントとはどういうことかと言うと、ディペンドしないということ。「ディペンド」とは、寄りかかる、もたれかかる、依存する、依頼する。そういうことをしないのが「独立心」であり、「自立心」であるということになります。ところが、そういうものを持たないで、「奴隷根性」がいまだに残っている。そうではない、新しい人民というものを創り出さなければ、「御一新」というのは完成しないんだということを、中村正直が言っている。

そういうのが、明治維新というものが持っていた一面で、結果的には、さっき申しましたように、「天皇制国家」をつくり上げることでそのかたちを得るということだったわけですけれど、しかしそのなかには、そういう「自主自立」の民衆が「下から」つくり出す〝ネイション・ステート〟の観念が、明治前半期には色濃く出てきていた部分があるわけです。

その話をですね、次回、「福澤諭吉の思想」で話し、それから自由民権運動、それから特に中江兆民という人を取り上げて話すということをして、その後、いわゆる天皇制国家ができあがって以降の状況、というふうに進めていきたいと思います。そんなところで、また次回に。

第三回　福澤諭吉の思想

福澤諭吉
フランス国立自然史博物館にて1862年に撮影、東京大学史料編纂所蔵。

〔注〕本講座を担当する予定であった立教大学名誉教授・立正大学教授（当時）の神島二郎は、この第三回講義の直前、一九九八年四月五日に逝去した。

一 『近代日本の精神構造』――神島二郎の思想史学

神島先生がお亡くなりになったと新聞に出まして、本当にびっくりしました。お歳は七十九歳ですが、直前までこの講座にも出られるご予定だった。それだけお元気だった、その点はまだ救いがあるという、そんな感じがしております。

神島理論の二つの柱――丸山政治学と柳田民俗学

神島先生という方は、フィリピン戦線から復員されて、それから東大に復学されて、翌年卒業されたんでしたかね。たしか、国士舘中学卒業のあと、一高に入るのに二浪か三浪かされた。当時としてはそれだけ長く浪人するのは珍しいと言われて、そういう努力型の方でした……。大先輩なのですが、僕らにとって非常に印象的だったのは、私のついておりました丸山眞男先生のもとで、神島先生も大学時代に学ばれたのですが、同時に、民俗学を始められた柳田國男先生の、「柳田民俗学」というものに早くから非常に傾倒しておられて、言ってみれば、丸山眞男の近代政治学的な方法と、それから、柳田民俗学の方法とを、総合することはできないかということを、少なくとも若い頃は、ずっと追求しておられた。そういう方でした。

この間の『朝日』の追悼記事を書かれたのは高畠通敏さんという、立教大学で神島先生と同僚でおられた方です。高畠さんは、六〇年安保のときに「声なき声の会」というかたちで関わられて、それからさらに、いわゆるべ平連、「ベトナムに平和を!市民連合」などを小田実さんたちと一緒にやられたりしていた、そういう方です。その高畠さんもお書きになってますが、神島さんは『近代日本の精神構造』（一九六一年）という本を、三十年以上も前に岩波書店から出しました。（この川崎市民アカデミーでの講座のタイトルを「近代日本の思想」とされたのもそれに由来するわけです。）

「村」の解体
——日本近代化の最大問題

そこに入っている幾つかの論文が、我々にとって非常に勉強になるというか、衝撃的なものでした。その中身を詳しく紹介していると切りがないのですが、いちばんポイントになることは何かと言いますと、前回の明治維新の話と関わってくるわけですけれども、日本が明治以後「近代化」をしていくわけですね、そこで起こってくる最大の問題は何かというと、神島さん流に言えば、「村」が壊れていくことです。

その場合の「村」というものを、神島さんは「第一の村」と「第二の村」とに分けるのです。その「第一の村」というのが、いわゆる「自然村」で、自然にもともとある村ですね。これは田舎で言えば、「字《あざ》」みたいな単位のところがいちばん原型なんでしょう。その「自然村」が、明治以降、たとえば「市町村制」が敷かれていくなかで、「行政村」（行政の単位として、上から統治する末端の単位として作られてくる）によって、取って代わられていく。

もちろん、それだけではなくて、近代化が進んでいくということは、産業化、工業化が進んで、都市に労働力を集中していかないと、資本主義化が進まないわけですから、そういうなかで急速に「都市化」が進んでいく。そういうなかで、否応なしに、「第一の村」、「自然村」というのは崩壊していかざるを得ないわけです。もっとも、古い封建的な農村共同体が崩壊し「都市化」して（ヨーロッパには「都市の空気は自由にする」という諺がありまして、そういう自由な都市の生活の中に入っていくわけです）生活水準が上がって「自由」を享受できるようになれば、結構ではないかということになるのですが、神島先生によると、まさにそこに非常に大きな問題が出てきます。どういうことかというと、日本社会のそれまで作られていた、自然村にあった秩序のあり方、共同体の作り方、人間関係の作り方、そういうなかで人々が働くためのシステム、そういうものが都市に人口移動していった場合に壊れていくわけです。

日本の都市における「単身者主義」と「欲望自然主義」

そしてそこに、どういうことが起こるかというと、日本の都市は、なんといっても、自発的にというか、自生的に成長してきたものというよりも、先程から言っております「近代化」、つまり資本主義化のために新たに作られたもので、労働力を集めて、産業を興していくためのものとして作られるわけです。しかも、それが、これも神島先生の独特の用語なのですが、その都市づくりの観念というのは「単身者主義」（最初はたしか、「独身者主義」という言い方をされていたと思います）と結びついていたのです。要するに、ひとり者、単身者の若い労働力を都会に集めることで「都市化」するわけです。そのためにどういうことをやるかと言うと、まず歓楽街ができるわけですね。「花の都東京」なんていう、ネオン輝く歓楽都市です。そういうイメージでもって、飲み屋があり、戦前で言えば遊郭があり、ということになる。そういうかたちで労働者を集めておいて、その単身者が、やがて結婚して所帯を持つと違ってくるわけですけれども、しかし、町づくりの最初の都市づくりのところで、そういう単身者主義の、したがって消費文化中心の都市ということになっていく。

そうすると、本来の（ヨーロッパ型の）都市の、生活していくための「自治」の場としての町づくりというのは、あと回しになってしまうわけです。そのあたりが、先程の「都市の空気が自由にする」というヨーロッパの場合で言えば、いわゆる「自治都市」というかたちでまずできて、都市の中に自分たちで作った秩序というのが、ちゃんとある。そうではないかたちで、まず経済的必要から町づくり、そういう単身者の労働力を集めての、歓楽街としての都市から作っていくということをしますと、都市というものが、これも神島さんの用語によると、「欲望自然主義」の吹き出す場になる。つまり、自分たちの秩序を作っていくために、自分たちで規律を、ルールをお互いに作っていくというかたちでの都市という場ではなくて、むき出しの欲望、エゴを追求していく、そういう場として都市がつくられていくことになる。

「群化社会」と「生存競争」

それが、ちょうど時代的にいうと、日清戦争後から日露戦争にかけてくらいに、そういう急激な都市化が進むのですが、その都市は、これも神島先生の用語だと、「群化社会」としての都市（群れと化した社会）になってしまう。ちょうどその頃、思想面で言いますと、ダーウィンの「生物進化論」が大流行するわけです（ハーバート・スペンサー経由の「社会進化論」は、自由民権論の明治十年代に流行りましたが）。丘浅次郎という人の『進化論講話』というのがベストセラーになって、それを大杉栄らも愛読するという時期があるのです。これはどういうことかというと、ダーウィンの進化論というのは、いわゆる「生存競争」によって動物は進化すると言うのですね。生存競争というと、ちょっとまだニュアンスが柔らかいのですが、原語は struggle for existence

という。ストラッグル、「闘争」、戦いですね。「生存」（Existence）のための闘争。そして、いわゆる「自然淘汰」。natural selection の訳語です。そしていちばん印象的で流行ったのは、「弱肉強食」という言葉ですね。つまり、弱い動物は強い動物に喰われてしまって、その強い動物が、「適者生存」（survival of the fittest）というのですが、いちばん環境に適応したということでサバイバルしていく、生き残っていく。そういうかたちで優勢種が「進化」していくんだ、というのがダーウィンの進化論。少なくとも、日本での受け止め方はそうでした。そういう〝生き馬の目を抜くような「生存競争」の場としての都会〟というイメージが急速に普及します。

「第一の村」（自然村）の崩壊と「第二の村」「第三の村」（擬制村）の形成

そういうことになっていくとどうなるかというと、かつての村の農村共同体にいたときの、これは、いろいろな封建的な抑圧のようなものも強いわけですけれども、それから、村八分のように村の秩序を乱すものははじき出されるわけですけれども、しかし、困ったときには、どうしても食えなくなると、なんとかかんとか周りで寄ってたかって、「相互扶助」で、「隣保共助」で、助けてくれるという側面があったわけです。そういう保護してくれるような共同体の「温かい懐」というのを失った都会人たちは、言ってみれば、非常な疎外感を持つわけですね。その彼らがどうしたかというと、ふるさとに「帰りたい、帰れない」。帰っても、もうふるさとは崩壊している。そういう状況のなかで、「第二の村」を作っていったんだという仮説を、神島さんは立てるわけです。それは先程の「自然村」である「第一の村」に対応する概念で、「擬制村」（フィクションとしての村）という言い方をされたりしていました。

それがどういうものかというと、まず非常に単純に、「ふるさと」回帰志向から出てくる「郷党閥」ですね。「県人会」とか、「同郷」の人が集まる。それからもう一つは、ある時期から「学校閥」（同じ学校の出身者）が集まるということです。それから軍隊の、特に海軍などの「同期の桜」意識とかですね。

「擬制村」としての企業・役所

そういうかたちで様々に、いわばムラ的秩序原理で寄り集まれるような場所を作っていくというわけです。さらには、このへんはあまり神島さん自身は展開されていないのですけれど、おそらく日本の「会社」組織というのも、同様に、たんなる西洋的な資本主義に基づく企業という以上の意味を、ある時期から持たされてきたという感じがするわけですね。つまり、最近ではそれはまずいということになった「年功序列」賃金などに象徴されるような、要するに丸抱えで何から何まで面倒をみてくれる、そういう場所としての企業、会社です。「企業一家」なんて言葉が出てくるのは、大正の終わりから昭和の初め頃だと思いますが。労働運動などが激しくなってくるなかで、「協調会」（渋沢栄一らが作った「労使協調」のための研究調査・社会事業を行うための財団法人）あたりが、一つのイデオロギーとして打ち出してくるのが、「会社」というのは一つの「家族」のような共同体的な組織であって、たんなる資本家と労働者の契約関係で成り立つような秩序ではない、という考え方です。これも神島さんのいう「第二の村」と言っていい。

そういうなかで、今でも面白いと思うのですが、僕らのように大学なんてところに行って、あまりそういう企業社会とは関係ない人間からすると、いつまでも違和感があるのは、当然のように使われる「うちの会社」、「お宅の会社」と言う言葉です。会話のなかで「うちでは」とか「お宅では」とか言うわけですね。そういう「内輪」と「よそ」の、境になるようなものとして「会社」がある。私の親父は戦前、「鉄道省」に入った（戦後の「国鉄」です）鉄道マンだったのですが、その公務員の親父が「役所に行ってくる」と言う。その「役所」というのは、やっぱり「うちの会社」みたいな意識で言ってたのだろうな、と思うのです。戦後、国鉄になってからもずっと「役所」と言ってましたから、鉄道省時代の役人意識が抜けなかったのですね。

日本ファシズム分析としての神島理論

とにかく、そういうふうにして「群化社会」化が進んで、「生存競争」の荒々しい資本主義の世界の中に投げ込まれた人たちが「第二の村」的なものを作って、なんとか対応していこうとする。そういうなかで近代日本の思想史・精神史というものを見ていくと、ファシズム化というのが昭和の初めから起こるわけです。それをよく、いわば漠然と、「天皇制ファシズム」という言い方をしているのですが、その実態は何だろうかというのに対する神島さんの答えが、じつはこの理論の中に籠められていると言っていいのです。

この問題はこの本『近代日本の精神構造』の第二部（同書は三部構成）で正面からトータルに論じられているのですが、ここで要約して話すのは困難です。ただ強烈な印象を受けて覚えているのは、「桃太郎主義」という巌《いわ》谷《や》小波《さざなみ》（児童文学）の使った言葉を用いての論です。「桃から生まれた桃太郎」が「お腰に着けた黍団子、一つください、お供します」と言って主従関係を結んだ犬・猿・雉を引き連れて、「鬼ヶ島」に行って「鬼退治」をするという話が、「天真爛漫の暴れん坊」の話から「帝国主義」的な侵略主義の話にまで、転換してゆくというのです。

つまり、官僚機構とか、そういう近代合理主義との関連だけで近代化を見るのではなくて、むしろ、それとの関係で古い物がかたちを変えて蘇ってくる。それがうまくいくときはいいんだけれども、おかしな具合になると、今の「桃太郎主義」のようなかたちで、それが当時の朝鮮とか満州とかに進出していくような、あるいはそうしないと生きていけないような人たちにとっての、なにやら偽物の夢を与えていくということにもなる。

いずれにせよ、たぶんこれを機会に、かなりの人が神島先生の説かれた理論を読み直すことを始めるのではないかと思います。

「パブ」と「居酒屋」
──日英比較文化論

それと神島先生の話をもう一つ。ちょうど今頃は、新しい学生が入ってきて、ゼミも新しいメンバーが加わり、いわゆる「新歓コンパ」（新入生歓迎コンパ）をするのですが、最近、そのときによくする話です。神島先生が、四十過ぎてからではなかったかと思いますが、かなり遅くなって留学された。それ以前はなかなか外国に出られなかったのが、自由に留学ができるようになってから、イギリスに行かれて、戻って来られたときに『朝日ジャーナル』（まだ創刊されて間がない頃だったと思いますが）に書かれていた、非常に印象的なエッセイがありました。それは何かと言いますと、イギリスの「パブ」の話から始まる日英文化比較論のようなものです。

「パブ」というのは、元々パブリック・ハウス、公共の家という名前の飲み屋なのですけど、これは、たんにロンドンその他の都会だけではなくて、イギリスのどんな田舎に行っても、村なら村の、むしろ中心部にかならず在るのですね。そこはヨーロッパ大陸のフランス、ドイツなどと違うところですが、大陸の方では村とか町の中心は、広場のようになっていて、ど真ん中にはまず教会があるわけです。それから、市庁舎とかそういうふうなものがある。ところがイギリスの場合には、そういう広場を持っているような所は少なくて、ただ四ツ辻が真ん中にあるだけで、そこにはパブがあるわけです。そのパブリック・ハウスに集まって来ては、毎晩のように常連が呑んでいるわけですが、そこでの飲み方と日本の居酒屋での飲み方は違うようだという話を、文明論として神島さんが、一九六〇年代の初め頃の『朝日ジャーナル』でされていたのを覚えているのです。

「醜態の共同性」と「美態の共同性」

それは、どういうことかと言いますと、パブで呑んでいる人たちは相当酔っ払っても、乱れたふりをしないというのが「美学」で、そして、なかなか高尚な話を延々とやっている。ところが、日本の

「飲み屋」の場合、あるいは日本の「宴会」の場合は違うのです。つまり、ヨーロッパの「パーティ」と日本の「宴会」との比較ということでもいいのですが、これは結局、日本の宴会の本来的な姿というのは、最後は乱れてめちゃくちゃになるというのがノーマルだとも言える。最近はずいぶんそれは変わってきてると思いますけれど。神島さんが問題にしているのは、どういうときに「共同性」を感じるかという議論でして、つまり、日本の宴会の共同性は「醜態の共同性」であるというのです。醜態を晒すということがですね、信頼感を与えるのですね。あいつはあんな奴で同じ人間だ、という感じで、むしろ連帯感が出てくる。ところが、向こうのパーティとかパブの文化は、「美態の共同性」というか、かなり無理をしても、ある水準に自分をもっていって、そこで共通の言葉をつくり出してコミュニケーションをする。

それが正しいのかどうかわかりませんが、昔聞いた話では、ヨーロッパ人のなかでもドイツ人などはやっぱり最後は酔っ払って、日本人が相手だと「こんど一緒にやるときには、イタ公を外そうな」とか言うらしいのです。イギリス人というのは、よく「偽善的」な国民だと言われますけれど、しかし偽善と「偽悪」とどちらがましかという問題……こんな話をしていると、今日の福澤の話に入れないのですが、非常に面白いと思うのは、「偽善」といっても、それを貫き通せば、完全な「善」になるのではないかということです。そういう、あくまでカミシモ（裃）を外さないという、そういう文化と、そいつを脱ぎ捨てて裸になったほうが信用される文化というものの違いというのは、やっぱり大きいのではないかとか、いろいろな連想がはたらくのです。神島先生はいろいろと考えておられた。その原点は、さきほど述べた、柳田國男がつくり出していったような民俗学の世界と、丸山さんの近代的な社会科学の世界と、それをなんとか総合できないかという試みだったと思います。

神島さんに興味のある方は、ぜひ、もともとこの講座でテキストとして指定されていた本『政治をみる眼』とか、先ほどの『近代日本の精神構造』を読んでください。これはちょっと難しい本だけれども、非常にヒントに満ちているものです。それから、この本は註がものすごい量なのです。本文よりもページ数が多い。それも、普通の人が使わないような文献が引用されている。神島さんは東大を出た後、いっとき国会図書館で仕事をしておられて、そういう国会図書館でしか見られないような文献をひっくり返すということをされていて、聞いたこともないような資料を使いながら、まったく独自なユニークな議論を展開されている。そういう方だったのです。……追悼のコメントがだいぶ長くなってしまいました。

二　福澤諭吉――「下から」の近代化の探求

ようやく福澤諭吉の話に入りますが、前回の明治維新とは何であったかという話のなかで、要するに、大きく分けると、明治維新のあと日本をどういう近代国家に作り上げていくかというときに、二つの方向があったわけです。

日本近代化の二つの方向①
――政府主導による近代化路線

一つは、大久保利通らが推進したような方向ですね。プリント一一頁〔巻末三五頁〕の最初に書いておいたのですが、要するに、「上から」政府が主導権を取って、つまり、大久保利通の「行政改革建言書」という明治九〔一八七六〕年に提出された建言書の一節をちょっと引いておきましたけれど、「……数百年ノ因習ニ浴シ来ル無気無力ノ人民ヲ誘導スルニハ、政府之ガ嚆矢ト成ラザルヲ得ズ。故ニ……百官百司ノ人物ヲ精選シ、十分ノ改革ヲ遂ゲ……」というのです。数百年の因習に染まってきた無気無力の人民を誘導するには、政府が先頭に立ち、先駆けになって引っ張って行かなければいけない、無気無力の人民に任せていたんでは、いつまでたっても近代化できないと言うのです。要するに、優秀な官僚機構を作り上げて、それが主導権を取って、というわけです。

そのなれの果てが昨今の大蔵省の官僚かもしれません。ちょうど私と同世代の知人なども、今回の事件（一九九八年の大蔵省接待汚職事件）に関わっております。少なくとも通常の意味で、そうなるはずのないような人間も、そういう世界に染まってしまうとあんな風になるのかな、という感慨があるのですが。

日本近代化の二つの方向②――「不羈自立の人民」による国家形成

とにかく、そういう大久保的路線で、結局、日本の近代化は進んだと、大まかには言えるわけです。それに対して、自由民権運動などもそうなのですが、福澤諭吉とかですね、この前たしか最後にちょっと紹介した中村正直その他、明六社の知識人たちが打ち出していたのは、もっと「下から」のと言いますか、もう一つの近代化の方向です。独立した、「独立の精神」を持った、つまり「奴隷根性」でない「人民」によって作り出される近代国家、という方向です。福澤はそれを「人民独立の気風」によって作り出される「文明」と表現します。（『文明論之概略』）

当時は「人民」という言葉が平気で使われていたのですが、いつの間にか人民というと、あまり日本語ではないという感じになって、「国民」とか「民衆」とか「庶民」とか言わないとおかしいというところがあって、この辺をどう考えたらいいのかというところがあるわけですが。つまり、中国の人たちが「われら中国人民は」なんていうんだけれど、「われわれ日本人民は」なんて言うと、自分たちのことではないみたいな気がするというのは、これは、どう考えたらいいのかという問題があると思いますけれど。とにかく、自主的で自由で独立心を持った「不羈自立の人民」というものを育てなければ、本当の近代国家としてやっていけないんだという、そういう議論が、先程の絶対主義路線と言いますか、大久保利通的な路線とは別に、出てくるわけです。その方面の、言ってみれば代表者というふうに福澤を位置づけることもできるのではないかということで、それを中心にして福澤論をやっておこうかというふうに思ったわけです。

「社を結ぶ」の思想

プリント一四頁〔巻末三九頁〕の書き出しのところにありますように、福澤は「明六社」の同人でした。これは明治六年につくられたので明六社と言われ、そしてまた、結社をつくるという、これまた当時としては画期的だったものの最初だったわけですね。今でもなかなか、そういう「結社」、「社を結ぶ」という観念は、定着しているとは言えない。「社会」という言葉にしても、すでにある社会の中に入っていくという意識の方がどうしても強い。それに対して、自分たちがその「社を結ぶ」という、これは、社会学などの概念で言いますと、要するに、voluntary association（自発的結社）という概念ですね。

ゲマインシャフトとゲゼルシャフト

昔、フリードリヒ・テンニースという社会学者が、「ゲマインシャフトとゲゼルシャフト」ということを言いまして、これはドイツ語です。ゲマインシャフト（Gemeinschaft）が「共同体」と訳すべき言葉でしょうね。それに対して、ゲゼルシャフト（Gesellschaft）というのが、共同体と区別された意味での、「社会」と訳したほうがいい言葉です。つまり、英語で言えば、ゲマインシャフト（共同体）がコミュニティ（community）で、共有している（common = gemein）という言葉のニュアンスが生きてるわけです。それに対して、ゲゼルシャフト（社会）の方はソサエティ（society）ですね。ソサエティは、先の（神島さんの言う「美態の共同性」の）パーティーなどもソサエティですけど。前者の「共同体」の方は、共同体が先にあって、生まれる前からある共同体の中にいる（気がついてみるとその中で目覚めている）し、その中に包み込まれているというイメージです。それに対して、後者のソサエティの方は、自分たちで自発的に作っていくという、そういうニュアンスが強いわけです。

面倒くさいことを言うと、ソサエティなり、ゲゼルシャフトにあたるものを「社会」というふうに訳したのは、実は非常に新しくて、今までに確かめられているかぎりでは、明治八〔一八七五〕年に福地櫻痴《ふくちおうち》（源一郎）という人物が使ったのが最初ではないかというふうに言われているのです。

自発的結社としての「明六社」

ただ、ソサエティの訳語としての「社会」はそうですけれども、明六社などが作られるときには、はっきり明六社と「社」という言葉を使って、しかも先ほど言いましたように、「社を結ぶ」という表現をしたわけですね。もっとも、「結社」というと、なんというか秘密結社のような感じが伴うところがあって、そういう意味での「社」は、江戸時代、幕末近くに、たとえば「蛮社の獄」（渡辺崋山らが切腹させられる）がありました。これは南蛮渡来の蘭学を学んでいる結社である、こいつらはけしからんというので、鳥居耀蔵《とりいようぞう》という悪辣な人物によって、まさに蛮社の「獄」として弾圧されたわけです。とにかく、そういう「社」のイメージというのはずっとあって、その中で「社会」という言葉が明治八年くらいから使われるようになった。ですから、「明六社」というのは明確に、そういう従来の共同体とは違うソサエティを作るという意識でできている、という点だけでも重要です。

reading public の出現

それから、『明六雑誌』という明六社の機関誌が出るわけですけれども、それが毎号、当時三千部売れたというのですね。当時の識字率、文字を知る人が割合少なかったことから考えると、これは相当なものです。そういうなかで、プリント一三頁〔巻末三七頁〕に書きましたが、初めて“reading public”と言えるものが出てきます。「読者公衆」とでも訳しますかね。民間ジャーナリズムと言ってもいいのですが。そのように、活字を読むことを通じて、ある公共的な集団ができてくるということが、ここで始まっているわけです。この明六社の段階での、この新しい社会づくりというか、明六社のあり方というのは、非常に、重要な意味をもつと思うのです。

福澤諭吉による「私立」「民間」の強調

しかし、この明六社の同人も、実は、福澤諭吉を除くと全員が、みんな政府の役人か、あるいは官立学校の先生になるわけです。それに対して、福澤は「学者の職分を論ず」を『学問のすゝめ第四編』(明治六〔一八七三〕年一月)に書きます。そこから「学者職分論争」が明六社同人の間で展開されることになります(『明六雑誌』第二号)。つまり、彼はあくまで官につかず、「私立」の立場で働くべきであると主張します。そして、「私立の学者」という面白い言葉を使っているわけですけれども。今は、「私立」って言うと、私立大学とか私立高校とかしか使いませんが、もっと一般的に、つまり、「官」に対する「私」ということの意味を、福澤は非常に強調しまして、「私立」で「民間」にあるということが重要であると言います。(明治七〜八〔一八七四〜五〕年、福澤は『民間雑誌』を慶應義塾から刊行。)それからさらに、福澤の使っている言葉として、そんなに頻繁には使ってないのですが、「民間公共」ということを言うわけですね。日本語で言うと、「民間公共」なんて、少なくともかつては、おかしな言葉にしか聞こえないわけです。

日本の伝統的「公共」観念

公をオホ(オ)ヤケというのは、語源的に言うと、「大家《おほやけ》」(大きな家)とか、あるいは、大宅壮一の大宅みたいな「大宅《おほやけ》」、つまり、大きな建築物、ここから来ているわけですね。それが朝廷のことになる。天皇のことを、キミ（君）あるいはオホキミ（大君）というふうに言って、そのときにも、この公を書くわけですが、君と呼ぶようなオオヤケ、大きい家、それが「公共」なのである、という公共観念しかない。

それから、江戸時代でいえば、たとえば、「公儀を恐れざるは不届きに候」とか言って、切腹をさせられたりするということがある。幕府は自分のことを「公儀」というふうに言ってたわけですね。「公儀隠密」とか、そういうものもありますけれども。この辺は、もう完全に、「お上」がイコール「公共」であるわけです。

それに対して、そうではない「公共」、「民間公共」ってのが大事だというのが福澤。一人一人の「私」、「公と私」の私として立っている人間が横に結んでいけば、「公共」ができるという、これが大事なんで、上から纏まりを与えられるかたちで公共ということだけやっていたんではダメなんだ、というのが福澤が強調したところです。

福澤における「公共」の転回

そこから福澤諭吉は一度、明治十四年の政変の前に、井上馨に勧められてというか、騙されかけて、政府が作る「官報」みたいな新聞を作るから、お前が中心になってやらないかと言われたときに、かなり心を動かされて、入りかけたりした。ところが、そこに、大隈重信が追放される「十四年政変」というのがありまして、その話はうやむやになるわけです。とにかく、けっきょく一度も政府に仕えず、慶應義塾を中心にした教育活動をし、それから、「官報」の設立企画がつぶれた後、じゃあ自分で作ろうというので、『時事新報』という新聞を作る。そういうかたちで、「下から」文明を形成しようとしたのが福澤であったと言っていいと思います。

そのへんを最も端的に示している言葉が、プリント一四頁〔巻末三八頁〕の真ん中の見出しのサブタイトルに使いました「一身独立して一国独立す」という言葉です。一人一人がインディペンデント・スピリットを持たなければ、ネイションのインディペンデンスも保てないんだという主張ですね。

三　福澤諭吉の思想形成

福澤の父・百助

福澤という人は、プリント一四頁〔巻末三八頁〕の略年譜の最初に書きましたように、豊前中津藩の下級武士の末っ子に生まれましたが、父親が早くに死んでしまい、母親に連れられて、豊前中津に戻っています。父親は大坂の藩の蔵屋敷で（江戸時代の諸藩は、地元で税として取った米を大坂の蔵屋敷で売ってお金に換えて、それで財政を賄うということをしていました）、そろばん片手に町人と折衝するような仕事をしていたそうです。ところが、その父親というのが非常に学問好きの人で、本当は、こんな仕事ではなくて、学者になりたかったんだということを言っていたらしい。父親が早死にしてしまったあと、諭吉がものがわかる年代になったころに、親戚の人か誰かから、親父さんの百助は、この子は長男ではないし（長男だったら、後を継いでちゃんとやっていけるけれども）次男とか三男は武士の場合も、「部屋住み」のままで終わる可能性が強いわけで可哀想だから、寺に預けて坊主にしたらいいのではないかということを言っていた、と聞かされます。寺の坊主の世界に行けば、能力次第でそれぞれの宗派の大僧正のようなものまでなれないこともないという、そんなイメージだと思うのですが。それを聞いて、福澤はこう思ったというのが『福翁自伝』の冒頭の近くに出てくるわけです。つまり、父親は本当は大坂の蔵屋敷の下っ端役人の仕事ではなくて、ちゃんと学問をして、できれば学者になりたかった。その思いを自分の息子の諭吉の将来に重ねながら、そういうことを言ったのでしょう。その心事、心の底を思うと自分は涙が出た、「私にとって門閥制度は親の敵でござる」という文言が、『福翁自伝』には書きつけられているわけです。

「門閥制度は親の敵」

門閥制度、封建制度というのは、結局、身分、生まれというものに絶対的に縛られてしまう。父親はそれで、無念の思いをして死んでいった。したがって、そういう門閥制度というのは「親の敵でござる」というわけです。「親の敵《かたき》」という、封建イデオロギーを逆手にとるようなかたちで、そういうことを言う福澤というのも面白いわけですけれど。

とにかく、そういうなかで、その大坂で生まれて、父親が死んでから豊前に戻っても、中津藩の周囲の世界に、福澤一家は溶け込めなかったらしいのですね。この辺は『福翁自伝』を読んでもらうとわかるのですが、そういう窮屈な箱の中に詰められたような世界からは早く逃げ出したいというので、それで、二十歳くらいになったときですかね、長崎に飛び出して行く。飛び出すときには、「故郷を去るに少しも未練はない。如斯処《コンナ》に誰が居るものか、一度出たらば鉄砲玉で、再び帰て来はしないぞ、今日こそ宜《い》い心地《コヽロモチ》だと独り心で喜び、後向《うしろむい》て唾《つばき》して颯々《さつさ》と足早《あしばや》にかけ出した」と書いていますけれども、そうやって、自由の天地を求めて長崎に出るわけです。

蘭学から英学へ

そして、長崎の通辞のところでオランダ語を学び、かなりものにしたところで、さらに大坂の緒方洪庵の「適塾」に行きます。この「適塾」時代というのが、また、この『福翁自伝』に生き生きと描かれていて、いろいろな悪戯をやったりなどもするけれども、猛烈に勉強した光景など、『自伝』のなかでもとりわけ印象に残るところです。大阪の中之島に、この「適塾」の跡が今でも残っていて、塾の中もかつての様子を残していますので、みなさんも一度見に行かれるといいと思います。

とにかく、そういうふうにして彼はオランダ語をマスターした後、さらに英学に移ります。江戸の鉄砲洲《てっぽうず》で蘭学塾を開いていた頃ですが、横浜が開港されたと言うんで行ってみたら、オランダ語が通じるところなど一つもなくて、英語でなければ全くやっていけない。看板一つ何が書いてあるかわからん。そこで改めて英語を学び直すということをしてるわけです。そうやって蘭学から英学へと移る。そして、最初は中津藩と結び付きながら江戸の鉄砲州で塾を開き、やがて幕府の「翻訳方」とか、そういうふうな所に関係しながら、有名なのは、一八六〇年（万延元年）の渡米です。これは勝海舟が艦長で「咸臨丸」が初めてアメリカに渡るわけですね、それになんとかして便乗したいというので、かなり裏工作して頼み込んだりして、潜り込んでアメリカに渡る。その時もいろいろな話があって面白いのですが、その辺を詳しくやっているとキリがないので、『福翁自伝』をぜひ読んでいただきたいと思います。（晩年の『福翁百話』とか『福翁百余話』とかにも、その頃のことを思い出して書いています。）

そして一八六二年（文久二年）、今度はヨーロッパへ、幕府派遣の遣欧使節団の一員として出かけます。この旅行が彼にとっては、いわば決定的な一歩になったようです。『福翁百余話』には、「親しく欧米諸国文明の活劇に接して欽慕に堪へず、就中その人権を重んずるの一事は、封建制度の門閥風に呼吸したる日本人の夢にも想像せざる所にして、眼前に之を見れば唯茫然として心酔するのみ」とあります。

「自由」「独立」「人権」の発見
——福澤の西洋経験

彼が西洋文明というものに接触しての最大の感激というのは、そういう「自由」ということ、「独立」ということ、それから「人権」ですね。つまり、門閥制度と反対の世界があるということであったわけです。

ヨーロッパに行ったときにパリで福澤が久しく交わったと言われるレオン・ド・ロニという人がいるらしいのですが、その人がした演説というのが記録に残っています。福澤たち、日本から来た使節団一行が戻って行った翌年にした演説の一節です。去年出会った日本の使節団の一人が、「私は今やもう眠ることもできない。祖国にどれほど自由が欠けているかと考えると」と語って、フランスを去ったというのです。たぶん、この日本人は福澤だったのではないかと研究者は推測してるのですが〔松沢弘陽『近代日本の形成と西洋経験』岩波書店、一九九三年〕。だとすると福澤は、自由というものを知って、それほど感激したのです。

ただし、福澤はご承知の『西洋事情』というベストセラーを慶応二〔一八六六〕年から明治二〔一八六九年〕年にかけて、正編、続編、外編とかというかたちで出すのですが、その『西洋事情』のなかでは英語のフリーダム、これを「自由」とは訳していないのですね。つまり、「自由」って言葉は室町時代ぐらいから日本語としてある程度使われていたのですが、その場合の意味が、もっぱら「我儘」とか「自儘」とかなのですね。そこで、『西洋事情』初編の冒頭で、「欧羅巴政学家の説に、凡そ文明の政治と称するものには六ヶ条の要訣ありと云へり」として、「第一条」に「自主任意」を挙げ、その割註で次のように言っています。「本文、自主任意、自由の字は、我儘放盪にて国法をも恐れずとの義に非ず、総て其国に居り人と交て気兼ね遠慮なく自力丈存分のことをなすべしとの趣意なり。英語に之を『フリードム』又は『リベルチ』と云ふ。未だ的当の訳字あらず。」

「フリードム」はfreedom、「リベルチ」はlibertyですね。福澤はオランダ語で覚えた発音が染みついてますから、英語はひどい発音だったらしい。福澤諭吉の末娘〔四女〕で、志立鉄次郎という銀行家と結婚したタキさんという人が戦後までご存命で、八十をすぎてから座談会に引っ張り出されて話をしているのがあります〔丸山眞男・志立タキ・木内孝・紺野マリ「ふだん着の諭吉と英語教育」、『ことばの宇宙』一九六六年十月号、ラボ教育センター〕。志立タキさんは、父の発音はひどかった。よく読めて、人の言ってることはよくわかるんだけど、あの発音は、イギリス人もアメリカ人もわからんので、タキさんがしょっちゅう通訳した、という話をしています。とにかく、フリーダム、リバティですね、それを「自主任意」と訳した。

インディペンデントな国民の形成——福澤にとっての「近代化」の前提

ところがこれは、福澤にとっては「独立」という言葉と全く同じ意味なのですね。「独立」の方は、次のように定義されます。「独立とは、自分にて自分の身を支配し、他に依りすがる心なきを云ふ。」（『学問のすゝめ』第三篇）

インディペンデントという英語はディペンドしないという意味ですから、「他に依りすがる心なき」ということになるわけですけれど。それを翻って言うと、自分で自分をコントロールできているということ。「自主任意」というのも正にそういうことですね。自分が主人公で、自分の意のままになる。そういう独立心を持ち、その意味で、自由であるような国民というものができあがらなければ、福澤が考えるような日本「近代化」の路線は達成できないのです。

四　「一身独立して一国独立す」——福澤諭吉の日本近代化構想

「文明の形」の整備と「文明の精神」の衰頽

そこで、プリント一四頁〔巻末三八頁〕の〝文明社会の建設とネーションの形成——「一身独立して一国独立す」〟の項に入ります。その最初に引いた『学問のすゝめ第五編』からの一節は、大久保利通的な「上から」の「富国強兵」路線に対する、福澤の根本からの原理的批判の表明と言えるものです。

政府にて事を起せば、文明の形は次第に具はるに似たれども、人民には正しく一種の気力を失ひ、文明の精神は次第に衰ふるのみ。

政府が主導権をとって、上からどんどん資本を投下したりして、公共投資みたいなかたちで物を作ったりとかですね、つまり、学校をつくったり、病院を作ったり、あるいは工場を作ったり、軍艦を作ったりとか、そのようにすれば、「文明の形」を備えることはできるであろう。しかし、その際に問題なのは、「文明の精神」の方が衰えるのではないかということです。

つまり、国民に、あるいは人民に、自分たちでやらせないで、もっぱら上から恩恵だけを与えるようなことをしたら、「自由独立の精神」が育たない、「人民独立の気力」が育たない。しかもそういう「上から」の文明開化方式、これは大久保利通の富国強兵、殖産興業の路線ですけれど、これは、封建時代よりもむしろ悪いかもしれないというのです。

「上から」の近代化への原理的批判

「古の政府は力を用ひ、今の政府は力と智を用ゆ」。昔の政府は力を用いて人民を押さえ込んでいた。今の政府は力と知恵を用いてそうする。そして、いにしえの民は、そういう昔の政府のやり方の、その力に対してただ屈服していただけだったんだけれど、「今の政府は民の心を奪ふ」。

恩恵まで与えてくれるという新しい今の政府に対しては、「民の心」が奪われてしまうという、もっとひどいところに行ってしまうと言うのです。奴隷根性がもっと進んでしまう。言い換えれば、「古の民は政府を恐れ、今の民は政府を拝む」にいたる。上からの恩恵に対して、それに依頼する（ディペンドする）心が生じると、卑屈心が増していく。これがいちばん憂うべきことであると言うわけです。

少し飛躍して言うと、福澤は、そこから、なんて言うのですかね、「福祉国家」のようなものに対しては（この段階では「福祉国家」という言葉は出ていませんが）、一貫して反対するわけです。上から福祉を恩恵としてばらまくみたいな、そういう政府のあり方というのは困るんだと言う。つまり、自由の気風、「人民独立の気風」を民衆から国民から奪ってしまうから、いけないんだと言う。自分たちで自分たちのことはなんとか始末するという、いわば自治能力を育てないから、上からの福祉政策を中心にやるような国家のあり方はダメである、というわけです。この辺のところは、現在の状況を考えるうえでいろいろ考えさせられるところですけれども。

お上依存からの脱却

とにかく、そういうなかで福澤諭吉は「人民独立」ということを説き続けます。そして、プリント一四頁〔巻末三八頁〕末尾の、「自由独立の気風を全国に充満せしめ、国中の人々貴賤上下の別なく、其国を自分の身に引受ける」という状態になれば、「一身独立して一国独立す」ということになるわけです。「一国の独立」というのが保障されると言う。そういうかたちで人がなれば、これは鬼に金棒なわけですけれど。それが、ネイションを支える責任感を持つ存在に万が一にもそういうなかで、絶対主義の政治家と官僚だけが公共精神－国家意識を持って、政治というのはみなお上に任せるという依存心、そういうなかで、真のネイションの独立はありえないんだと言う。そういうことを早々とこの『学問のすゝめ』の段階で打ち出すわけですね。

幕末における民衆

これは、たしか、アーネスト・サトウという幕末に来ていた外交官が長州の下関で、ちょうど攘夷運動がいちばん燃え盛っていた時期に、つまり、天皇が「攘夷の詔勅」を出しているのに、幕府はそれに従わないというので薩摩と長州中心に、それを手がかりにして倒幕運動を進めていた時期、そのときに下関の沖合を通るイギリス、フランスの船に対して、下関の砲台から鉄砲を撃ちかけたという事件があって、その後、薩摩でも似たようなことが起こるのですが、どちらも結果はさんざんで、大砲の力があるものですから打ち負かされて、それでもって長州はその後、高杉晋作の「奇兵隊」とか、国民軍のようなものを養成するような動きが出てきたりするなかで、長州自体も生まれ変わって、維新の中心勢力に変わっていくわけですが、その下関の事件の時のこととしてサトウが書いた、次のような光景があります。

長州の側から大砲を撃ちかけてきたのに対して反撃して、それで、結局、散り散りバラバラに長州の兵隊たちは逃げてしまった。そこで、イギリス軍の兵士が上陸したところ、それまで、恐る恐る様子をどこか陰の方で見ていたらしい漁民や農民や、一般民衆が出てきて、彼らに対して危害を加えることがないとわかると、非常に親しげにやって来て、身振り手振りで、これは何だというようなことを聞いたり、何か物をやると喜んだりとかして、ぜんぜん攘夷の意識なんてない、と言うのですね。

つまり、彼らにとっては、そういう政治的なことや、敵と戦うこととかは、侍がやることであって、自分たちには関係のないことだから、むしろ非常に素朴な好奇心でもって近づいてくる。そういうふうに、江戸時代というのは、少数の「士」－武士階級を中心とした、支配階級であると同時に政治に対して責任感を持つという存在と、膨大な被支配階級である「民」とが完全に分けられていた。それを福澤は、取っ払うことを主張しているといってもいいわけです。つまり、みんなが自由独立の精神、一人一人が自由独立の精神を持って、国の運命は自分たちの運命だと思い定めることがなければ、一国の独立は保てない。

逆に言えば、当時のヨーロッパ列強の帝国主義の力の前に、インドとかはもうイギリスの植民地になってるわけです。エジプトとか。中国もアヘン戦争で敗れている。それから、ちょうどこのころベトナム、いわゆるコーチシナがフランス支配に入るわけですね。それから、インドネシアがオランダの支配下に入る。フィリピンは米西戦争が間もなくあって、スペインにアメリカが勝つことによって、アメリカの植民地になっていったりする。

そういう状況のなかで、いかに独立を守るのが難しいかということです。

そのなかで福澤に言わせると、大久保が言っているように上から政府が主導権をとって、しっかりして官僚が引っ張っていくというのでは間に合わない。一人一人が独立心を持って立ち上がると言うことがなければダメなんだということで、少なくとも初期の福澤は出発するわけです。そして、いろいろなことを彼は言ってるわけですが、『福翁自伝』の中にある言葉でもうひとつ印象的なのはですね、プリント一五頁〔巻末三九頁〕の「西洋文明にあって東洋文明になきもの、有形においては数理学、無形においては独立心」ですね。「数理学」というのは、単に、数学とか物理学だけではなくて、いわば自然科学的な世界ですね、それがない。他方、もう一つ「独立心」というものがないと。

「人民独立の気風」「文明化」の条件

そういう「独立心」を獲得していくことが、「野蛮」から「文明」に進むことなんだと。「野蛮」というのは、プリント一五頁〔巻末三九頁〕のその上ですが、「天然の力を恐れ、人為の恩威に依頼し、偶然の禍福を待つのみにて、身躬から工夫を運らす者なし」。これが野蛮であると。それから脱して、「旧慣に惑溺せず、身躬から其身を支配して、他の恩威に依頼せず……」というのが、「文明」の状態であるというわけです。

そういう文明の定義をしながら、『文明論之概略』（明治八〔一八七五〕年）という本を書くわけです。これは岩波文庫にも入っておりますし、それから、それについて上中下の三冊本の『文明論之概略を読む』（岩波新書）という読み方を示した本が、先程来名前を挙げている丸山眞男先生の著作として出ています。これは岩波書店の従業員相手にセミナーのようなことをやったときに話したのをテープ起ししたものですので、その分だけ非常に読みやすいものになっています。そういうものがありますから、見てほしいわけです。

「文明の自由」とは？

そういうなかでですね、いかにかして「文明の自由」というものをもたらさなきゃいけないと福澤は考える。じゃあ文明の自由というのは、さらにどういうことかというと、プリント一五頁〔巻末三九頁〕の末尾に引いておきました。「文明の自由は、……諸々の権義を許し、諸々の利益を得せしめ、諸々の意見を容れ、諸々の力を逞しふせしめ、彼我平均の間に存するのみ。」

みな、この「諸々」がついているところが重要なわけですね。諸々の権義がライツですね。それから、諸々の利益＝インタレスツですね。それから、諸々の意見＝オピニオンズ、それから、諸々の力＝パワーズと。逆に言うと、一つの正義だけが実現する、あるいは一つの意見だけがすべてを支配する、あるいは一つの権力だけが全てを統合するというのは、「文明の自由」とは言えないんだというわけです。

「多事争論の間の自由」と「間違の進歩」

そこから、『文明論之概略』第二章に出てくる言葉で、「自由の気風は多事争論の間にあり」という、それに続いて引用した言葉があります。（「多事争論」という言葉は、筑紫哲也さんの報道番組の中のコーナーの名前になっているようです。筑紫さんは丸山さんのところに出入りしていましたので、丸山さんから教わったはずです。）要するに、「事柄が多く、論が争われている」状態が良いので、一つの意見で纏まってしまうのは、決して望ましいことではないんだということです。そこでは「自由」はともすれば失われてしまうんだと。そういうことを福澤がこの段階で言ったというのは、重要であるわけですね。

福澤論は、次回にもうすこし引き続いて展開したいと思いますが、あとちょっとだけ。プリント二一頁〔巻末四五頁〕の下の方に引いておきましたが、彼が最晩年（明治三十一〔一八九八〕年）に慶應義塾の塾生に対して挨拶として喋ったことが、全集に入っています。「間違の進歩」というタイトルで、こんなことを言うわけですね。

「成たけ議論を多くするが宜い。決して大人君子が一声を発したからと云つて草木の靡く如く承知するでない。」

誰か、いわばカリスマ的なリーダーというか、そういう人物が現れて、素晴らしいことを言って、みんながそれにハハーと、草木のなびくようになびいて従う。そういうふうになってはならない、と言うのです。そして、「日本世界をもつとわいわいとアヂテーションさせて、さうやつて進歩する様に致したいと思ふ。それが私の……死ぬまでの道楽」とまで言っているのです。

それから、タイトルの「間違の進歩」というのも面白いですね。つまり、進歩するってことは、間違いも進歩するってことなんだと。そうすると、逆に言うと、間違わなければ進歩しないということになる。正しいものが着々と実現していくということを想定して成り立っている社会は、不自由な世界であるということになる。間違いかもしれないような議論がぶつかり合って、いろいろな意見が切磋琢磨しながら競争しているような、そういう社会にしたいと言う。

同じ「間違の進歩」から別の部分を引用している文章が、プリント一八頁〔巻末四二頁〕のいちばん上にあります。「……おいおい人事世務が繁多になる。……綿密になる。……喧しくなる。……間違も進歩する。……捏ねくり廻し、世の中をでんぐり返す工夫をする。……日本世界をもつとわいわいとアヂテーションさせて、さうやつて進歩するやうに致したい……」

福澤における「あまのじゃく」の精神

だから福澤は、ある意見が多数派になって、それを皆疑わないで、ただだっとそちらに流されるようになると、敢えてあまのじゃく的に、逆のことを言うってことを意識的にやるわけです。そういうところから出てきたのではないかと思われるのは、明治十〔一八七七〕年よりも前のことらしいのですが、「法螺はふくざわ、嘘はゆうきち」という悪口が非常に流行ったというのですね（たしか絵草子になっていたはずです）。

つまり、福澤が言うことは、どうもこの前に言ってたことと違うではないか、福澤の言うことは「法螺」で「嘘」だ、というわけです。福澤はときどきあえて逆のことを言うわけですね。たとえば、自由とか民権とかの意味を最初に教えたのは福澤先生なんだけど、自由民権運動が盛んになると、自由民権運動というのは「民権」々々と言うけれども、「人権」をちゃんと言わないではないかと言って、むしろ批判的になるわけです。「政権」志向でもって自分が政権を取るためにやっているのが民権運動ではないかというようなことで批判するようになります。そうすると、たとえば植木枝盛などは、福澤のものを読んで民権家になったというところがあるものですから、裏切られたような気がする、ということが起こる。それで「法螺はふくざわ、嘘はゆうきち」になるわけです。

諭吉の話は次回にちょっと付け足しまして、「自由民権期の思想状況」の話に移りたいと思います。

第四回　自由民権運動期の思想状況

宮崎八郎
荒尾市提供

前回の講義の翌日、安東仁兵衛《あんどうじんべえ》さんという人が亡くなりました。前回は神島二郎先生が亡くなったので、その話をしたのですけれども、私は安東さんとも最近非常に親しくさせていただいていましたので、今回もちょっとその安東さんの話をしてから、前回の話の続きに入りたいと思います。

安東仁兵衛氏と『丸山眞男手帖』

安東仁兵衛という人は、『戦後日本共産党私記』（現代の理論社、一九七六年）という本を書いた人で、戦後すぐ、確か水戸高校にいた時代に共産党に入り、それから東大に進んで、最初の学生運動、いわゆる「第一次全学連」の副委員長だったかな、をやったということです。そしてストライキ指導をしたということで退学処分になった、戦後の東大退学第一号という人です。名前からしてちょっと古めかしい人なのですけれど、なんていうのかな、義理人情に厚く非常に魅力的な人で、安東さんを退学処分にした当時の東大の総長は南原繁先生だったのですが、その南原先生にも可愛がられ、終生慕って、しょっちゅう押しかけていたと聞きます。それから当時、その南原総長のもとで丸山眞男先生が学生委員をやっていて、そのときに仁兵衛退学の処分決定をするのに関与しているのですが、その丸山先生にも可愛がられ、私淑していた。その安東さんは、亡くなられる十日前の『朝日新聞』（四月十四日付夕刊）の「自分と会う」というシリーズに、「梅本克己と丸山眞男を師として」という一文を書いておりました。梅本克己さんというのは、水戸でずっと生活しておられた哲学者で、水戸高時代にずいぶん安東さんは影響を受けたのです。その二人のことを書いて、それから数日後に意識がなくなった。ちょうど丸山先生が亡くなった少しあとぐらいに安東さんは食道がんの手術をしたのですが、その一年半ほどあとに、肺その他に転移して、それがこのあいだ最終段階になったということです。

その安東さんが、亡くなる直前まで力を入れていたのが『丸山眞男手帖』でした。この『丸山眞男手帖』を発案し、実質支えていたというか、いちばん熱心にやっていたのが、安東さんです。今、五号まで出ているのですが、二、三、四号を持って来ましたので、あとで受付のところに置いておきます。ご関心がおありの方はご覧ください。そういう安東さんに、実は、「戦後思想史」というか、そういうものを纏めるために聞き取りをしたいと思って、（『手帖』の編集委員を一緒にやっている）間宮陽介さんと二回ほど目黒の安東邸でやったのですが、もう三回目以後はできなくなってしまったのが残念です。

それで、ちょっと本筋から離れて申し訳ないのですが、この『丸山眞男手帖』を実質、「代表」というかたちでやっているのは、このすぐ近くの調布学園という女子学園の先生をしている川口重雄さんという方です。まだ四十代ですが、『手帖』の編集を中心となってやっていまして、彼から「武蔵小杉でセミナーのようなことをやっているんなら、皆さんにそこで配ってくれ」と、『丸山眞男手帖』の会員勧誘の手紙をもらってきたので、あとで受付に置いておきます。もちろん、ご覧いただくだけで結構です。年四回出しまして、結構費用がかかるものですから、会費制でやっています。年会費六千円です。

一　「脱亜論」と「日本国会縁起」——福澤諭吉についての補足

ちょっと、余分な前座をお話しましたが、今日は、「自由民権運動の思想」ということを話すつもりです。しかし、実は、前回の福澤諭吉の話が若干残っておりまして、それを補足してから始めます。

一九六〇年代以降の「脱亜論」への着目

とくに、どうしても触れておかなければいけないのが、福澤諭吉の「脱亜論」です。ある時期からこれが非常に強調されるようになっておりまして、それをどう考えたらいいかという話を補足しておきたいと思うのです。お配りしているプリントの二〇頁〔巻末四四頁〕あたりでも、それに関連したことには若干触れているのですが、しかしあまり深入りしていません。

「脱亜論」と言いますのは、明治十八〔一八八五〕年でしたかね、彼が主宰していた『時事新報』という新聞に書いた短いものなのですけれど、それが戦後、一九六〇年代くらいから急に大きく取り上げられるようになった。とくに「脱亜入欧」という言葉が、ある時期からよく使われるようになりまして、「日本はアジアから抜け出して、ヨーロッパをモデルにして、そちらに進んで近代化していく」ということを言った中心人物が福澤であるということになっていったわけです。しかも、それがアジアから脱出する、あるいはアジアを見捨てるだけではなくて、むしろ、それ以上に、たとえば朝鮮に侵略していくということと結びつけて論ぜられるようになる。つまり、福澤というのは、そういう日本が「帝国主義」化していくのを準備するような思想を展開した、というふうに議論する人などが出てきたりしたわけです。

朝鮮開化派と福澤――福澤ただ一度の「政治的恋愛」

これは何だろうと考えてみますに、福澤諭吉はですね、明治十四、五年〔一八八一、二年〕くらいでしたかね、朝鮮（李氏朝鮮）のいわゆる開化派の連中と接点ができるわけです。当時朝鮮では、「開化派」（文明開化を目指す派です）と、それに対する衛正斥邪派（日本の幕末維新で言えば攘夷派、つまり正義を防衛し、邪を退ける派です）というのが争いあっていまして、その開化派の連中が、たしか「紳士遊覧団」とか名乗って日本にやって来て、そして福澤先生の所に、いわば教えを請いに来たということがあるわけです。そのなかで有名なのは、金玉均――のちに暗殺されてしまうというか、権力の手で殺されてしまう人物――、それから朴泳孝ですね、そういう人たちと非常に親しく接するようになり、いろいろアドヴァイスする。さらに、その遊覧団にくっ付いて来た、まだ若い兪吉濬《ゆぎるちゅん》という人がいるのですが、その人を慶應義塾に入学させて、朝鮮が近代化していく、開化していく方向をとるように励ます、ということをします。

で、前に名前をあげました竹越三叉という人（彼は慶應義塾で福澤に教わったことがあります）が書いた「福澤先生」という文章〔『萍聚絮散記』一九〇二年〕のなかで、「朝鮮は渠《かれ》が最初の政治的恋愛にして、また最後の政治的恋愛なりと云ふを得べし」と言っています。そして、福澤は政治に夢中になることはないんだけれども、朝鮮問題だけは別だった、というようなことを言っているのです。だから「甲申事変」とか後の「甲午改革」とかですね、そういう「開化派」による動きが、実は日本の軍部なども絡むようなかたちで行われて、しかし他方の「衛正斥邪派」の方のバックには、例の閔妃（のちに日本の手で殺害されることになる人物）がおり、さらにその背後に清国があるという、そういう対立のなかで、要するに福澤は、金玉均派・開化派の方に与して、その主張を全面援助するだけでなくて資金調達援助、それからさらには武器の手配に協力したりとかですね、そんなことまでしていたのです。

「政治的失恋」の宣言としての「脱亜論」

そこまでしていたのに、結局、日本における明治維新のようなことが朝鮮内部から起こることはなかったわけですね。そういうなかで、つまり、熱心に朝鮮に肩入れしてた分だけ、失望してしまうなかで書いたのが「脱亜論」だというのが経緯のようなのです。「脱亜論」の最後のところは「悪友は謝絶すべし」という言葉で終わっているのですけれども、つまり、悪い友達と付き合っていると、自分も危なくなるから、付き合いを止めたいというのが「脱亜論」なのです。要するに、さっきの「政治的恋愛」と竹越三叉の言うものは、朝鮮に対する思い入れでやっていた「片思い」のようなものだったのですが、それが失敗してしまったものだから、「もう止めた」と一種の「縁切り」の「捨て台詞」として吐いたのが「脱亜論」だった、というふうに私は解釈しました〔「福沢諭吉の日本近代化構想と西欧観・アジア観」、『批判精神の航跡』一九九七年〕。

福澤の朝鮮（アジア）観の問題点

しかも、そこで問題として、もし福澤の論に問題があるとすれば次のようなことではないか、ということを右の記事に書きました。つまり、福澤の朝鮮論、朝鮮改革論は、結局、日本はアジアが近代化していく上で朝鮮の兄貴分であるという発想から出られなかったところに、基本的な問題点があったのではないかということです。日本が幕末の尊王攘夷運動から明治維新、それから廃藩置県と近代化を進めていった、それと同じコースを朝鮮がとるように期待して、なんとかそうさせようとして一生懸命やったけれど、うまく行かなかったということなのですね。つまり、恐らく、そういう日本モデルの押しつけとは違うあり方が朝鮮の場合、それから恐らく当時の清国の場合にも、「近代化」のコースとしてはなければならなかったんだと思うのです。そういう、朝鮮や中国を同じアジアの国で近代化をしているんだから、日本と同じだという面だけではなく、「他者性」と言いますかね、朝鮮・中国は日本とは違う文化をもったところなんだから、「違う文化」と「違う社会」なんだから、それが近代化していくには、もっとその違いをちゃんと認識しなければだめだということです。そういう視点に欠けていたことが問題だったのではないか、という気がするわけです。

だから、ヨーロッパ対アジアという違いをもっぱら重視して、そのアジアの中の日本・朝鮮・中国を一括りにしてしまっているわけですけれども、実は、「アジアは一つ」というのは岡倉天心の言葉ですけど、つまり、非ヨーロッパという点で言えば一つですけれど、中身に入ってみると、たとえばインドと中国はもちろん大きく違うわけだし、それから、同じ東アジアでも中国、朝鮮、日本、それから、たとえばベトナムなんて、それぞれ違うはずなのですね。そういう違いについての認識に乏しくて、日本モデルの近代化を押しつけようとして、うまくいかなくて、失望したというのが、その「脱亜論」の言っていた朝鮮の問題ではないかというわけです。

明治十年代における儒教復興の動き

それから、もう一つ、福澤の「脱亜論」のなかで、ロジックで重要だと思われるのは、実は、明治十年代に入る頃から「興亜会」というのができていたのですね。アジアを興す会です。いわゆる「アジア主義」というものが、その芽生えのようなものがすでにそのころからあって、それが明治十五、六年とか十七年とか、その時期にわりに大きな運動のようなものを見せようとしていた。そのなかに、たとえば前に名前をあげた中村正直という、もともと昌平黌の儒者だった人で、イギリスに行ってキリスト教の影響などを受けて帰ってきた人なのですが、この人などがある時期から、むしろ、東アジアに共有されている儒教というものが世界に誇るべき教えであって、もっと儒教精神を復活させなきゃいかんてなことを言いだして、この「興亜会」に加わるわけです。（最近、「儒教文化圏」という言葉を使って東アジアを論じる向きが出てきていますが。）

ところが、福澤諭吉にとっては、前回述べましたような「門閥制度は親の敵でござる」という、打ち倒したいその門閥制度と結び付いた封建制、その封建制を支えていたイデオロギーが儒教だという考え方があるのです。つまり、人間の独立心、「独立の気風」というものを奪うかたちで、一方的に下の者が上に奉仕するかたちで、忠義とか孝行とかを説くのが儒教であるのわけですから、そういう儒教的なものを打ち破らなければ、文明の世界に入っていけないんだ、というのが福澤の基本的な考え方です。ですから、そういう中村正直のような動きに対して非常に反発したわけですね。そして、先ほどの朝鮮・中国が自主的に改革できないのも、そういう儒教的世界から脱出することができないからである（奴隷根性から抜けきらない民衆が、自分たちで立ち上がって自由を獲得していくという改革ができないのは、儒教思想が強すぎるからである）というのが福澤の考え方ですから、その儒教思想の復興と結び付いたような「興亜会」の動きに対する反発というのが根本にあって、「興亜」よりもむしろ「脱亜」だということで、「脱亜論」というタイトルになっていったということがあるわけです。

儒教復興運動批判としての「脱亜論」

「儒教的なもの」をどう考えるか？

この辺は、儒教というものをどう考えるかということで重要なところだと思うのですが、のちに毛沢東が中国革命を起こしていく際にも、やはり儒教的なものを、むしろ徹底的に批判するというところから進んでいくわけです。いわば魯迅から毛沢東への道です。魯迅というのは繰り返し『阿Q正伝』的な、「阿Q的世界」から脱出しようとするわけで、それは儒教と結び付く奴隷精神、奴隷根性と結び付いていたものだというのが魯迅の考え方です。それを受けるようなかたちで毛沢東は、やはり、徹底した儒教批判をとったと見ていい。それで、それがいわば行きすぎたかたちが「文化大革命」の時だと思うのです。「批林批孔」運動というのが文化大革命の過程で出てくるわけですね。政治勢力としての林彪を排すると同時に、孔子を否定するというのが「非林非孔」。前に上海の孔子廟に行ったことがあり、それから山東省の曲阜（孔子の出身地）の孔子廟にも行ったのですが、そのどちらも、とくに上海の方はめちゃくちゃに、孔子廟は壊されていました。上海の場合は復元不可能という状態で、曲阜の方は石像の首が落ちているのをくっつけ直したりして、元に戻そうとしていましたけれど。

話がそういうところにいくのも、つまりは儒教というもの、あるいは後の「教育勅語」というもの――何回かあとに、「大日本帝国憲法」と同時に「教育勅語」が作られてゆく話もしますけれども――が何故マズイかということと、じつは関係してくる話なので、またそのときに述べたいと思います。だから、「親に孝行する」とか「夫婦相和し」とかいうのが、そういう儒教のどこが悪いんだ、という感覚は、どこかに今でもあるのではないかと思うのですけれども、それによって養われていく精神というものが、どういう方向に向かうかということが問題なわけです。これはのちにお話しします。

福澤の「日本国会縁起」

もう一点、福澤論で補足しておきます。明治二十二年というのは、「大日本帝国憲法」が発布された時です。そして二十三年から国会が開かれる。その「大日本帝国憲法」発布の直後に福澤は「日本国会縁起」というものを書いていまして、プリント二一頁〔巻末四五頁〕の冒頭に要旨だけ引用しておきました。これから日本にも国会ができていくのだけれど、それがうまくいくだろうかという議論をしながら、結局、「楽観」してもいいんだということを言っているのです。その結論部分のところを引いたのですが、実はそのなかに、ちょっと気になる言い方が出てくるのです。

日本国民の「順良さ」の再評価
――福澤の路線変換？

つまり、そこで「日本国民の性質」という、いわば国民性のようなことを論じていまして、日本人というのは「数百千年」の伝統・慣習のなかで培ってきた国民性において、悪く言えば「卑屈」だけれど、しかし良く言えば「順良」な性質を持っていると言うのです。しかも、通常そういう順良な国民というのは、「魯鈍」に陥ることが多いんだけれども、その順良さは、そういう魯鈍に結び付かないで寧ろ非常に「活発」な気質と結び付いていると言う。しかも「軽躁」なほど活発だと言うのです。軽躁というのは、「はしゃぎすぎ」と訳せると思ったのは、ロッキード事件のときに田中角栄を三木武夫が裁く、つまり当時の首相が前の首相を裁くということをしたというときに、自民党のなかから三木は「はしゃぎすぎ」だという言葉が出てきたからです。その「はしゃぎすぎ」＝「軽躁」に近いくらい「活発」だと福澤は日本の国民性について、言っているわけです。

これは成る程というふうにも言えるのですが、前回に紹介したような福澤の初期の思想、つまり「自由」と「独立」というものをいちばん基本に据えていた考え方からすると、「卑屈」というのは「独立」の正反対なわけですね。その卑屈は良く言えば「順良」だというふうに言い換えるというのは、一種の路線変換を意味するんではないかと思うわけです。つまり、福澤が初期に言っていたのは「一身独立して一国独立す」という、つまり、国民一人一人が独立の気風を持つ、それによって一国の独立も達成できる、それから文明というものの進んでいく進歩というのもそちらの方向にあるんだ、ということだったはずですけれども、そういう「独立心」よりもむしろ「順良さ」を評価するようになるというのは、まずいのではないかということです。

ただ、しかしまた、これは読みようによったらですね、日本のその後の発展というのは、まさにこの福澤が評価したこの路線に依っているとも見ることができるのではないか。つまり、敗戦までもそう

近代日本の発展の論理とその問題性

ですけれども、戦後の「高度成長」というのも、この路線がもたらしたと見られなくもない。高度経済成長期の日本というのは、いわゆる「日本株式会社」として発展していったわけです。つまり、会社のために一生懸命働いて、それがまた日本全体の発展のためにもなる。それで、非常に「活発」に、しかも上からの命令などにあまり逆らわずに「順良」に働き続けてきて、高度経済成長を成し遂げた、というふうに見ることもできるのです。福澤が最初に考えていた、一人一人個人が自由独立の主体性を持って、そして「下から」の民主主義でやっていく、ということをしなくても、結構ちゃんと発展できて、それでいいではないかという、そういうその後の展開を予見していたようなことになっているような気もするわけです。

しかし、はたして、それでいいんだろうか。しかも、そういう発展というものが、戦前の場合には、アジアへの侵略という事態になっていくわけですし、戦後も、アジアだけではなくてもっと広く、つまり、いわゆる経済帝国主義と言いますか、武力とか軍事力とは結び付かないかたちで経済的に進出していって、それで、フィリピンとかインドネシア、ボルネオなどの森林を枯らしてまで経済発展していくというふうなことをしている。そういうものに対する批判というものをしようとすると、やはり福澤の初期の主張からやり直すべきではないか、という感じを強く持つわけです。

その問題は、また後の方でさらに論ずる個所があると思いますので、福澤論はそのくらいにしまして、自由民権運動の思想に入ろうと思います。

二　自由民権思想の二側面――「国権」と「民権」

自由民権運動というのは何であったかという説明を詳しくしている時間がありませんので、プリント二二頁〔巻末五三頁〕を見てください。まず、「時期区分」として四つの時期に分けて、こういうかたちで発展していったと整理しておきました。それから、運動の「担い手」がどういう階層とか人たちであったかという話をまとめ、さらに次のページに、「基本的対抗関係」として、「有司専制」に対して「公議輿論」を、それから、「官治」（上から統治してくる官による支配）に対して、「民権自由」ということで「自治」（自分たちで自ら治める self-government）をぶつけていく、という対抗軸を、表にして整理してみました。そういうものとして自由民権運動があったということです。言葉だけを並べているようで、ちょっとわかりにくいかもしれませんが、読んでみていただきたいと思います。

自由民権運動は明治維新から何を受け継いだか？

そして、今日、自由民権運動に関して主として論じておきたいと思ったのは、「国権」と「民権」との関係です。プリント二三～二六頁〔巻末四七～五〇頁〕にいろいろ引用しておきましたけれど、その最初にあるように、明治維新というのが、どういうものが基本になってできているかという議論はいろいろあるわけです。それについては第二回の「明治維新とは何か」でお話ししましたけれども、キーワードのようなことで言うと、「尊王」と「攘夷」と「公議公論」の三つが、維新のとき時代を動かしていた（尾佐竹猛）とすれば、それが自由民権運動では、「尊王」と「国権」と「民権」の三つのセットに変形して受け継がれた、という頭山統一『筑前玄洋社』〔葦書房、一九七七年〕の説を引用しておきました。

「公議公論」から「民権」への流れ

「公議公論」は、「公議輿論」思想とも言われるもので、尾佐竹猛が『維新前後に於ける立憲思想の研究』（大正十四〔一九二五〕年）という名著のなかで、詳しく維新前後のそういう公議輿論思想、立憲思想というものについて述べています。

これは、よく知られている例で言うと、坂本龍馬の「舟中八策」ないし「船中八策」と言われるもので、「公論」で全てを決していくということが重要であるというようなことを言った。それが由利公正という人と福岡孝弟という人などの手を経て、いわゆる「五箇条の御誓文」の第一条「廣ク会議ヲ興シ万機公論ニ決スヘシ」というものにつながっていく流れになるわけです。

民権運動というのは、一貫して、そういう「公論」思想というものを一つの核にして、いわゆる「国会開設運動」というものと結び付いて起こってくるわけですね。よく引用されますように、「民撰議院設立建白書」というものが明治七〔一八七四〕年に出る。それが最初の狼煙《のろし》のようになっている。民撰議院というのは国会のようなことであり、その国会、議会でもって議論をして、そこで、公論によって政治が動かされていく。それが「民権」の確立の中心であるという、そういう考え方になるわけです。

「尊王論」の継受

そのように明治維新のときにすでに出てきていた「公議公論」の思想が民権運動になっていくわけですけれども、同時にそれがですね、維新のときの「尊王論」をも、やっぱり、受けるかたちで、出発している。もちろん、自由民権運動の中には共和主義を唱えるフランス革命をモデルにして共和国にしていくべきだという主張が部分的にありましたけれども、それは多数派にはならず、結局ですね、「民撰議院設立建白書」の冒頭の文句をプリント二三頁〔巻末四七頁〕の下の方に引いておきましたけれども、「臣等伏して方今政権の帰する所を察するに、上帝室に在らず、下人民に在らず、而も独り有司に帰す。……」ということになる。

つまり、政治権力というものが、本来は「帝室」つまり天皇と、それから「人民」が結び付くかたちで、所謂「一君万民」ですけれど、それが中心になるはずのところを、その「上」の天皇のところにも権力はなく、「下」の人民のところにもなくて、中間の「有司」にすべて集まっていて、いわゆる「有司専制」になっている。それを批判して、「有司専制」を廃して、帝室と人民を、いわば直結させるというのが主になるわけです。ですから、「斯議院を立る、天下の公論を伸張し、人民の通義権理を立て、天下の元気を鼓舞し、以て上下親近し、君臣相愛し、我帝国を維持振起し、幸福安全を保護せんことを欲してなり」ということになる。

「攘夷論」から「国権」論への系譜

この「我帝国を」云々のところで、攘夷論と結び付くような「国権」志向と言いますか、そういうものも同時に出てきているというわけです。それで、それがいかに当時の気分・雰囲気の中に強くあったかということを、いわゆる「民権演歌」を使ったりして紹介しています（プリント二四頁〔巻末四八頁〕）。（添田唖蟬坊という演歌師の息子の添田知道が『演歌の明治大正史』〔岩波新書、一九六三年〕という本を書いています。）

民権演歌に見る「民権」と「国権」の癒着

演歌というのは、実は、大正末期ぐらいから今の演歌、つまり、艶っぽい艶歌になっていくわけですが、それ以前は、実は、民権運動を広めていくために、いわゆる「壮士」たちが歌って歩いたというのが出発点であるわけです。有名なのは「オッペケペー節」という川上音二郎のもので、「オッペケペ、オッペケペ、オッペケペッポー、ペッポポッポ」と言うのですが（プリント二四頁〔巻末四八頁〕のいちばん下）、「権利幸福きらいな人に　自由湯をば飲ましたい」というのから始まります。「自由湯《じゆうとう》をば飲ましたい」というのは、自由党・改進党の「自由党」とかけているわけです。

今読むとおかしいようなところがありますけれども、「かたい 裃《かみしも》 かどとれて　マンテルズボンに人力車　いきな束髪《そくはつ》ボンネット　貴女に紳士の扮装《いでたち》で　うはべの飾りはよけれども　政治の思想が欠乏だ　天地の真理がわからない　心に自由の種をまけ　オッペケペッポーペッポッポー　洋語をならふて開化ぶり　パン喰ふばかりが改良でない　自由の権利を拡張し　国威を張るのが急務だよ」というのです。つまり、自由の権利を拡張するのと国威を張るというのがセットで出てくるのですね。

そして、「智識と智識の競べ合ひ　キョロキョロ致しちゃ居られない　窮理と発明の先がけで」と続き、最後は非常にぶっそうになるわけです。「異国に劣らずヤッツケロ　神国めいぎだ　日本《にっぽん》ポー」

同じような雰囲気でぶっそうなのが、その一つ前に引いた「ダイナマイト節」です。明治十六〔一八八三〕年のものです。「民権論者の　涙の雨で　みがき上げたる大和肝《やまとぎも》　コクリミンプクゾウシンシテ　ミンリョクキュウヨウセ」。

この「コクリミンプク」云々がリフレインとして各節にくっつくのですが、これは、「国利《こくり》」（国の利益）と「民福《みんぷく》」（民の幸福）を増進して、そして「民力」を「休養」させよ、というわけです。これは実際には、地租を下げろ、税金を下げろという減税要求なのですけれど、そういうことを言ったあとで、「若しも成らなきゃ　ダイナマイトどん」と言うのです。それで「ダイナマイト節」なのです。

「民権」のための「国権」か、「国権」のための「民権」か？

そういう雰囲気が一貫してあり、「民権かぞへ歌」というものもあります。プリント二四頁〔巻末四八頁〕の上の方に引いた演歌です。これはもっと早い明治十四〔一八八一〕年の段階のもので、植木枝盛作だと言われているのですが、これは一ツトセーで始まり、二十まであります。それを当時の気分というか雰囲気がわかると思って、拾っておいたのですが、「一ツトセー　人の上には人ぞなき　権利にかはりはないからは　コノ人ぢゃもの」で始まります。

権利自由ってことがキーワードになっているわけですね。「二ツトセー　二ツとはない我が命　すてしも自由のためならば　コノいとやせぬ」。「三ツトセー　民権自由の世の中に　まだ目のさめない人がある　コノあはれさよ」。

ちょっと面白いのは、六つ目の「六ツトセー　昔おもへば亜米利加の　独立なしたるむしろ旗　コノいさましや」。「むしろ旗」、ちょうど百姓一揆みたいなイメージと、アメリカの独立革命というものを重ねているわけです。

「十三トセー　栄え行く世のその基は　民の自由にあるぞいな　コノしれたこと」。十六トセなんてのも、当時の自由民権運動家の雰囲気をよく出しているのですけれど、「十六トセー　牢屋の中のうきかんく　惚れた自由の為めならば　コノいとやせぬ」。「十七トセー　質にもおかない我が権利　うけだす道理があるものか　コノしれたこと」。

このように非常に格調高く自由権利を歌って、しかし最後の十九、二十はどうなっているかというと、「十九トセー　国にむくゆる心根は　岩より鉄よりまだかたい　コノ動きゃせぬ」。報国心、愛国心を言うわけですね。それで、「二十トセー　日本は亜細亜の灯明台　消えては東洋が闇となる　コノ照らさんせ」で終わっている。

要するに、国権を拡張するために民権が必要だというのか、民権を拡張すれば自ずから国権も拡張するんだというのか、どちらが優先順位として上なのかというのが結局よくわからないのが、自由民権運動だったというところがあるわけです。

宮崎八郎「民約論」と西郷軍の間

もうすこしその手の例をあげていきますと、プリント二五頁（巻末四九頁）の真ん中あたりに宮崎八郎の「読民約論」という漢詩をあげておきました。「天下朦朧皆夢魂《てんかもうろうとしてみなむこん》　危言独欲貫乾坤《きげんひとりけんこんをつらぬかんとほっす》　誰知凄月悲風底《だれかしらんせいげつひふうのてい》　泣読盧騒民約論《ないてよむるそうみんやくろん》」。それから、「立志之歌」というのをあげたのですが、これは後で引きます。

この宮崎八郎という人はですね、宮崎滔天という、後に大陸浪人となり、孫文などと非常に親しく行き来して、盟友関係のようになって、そして辛亥革命のときには、日本人としてその中国革命に参加していくという、そういうことをした宮崎滔天の、お兄さんに当たるわけです。宮崎滔天には『三十三年の夢』という名著があるので是非読んでもらいたいのですが、その冒頭のあたりにですね、滔天は熊本の方の生まれですけれど、「お兄さんのようになりなさい」と周りの村人に言われて育った、とあります。その「お兄さん」が宮崎八郎なのですね。

この人はどういう人物かというと、「読民約論」に示されるように、ルソーの「社会契約論」、これは、あとで取り上げる中江兆民の「仏学塾」で勉強して読んだということなんでしょうけれど、そういう所謂フランス流の民権思想というものをマスターしているわけです。

しかし明治十年に西南戦争が起こると、彼は西郷隆盛の西郷軍の方に加わりまして、熊本の有志（「熊本協同隊」）を引き連れて西郷方で戦って、結局戦死してしまうという人物なわけです。反政府反乱と言っても、西郷隆盛というのは、封建的な士族たちに担がれて反乱を起こしているわけで、それと民権思想とどう結び付くかというところがあるのですけれど、しかし、そういう宮崎八郎を周りの人たちは非常に英雄扱いしていて、そういう兄さんのようになりなさいと言われて育つわけです。そうして滔天には、あと民蔵とか弥蔵とか、他にも兄さんたちがいるのですが、彼等は皆、社会主義者になって、滔天も社会主義者からさらに中国革命に共鳴していくような方向に進んだというわけです。そこにある気分というものが、この漢詩によく表れているような気がします。

まず、「天下朦朧として皆夢魂」。夢の魂がさまよっているような、そういうなかにある。「危言独り乾坤を貫かんと欲す」。「危言」というのは危険な言論、危うい言葉ですが、それが乾坤天地を縦に貫こうとしている。「誰か知らん……」。凄まじく煌《こう》々と照っている月、飄《ひょう》々と吹き抜けている悲しみを誘う風の底にあるものを、誰が知ろうか。そして最後は、「泣いて読む、ルソー民約論」。だから、泣いてルソーの民約論を読みながら西郷軍に加わって戦死した男、というふうに考えると、非常に奇妙な感じになるわけですけれども。

次回に中江兆民を扱うときに、『三酔人経綸問答』という本を取り上げますが、そこに出てくる「東洋豪傑君」というのが、じつは私のイメージのなかでは、この漢詩「読民約論」を詠う宮崎八郎と重なるのです。

「洋学紳士」と「東洋豪傑」
——民権運動の二つの要素

『三酔人経綸問答』は、岩波文庫に現代語訳付きで入ってますので、読みやすくなっているのですが、その「三酔人」というのは三人の酔っ払いです。三人が議論をするというかたちをとっていて、その三人というのが「洋学紳士君」と「東洋豪傑君」、それに「南海先生」です。これは次回に詳しくやりますが、プリントに「『三酔人』の世界」というものを、表にしてプリントの二六A～二七頁〔巻末五一～五二頁〕にまとめています。最初が「洋学紳士君」、その次の第二の人物が「東洋豪傑君」なのですね。二人は自由民権運動の中にあった、いわば両極端の思想を代表して、それぞれ自説を展開する。それを「南海先生」という兆民自身に近い第三の人物がまとめていくという形式です。

つまり、「洋学紳士君」というのは、さっきの、ルソーなどに学んだ民主主義者で理想主義者で平和主義者です。それに対して、「東洋豪傑君」はリアリストであり、策略家であり、しかし同時に大陸侵略論を持ち展開する、そういう人物。兆民はこの本を明治十九〔一八八六〕年に書くのですが、それまでの自由民権運動の中にあった様々な思想的要素というものを、いわば整理し直して展望を作ろうとして、そして作り出したのが「洋学紳士君」と「東洋豪傑君」の思想なのです。そういう二つの要素が、自由民権運動の中に一貫してあったということです。そういう意味で、この宮崎八郎というのは「東洋豪傑君」的な自由民権運動の中の要素を非常によく表している。

「憂鬱民権」「慷慨民権」

これも、のちに第八回目で取り上げますが、明治二十年代から三十年代にかけて活躍した陸羯南というジャーナリストがいます。その人に『近時政論考』という著作がありまして、そのなかで民権思想をいろいろ分類しています。そのなかに、「慷慨民権」、つまり悲憤慷慨する、そういう民権派があると言います。それは同時に「憂鬱民権」派だと言うのですが、それと「快活民権」「翻訳民権」というものが対立していると言う。そういう整理の仕方をしている。宮崎八郎などは、その「憂鬱民権」「慷慨民権」の方になるわけですね。「洋学紳士君」は「快活民権」「翻訳民権」の方になります。

『立志の歌』

ついでに、プリント二五頁〔巻末四九頁〕の「読民約論」の次に引用した宮崎八郎の『立志之歌』――これは明治二〔一八六九〕年頃に作られたのではないかと言われている漢詩ですけれど、これも見ておきましょう。このへんにもよく「東洋豪傑君」的な気分が出ていますね。

壮図大於天《そうとはてんよりだいに》　唯応巍々蓋一世《ただまさにぎぎとしていっせいをおおわんとす》　芳名明於日《ほうめいのひよりめいなるは》　只応赫々伝千載《ただまさにかっかくとしてせんざいにつたえんとす》
男児従来貴志気《だんじはじゅうらいしきをたっとぶ》　須養抜山倒海勢《すべからくやまをぬきうみをたおすいきおいをやしなうべし》　君不見歴山王鉄木真《きみみずやれきさんおうてむじん》
彼何人兮我何人《かれなんびとぞわれなんびとぞ》　有為之志剛且堅《ゆういのこころざしはごうにしてけん》　豈無方策奏奇勲《あにほうさくのきくんをそうするなからんや》　包屍馬革因其分《しかばねをばかくにつつむはそのぶんによる》

生歟死歟不顧身《せいかしかみをかえりみず》　天下紛々何足畏《てんかふんぷんなんぞおそるにたらん》　虎闘狼噛総快事《ことうろうげつはすべてかいじ》　与君同志君努之《きみとどうしきみこれをつとめよ》
誓以丹心立大義《たんしんをもってたいぎをたつるをちかう》　嗚呼立志之歌歌一齣《あありっしのうたひとこまをうたう》　猛風暴雨満天下《もうふうぼううてんかにみつ》

「壮図（壮大な意図）は天より大、唯まさに巍々として一世を蓋わんとす」で始まって、「男児は従来志気を貴ぶ、すべからく山を抜き海を倒すの勢いを養うべし」まで、英雄豪傑的気分をうたい上げた後、そのあとが可笑しいのですね。「歴山《れきさん》王」（アレキサンダー大王です）それから「鉄木真《テムジン》」（ジンギスカン）。そのアレキサンダーとか、ジンギスカンを「君見ずや」、君は見ないか、と言うのです。そして「彼何人《なんぴと》ぞ、我れ何人ぞ」というので、我々だって彼らと同じ人間だ、彼らのように大帝国を作ることができるんだ、というわけです。

そして三行目の最後の所に、「屍を馬革に包むはその分に因る」という言葉があるのですが、これはどういうことかというと、戦場で倒れた兵士が、同時に倒された馬の革を剝いだのに包まれて戦場から戻って来る。それがいちばん望ましい死に方であるというわけです。（『三酔人経綸問答』のなかで「東洋豪傑君」が言う「馬革旨義」というのも、この言葉に基づくもので、出典は『後漢書』馬援伝です。）そして、「生か死か身を顧みず、天下紛々なんぞ畏るるに足らん」云々と。これが「立志之歌」であるわけです。

そういう「東洋豪傑君」的な気分、あるいは、もっと言うと、維新前のサムライ精神と言いますかね、「武士のエートス」というか、そういうものが自由民権運動の方にも流れ込んできているというわけです。

自由民権運動における「武士の精神」

その点との関連で、そのあとに長い文章を二つ引いておいたのですが、どちらも植木枝盛が書いたと思しき文章で、『愛国新誌』（これは土佐で明治十三〔一八八〇〕年ごろ出ていた雑誌で、『明治文化全集　自由民権篇（続）』に入っています）に載ったものです。一つは、「何ゾ封建世ノ精神ヲ愛セザル」というものです（プリント二五〜二六頁〔巻末四九〜五〇頁〕)。つまり、封建の世の精神、特に「士ノ精神」、武士の精神、それを愛すべきであると言うのです。武士というのは、「元気アリ、独立自主ノ精神アリ、愛国忠誠ノ心情」がある人物である。逆に言うと、「専制政府ノ御気ニ入リナルお人柄ト云フベキ良民」とは違うんだと言うのです。

そういう武士の持っていた独立心やら戦闘精神のようなもの、それを「人民」が受け継ぐべきだと言って、それを「国民タル活気」とか「元気」と言うわけです。それはむしろ武士が持っていた、滅びていく「封建世ノ精神」の中にあったと言うわけです。最後のところで、「今ニシテ之ヲ保存セズンバ、後来復タ得ベキニアラザルナリ」と言って、それが滅びていくものであることは認めながらも、それを我々は引き継ぐべきであると言うのです。

「人民ノ国家ニ対スル精神ヲ論ズ」という植木枝盛のもう一つの論文も、その次に、これも長文ですが引いておきました。こちらも、さっきの武士の精神を受け継がせようとしているわけですね。つまり、封建時代には、「人民タル者ノ精神ノ主部ニ君ト云フモノアッテ、未ダ国ト云フ者ナク、又己レト云フモノナク」、君に対する忠義、君に対する奉公、主君に対する忠誠心ということを言い、そして「君ノ為ニ死スル」と言った。これが「人民ノ国家ニ対スル第一段ノ精神」だと言います。

「忠君」から「愛国」へ そして「吾々人民」の自立へ

それが明治維新になってどうなったかというと、主君のためではなくて、国のために尽くす、国のために死ぬという「人民ノ国家ニ対スル第二段ノ精神」に到達したと言うのです。「這度《このたび》ハ精神ノ主部ニ国ト云フモノヲ印シ、昔日ノ尽忠ハ今日ニ至テ報国トナリ、愛国トナリ、君ノ為ニト云ヒシモノハ国ノ為ニトナリ、君ニ従フト云ヒシモノハ国法ニ従フト云ヒ、君ノ為ニ尽スト云ヒシモノハ国家ノ義務ナドゝ云フニ至」るわけです。

それを第三段階にさらに飛躍させたのが、自分たちの民権思想であるということになります。つまり、「君」のためとか「国」のためではなくて、「吾々人民」のためということが、中心に来なければならない。その最後の方に、「吾々人民ト云フノ気象ヲ保チ、精神ノ主部ニ己レ人民ト云フモノヲ置クニ至ル」とあります。つまり、自分たちが、自分たちのために、自分たちとして立つ、というところに到達するのが民権運動であると言っているのです。

「士族民権」の持った意味

結局、これは、民権運動の中にどういう要素を見るかによるのですが、通常言われるのは、「士族民権」というのと「豪農民権」という二つの大きな流れがあって、最初は士族民権が中心であったのが、豪農民権に移っていくということが言われるわけです。そういう意味では、「士族民権」というのは中心から脱落していくのです。けれども植木枝盛などのこういう考え方からすれば、むしろ、その士族民権の中にとるべきものがあるということになる。

しかしそれは、さっきの「東洋豪傑君」的な、アジアに対する侵略主義のようなものと結び付いている要素も踏まえながら、民権運動の中にそういう「士族民権」性というものがあった、と見るべきなのでしょう。プリント二六頁〔巻末五〇頁〕の最後のところに書きましたように、〝市民社会〟の未成熟のまま、「名望家→勢力家→人民」の共同体秩序を利用した「豪農民権」が主流とならざるをえなかった自由民権運動ですが、そこに「士族民権」が合流することによって、「被治者」根性に馴らされた「平民」には欠落していた「独立自由」の主体的精神が注入されたことも確かであるわけです。

「自由民権運動の思想」としては、まだ論じておかなければいけないことが多々あるのですが、次回に中江兆民の思想を論ずるなかで補っていきたいと思います。

第五回　中江兆民の思想

西園寺公望
フランス・パリ留学中（1871–80年）に撮影。

一　フランス留学までの中江兆民

今回は中江兆民という人の思想を紹介したいと思います。前回、最後のところで少しだけ名前を出しましたけれども、中江兆民という名前は、高校の教科書などでも「東洋のルソー」ということで出ているはずなのですが、それ以上のことは、皆さんお聞きになったことはあまりないのではないでしょうか。土佐の高知の生まれで、いわゆる自由民権運動は土佐の南海の地から出たと言われる、そこが生んだ思想家として、たとえば植木枝盛なんていう人と並ぶ名前になっているわけです。

「東洋のルソー」中江兆民

最下級武士の子

兆民という人は、土佐藩でもいわゆる下級武士、それもプリント二六A頁〔巻末五一頁〕の「略歴」の冒頭に書きましたように、父親は足軽で、「下横目役」というのですが、これはどういう役割かというと、牢役人とかそういうものに近い存在だったらしいと言われています。高知の山田町というところが出生地になっているのですが、これは高知の東の（高知は東西に細長い町ですが、そのいちばん東寄りの）土佐山田という町へ出る街道の袂というのですかね、そういうところにありまして、そこに刑場があったようなのです。東京、江戸の場合などでも、刑場というか牢屋があってそこで処刑などするような場所というのは、街道の出口、出発点というか、そういうところにあったのです。たとえばあの小塚原《こづかっぱら》の刑場は、あれは水戸街道になるのかな、それの出口（南千住）に近いところにある。それから東海道の出口、品川宿に近いところに、同じように鈴ヶ森刑場があったりするのです。

そういうところの生まれで、要するに武士階級で言うといちばん末端の存在、「下横目」は下級の警察官吏と言いますから、「目明し」に近い存在ですね。ただし、目明しとか「岡っ引」とかは、非公認の警察協力者であって武士ではないので、いちおう下級武士の末端である下横目とは違うわけですが、彼らは（今でも警察の末端にはある程度そういうところがあります）暴力団や犯罪者集団と密接に接触し、そういう連中を使いながら役割を果たすという、そういう世界にいます。兆民という人は、ですからいちおう武士といっても、およそ最低というか、そういうところの出身だったわけです。のちの自由民権運動で活躍することになる、たとえば板垣退助とか後藤象二郎とか、こういう人たちはみんな上士、家老クラスで、だから板垣やら後藤やらの住んでいた屋敷は、高知でもお城に近いところにありますけれど、兆民の場合はそうではなくて、いちばん外れた山田町で生まれたわけです。

そういうこともありまして、たとえばプリントの略歴〔巻末五一頁〕に書いておいたなかで、「明治四年、大久保利通に訴えてフランス留学に」というのがありますが、これも土佐藩出身の板垣や後藤を通さないで、薩摩藩出身の大久保に直訴して岩倉使節団の一行に加えてもらう、ということをしているのです。

明治維新前後の中江兆民

その前、明治維新のころは、兆民はちょうど二十歳前後ですが、しかしあんまり尊王攘夷運動とかには関係なかったようです。ただし非常に勉強好きの少年だったようで、それで抜擢されて長崎に土佐藩の留学生として派遣されて、フランス語とフランス学を学ぶということをしていたのです。その長崎時代に海援隊時代の坂本龍馬と出会ったということが、幸徳秋水の中江兆民伝（『兆民先生』）に出てきます。幸徳秋水は兆民の弟子で（弟子といっても、兆民が大阪にいたころ、それからさらにそのあと東京でも、書生として住み込んでいたという関係にすぎません）、彼は土佐の中村の出身ですが、『兆民先生』によると、たぶん中江兆民自身が幸徳秋水に語っていたこととして、坂本龍馬という人は「何となくエラキ人なりと信ぜるが故に」、長崎でしょっちゅう顔を合わせていたときに、龍馬が「中江のニイさん煙草を買（こ）ふて来てオーセ」（土佐弁のなまりはあまりよく知らないので、アクセントはおかしいかもしれません）と言われると、もう「快然として」（喜んで）、買いに走ったというのです。そういうことはあるようですけれど、しかしその程度のことで、明治維新のときに、いわゆる志士として奔走したという形跡はあんまりないわけです。

大久保利通へ留学を直訴

むしろフランス学を一生懸命学びたいということでやっていたところ、明治四年に例の岩倉使節団が欧米に派遣される。当時の日本政府というのは凄いと思うのですが、岩倉具視が団長で、それに大久保利通、木戸孝允以下、要するに明治維新政府のほぼ半分が、一年以上も日本を留守にして、ヨーロッパ、欧米に勉強に行くわけですね。それが岩倉使節団。それも、そういう政治家たちだけではなくて、学者たちやら官僚たちやら、ぞろぞろと引き連れて、大量の数を欧米に派遣したのです。近代国家の国作りをするときに、そういうかたちで勉強に出かけることを政府を挙げてやるなどということが、世界の歴史上、どれだけ例があるのかと思いますけれど。とにかく、そういう使節団が出かけるということが評判になったときにですね、中江兆民は（本名は篤介《とくすけ》で、兆民と号するのは大分後なので、この段階で兆民というのはおかしいのですが、兆民で通します）、自分もなんとかしてフランスに行きたいと思ったのです。で、そのときに彼はどうしたかというと、大久保利通に直談判して、連れてってくれって言うわけですね。つまり通常であれば土佐の出身ですから、板垣とか後藤とか、そういうあたりを通して頼めばいいので、その方が普通なのですが、なぜかそれはしたくなかったらしく、大久保利通に直接訴えるわけです。

その大久保利通に会いに行ったときも、これもまた非常に変わったやり方で会いに行くのです。兆民については『中江兆民奇行談』という本（岩崎徂堂、明治三十四年刊）が出るなど「奇人」「変人」というイメージがあったのですが、大久保に会いに行ったこのときも「奇行」に近いと言っていいでしょう。まず大久保利通邸の馬車曳きと親しくなりました。当時大久保は自分の家から役所まで馬車で出かけるので、そのお抱えの馬車があって、馬車曳きがいるわけです。それと親しくなって、ある日、大久保の退庁時に車の後に従い、大久保が車を降りたときをとらえて、おもむろに大久保利通に訴えたのです。それだと、お前には会わんとか、時間がないとか断る余地がない。そういうかたちでアピールしたら、大久保もなにか見どころがあると思ったのか、よかろうということになった。

ただし、手続き上は、自分が見も知らぬお前を推薦するというわけに行かんから、やっぱり板垣か後藤を通して、あらためて申請をしろということで、フランスに留学することになるというわけです。

岩倉使節団の一員として　フランスへ留学

その辺のエピソードからもわかるように、土佐の民権運動とのつながりというのも、もちろん兆民は随所でいろいろな重要な役割をしているのですけれど、いわゆる「土佐派」と一体になっているというのとはまったく違って、フランスに行って、さっきの「東洋のルソー」ではないですけれども、フランスの民権思想、自由と民主主義の思想というものを学んできて、それに賭けるということで動いたのであって、政治的なつながりとしての「土佐派」との関係というのは、むしろ二義的な人だと言っていいと思うわけです。

二　帝国議会開設までの中江兆民

彼の考え方のいちばん基本というのは、プリント二八頁〔巻末五三頁〕に引いておきました、『一年有半』という著作の中に出てくる言葉です。

「民権の至理」と「自由平等の大義」——中江兆民の基本的理念

民権是れ至理也、自由平等是れ大義也。……百の帝国主義有りと雖も此理義を滅没することは終に得可らず。帝王尊しと雖も此理義を敬重して茲に以て其尊を保つを得可し。

この『一年有半』というのは、出版されたのが明治三十四〔一九〇一〕年九月二日で、実は兆民はこの年十二月十三日に死にますから、この本は、（十月十五日に刊行された『続一年有半』と並んで）兆民の文字通りの遺著と言ってよいのです。（博文館から出た初版の表紙は、「中江篤介著　一季〔ママ〕有半　東京博文館蔵版」となっていますが、目次のあとの本文は、「一年有半『生前の遺稿』中江篤介著」というタイトルで始まっています。）その意味では、この言葉は兆民の自由民権思想を総括するものとして最後に書きつけられたものなのです。この二行に集約された思想自体は、プリント二六Ａ頁〔巻末五一頁〕の略歴に示したような、長い歴史のなかで形成されたものです。

中江兆民は、明治四年にフランス留学して以来、「仏学塾」経営、『東洋自由新聞』主筆、『東雲新聞』主筆、それから帝国憲法発布、第一帝国議会開会……と、その辺りまでは非常に精力的に、日本に（あるいは彼の言い方だと「東洋」に）「自由」と「民権」をもたらすために、全力投球するというかたちで活動していました。

彼は第一回衆議院議員選挙に当選し、第一議会に衆議院議員として登場しているわけです。これも土佐から出たのではなくて、大阪の選挙区から出て当選する。つまり、「保安条例」というのが明治二十年に出て、兆民も「皇居から三里以内」からの退去処分を受けます。ところが、ちょうどその頃、大阪に『東雲新聞』というのが創刊されることになり、その主筆として招かれたので、大阪に行くことになります。そして憲法発布の大赦で「保安条例」による退去処分が解除になって東京に戻るまで、大阪にいたわけです。その『東雲新聞』時代にできた兆民の支持者が、第一回衆議院議員選挙にあたって「大阪第四区」から兆民を担ぎ出したのです。

「大同団結運動」と中江兆民

「大同団結運動」というのが自由民権運動の最後の盛り上がりとして、明治二十〔一八八七〕年にありました。そのときに兆民も、後藤象二郎に代わって建白書を書いたりして大活躍するのですが、それに対して、伊藤博文（当時第一次伊藤内閣で首相）が中心となって、「保安条例」を出して、大同団結運動を抑え込みます。「大同団結」がなにかというと、その少し前の時期、明治十六、七年〔一八八三、四年〕ごろに、自由党と改進党が割れて、つまり大隈重信の立憲改進党と、それから板垣退助の自由党が割れて、お互いに悪口を言い合っている酷い状態というのがあったわけです。そして、そういうなかから自由党の左派の若い連中が突出して、加波山事件とか飯田事件とかそれから高田事件とか（いわゆる「激化諸事件」）、そういういわば武力闘争路線、当時の言い方だと「爆裂弾」でもって政府の高官を暗殺することを考え、突っ走ったりするわけですけれども、とにかくそんなことやっていたんじゃ駄目だと言うんで起こったのが、明治二十年の「大同団結運動」です。それに「明治十四年政変」のときに、明治天皇の勅語のかたちで、十年後に国会を開設するという約束をしている。ということはつまり、明治二十三〔一八九〇〕年には国会が開かれるわけです。そして国会が開かれるとはどういうことかというと、その前提として憲法が、その前にできるということ。だから明治二十二年には憲法（大日本帝国憲法）ができるということがあらかじめわかっているわけです。で、そういうときに仲間割れして、分裂していたんじゃどうしようもないので、大同団結せよ、となるわけです。アジアで初めての立憲国に日本はなり、そして議会が開かれる、それに備えねば駄目だということが、大同団結運動の一つのきっかけです。（あともう一つ、「条約改正」問題がありますが、これはまた別に話します。）

「保安条例」による東京追放

その大同団結運動で、兆民が最も目覚ましい動きをしたと言ってもよいと思います。ところがそれが保安条例の対象になる。「保安条例」というのは何かと言いますと、皇居の三里以内から追放するという内容で、何百人か（高知出身者がそのうちの半分以上を占めています）の大同団結運動に関係した人間を、要するに東京から追放するという、そういう処置ですね。これは、江戸時代のいろいろな刑罰の中に「所払い」というのがありまして、「江戸所払い」なんていうのはしょっちゅう出てますが、それとまったく同じことで、近代刑法の条文には出てこないようなものです。それでもって一方的に、要するに東京に集まって請願運動とか言って騒いでいる連中を追放する。そうすれば大同団結運動は潰れる——自由民権の最後の動きは潰れるということで、そういう強硬な、強権的措置を伊藤博文がとったわけです。

『東雲新聞』主筆就任
——新聞先進の地・大阪へ

それで中江兆民も追放されたときに、たまたま当時大阪で、新しい新聞を作るという動きが、特に民権派の中にありました。大阪ってところは、当時——その後もなのですが——、商業都市であると同時に、ジャーナリズムというか、新聞に関していうと、東京よりも進んでいたところなのですね。少なくとも今でも、三大紙とか四大紙とかを挙げるとなると、朝日新聞、読売新聞、毎日新聞という名前が出てくるわけですが、そのうちの読売は東京で出ていた、それも軟派の方の新聞でした。一方、朝日、毎日というのは、実は東京ではなくて大阪の新聞で、まあ、今でも朝日新聞は東京本社と大阪本社という二つの「本社」があるわけですね。本当は大阪本社でやりたいんだけど、東京に本社を置いておかないと不便でしょうがない。しかし、大阪の方も本社のまま残しておこうというので、両方に本社があります。要するに朝日も毎日も、大阪を拠点として全国に伸びていったわけです。

それで、兆民が保安条例で追放されたときに、大阪で新聞を出そうとしていた連中が、これはこの際兆民先生にご出馬いただいて新しく新聞を作ろうという話になって、出たのが『東雲《しののめ》新聞』です。これは二十一年一月に発刊されて、兆民はその主筆として赴くわけです。保安条例で追放されたのが二十年の暮れの二十五日だったのですが、その『東雲新聞』において、結局実質二年間ぐらいですかね、精力的に活動することになります。

この『東雲新聞』の復刻版が、今から二十年ぐらい前でしたか、出たことがあるのです。写真版の、大きな重い本として出たのですが、それがどこから出たかというと、大阪の「部落解放研究所」です。いわゆる被差別部落の解放運動という立場から見ると、この時期、明治二十年代の初めに中江兆民が大阪で展開した部落問題についての言論活動が、近代の部落解放運動のなかで劃期的なものであるという評価があって、東雲新聞の復刻版を部落解放研究所が出すことになったのです。

そこに、兆民が「渡辺村大円居士」というペンネームで書いた「新民世界」という文章があるのです（『東雲新聞』第二十一号、明治二十一〔一八八八〕年二月十四日）。

「新民世界」——明治「新」社会の告発

「新民」というのは「新しい民」ですね。ご承知のとおり、明治維新のときに「四民平等」になって、しかし本当は平等ではなくて、「士族」と「平民」という区別を作ってしまうわけです。それから明治十七〔一八八四〕年に「華族令」が出されて、「華族」という身分ができます。明治十四年政変で約束した国会に、上院にあたるもの（貴族院）を作るにあたって、そういう存在を公に作った方がいいということで「華族令」が出されたというわけです。だから、皇室の人たちと華族を除けば、明治維新後の日本国民は、全てが「士族」か「平民」のどちらかに分けられるという時代になったわけです。ところが、その「平民」のなかで、いわゆる被差別部落の人たちについては、「壬申戸籍」という明治五年の戸籍があるのですが、それには名前の前のいわゆる肩書に、「平民」と書いた上部に「新」という一字が付け加えられていたのです。そのように、いわゆる「新平民」というかたちで、被差別部落の人たちを、まさにその「平民」のなかで差別するということが実際になされたわけです。

しかし兆民は、その「新平民」という言葉はあえて使わないで、文字通り「新しい民」という意味で「新民」という言葉を使って、「新民世界」という文章を書いたのです。つまり、新平民の人たちから見ると、明治の社会がどういうおかしな世界になっているかということを告発した文章が、兆民の「新民世界」なのです。そういうことがあって中江兆民は、いわゆる部落解放運動の歴史のなかでも特筆すべき存在だということになるわけです。そのことが先ほど言いました、彼が第一回衆議院議員選挙で、土佐からではなくて大阪から立候補して当選したということに関わっているのです。

第一回衆議院議員選挙当選の経緯

当時はもちろんいわゆる制限選挙で、普通選挙権ではなく、相当多額の税金を納めている多額納税者しか選挙権をもっていなかった時期です。兆民はもともと政治家なんかになるつもりはなかったということははっきりしているのですが、その第一回衆議院議員選挙の前に、大阪の、さっきの渡辺村がある辺りの人たちが、ぜひ兆民先生に代議士になって、我々の声を代弁していただきたい、と頼みに行くということが起こります。そして、先生自身は選挙区に来て演説など運動してもらう必要もないし、我々で選挙資金はまかなうので、ぜひ立っていただきたいと言うのです。結局、その時期にはもう兆民は東京に戻っていたわけですから、選挙の前のいわゆる選挙運動期間中、記録を見ても彼はそのあいだ一度も大阪に行っていないわけです。それでもしかし、大阪第四区で最高点で当選します。そういう経緯で、第一議会では兆民は、代議士として、衆議院議員として臨むわけです。

三　第一議会における中江兆民

ところが、この第一議会が始まって三カ月経った時点で、兆民は議員を辞職します。以下、そこに至る事情をフル・スピードで説明します。

これも説明すると長くなりますけれど、議会＝国会というのを開くことが、近代国家というものがいわゆる立憲国家になるにあたって、不可欠であるという認識は、民権運動の側だけではなくて、明治政府の方にもあって、そういう考えで大日本帝国憲法を作り、そして国会開設に至ったわけです。

「身分議会」から「近代議会」への転換

その際に国会というのは、ヨーロッパでできた議会というものの歴史を見ると、もともとあれは「身分議会」というか、三つの「身分」の代表で構成される「三部会」から発しているのです。フランス革命のときにシェイエースという人が『第三身分とは何か』という本を書いたのが非常に大きな影響を与えたと言われているわけですけれど、その「第三身分」というのは何かというと、つまり「第一身分」ってのが聖職者、僧侶の階級＝身分ですね。それから「第二身分」が貴族。で「第三身分」ってのがいわゆる市民、フランスでいえばブルジョアというもので、それが第三身分であるわけです。その第三身分が中心の社会になるべきだということで起こったのがフランス革命だった、というところがあるわけです。

で、中世にすでにあった「身分議会」というのは、要するに、国王＝王様が招集して、その同意を求めるためのものとしてあったのです。というのはどういうことかというと、税金をとる、その税金の使い道について説明して、それで承認を得るということをしないと、税金を円滑にとれないというので、議会というものはできたと言っていいわけです。その議会の構成メンバーが第一身分、第二身分、第三身分まであって、しかも第一身分から、その順番で比重が大きいもんだから、第三身分というのは、実際はその商工業階層のブルジョアたちの税負担はいちばん大きいにもかかわらず、それが三分の一（各部会の定員は同数）でしかない、あるいはもっとそれ以下でしかないわけです。それはおかしいということがフランス革命の出発点の一つ、というより、そのなかの非常に大きな要因になったわけです。

「大日本帝国」の統治構造

そういうことがわかっていますから、大日本帝国憲法においても、その認識を踏まえた統治構造が規定されていると見ることができます。つまり、大日本帝国憲法に示されている統治構造というのは、

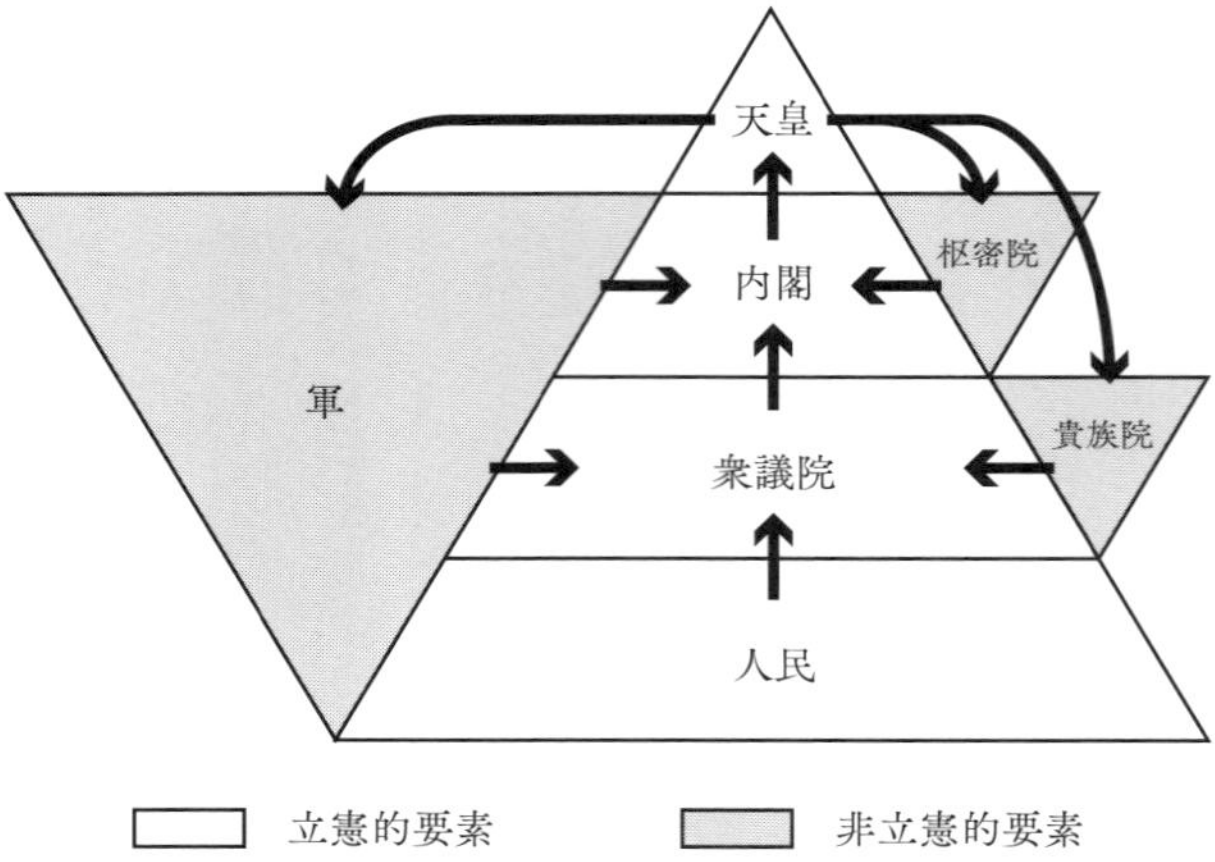

参考附図：大日本帝国憲法における立憲的要素と非立憲的要素。吉野作造「帷幄上奏論」（「東京朝日新聞」大正11年2月20～26日）を参考にして著者作成。

これはまた後でいろいろ説明しますけど、こんな図を描くといいと思うのです。（参考附図）

頂点の天皇から、内閣、衆議院と降りてきて、底辺の国民に至る、ピラミッドです。まず、「天皇」。「大日本帝国は、万世一系の天皇、これを統治す」というのが帝国憲法の第一条ですが、その天皇が主権をもった存在として、トップにいるわけです。それを補佐するかたちで、実際の行政をやっているのが「内閣」になるわけですね。で、その内閣の方が地位としては上にあって、その下に議会があって、そこに「衆議院」があるわけです。そして、その衆議院議員は国民（吉野がこの図を作ったときは「人民」、大日本帝国憲法では「臣民」）が選ぶという構造です。この限りで言うと、現在の日本国憲法と、骨格としては変わらないかたちで、いちおう作られている。というか、少なくともそういうシステムにしなければ、「立憲国家」になったと言えないという認識は、伊藤博文以下の当時の明治政府の帝国憲法を作った人たちのなかにも、あったわけです。

ところが、それ以外の要素がたくさん付け加えられています。つまり、このピラミッドのままでいくと、結局、国民が選んだ衆議院＝議会がいちばん権威をもってしまい、そしてその影響の下で内閣ができて、天皇もそれによって縛られてしまうことになる。それはまずいということで、このシステムの外側にこれを牽制する仕組みを作ったのが、大日本帝国憲法だと言っていいわけです。

帝国憲法体制における非立憲的要素――貴族院・枢密院・軍

つまり、まず「衆議院」に対して、今は「参議院」ですけれども、大日本帝国憲法の場合は「貴族院」というものが対等の立場にある。しかもこれは、天皇をまさに支える存在でもあって、たとえば「華族」は「皇室の藩屏」（守る垣根）という位置づけがされていますが、その華族。それから多額納税議員。それから勅選議員（天皇が直接選ぶ議員。学識経験者、学者もいましたが、多くは官僚出身者です）。そういう天皇が直接コントロールできる存在によって、衆議院をチェックする。

それから、内閣と格としては同じものとして、「枢密院」が置かれ、枢密顧問会議、枢密院会議には、天皇自身が重要なときに必ず出席します。この枢密院がしばしば内閣の決定に対して横槍を入れてチェックするということをする。これもやっぱり、いわば下からの立憲的、民主主義的要素に対する牽制装置として作られる。

それだけではなくて、もっと大きい「非立憲的」機構があります。つまり、「軍」というのは、大元帥としての天皇が直接統率するものであるという、天皇の「統帥権」があるのです。これは軍の、特に軍事行動に関わる、作戦に関わることは、天皇が直接統率するのであって、内閣の指示に従わなくていいというものです。つまり「統帥権は独立」しているのです。後に、満州事変が始まるきっかけとなった柳条湖事件とか、当時の言葉で言うと日支事変（日中戦争）が始まるときの盧溝橋事件というのは、とにかく関東軍が勝手にまず動いて起こす。それに対して、内閣とか議会とかはそれを止めることができないという、そういう仕組みは「統帥権の独立」に基づくわけですね。つまり、軍はそれらから独立して、天皇に直接結びついているという仕組みを、帝国憲法が持っていたからなのですが。

まあ、その辺の話はまた後で「大正デモクラシー」とかそういう話をするときにもう一回やりたいと思います。じつは先ほどの大日本帝国の統治機構の図（真ん中の三角形のピラミッドに、それを妨害・牽制する三つの逆三角形がくっ付いている図）は、吉野作造が「日本政治の民主的改革」（戦後「吉野作造博士民主主義論集」が編まれた時の第三巻の標題）のために軍部改革論、枢密院改革論、貴族院改革論の、いわゆる「三大改革論」を展開するに際して、作った図なのです。

帝国憲法体制における議会の位置

そういう大日本帝国憲法なのですが、やっぱり基本はこの真ん中の三角形のピラミッドのところであり、しかも議会＝国会というものは、実質はもう雁字搦めになっていて、中心の存在ではない、という仕組みになっているわけです。が、しかし、先ほどのヨーロッパの身分制議会と同じように、要するに税金、税をとって国家機構が成り立っているというのは厳然たる事実であって、その税金の使い道について、つまり予算を審議する権限というものを衆議院に認めないわけにはいかない。政府が作った予算案を議会が承認する、そこでイエスと言って可決しなければ予算は執行できないという、その仕組みを抜かしてしまうと近代憲法ではなくなってしまうわけですね。ただし、議会が認めなかった場合は前年度の予算でそのまま執行するとして、議会が否決した場合にもなんとかなるような規定になっているわけですが、第一議会の場合はそれがない。つまり前年度の予算というものがないのですから、議会が承認してくれないとどうにもならないというところからスタートしたわけです。

「民党」対「吏党」
——第一議会の対立構図

ところがちょうどこの時期、明治二十三、四年〔一八九〇、九一年〕ごろというのは、その三、四年後に日清戦争が始まるわけですが、近代国家として明治維新後にスタートした日本が、軍事的に膨張する、軍備拡張しなければやっていけない、というところに差し掛かっていた時期でもあったわけですね。ちょうど第一議会の施政方針演説で、山縣有朋首相が「主権線」と「利益線」ということを言います。つまり、日本国の「主権」が及ぶのは日本列島であるけれど、しかし国家としてはそれ以上の範囲で「利益」を強力に主張しなければやっていけないラインがある、そして、朝鮮半島、それからさらに満州の辺りまで、日本は権益を主張していくべきであると、はっきり言ったわけです。そういうなかで第一回衆議院、帝国議会に掛けられた予算案には、かなり大幅な軍事費の投入、その拡張ということが含まれていたものですから、それに対して衆議院が、政費節減（民力休養）を掲げて歳出予算の一割削減の修正案を出すわけです。

この第一議会の衆議院は、結局多数は旧民権派（「民党」）が占めていました。つまり立憲自由党と立憲改進党が多数を占めていて、いわゆる「吏党」（官吏の「吏」）なんていう、官僚の息のかかったような政党はごく少数でしかなかったのです。（その「民党」・「吏党」という言葉も、中江兆民の造語でした。）その「民党」も、先ほどの大同団結運動がその少し前にあったわけですけれど、その旧「自由党」と旧「改進党」の「大同団結」が結局できなくて、「立憲自由党」と「立憲改進党」と名乗って第一議会に臨んだわけです。

民力休養か軍備拡張か？

運動というのは「三大事件建白運動」などと言われて、三つの大きな事柄について要求を出していくというものでした。三つの大きな事柄というのは何かというと、一つが先ほどの「条約改正」問題ですね。不平等条約を改正しようとして政府がやって、出てきているものがまだ不平等性が残ったままであるということで、屈辱的な、特に領事裁判権とかが問題になるのですが、そういう条約改正問題。それからもう一つが、それこそ「保安条例」などにも関わるのですけど、要するに「言論・集会の自由」を認めろという、これは自由民権運動の本来のものとしてある要求です。それでもう一つが「民力休養」と表現されているわけですが、要するに「地租改正」です。当時の税金というのは、まだ資本主義が本格的に動き出していないので、今のように所得税と法人税中心なんていう状態にはなっていなくて、圧倒的な大部分を占めている税は「地租」、つまり土地に関わる税金だったわけです。その地租が高すぎるというのでそれを下げろというのが、「地租改正」の要求です。大同団結のときの三大事件のうちで、気分的には「条約改正」というか、そういう対外的なナショナリズムというのが表に出ているのですが、実質的には地租を下げろという、この「民力休養」——つまり税が高すぎて民の力が疲弊しているから、それを休ませて民力を養えというのが中心だったわけです。前回紹介した民権演歌の中に、「国利民福増進して、民力休養せ」という、最後に「もしもならなきゃ、ダイナマイトどん」という一節が続く、「ダイナマイト節」がありました。あそこで「民力休養せ」って言葉が出て来ましたが、それが非常に大きいものだったわけです。それからわかるように、税金を下げろということが非常に大きな民権派の側の、民党側の要求としてあって、だから立憲自由党も立憲改進党も、軍備拡張して予算規模が大きくなりすぎれば、税を下げろという彼らの主張は成り立たないものですから、これは絶対反対であるというので、この第一議会で政府の予算案を否決しようとするわけです。

「土佐派の裏切り」

そこで明治政府の方としては、第一議会では前年度の予算執行という規定が適用できないわけですから、これはとにかく何としても認めさせなきゃいかんというので、そのときに陸奥宗光とかが動いたり、後藤象二郎らがそれに呼応したりするのです。その挙句、結局、自由党の中のいわゆる「土佐派」の、いわば自由党の主流のところが、買収されてしまって、政府案を妥協の結果減額した修正案に、賛成票を投じるわけです。これがいわゆる「土佐派の裏切り」と言われる事態です。

衆議院が政府との妥協による予算案修正（歳出削減額を縮める）を可決するのは、明治二十四（一八九一）年三月二日ですが、「土佐派の裏切り」が明らかになるのは二月二十日、「大成会」（立憲自由党にも立憲改進党にも所属しないで「中立」を標榜した議員の院内会派）の天野議員提出の、憲法六七条にもとづく歳出に関し確定議前に政府の同意を求めるとの動議が、賛成一三七、反対一〇八で可決されてしまったときなのです。（この第一議会の最初の予算案をめぐる動きは、複雑できわめて面白いので、松永昌三さんの大著『中江兆民評伝』などでお読みください。）

中江兆民議員辞職――帝国議会への失望と政治・言論の世界からの退場

それに対して兆民先生、これじゃどうしようもないと、もう怒り心頭に発して、彼はそのころ『立憲自由新聞』という自由党の機関紙の主筆をしていたのですが、その翌日の、つまり天野動議が通った翌日の朝の新聞の巻頭に、「無血虫の陳列場」、つまり、血も涙もない虫けらどもが陳列されている、ズラズラとただ並べられているような場所に、我が帝国議会はなってしまったという文章を載せる。と同時に、その日のうちに議員辞職願を衆議院議長宛に出すのです。そして、これも兆民らしいのですけれども、「小生事近日亜爾格児「アルコール」中毒病相発シ行歩艱難何分採決ノ数ニ列シ難ク因テ辞職仕候此段及御届候也」という、ふざけた文面の辞職願です。衆議院がそれを認めれば辞職ということになるし、否決することもできるというので、衆議院本会議で議決にかかるのですが、わずか一票差（九四票対九三票）で辞職を認めるということになって、それで兆民はいわば政治の世界から去ってしまうことになるわけです。

四　中江兆民晩年の到達点

政治・言論の世界への復帰

プリント二六A頁〔巻末五一頁〕の兆民「略歴」に戻ります。「一八九一（明治二十四）年二月二十一日『無血虫の陳列場』、議員辞職届」のあと、「四月。『北門新報』（北海道小樽）創刊、主筆。七月。同地へ向かう。」、「二五年八月　札幌で紙問屋開業。以後、山林、鉄道、『中央清潔会社』等。」と続きます。そして、一九〇〇（明治三十三）年に飛んで、「八月。立憲政友会成立にあたり幸徳秋水に『祭自由党文』を書かす。十月『毎夕新聞』主筆。十二月。近衛篤麿らと国民同盟会結成」となります。

つまり、十年近く政治の世界から離れ、「実業活動期」（松永昌三『中江兆民評伝』第七章）に入るわけです。「清潔会社」というのは、汚物を処理する会社らしいのですが、ともかく、どう見てもぜんぜん儲かった気配のない実業の世界で十年過ごして、明治三十四〔一九〇一〕年に「立憲政友会」というのが作られるのを機に、政治と言論の世界に復帰するわけです。

「大日本帝国憲法」の骨格部分

つまり伊藤博文が、それまでのいわゆる「超然内閣」に見切りをつけて、「政党内閣」制に移行せざるをえないと考えて、旧自由党（当時「憲政党」を名乗る。旧改進党は「憲政本党」）を自ら総裁として率いて、「立憲政友会」を作るのです。それは何を意味するかというと、先ほどお話した帝国憲法のシステム（本書一二六頁のピラミッド型の統治構造の図を参照してください）の運用に重大な変更を加えたということになるのです。

先ほどのピラミッド型の部分を真ん中にもつ統治構造というのは、かたちとしては国民に選ばれた衆議院、それが内閣をコントロールし、内閣が実質的に天皇を代行するという、いわば下からのコントロールで一貫する、基本構造としては究極的に「ポピュラー・コントロール」(popular control) のシステムだったわけです。大正デモクラシー時代の論壇のオピニオン・リーダーだった吉野作造が、「民衆的監督」のシステムということを言って、大日本帝国憲法もそういう民衆的監督のシステムによって政治が行われる余地があるんだと言ったわけです。その民衆的監督という語の後ろに、吉野はさりげなく popular control って英語を入れているのです。つまり、これを追い詰めていくと人民主権になってしまうわけですけど、とにかくそういう部分が帝国憲法の骨格部分に埋め込まれているわけです。

そういう部分が骨格としてはありながら、しかし先ほども言いましたように、そうさせないためのいろいろな装置が組み込まれていたのが帝国憲法のシステムだったのです。特にそのなかでポイントだったのは、内閣を誰が構成するかという問題です。イギリス型のいわゆる「議院内閣制」――最近、松下圭一先生が『政治・行政の考え方』(岩波新書、一九九八) という本を出されたのですが、そのなかでは「国会内閣制」という言葉を使っています。つまり、国会が主導権をとって、国会の中の多数を占めた政党の党首が内閣総理大臣になるという、イギリスがそれでもって十八世紀以来やってきたシステムを、「議院内閣制」と言ったのでは何か矮小な感じになるので、「国会内閣制」と言うべきだというのです――で行くと、まさに民衆的監督 (=ポピュラー・コントロール) のシステムが中心になってしまうので、それをしないで済むシステムにできないかということです。

「超然内閣」制=popular control なしの政権運用

当時、伊藤博文をはじめとして明治政府の人たちが強く主張しながらそれで運用しようとして考えたのが、いわゆる「超然内閣」という仕組みだったわけです。つまり、国会の動きからは超然として、天皇が直接任命するというかたちで内閣総理大臣を選び、そしてその内閣総理大臣は議会の中の政党のどこが多数派であるかとかそういうことと関係なしに自由に大臣を選ぶ。そういうことでやりたいということで、いわゆる「初期議会」というのはそれでやろうとしたわけですね。伊藤博文の内閣、それから黒田内閣、それから山縣内閣等々はそういうことでやろうとしたわけです。

「立憲政友会」の成立＝帝国憲法システムの運用変更

しかし、日清戦争までの初期議会、それから日清戦争後もそうなのですが、とにかく衆議院は自由党と改進党という民権派が圧倒的多数を占めているという状況は変わらない。そういうなかで超然内閣制というものによって、議会の動き、国会の動きから独立して内閣が強力なリーダーシップをとるというのは難しいということに、伊藤博文が気がついたというか、もうどうしようもないということで、それじゃあむしろ議会の多数派を自分たちが占めるというか、籠絡するというか、すればいいということになったわけです。で、しかも議会の政党は、もともと自由民権運動から出てきた人たちが衆議院議員になって作った「憲政党」であり、「憲政本党」だったわけですね。で、そういう様子を看て取って、伊藤博文が「立憲政友会」を作る。その政友会は「憲政党」、旧自由党のメンバーが中心なわけです。

政友会結成は最終的に、伊藤博文と西園寺公望と星亨と、三人の協議によってまとめられました。当時の憲政党の中心人物で、強引な政治手法と金権体質から「オシトオル」と攻撃され、五十一歳で暗殺された星亨については、ここでの紹介は省略します〔野沢雞一『星亨とその時代』全二巻、東洋文庫、一九八四年参照〕。もう一人の西園寺公望については、兆民との関係もあり、若干説明しておきます。

西園寺公望のフランス体験

西園寺公望は、名前からわかる通り、お公家さん、貴族であり、大正末から昭和初期にかけては「最後の元老」として、実質的な首相選定者となって政界に大きな影響を与えた人物であるわけですが、明治維新後、明治三〔一八七〇〕年十二月からフランスに留学し、十年近くフランスで生活して帰ってきます。その間に西園寺は、エミール・アコラスという憲法学者、政治学者と親しく付き合って影響を受けるに至る。このエミール・アコラスというのは当時のフランスのなかで非常に珍しい、古典的なルソー主義者というか、人民主権論者なのです。しかし、もう百年以上も前のルソーの思想をそんなに担いでいる人たちはむしろいなくて、当時のフランスはだんだんドイツの国家学などの影響も受けたりするようになる。その前にナポレオン三世の時代があって、一八七〇年普仏戦争でドイツに負け、共和制〔第三共和政〕に復帰しますけれど、むしろ国家主義、ナショナリズムのようなものが非常に強くなっていた時期であるわけです。そういうなかでむしろ古典的な、フランス革命を主導したルソーの思想なんていうのを真面目に追っかけてるのは少数派になっていて、ですからこのアコラスという人は、ちょうどそのころカール・マルクスの社会主義なり共産主義の思想が出てきたころで、いわゆる「第一インターナショナル」という、社会主義、民主主義の勢力が国際的に手を結ぶ会議を開くのですが、そのときは各国の社会主義者、共産主義者だけではなくて、急進的な民主主義者、それからアナーキスト、無政府主義者、そういう人たちも「第一インター」には加わっているわけで、実はアコラスも急進的自由主義ないし急進的民主主義という立場で第一インターに出ているのです。

中江兆民と西園寺公望 ――『東洋自由新聞』の蹉跌

西園寺はそういうアコラスの影響を受けています。一方、先ほど触れた中江兆民が明治四〔一八七一年〕年、大久保に頼んでフランスに出かけて、けっきょく彼は三年間ぐらいいたのですが、フランス滞在時代には、この西園寺とも非常に親しく交わり、おそらく西園寺に教えられてアコラスを知り、ルソーの思想に心酔するに至ったと推定されるわけです。西園寺は明治十三〔一八八〇〕年十月、日本に帰ってくるのですが、十四年三月に中江兆民を主筆として出た『東洋自由新聞』の東洋自由新聞社の社長になってくれと兆民が依頼して、（もっとも、むしろ西園寺の方がそういう新聞を出すのに先に賛成して社長になるのを承諾し、兆民を引っ張り込んだという説も有力ですが、）『東洋自由新聞』が西園寺公望、中江兆民のコンビで出るということがあったわけです。ですから西園寺公望は一貫して自由党を支持する立場だったわけです。

ところが、その『東洋自由新聞』は、四十日ほど出た後で潰されてしまいます。それはどういうことかというと、東洋自由新聞の社長に西園寺がいるというのは、政府にとっては非常にマズイ、困るというので、多分岩倉具視あたりが動きはじめたのです。それで当時、皇室の侍従長であった徳大寺実則（西園寺の実兄）経由で、明治天皇の思し召しとして、西園寺に直接、東洋自由新聞との関係を断つよう働きかけがあり、結局西園寺は社長を辞めることになるわけです（四月八日、退社の「内勅」が徳大寺を介して通達さる）。翌四月九日の『東洋自由新聞』社説（兆民執筆）は西園寺退社を報告するとともに、同日の雑報記事で、西園寺が宮内省に召喚され退社の通達を受けたことを、「嗚呼天自由を我に与へて又天之を奪ふ」（傍丸原文）と記して、退社が天皇の意向であることを暗示した。そしてこの「天」は、翌四月十日の社説「天ノ説」（兆民執筆）で暗喩を込めて説明される（もっとも、「天ノ説」自体は抽象的な儒教の「天」観念の説明に終始し、前日の雑報記事とセットで考えないとわからない）のです。天皇の意向は「内勅」として口外を禁じられたわけですが、新聞紙上ではその真実をギリギリの表現で読者に伝えようとしたわけです。しかし、社員松沢求策らはこの内情を暴露した「檄文」を配布して、拘引せられ、有罪判決を受けてしまいます。そして、東洋自由新聞社は当初より経営基盤が弱体であったこともあり、経営が成り立たなくなり、四月三十日で廃刊となるのです。

西園寺と政友会

とにかく西園寺というのはそういう人で、自由党とずっと一緒にやってきていたわけです。（明治十四年政変後、西園寺は伊藤博文に知られ、重く用いられるようになり、陸奥宗光とも親しくなるのですが、それ以後、中江兆民との関係は完全に切れるようです。兆民のその後書いたもののなかに、名指しで西園寺を批判するような文章はありませんが、何らかの交渉があったような形跡を示す言及もありません。）その西園寺が、政友会結成のとき伊藤、星亨と中心的な役割を果たすわけです。そして伊藤博文のあと（伊藤はハルピン駅頭で安重根《あんじゅんぐん》という朝鮮人に暗殺されるわけですが）、西園寺が「総裁」になり、さらに一時「桂園時代」（桂太郎と西園寺が交代で何回か内閣をやる、その桂太郎の「桂」と西園寺の「園」をとって「桂園時代」）というのが明治末期にあったりして、何回か首相を務め、そしてそのあと大正に入ってから原敬中心の時代になって、いわゆる「大正デモクラシー」のとき、政友会はまさに「政党政治」の中心になる活動をすることになるわけです。

中江兆民、幸徳秋水に「自由党を祭る文」執筆を懇願

その最初の「政友会」発足のニュースを聞いて、もう十年間政治の世界からは、いわば逃げていた中江兆民が、これは何だってんで腹を立てるわけですね。つまり、まさにさっきの保安条例の場合もそうですし、とにかく自由民権運動というのは、伊藤博文を先頭とする藩閥政府に対抗するということであって、そのために自由党があったはずである。それが敵の軍門に降る、大臣のポストに就きたいがために、伊藤博文を総裁とする政友会に、（旧）自由党（憲政党）が挙って加わってゆく、これは何だというわけです。そのとき兆民は確か北海道だか東北の方にいたのですが、幸徳秋水に手紙を書きます。

幸徳秋水は当時『萬朝報』にいて、新聞記者をしていたわけですね。ちょうどこの明治三十三〔一九〇〇〕年頃から、幸徳秋水はいわゆる社会主義者として目立つ活動をするようになるわけですが（翌明治三十四年四月、『廿

世紀之怪物帝国主義』を刊行。同五月、「社会民主党」を安倍磯雄、片山潜、木下尚江、西川光二郎、河上清とともに、結成するも直ちに禁止さる）、それから、兆民没後の明治三十六年になってからですが、堺利彦・内村鑑三と一緒に『萬朝報』紙上で「非戦論」を展開します。つまり、ロシアとの戦争の気運が高まっているなかで戦争反対の論説を掲げるわけです。当時の『萬朝報』の社長は黒岩涙香という、いろいろなところで活躍していて、『鉄仮面』とかの翻訳をやったりした人でもあります。その黒岩涙香は、当初はその非戦論という理想を掲げてやっているのを支持してくれていたのですが、日露の風雲が急だというふうになってくると、戦争反対を掲げるわけにはいかなくなり、済まないが辞めてくれと、内村鑑三、幸徳秋水、堺利彦に申し出るわけです。それで「退社の辞」を三人連名で掲げて、それがまた評判になるということがあるのです。とにかく幸徳秋水はジャーナリストとしてちょうど売り出し始めであった。その幸徳秋水に兆民先生が手紙を書きまして、「自由党を祭る文」というものを書いてくれというのです。

新政党〔政友会〕の非立憲なる非自由なる申迄も無之、就ては祭自由党文と題して大兄之椽筆を揮はれ度、自由党之歴史を掲げ、幾多人士が生命財産を失却したるも、今日に至り二三首領之椅子熱の踏段と成りたるに過ぎず、所謂祭自由党文は、好一篇の悲壮文字を做すに足るべく、是非御一揮相成度候。

「祭る」というのはお祭りの祭りですね。しかし「祭り」というのは、もともとはむしろ死者を祭るの意で、つまり、あのかつての自由党が死んでしまったので、その死者を悼む文章を書いてほしいというわけです。そういうかたちで、政友会なるものができるのを批判してくれという手紙だったのです。そして、その前後から、兆民はジャーナリズムの世界というか、政治に関わる発言をする世界に、復帰することになります。

余命一年半の宣告と『一年有半』の執筆

ところが、そのころ『毎夕新聞』という夕刊新聞がありまして、そこに結構いいものを載せたりしていたのですが（すぐ後に引く「考へざる可からず」など）、前年末以来ノドに異変があったのを喉頭カタルくらいに考えていたところ、三十四年三月下旬、ノドから出血して医者に診てもらったら、もはや切開手術が危険な段階まで進んだ喉頭癌であると判明します。で、兆民は医師に死期の告知を請うたところ、あなたの命はあと一年半しかありませんと言われるわけです。ああそうかというので兆民先生、死ぬ人間だから何を言ってもいいんだから、言いたいこと、人の悪口などもさんざん書いた本を残そうというので、それで書いた本が『一年有半』というものになるわけです。（ただしこれは、二ヶ月でできちゃったのかな。で、まだ命あるからというので、さらに『続一年有半』というのを書きます。これは「一名無神無霊魂の説」という副題がついていて、つまり神とか霊魂とかはない、という彼の一種の唯物論の哲学のサワリを書いたものです。唯物論ではあるのですが、人間は物質にすぎないけれど、しかし物質であっても火というのは燃え続けている間が命である、死んだ物質ではなくて、火のようにめらめら燃える物質であるみたいな感じで、つまり、「自由」というものの意味を唯物論の立場からどう考えたらいいかを議論しているのです。そういう本を一瀉千里に書いて、しかし、余命一年半という宣告だったのが、実際は五か月くらいで死んでしまいます。）

「流行遅れ」の民権論への加担
——兆民思想の核心

その『一年有半』に、彼が終生追っかけていた理想というか、そういうものが書かれている部分があるので引用したのが、前にプリント二八頁〔巻末五三頁〕で示したものです。その『一年有半』からの引用の説明をしようと思って、回り道してこんなところに来て、それで今日の話は終わりになってしまうわけですが。

> 民権是れ至理也、自由平等是れ大義也。……百の帝国主義有りと雖も此理　義を滅却することは終に得可らず。帝王尊しと雖も此理義を敬重して茲に以て其尊を保つを得可し。

これ、何気なく書いていますが、プリントの同じ頁〔巻末五三頁〕の下の方に引きました「考へざる可らず」という文章と併せ読むと、これが兆民の民権思想の核心と関わっていることがわかります。「考へざる可らず」は、『毎夕新聞』に出したらしいのですが、その新聞自体が今いくら探しても見つからないので、いつ書かれたものかわからない。『一年有半』の「付録」として、幸徳秋水が本にするときにくっつけて載っけた二十三篇の文章の一つです。

引用した冒頭のところが面白いのですね。「吾人が斯く云へば」——これもやっぱり「民権至理」、「自由平等大義」ということを縷々書いているのですが、こういうことを言えば——、「世の通人的政治家〔物がわかっている、人間通である、『通人』と称しているような政治家〕は、必ず得々として言はん〔言うであろう〕。其れは十五年以前の〔これが書かれたのは明治三十三（一九〇〇）年ですから、明治十年代半ばの〕陳腐なる民権論なりと。欧米強国には盛んに帝国主義の行はれつゝある今日、猶ほ民権論を担ぎ出すとは、世界の風潮に通ぜざる、流行遅れの理論なりと」。

「帝国主義」の全盛時代

まさにこれが書かれた一九〇〇年というのは、帝国主義がピークだった時期ですね。大英帝国以下、帝国主義が世界をほぼ覆い尽くすということが実現したかに見えた時期。要するにその時期に、自由だの民権だの平等だのなんてことをやってたんじゃ追っつかない、「流行遅れ」だと、「通人的政治家」は言うわけです。

まあ確かにそうなので、明治二十八〔一八九五〕年、日清戦争の後に総合雑誌――今の総合雑誌のイメージに近いもの――の最初になる『太陽』という雑誌ができるわけです。というのは、博文館という本屋が『日清戦争実記』（戦争のルポルタージュのようなもの）で大儲けして、そのお金でもって雑誌を出そうって出たのが『太陽』ですけれど、それに対して当時、内村鑑三が「時勢の観察」というものを書いて、痛烈な批判をしています。今や日本は戦争に勝ったというので驕って、そしてあからさまに自分の利益をただ主張している、「実利主義」の「偽善国」（上っ面だけ綺麗ごとを言って、実は金儲けと権力欲だけで動いてる国）になってしまった、「今や日本国民は上は博文公より、下は博文館主人に至る迄」と言って、伊藤博文《はくぶん》とくっ付けて議論したりするわけですけれど、もうそういう時代ですね。その『太陽』を舞台に、後で取り上げる高山樗牛が、明治三十〔一八九七〕年頃から「日本主義」を掲げて、日本も「帝国主義」でやって行けと煽ったりするわけです。

「理論としては陳腐なるも、実行としては新鮮」――中江兆民における反時代的精神

そのときに敢えて「民権」「自由平等」ということを高く掲げる。そうすると「流行遅れ」だと、「通人的政治家」どもは言うであろうというわけです。しかし、兆民はそれに続けます。「然り是れ理論としては陳腐なるも、実行としては新鮮なり。箇程の明瞭なる理論は、欧米強国には数十百年の昔より已に実行せられて、乃ち彼国に於ては陳腐となり了はりたるも、我国に於ては、僅に理論として民間より萌出せしも、藩閥元老と利己的政党家に揉み潰されて、理論のまゝに消滅せしが故に、言辞としては極めて陳腐なるも、実行としては新鮮なり。夫れ其実行として新鮮なるものが、理論として陳腐なるは、果して誰の罪なる乎（その責任は誰にあるか）。藩閥元老と利己的政党家の罪たるは論無きも」、しかし究極のところでは、「国民たるものゝ無気力の致す所ろにして、而して其無気力なるは、他なし、何事も考へずして、唯昏々茫々、日一日に過ぎ行きて、政事界を挙げて藩閥元老と利己的政党家に一任して、已れは曾て関

与せざるが故也」というふうに言って、「考へざる可らず」となるわけです。

その次はもう読みませんが、つまり民権が陳腐だなんて言うけれど、税金を出してる国民が税金の使い方に関してちゃんと物を言うというのが「輿論」であり、議会であるはずである、その「輿論」というものがいつのまにか盗まれてしまっているではないか、と言うのです。つまり、「今の政党家は人民の財布の盗賊にして、又輿論の盗賊なり。既に財布を盗まれ、又輿論を盗まる。猶ほ是れにても考へざる乎」というのです。

そういう意味で兆民は、民権あるいは自由平等、要するに、彼自身の言葉だと「平民主義」と言ったわけですが、彼は、後の言葉で言う「民主主義」を、その段階でとことん追求した最初の日本の政治思想家であったと思うのです。次回もすこし彼の民主主義論を紹介して、その次の話に移りたいと思います。

第六回　続・中江兆民の思想

中江兆民
画：飯田泰三

1989年1月、畏友、宮村治雄君が『理学者　兆民――ある開国経験の思想史』（みすず書房）を出したので、その出版祝賀会を法政大学の福祉施設「箱根荘」（強羅）ですることにし、その前夜、一気に描き上げて贈呈したものである。

肖像画は博文館版の『一年有半』（1901年）の巻頭にあった写真を拡大模写したもの。それに『明治文學全集13　中江兆民集』巻頭所収の、晩年の兆民が喉頭癌手術の前に幸徳秋水に書き与えた色紙の写真を模写した文字を書き加えた。

一　日本近代化をめぐる路線闘争——明治十年代の思想状況

井上毅《いのうえこわし》という人は、伊藤博文の懐刀のような人で、大日本帝国憲法をはじめとして、明治国家が近代国家になっていく際のいろいろな制度を作った中心人物です。今回は井上毅論の予定でしたが、中江兆民の思想がまだ残っていますので、その話をしてから次に進みたいと思います。

中江兆民と井上毅

兆民の思想のなかでも、プリント二六A～二七頁〔巻末五一～五二頁〕の『三酔人経綸問答』という著作の内容をもうすこし補っておきたいと思うのです。実はこの本は、「酔人之奇論」というタイトルで、最初の三分の一ぐらいが『国民之友』という雑誌に載ったわけです。そして『国民之友』というのは、これも後で、次々回あたりに触れることができると思いますが、徳富蘇峰という、第二次大戦後まで、九十何歳まで長生きしたジャーナリストが発行していた、明治二十年代を代表する総合雑誌なのです。その関係で、実は中江兆民と今名前を出した井上毅との、影響関係とまではいかないのですが、ちょっとしたエピソードがあって、それが面白いのです。

というのは、徳富蘇峰は名前からしても推測がつくように（阿蘇山の蘇に峰《みね》です）、熊本の出身です。今でも熊本市内に「徳富記念館」というのがあります。これは蘇峰と弟の蘆花、徳冨蘆花、その兄弟二人を記念する記念館ということなのですが、実は井上毅も熊本の出身です。ただし井上毅という人は陪臣、又家来《またげらい》と言いますか、熊本ですから藩主は細川で、その家老だか上級武士の、その「又家来」の子供として生まれたので、下級武士のなかでも低いところから出発して、しかし子供のころから秀才で、藩校（時習館）に抜擢されたりして、フランス学を学んだという人です。年恰好も中江兆民に近いし、そして兆民のフランス留学時代に交流もあったらしいのです。岩倉使節団のフランス滞在中、司法省調査団の一員として渡仏した井上は、明治六〔一八七三〕年六月、司法省派遣留学生としてリヨンに在った兆民のために、留学延期のための推薦状を書いているのです〔リヨン、一八七三年六月六日、河野敏鎌・岸良兼養宛。『井上毅伝　史料篇第四』國學院大学図書館、一九七一年〕。

「明治十四年政変」と井上毅

明治二十八〔一八九五〕年十二月の『国民新聞』に徳富蘇峰が書いた「妄言妄聴」という文章に、次のようにあります。

「明治二十年の頃かと覚ゆ、一日兆民君と井上梧陰先生の邸に会す。先生君の『三酔人経綸問答』の稿本を繙き、且つ読み且つ評して曰く『面白き趣向なり、併し素人には、解からぬ。とても『佳人の奇遇』程には売れざる可し』と。果して其の言の如かりし」〔『中江兆民全集　別巻』岩波書店、一九八三年、二〇九〜二一〇頁〕。

で、これは後でもうすこし次回の井上毅論のところで展開しますけれど、井上毅という人は先ほど触れたように、岩倉使節団のころ、ただし使節団と一緒ではなくてちょっと遅れて、明治五〔一八七二〕年九月にフランスに渡って、フランスで兆民と接点ができたのです。しかし、この井上毅という人は、フランス学をやりフランスに行ったにもかかわらず、日本が作るべき近代国家体制（→憲法）というものは、フランス、あるいはイギリスをモデルにするのではなく、プロイセン・ドイツをモデルにすべきだという主張をするのです。そして、自由民権運動がいちばん盛り上がった明治十三年から十四年の時期に、その状況を根本的に変える――ひっくり返す――役割をする「明治十四年政変」というものが起こるのですが、その政変で、プロイセン・モデルの「大日本帝国憲法」を作る方向で、決定的とも言える動きをする人が井上毅なのですね。

「明治十四年政変」というのは、当時筆頭参議であった大隈重信が下野する、いわば追放された事件です。それからこのときは「北海道開拓使官有物払い下げ事件」というのが問題となっていまして、これは黒田清隆という薩摩出身の政治家が起こした一種の汚職事件ですけども、その払い下げを中止するという決定をし、同時に、明治天皇の名前でもって、十年後に国会を開設するという詔勅を出すのです。実はこのときに、いわば「大日本帝国憲法」の方向というものが決められたと言っていいわけです。大隈を下野させたというのは、大隈重信がイギリスの立憲君主制をモデルにして憲法をその一、二年後に、つまりもう明治十六、七〔一八八三～四〕年ぐらいに作り、そして国会を開設する、その国会はイギリスと同じ二大政党制のようなものを前提にして政権交代をしてゆく政党内閣制のようなものを考えていることがわかり、これをさせてはならないというので、大隈を失脚させたということです。

井上毅の戦略――民権派の分断

こうして下野した大隈が「改進党」を作る、それから同時に彼の考え方を広めるために「東京専門学校」という学校を作る、これが現在の早稲田大学になるという、そういう契機になった事件です。そのとき、同時に井上毅がやろうとしたのは、自由民権派の中の過激派というか急進派の連中を浮き上がらせる、つまり、穏健派を取り込んで急進派を孤立させるという、そういう作戦だったと言われているわけです。その十年後にちゃんと国会を開設するということを、天皇の詔勅というかたちで公式に約束するということをすれば、国会開設運動というので盛り上がってる自由民権運動のうちの穏健派というものは、それで納得して運動から引いていくであろうというわけです。で、それに対して飽き足らない急進派の方は、ますます焦って過激な行動をとるようになり、孤立するであろう。そうすると、そういう突出した部分については、断固とした処置をとって潰していくことができるわけです。

自由党急進派の暴発

事実、その後の自由民権運動は、いわゆる「激化諸事件」なんて言いますけれど、加波山事件とか、飯田事件とか、高田事件とか、これらはだいたい、当時「爆裂弾」と言ったわけですが、爆弾闘争のかたちで、政府の要人が集まってるところにテロを仕掛けるようなことをする。それはみんなほとんど、実行に至るはるか前に捕まるのです。というのは、そういうところには当時はかならず「密偵」が入り込んでいて、そのような政府側の送り込んだスパイが、いちばん過激なことを言って煽り立てて、実行行為に着手しようとしたところで捕まえる。そういうことを常套手段にしていたようなのですが、とにかくそういうかたちで、自由党のうちの急進派がつぎつぎと、暴発した上で捕まっていくということになっていくわけです。

近代日本の国家体制をめぐる三つのモデル――イギリス型・フランス型・ドイツ型

その際の急進派というのは、これがだいたい「フランス学」系統なのですね。さっきの大隈は「イギリス学」系統。明治十年代の自由民権運動の時期に関しては、いろいろな見方があるのですけれども、一つは近代日本の国家体制をどうするか、特に憲法、憲法体制をどうするかということをめぐって、モデルをどこに求めるかという争いであったと見ることもできるわけです。つまり、イギリス型の穏健な立憲君主制でいこうという路線。それからフランス・モデルのもっと急進的な、つまり共和制にまでもっていって、その人民主権、民主主義というものをもっと前面に出した国家体制にしてゆく路線でいくか。それとも、新興国ドイツのモデルでいくか。当時、ビスマルクがプロイセンを指導していたわけですが、鉄血宰相などと言われていました、これは皇帝の絶大な権力をバックにして、ユンカーという階層が主導権をもって、官僚制と軍隊をちゃんと作り上げて、上から引っ張って富国強兵化していくという方向です。そのドイツ・モデルで行くか。その三者の争いがあったなかで、井上毅の取った方向が、結局明治政府の方向として採用されたということになるわけです。

憲法政治における「精神的機軸」としての宗教

さらに、プロイセン・ドイツをモデルにするというだけじゃ足りないというので、これも後に詳しく説明しますが、いわゆる天皇制を再建するというか、それに接合してゆく。つまり、「大日本帝国ハ万世一系ノ天皇之ヲ統治ス」というのが大日本帝国憲法の第一条。それから第三条が「天皇ハ神聖ニシテ犯スベカラズ」というふうに、いわゆる「近代天皇制国家体制」が成立するわけです。この「神聖にして犯すべからず」というのは、天皇がたんなる政治的権威ではなく、宗教的権威に祭り上げられることを意味します。伊藤博文が大日本帝国憲法の最終審議にあたるものを枢密院で行ったときの議事録が残っているのですが、この点で興味深い議論がされています。〔清水伸『帝国憲法制定会議』岩波書店、一九四〇年参照。巻末六一頁から六二頁に引用。〕

伊藤は、憲法というものは、たんに法律制度としてあるだけではない、憲法には「精神的機軸」が必要だと言うのです。それがないと、たとえば「主権」というものを定めたとして、それが法的な権力、あるいはそれを担保するものとして物理的強制力を持っていたとしても、それだけでは足らないのです。それを支える精神的な権威というものがさらに必要になるわけです。それはいわば憲法外のものであるが、そういう「精神的機軸」、中心軸になるものが必要だということを言います。そして、ヨーロッパの「憲法政治」を支える存在として「宗教」に言及するのです。

抑《そもそも》、欧州ニ於テハ憲法政治ノ萌セル事千余年、独リ人民ノ此制度ニ習熟セルノミナラス、又宗教ナル者アリテ之カ機軸ヲ為シ、深ク人心ニ浸潤シテ、人心此ニ帰一セリ。

しかし、日本にはヨーロッパのキリスト教にあたるものがないと言います。仏教というのはもう、かつては盛んなものであったし民衆の心を捉えていたけれども、江戸時代以降はいわゆる「葬式仏教」でしかなくなって、人びとの心を内面から捉えて動かすような、そういう生きた宗教ではなくなっているわけです。神道というものも、これはもともと神主さんにお祓いをしてもらうという程度のもので、やはり非常に儀式性の強いものだし、本当に人びとの生活を内側から動かしていくような、そういう宗教とは言えない。かといって、キリスト教を今から導入するなどということも難しいし、また問題も多いわけです。

〝代用宗教〟としての近代天皇制

それで、まあしょうがない、という感じで、いわば代用品として、伊藤博文がもちだすのが「君権」なのです。つまり、天皇に対する民衆がもっている尊崇心と言いますか、「皇室」を尊び崇拝する心情を、宗教の代わりにする。大日本帝国憲法の精神的な機軸として「君権」をもってくるべきだ、と言うわけです。

我国ニ在テ機軸トスヘキハ、独リ皇室アルノミ。……乃チ此草案ニ於テハ君権ヲ機軸トシ、偏ニ之ヲ毀損セサランコトヲ期シ、敢テ彼ノ欧州ノ主権分割ノ精神ニ拠ラス。固ヨリ欧州数国ノ制度ニ於テ君権民権共同スルト其ヲ異ニセリ。是レ起案ノ大綱トス。

こうして、「大日本帝国ハ万世一系ノ天皇之ヲ統治ス」という第一条から重々しく始まる、大日本帝国憲法の体制になって来ます。

二　誰が憲法を作るのか？——「憲法制定権力」の問題

また話が広がってしまいましたが、とにかくこのように、明治十年代に大きな路線をめぐる争いがあって、そこで最終的に方向づけをしていった中心人物というべき存在として、井上毅という人物がいたわけです。それに対して、思想的にいえば最も先鋭に対抗する路線を出していたのが、中江兆民だったということになります。しかも二人とも、同じ時期にフランスに留学していて、お互いを意識していなかったはずはないのですが、兆民の『三酔人経綸問答』の稿本を見て、井上毅が先に述べたような反応をしたというのが、ちょっと面白いと思ったわけです。

井上毅の福澤諭吉派への猜疑

ちなみに、井上毅は先ほどの明治十四年政変（これは一種のクーデターだったわけです）を仕掛けるときに、当時はまだ生きていた岩倉具視とか、伊藤博文等に宛てた手紙のなかで、何回か、福澤諭吉の名前を出しているのです。つまり、このまんま自由民権運動が盛り上がり、それから北海道開拓使官有物払い下げ事件という汚職問題に対する追及が広まっていくということになると、明治政府はもう危ないんだと、ひっくり返るかもしれんという危機感を述べているときに、いちばん怖い存在は実は福澤諭吉の勢力であると言うわけです。つまり慶應義塾という学校をもっているだけではなくて、郵便報知新聞などを福澤の門弟が動かしていて、そういうジャーナリズムをも動かしていると言うのです（開拓使官有物払い下げ問題を最初にすっぱ抜いたのは、郵便報知新聞）。それから、実は大隈のイギリス・モデルの憲法構想というものの背後にも、福澤の勢力があるんではないかというふうに井上毅は疑っているわけです。

「私擬憲法」の思想

それでたとえば、福澤諭吉が作った「交詢社」（今でも銀座に交詢社ビルが残っています）。これは大正政変のとき、「閥族打破・憲政擁護」運動のかたちをとって当時の桂太郎内閣を倒した、最初の民衆運動をバックにした運動ですね。大正デモクラシーというのは交詢社のサロンの談話のなかから生まれたなどという言い方がされたりすることがある。要するに慶應義塾を卒業した若手実業家を中心にした団体です。その交詢社が、この明治十四年政変直前の段階に、「交詢社私擬憲法案」というのを出すわけです。そしてつぎつぎとそのアイディアが広まって、家永三郎さんとか色川大吉さんとかが調べたところによれば、結局百種類近くもそのころ「私擬憲法案」というのが作られていた。そのきっかけを作ったのが交詢社の私擬憲法案であったということになるわけです。

つまり憲法というものを、どこか上の方、つまり政府の方で用意して、それを交付するというのではなくて、民間の方で案を作って、全体のものとして下から上へ上げていくというのが、「私擬憲法」という発想です。まあだいたい、法律というものは官僚が起草して、みたいな感覚が今でも強いわけですね。立法という観念に関して、立法権は国会がもってると言うけれど、実際は官僚主導で法律を作っている。それでは国権の最高機関が国会で、国会が中心の憲法ということになっているのに、実質はないではないか、と今でも言われるわけですけれど、そういうなかで、民間で憲法構想を出してゆく。この「私擬憲法案」のアイディアは、福澤が示唆して交詢社案というかたちで作らせたということですが、これが広がっていったということが、自由民権運動にとって非常に大きな意味があるわけです。

「憲法制定権力」とは何か?

これから述べる中江兆民の思想のなかでも非常に重要な意味をもっているので、ちょっと指摘しておいた方がいいと思うのが、「憲法制定権力」の問題です。

先ほど憲法を、憲法体制をどう作るかというときに、「主権」の問題が重要だと言いましたが、しかし同時にもう一つ重要なのは「憲法制定権力」、*pouvoir constituant* です（憲法を作る権力。憲法学では「制憲権」という言い方をします。それに対して、憲法によって作られた権力 *pouvoir constitué* が「主権」）。もともとはシェイエースが（『第三身分とは何か』で）言い出した観念で、これがどこにあるかという問題が、憲法というものの性格を考えるうえで、実は「主権」がどこにあるかよりももっと、それに先立つ重要な問題としてあるわけです。つまり、誰が憲法を作る中心になるか、憲法制定の主体はどこにあるかという問題が重要なのです。

「私擬憲法案」というものが出てきて、それにもとづいてあるべき憲法はこういうものであると国民が議論をして、そしてたとえば「憲法制定国民会議」を開くコースで行っていたとすれば、「憲法制定権力」は国民にある、あるいは人民にある、ということになるわけです。事実、フランス革命の経緯というのは、そういうことであるわけですね。最初は「テニスコートの誓い」（フランス革命直前の一七八九年六月二十日、三部会の第三身分議員がヴェルサイユ宮殿の球戯場に集まり、憲法制定まで解散しないことを誓い合った事件）から始まって、憲法制定国民会議でもって憲法を議論していく。そういうなかでジロンド派とモンターニュ派との対立だとか、いろいろあるのですけれど、とにかく、憲法によって主権の所在が定められる前に、憲法を作っていく中心がどこにあるかということが非常に大きな意味を持つわけです。

「欽定憲法」路線 vs.「国約憲法」路線

先ほどの井上毅が画策して行われた明治十四年政変のクーデターというものの一つの柱は、その問題を、有無を言わさぬかたち、つまり「詔勅」というかたちで、決めてしまうということにあったわけです。つまり十年後に国会を開設すると天皇が約束するということは、その国会について規定する憲法がその前に出て、その憲法を作る主体は天皇である、言い換えると、憲法制定権力は天皇にある、と宣言したことになるわけです。つまり、いわゆる「欽定憲法路線」をそこで鮮明にし、それをもう事実上決めてしまったということなのですね。

それに対して自由民権運動の側は、「国約憲法」ないし「民約憲法」という路線を出して抵抗したと言われます。それは、後で説明する河上肇の表現によれば、「天賦人権、人賦国権」という発想に基づくもので、欽定憲法路線の方は、「天賦国権、国賦人権」という発想に基づくものです。

「天賦人権 natural right」の観念

明治十五〔一八八二〕年に「天賦人権論争」という論争があり、細かいことは略しますが、自由民権運動のなかで「天賦人権」という観念が非常に大きな意味をもったわけです。これはもともと、英語でいえば natural right にあたり、直訳すれば「自然権」なのですけれど、「自然権」では日本語として何のことだかよくわからない。それをわかりやすく、天が人権を賦与した(「天賦人権」)と言い換えることによって、この観念が非常に広まったわけです。

加藤弘之――「天賦人権」思想からの「転向」

それに対して加藤弘之という、当時の東京大学（明治十九〔一八八六〕年に「帝国大学令」が出て、「帝国大学」ができるのですが、これはその前身です。「開成学校」とか「大学南校」とか、いろいろな名前で明治の初めから続いてきて、明治十年の段階では「東京大学」と名乗っていました）の「総理」（現代の「総長」にあたる）だった人物が、『人権新説』（一八八二〔明治十五〕年）を刊行して、論争を巻き起こします。この人は実は、その少し前まで、つまり明治七、八年ぐらいまでは、非常に鮮明な天賦人権思想を展開していたわけです（彼も明六社に属していました）。プリント一三頁〔巻末三七頁〕の「さまざまな維新」の中の「知識人レヴェル」での維新の話をした箇所に引用していますが、彼は明治八〔一八七五〕年に『国体新論』を出している。そこでは、当時「国学者流」の議論として、「天皇ノ御心ヲ以テ心トセヨ」などということを言うけれども、それは一体「何事ゾヤ」と言うのです。「是レ即チ例ノ卑屈心ヲ吐露シタル愚論ナリ。欧州ニテ此ノ如キ卑屈心アル人民ヲ称シテ心ノ奴隷ト云フ」。「心ノ奴隷」は、おそらくmental slaveの訳語でしょうね。「吾輩人民モ亦天皇ト同ジク人類ナレバ各一己ノ心ヲ備ヘ自由ノ精神ヲ有スル者ナリ」云々と言って、「自由権」あるいは「独立不羈」を強調していたわけです。

ところがこの加藤弘之が「東京大学総理」になって、明治十二、三年に民権運動が大いに盛り上がるころ、民権運動の連中が引用する本の中に、加藤弘之の『国体新論』とか『真政大意』なんていう著作がある、そういう著作を書いた人物が東京大学総理という、官立の大学の中心にいるのは怪しからん、という批難の声が起こったのですね。そして、文部省筋の方から、その『国体新論』と『真政大意』などを絶版にしろという圧力がかかってくる。それに対して、加藤弘之はその二冊の本を絶版にしますという新聞広告を出すのです。そのあとに、自分の今までの説は誤りであったという自己批判の本として、『人権新説』を書くわけです。

これが「天賦人権論争」を巻き起こすわけですが、つまり、さきほどの「人権」というものは natural right である、天によって与えられた「自然権」であるという考え方（＝「天賦人権説」）は間違いであると加藤が主張したわけです。

「進化論」に基づく「天賦人権」批判

人権というのは、自然によって、いかなる人間であろうと平等に与えられた権利などというものではなくて、「生存競争」で勝った勢力、つまり力をもった勢力というものが、実定法を作り、その法によってはじめて根拠づけられるものであるというのです（加藤は後に一八九三年、『強者の権利の競争』という本も書いています）。「天賦人権」思想の根本にあるのは、right is might、つまり、「正義は力である」という考え方ですが、それを加藤は「力は正義である（might is right）」というふうにひっくり返すわけです。つまり、実力闘争で勝った人間の権力というものが前提にあって、はじめて権利というものは言えるのであって、そういう権力を超えた目に見えない「自然権」などというものはないいんだという主張です。

ちょうど当時、ヨーロッパやアメリカで問題になっていたダーウィンの「進化論」が日本に入ってきたのですが、それを彼は踏まえて論じたわけです。その進化論が教えた新しい十九世紀の最新の科学の知識によると、十八世紀の啓蒙思想のように、非常に抽象的な普遍的な権利なるものがもともとあったという「天賦人権」の考え方は、誤りであると言うのです。新しい実証的な科学が示すものは、人類も動物の一種として、生存競争によって「進化」しているという事実である。そこでは「弱肉強食」「自然淘汰」（natural selection）によって、自然に強いものが勝ち残る。そして、「適者生存」（survival of the fittest）によって、優勢種が生存してゆく、生き残ってゆくというのです。

「日本独特の国家主義」（河上肇）の出現

先ほど河上肇が、「天賦人権、人賦国権」という発想と、「天賦国権、国賦人権」という発想とを、対照させて論じたことがあると紹介しましたが、この加藤弘之の『人権新説』の思想は、まさに河上肇の言う「天賦国権、国賦人権」の発想になるわけです。

河上肇という人は、明治末〜昭和初期に、日本の経済学が社会政策学的な経済学からマルクス経済学の方に切り替わって行く姿（河上の論文名・著書名で言うと、「社会主義評論」（明治三十八年）から『貧乏物語』（大正五年）を経て『経済学大綱』（昭和三年）へ）を率先・体現することを通して、決定的とも言える影響を当時の若い知識人たちに与えた人ですが、右の発言（「天賦人権」に対する「天賦国権」云々）は明治末年の論文「日本独特の国家主義」（『中央公論』明治四十四年四月号、掲載）の第五節で「西洋の天賦人権、日本の国賦人権、天賦国権――西洋人の人格と日本人の国格」と論じられたものです。〔追記――この論文は、その次の節の標題が「西洋諸国は凡て民主国なり、日本国のみ独り国主国たり」であることからわかるように、西洋と日本の国家観念の違いを、あくまで客観的に類型化しようとしたもので、「日本独特の国家主義」を称揚するために書かれたものではないのです。〕

「天賦人権論争」の構図

そのなかで、ヨーロッパは確かに「天賦人権」思想が根本にあって、その「天」によって与えられた人権にもとづく「人賦国権」で、国の権力を人びとが作り上げていく（その発想から、人々が契約によって国家を作るという、ホッブズ・ロック・ルソーらの「社会契約説」が出てきます）ということなんだけれども、日本の場合は、そういうふうに話がいかないと言うのです。むしろ「天賦国権」であり、「国賦人権」であるということになるわけです。加藤弘之の考え方もそうであって、強大な国家権力を握った勢力が、人権を初めて与えていくのであり、人権の方が国権に先立つというようなことはありえないし、あってはならないという主張をしたわけです。そういう加藤の「天賦人権」批判に対して、あらためて「自然権」思想とかあるいは「自然法」思想で対抗したのが自由民権派で、それが「天賦人権論争」の構図です。

自由民権思想の支柱としての自然法 natural law

いま「自然法」思想と言いましたが、「自然法」というのは、英語で言えば natural law です。ボアソナードが司法省法学校で droit naturel（自然法）についての講義を邦訳したときに、natural law というのを『性法講義』と訳したりしたものですから、一時「性法」などと言われていました。この訳語はその後使われなくなりましたが、これもある意味で理由はあるわけですね。たとえば「人間性」というのは human nature の訳語です。つまり、natural law（フランス語だと droit naturel）の natural というのは、その nature の「性」ですね。自然に与えられた性質、そういうものとして自然法を「性法」と訳した。実定法に先立って「自然法」natural law があるという考え方、これがやはり自由民権思想を支える非常に大きなものとしてあったわけです。

こういう「自然法」思想も、じつは福澤諭吉らが早くから教えていたわけです。そもそも福澤の『学問のすすめ』の冒頭の有名な一句、「天は人の上に人を作らず、人の下に人を作らず」というのは、アメリカの「独立宣言」に出てくる表現を、福澤流に訳したものだと言われているのですが、「独立宣言」では、神が人間を平等なものとして作ったという言い方をしているわけです。それを「神」と直訳したのでは日本人にはわからない。むしろ天を主語とした方がいいというので、「天」にしたというのです。それと同じように、「天賦人権」の「天賦」というものも出てきているわけです。

それから、この前、福澤の思想を紹介するなかで省略してしまったことの一つとして、プリント二〇頁〔巻末四四頁〕の福澤の「国際政治観の変化」というところを十分に述べなかったのですが、それがこの「自然法」思想の問題にかかわってきますので、それをちょっとここで補っておきます。

「万国公法」——「国家」を超える法と権利

初期の福澤諭吉は、たとえば「万国公法」(国際法)が国際関係を支配すべきであると強調します。これは「天理人道」が支配することであるということを言います。当時、(じつは今でもそうですが)国際法の実効性を担保するような、国家を超えた上位権力というものはありませんでした(今ではいちおう「国連軍」ができたりしていますが、それで十分なわけではないですね)。それから「国際法廷」についても、「国際司法裁判所」などというものが十分に実効性をもっているとは言えない。そういうなかで、今でも「国際法」というのは一種の「自然法」思想としか言えないと思うのですが、とにかくそういう「万国公法」が国家の上にあるという観念、そういう観念と「天賦人権」思想がリンクしていたわけです。

プリント二〇頁〔巻末四四頁〕に引いておきましたように、これは『学問のすすめ』の「初編」に出てくる言葉ですが、「人は同等なること」というのと並べて、「国は同等なること」という一節があって、そこに出てくるわけです。「若し此一国の自由を妨げんとする者あらば世界万国を敵とするも恐るゝに足らず、此一身の自由を妨げんとする者あらば政府の官吏も憚るに足らず」。あるいは、「理のためには『アフリカ』の黒奴にも恐入り、道のためには英吉利、亜米利加の軍艦をも恐れず」。こういうふうな感覚、これが自由民権時代にも「天賦人権」思想となって現われてくると思うのですが、それを加藤弘之は否定しようとしたというので論争が起こったというわけです。

「大日本帝国憲法」発布に対する様々な反応

ちょっとまた話を広げすぎてしまいましたが、その天賦人権論争のなかで結局、加藤弘之の側から言うと、「天賦国権、国賦人権」という構想において、「欽定憲法」でいくのは当然だということになる。それに対して民権論者の側は、「国約憲法」でなければいかんと言うわけです。あるいは「民約憲法」と言った人もいますけれども、つまり国民のあいだの約束として、憲法というものはできていくべきである。先ほどの「憲法制定国民会議」の発想ですね。しかし、結果としては、政府は「欽定憲法」路線で突っ走っていって、それに対して抵抗する自由民権派の連中に対しては厳しい弾圧が加えられていくなか、明治二十二〔一八八九〕年、「大日本帝国憲法」が発布されるということになる。まさに「欽定憲法」として、明治天皇の名で、発布されるわけです。

このときに福澤が面白おかしく書いているのですが、庶民のたとえば長屋の八っつぁん、熊さんなんていうのが、どんなことを言っているかというと、「このたび陛下に於かせられては絹布の半被を下さるそうだ」と。憲法を発布するというのを絹の布の半被を下さるのでありがたいと聞き間違えて噂しているとか。そういうまさに上から憲法が与えられて、それをただありがたいものとして押し頂く、という方向にいくわけです。

それに対して、兆民の弟子の幸徳秋水が伝えているところによると、兆民先生の方は、井上毅らが中心になって伊藤博文、金子堅太郎など何人かが、秘かに夏島というところに籠ったりして欽定憲法草案を作っている様子を、たぶん知っていた。だからだいたいこんなもんができるだろうと見当はつけていたと思われるわけです。憲法が発布されたときに、号外か何かの新聞が出るわけですが、それを当時玄関番、書生をしてた幸徳秋水は、兆民先生の近くにいて見ていたんでしょう。兆民先生は「通読一遍唯だ苦笑する耳《のみ》」というのが、そのときの兆民の反応です。しかし、じつは苦笑しただけではなかったのです。

三　中江兆民の「憲法点閲」論——大日本帝国憲法体制との対決

その点で、『三酔人経綸問答』の話に入る前に、もう一つ押さえておいた方がよいことがあります。彼が明治二十三〔一八九〇〕年一～二月に展開した「憲法点閲」論です。これは先ほど述べました「憲法制定権力」の問題にかかわると同時に、『三酔人経綸問答』の最後に出てくる「恩賜的民権」と「恢復的民権」の問題にかかわるからです。

国会開設に向けた民権派の動き

『三酔人経綸問答』は明治二十〔一八八七〕年五月に出たものなので、それより後のことになるわけですが、憲法が明治二十二年に発布された後、自由民権派は国会開設に向けて、なんとかしてできあがった国会のなかで勢力を占めたい、そして代議士になりたいと走り始めるわけです。そのとき分裂していた自由民権各派は、「大同団結」して、「民党」として藩閥政府側の「吏党」に当ろうという動きをします（この「民党」「吏党」という言い方は、前回も触れましたように、兆民が始めたと言います）。その動きのなかで明治二十三年一月二十一日に結成された「（再興）自由党」（明治二十二年、大同団結の動きに沿った組織結成の機運の高まりのなかで、まとまった政治団体を志向する河野広中・犬養毅ら「政社派」と、緩やかな連絡組織を望む大井憲太郎らの「非政社派」の対立が生じ、同年三月二十二日、大同団結運動の主導者であった後藤象二郎が突如黒田内閣の逓信大臣として入閣して運動からの離脱を表明したのを機に、両派は決別し、同年五月、政社派は「大同倶楽部」、非政社派は「大同協和会」として発足した。翌年一月、第一回衆議院議員総選挙に備えて、大井憲太郎が中江兆民らとともに、大同協和会を中心に結成したのが「（再興）自由党」である）が、二月二十一日に予定された党大会（議員総会）に諮るべく、同党の「主義・綱領・党議」の原案起草を兆民に委託しました（大井憲太郎と内藤魯一と兆民の三人への委託でしたが、実質は兆民一人の執筆だったと思われます）。その「党議」の第一条に、「国会に於て上請して憲法を点閲する事」という一項が掲げられたのです。

ところで、「大同団結」の動きは、明治二十年末（ちょうど『三酔人経綸問答』の出た後）に起こって、これは「三大事件建白運動」とも言われて、「条約改正」とか、地租を下げろ（民力休養）とか、「言論自由」とかの要求がセットになって出てきたもので、これについては、前回、兆民が「保安条例」で東京から追放されて大阪に行き、『東雲新聞』の主筆になるという話のところで触れました。

明治十年代後半における民権諸派の泥仕合

しかし「大同団結」とは結局なんだったのか。その前に自由民権運動のなかで、いわゆる明治十四年政変後、先ほどの大隈重信が「立憲改進党」を作り、板垣退助が「自由党」を作るなどして、それぞれがお互いに足を引っ張り合う、というよりも攻撃し合うような状況が、明治十年代の後半には続いていたわけですね。たとえば、「板垣退助洋行問題」がありました。板垣退助が中心になって自由民権運動が盛り上がっているのに対して、井上馨やその周辺が秘かに手を回し、ぜんぜん別のところから資金が出て、板垣をヨーロッパに行かせたわけです。そしてまた事実、板垣はハーバート・スペンサーに会って、ヨーロッパと同じやり方をアジアでやることはできないんだ、と言われると、なるほど、なんて言って思想を若干穏健にして戻ってくるわけです。しかし、それが立憲改進党の連中にキャッチされ、板垣はいわば政府に買収されて洋行したなどと言われます。すると自由党の方も、やられっぱなしじゃいかんというので、当時改進党の大隈が三菱との関係を強めていたことを捉えて、あの「海坊主退治」などというのをやるのです。要するに、大隈は郵便汽船三菱会社と結びついていて、改進党の金はそちらから出てるんだぞと暴き立てる。「偽党撲滅、海坊主退治」などと言って、キャンペーンを自由党は張るのですね。

それに対して「大同団結運動」というのが、明治二十〔一八八七〕年になって、いわば自由民権運動の最後の盛り上がりとして起こってきて、そこにおいて中江兆民が、後藤象二郎のいわゆる「三大事件封事」の下書きをしたと言われる〔『自由党史』上下、岩波文庫、一九五七年〕ことに象徴されるような、中心的な活動をするのです。

中江兆民、政治的実践の舞台に登場す

じつは兆民は、明治十九〔一八八六〕年十月に浅草井生村楼で開かれた「全国有志大懇親会」の発起人の一人となり、民権派全体の「大同団結」を図る集会に参加したのが、実践的な政治活動への初めての登場だったのです。それまでの初期兆民は、「政理」＝「至理」の追求を課題としていたのです。実践に先立つ認識の獲得、自由と民権の理論構築を自分の仕事としていたのです。これについては以下の『東洋自由新聞』第二号社説〔明治十四・三・二三〕をお読みください。

……凡ソ古今人民ノ能ク大業ヲ創建セシ所以ノ者ハ、詭激ノ言ヲ騰グルニ在ラズシテ、精密ノ論ヲ立テシニ在リ。矯妄ノ行ヲ抗グルニ在ラズシテ、堅確ノ志ヲ体セシニ在リ。夫レ議論精密ナラザルトキハ理ヲ見ルコト明ナラズシテ、事ニ臨ムニ及ビテ乖謬ヲ致スヲ免レズ、志操堅確ナラザルトキハ、不幸ニシテ事理ニ逢着スルヲ以テ事業ニ施ス可ラズ。……蓋シ言ノ詭激ナル者ト行ノ矯妄ナル者トハ、以テ快ヲ一時ニ取ル可クシテ、以テ遠大ノ益ヲ図ルカラズ。……

吾輩ノ事ヲ論ズル、辞気諄々トシテ老人ノ談話ニ類スル有リ。……吾輩初ヨリ与ニ敵ヲ為サント欲スル者有ルニ非ズシテ、唯至理ニ逢着スルコトヲ是レ求ム。……

然リト雖モ自由ノ権未ダ興ラザルノ邦ニ於イテ自由ノ権ヲ興サント欲シ、憲令未ダ定ラザルノ国ニ於テ憲令ヲ定メント欲ス。天下ノ事之ヨリ艱キハ莫ク、之ヨリ難キハ莫シ。事難ケレバ則チ勢ノ変転スル、或ハ逆

シテ料度ス可ラザル者有リ。且ツヤ寛猛各々其時有リ、疾徐各々其機有リ。

吾輩衆君子ト幸ニシテ至理ニ遭遇スルコトヲ得、之ヲ講ズルコト既ニ明ニシテ、時至リ機熟シ、我ガ三千五百万ノ兄弟皆尽ク自由ノ権ニ拠ルニ堪ユルニ至リ、是ノ時ニ於テ若シ万分ノ一荊棘ノ路ヲ遮ル有リ、吾輩三千五百万人民ヲ防遏シテ自由ノ途ニ闖入スルコトヲ得ザラシムルトキハ、吾輩モ亦……大喝一声手ニ唾シテ起チ蹴破シテ過グル有ランノミ。……


明治十九年に至り、その「転機」到来、と兆民は見たのです。それが民権運動〝最後の〟盛り上がりとしての「大同団結」運動の興起だったのです。そこに兆民は全力投入していこうとします。ちょっと後の明治二十一〔一八八八〕年三月二十三日の短文「因循は老練に似て非なる者」の一節を引いておきます。

「大人気無きと云ふ事程社会を歩ませるに大切な物は無い。……四五十以上の者は務めて大人気無き言為を遣らかすが佳い」というのですが、兆民は明治十九年で四十歳、当時で言えば老境に差し掛かるころになって、「饒舌（しゃべ）れば饒舌る丈けの効あり、掻廻（かきまわ）せば掻廻す丈けの験有り」（「放言」明治二十一・三・一七）と活動期に入るのです。

しかし、兆民執筆と『自由党史』が記す後藤象二郎「三大事件封事」提出（明治二十年十二月二日）の三週間余りのち、十二月二十六日、「保安条例」が官報号外で突如交付され、中江兆民も「一山四文の連中に入れられ」（末広重恭宛、兆民書簡）、皇居外三里の地に追放されます。こうして「大同団結運動」はいったん抑え込まれ、そして兆民は大阪に行き、『東雲新聞』主筆になるわけです。

そして国会開設がもうあと一年前に迫り、これから衆議院選挙に入ろうという明治二十三〔一八九〇〕年初めに、「大同団結」への動きが再び盛り上がり、そのなかで再興された「自由党」の「党議」に、兆民が「憲法点閲」の一項を書き入れたのです。

「憲法点閲」——帝国憲法の実質的改正の試み

これはどういうことかと言いますと、第一議会、最初の議会が発足するその冒頭のところで、議会でもって憲法の条項をひとつひとつ、点検してチェックすべきであるというのです。そして、有難くもというか、畏れ多くも、「欽定憲法」というかたちで発布された憲法であるけれども、「民党」の立場にある我々としては、ここはこういうふうに改正したほうがいいんではないかということを検討するということです。しかし「憲法改正権」は、明治憲法の定めでは天皇にしかない。だから天皇に対して「上奏案」として、ここの部分とここの部分はこういうふうに改正してほしいという「上奏」をしたらどうかというのです。これが「憲法点閲」の主張なのですが、これは先ほど論じた「憲法制定権力」の所在の問題に関わるわけです。

「欽定憲法」の「国約憲法」化——「憲法点閲」論の意図したところ

「欽定憲法」ということで、天皇によって一方的に憲法が決められて国民に下されるという、そういうかたちになってしまったことで、憲法制定権力は天皇にある。それを第一議会の冒頭で「憲法点閲」をやれば、——つまりさっきの「国約憲法」の考え方だと、憲法制定の国民議会というものが憲法を審議してそれにもとづいて憲法ができ、そしてその憲法の規定の中に国会というものが位置づけられてくるわけです。それが実際は「欽定憲法」のかたちで、天皇によって与えられた憲法だったので、これがなかったわけです——第一議会の冒頭でそういう実質的な「憲法点閲」をすれば、この国会が一定程度「憲法制定国民議会」の役割をするということで、それはつまり「憲法制定権力」を何ほどか国民の側に取り戻すことになるというわけです。〔兆民の「憲法点閲」論は、この（再興）自由党「党議」執筆と同時期に書かれた、「衆議院議員の一大義務」（『活眼』明治二十三・一〜二、『警世放言』所収）でも、詳しく展開されます。その「憲法点閲」は、衆議院議員の「権利」ではなく「義務」である、という痛烈な皮肉を込めて。」

禁じられた「憲法点閲」

ところが、「集会条例」（明治十三〔一八八〇〕年四月太政官布告、一五〔一八八二〕年六月改正）にもとづいて、警視庁に再興「自由党」の「主義・綱領・党議」を提出したところ、党議三二項目のうち第一項の「国会に於て上請して憲法を点閲する事」など八項目が警視庁の認可するところとならず、明治二十三〔一八九〇〕年二月十五日の党大会で公然審議することが不可能となります。したがって、「憲法点閲」を掲げての政党結成はできなくなったわけで、さすがに明治薩長政府（井上毅）は、兆民が「憲法点閲」に籠めた重大な意味合いを、見逃さなかったのです。

その後の経緯の委細は省略しますが、明治二十三年七月一日の第一回衆議院議員総選挙（兆民は大阪第四区で当選）を経て、「自由党」・「愛国公党」・「大同倶楽部」・「九州同志会」の四党派が合同し「立憲自由党」が発足して、同年九月十五日に結党式を挙げます。その「党議」も兆民が起草しましたが、そこにも「憲法点閲」の項目は、もちろん書き込めなかったわけです。

四 『三酔人経綸問答』の世界

二種の「民権」——「恩賜的民権」と「恢復的民権」

ところで、『三酔人経綸問答』の最後のあたりに、「恩賜的民権」と「恢復的民権」という言葉が出てきます。プリント二七頁〔巻末五二頁〕の「南海先生」の②のところに書いておきましたが、「恩賜的」、つまり上から恩恵の賜物として与えられた民権というものと、本来もっていた権利が奪われていたのを恢復するという「恢復的」民権と、民権に二種類あるということを、『三酔人経綸問答』の終わりで言っているわけです。

世の所謂民権なる者は、自ら二種有り。英仏の民権は恢復的の民権なり。下より進みて之を取りし者なり。世又一種恩賜的の民権と称す可き者有り。上より恵みて之を与ふる者なり。恢復的の民権は下より進取するが故に、其分量の多寡は、我れの随意に定むる所なり。恩賜的の民権は上より恵与するが故に、其分量の多寡は、我の得て定むる所に非ざるなり。

ところで、この著作には「眉批《びひ》」というものが付いています。自分で批評みたいなのをちょっと付けるという、漢文の文章によくあるものです。「眉批」というのは、顔の「眉」にあたる位置に、批評を書くということです。だから文章がある上段の欄外に、小見出しのように付いたりなどしている。ここの部分の眉批には、「此一段の文章は少く自慢なり」と書いてあるのです。

「恩賜的民権」の「恢復的民権」への転換——中江兆民の悲願

つまり、今の話に即して言うと、「欽定憲法」で与えられる民権は、「恩賜的民権」であって、「恢復的民権」ではないということになるわけです。その「恩賜的民権」をどうやって「恢復的民権」へ切り替えて行くかというのが、兆民がいちばん考えていた問題であったというふうに読み替えることも可能です。兆民の「憲法点閲」論は、その具体化のための戦略の第一歩だったと考えることもできるわけです。〔追記——ただし、右に引用した「少く自慢」の文章は、「若し恩賜的の民権を得て、直に変じて恢復的の民権と為さんと欲するが如きは、豈事理の序ならん哉」と続きます。つまり、「恢復的民権」への切り替えは「直に《ただち》」はできないと言って、「紳士君」の急進的「民主」化論を批判しつつ、「南海先生」の「政治の本旨」論を展開するのです。〕

「縦令《たと》ひ恩賜的民権の量如何に寡少なるも、其本質は恢復的民権と少も異ならざるが故に、吾儕人民たる者、善く護持し、善く珍重し、道徳の元気と学術の慈液とを以て之を養ふときは、時勢益々進み、世運益々移るに及び、漸次に肥腯と成り、長大と成りて彼の恢復的の民権と肩を並ぶるに至るは、正に進化の理なり。」——それが「事理の序」だと言うのです。

そして「南海先生」の結論(!?)は、次の一言に要約されます。「亦唯立憲の制を設け、上は皇上の尊栄を張り、下は万民の福祉を増し、上下両議院を置き、上院議士は貴族を以て之に充てゝ世々相承けしめ、下院議士は選挙法を用ひて之を取る、是のみ。」——二年後に発布される「大日本帝国憲法」の「立憲の制」と同じです。

「二客是言を聞くや、笑ふて曰く、吾儕素より先生の持論の奇なることを聞けり。若し単に此《かく》の如くなるときは殊に奇ならずして、今日に在て、児童走卒も之を知れるのみ。」

〔追記——歴史学者の飛鳥井雅道は「この『奇ならざる』結論を、沈滞しきった混迷を続ける民権派再建の手がかりにしたいというのが兆民の願いだったと思われる。南海先生すなわち兆民が現実政治に乗り出さざるをえない時期がやってきていたのである」と評している(『中江兆民』吉川弘文館人物叢書、一九九九年)。〕

「恩賜」の「民主」憲法
——「日本国憲法」の問題点

ところで、「日本国憲法」（一九四六・十一・三公布、一九四七・五・三施行）は、まさしく（二重の意味で）「恩賜的民権」の憲法であると言えます。

つまり、よく言われるように、実質的には現在の日本国憲法は、占領軍が示した原案に、いろいろ手が加えられ、修正されてできあがっているのです。ですから、これもやっぱり上から与えられた、しかもなにか恩恵、恵みとして与えられたような、そういう憲法であるわけです。逆に言うと、民衆、国民の方で、自分たちで、それこそさっきの「私擬憲法」案みたいのをつぎつぎと作っていくということをしたかというと、高野岩三郎案などを含めて若干はあったわけですけど、しかし明治の民権運動のときの八十いくつとか九十いくつとかというほどのことももちろんないし、当時の敗戦後の混乱のなかで下からの議論を積み上げていく、「憲法制定国民議会」のようなものへもっていくということは事実上できないまま、上から与えられて強行されていくようなかたちで、「民主憲法」ができていったわけです。

「日本国憲法」における「憲法制定権力」①——占領軍

ただ、「国民主権」を基本にしたという意味では、それ以前の「天皇主権」の明治憲法とは、まったく違うものになってるわけですから、そこから宮沢俊義先生は「八月革命説」といって、つまり一九四五年八月で憲法に関していえば「革命」が起こったのと同じである、ということさえ言われるわけです。しかし、にもかかわらず、実質の「憲法制定権力」＝「制憲権」が国民にあったかというと、そうではなくて、占領軍にあったわけですね。

「日本国憲法」における「憲法制定権力」②——天皇

それだけではなくて、形式面でも、日本国憲法というのは非常にまずいところがあるわけです。というのは、六法全書を見るとわかるように、いちばん冒頭に憲法が置いてあり、しかしその憲法の条文が始まる前に有名な「前文」があるのですけど、さらにその前に、いわゆる「上諭」が置いてあるのです。これは「日本国憲法」の制定が「大日本帝国憲法」第七三条の「改正」手続きに従って行われたことにより、「公式令」（明治四十年勅令第六号）第三条第一項が「帝国憲法ノ改正ハ上諭ヲ附シテ之ヲ公布ス」と定めていたからです。

（上諭は次の通り。「日本国憲法　朕は、日本国民の総意に基いて、新日本建設の礎が、定まるに至つたことを、深くよろこび、枢密顧問の諮詢及び帝国憲法第七十三条による帝国議会の議決を経た帝国憲法の改正を裁可し、ここにこれを公布せしめる。御名御璽　昭和二十一年十一月三日」以下、「内閣総理大臣兼外務大臣　吉田茂」他の国務各大臣の「副署」が続く。）

「国民主権」と「憲法制定権力」との矛盾

そういうふうに、旧憲法の「改正」手続きによるという形式で、新憲法が始まったということは、最大の矛盾だろうと思うわけですね。これは、形式面においても、「憲法制定権力」が天皇にあって国民にないことを意味するのではないかということです。「憲法制定」が憲法「改正」という手続きを取ったことによって、少なくとも形式的には、旧憲法で「憲法改正権」を持つ天皇が「憲法制定権力」を持つことになってしまうからです。

そこからして、憲法の構成自体も、やっぱり旧憲法のスタイルが残っているものですから、冒頭、「第一章天皇」から始まるという、おかしなことが起こっているのです。これも「国民主権」の憲法であったならば、おそらく最初の第一章のタイトルは「主権」として、「国民主権」の規定がなされ、それから、それと天皇との関係、それから、国会以下の具体的な統治機構についての規定がくる、というふうに展開すべきところが、非常に奇妙なかたちになってしまっているわけです。しかし、兆民流に我々も倣うとすれば、そうしたかたちで、実質的にも形式的にも「恩賜的民権」のスタイルでスタートした「日本国憲法」も、実質のところで本来の姿に戻していく。そういう「恢復的民権」の方向に持っていく努力をすべきだ、ということだろうと思うわけです。

中江兆民、国会開設前後の奮闘

『三酔人経綸問答』の中身に入る前に、そちらの方に話が行ってしまいましたが、とにかくそういう位相で兆民というのは自由民権思想を展開し、そして、この前紹介しましたように、第一回衆議院に彼は議員として当選して選ばれて、しかし予算案をめぐる「土佐派の裏切り」に憤激したかたちで議員を辞めていくということであるわけですが、その直前の時期と言いますか、今言いました大同団結運動というものが、まあこれはいわば自由民権運動の最後の盛り上がりの時期ですが、そのときになんとかして、もうすでに大勢は決まってる――欽定憲法ということで決まっていて、それから中身の方もだいたい推測がついていたわけですが、しかしそれでもなんとかならないかと、頑張っていたわけです。

たとえばですね、プリント三一頁〔巻末五七頁〕に引用しておいた、『立憲自由新聞』があります。これはさっきの「立憲自由党」の機関紙として出て、兆民が編集長をやってるわけですが、国会開設した直後の一月一日、元旦の『立憲自由新聞』論説として書かれた「立憲自由党の急務」の中に、次のようにあります。

抑も我日本国は矢張り日本国なり。漸く専制の域を出で、僅に立憲の域に進みつゝ有る、過渡中の社会なり。……今日の立憲自由党は正に此過渡の社会を推して再変三変の形勢に進ましむるの任を有する一政党なり。

政治社会の「進化の理」

まあなんでもないような表現なのですが、これは実はですね、彼の基本的な、当時の状況把握というものに関連しています。つまり非常に大まかに言えば、中江兆民の言う政治社会の「進化の理」に関わります。これはプリント二六A～二七頁〔巻末五一～五二頁〕の〈洋学紳士君〉の話が展開されるところです。まず、「無制度の世」、つまりアナーキーの時代があったかもしらんと述べたうえで、しかし文明が始まって以来は「君相専擅の制」、単純に言えば専制政治の時代というのが現われ、それが「立憲の制」に変わり、それから「民主の制」に変わるというのが、政治社会の大まかな「進化」の法則であるというのです。

そういうなかで今、「恩賜的民権」のかたちで憲法が与えられて動き出そうとしている段階というのは、「専制」から「立憲」に移る「過渡中の社会」だと言ってるわけですね。しかしそれを「再変三変せしむる」というのはどういうことかというと、専制から立憲への過渡を、今度は立憲から「民主」への過渡へと飛躍させる、というわけです。つまり体制が固まってしまえばなかなか動かせないんだけど、ちょうど動いて混沌としている「過渡」期というのは、この段階の過渡をこの段階の過渡へ〔板書で指示〕と飛躍させる可能性があるんではないかというのが、兆民がその時期に抱いたいわば希望です、しかしもうそのチャンスを逃すと体制として固まってしまうので、あとしばらくチャンスはこない、その意味じゃ非常にピンチであるわけですね。いわば「危機」と「好機」とは「裏・表」であるみたいな、そういう意識が兆民にはあるのですが、そういう最後のチャンスであり、しかしそこを逃すと彼の民権の理想というのは実現の機会が当分来ないという時期に、彼、その時期に書いた傑作がこの『三酔人経綸問答』という著作であるわけです。

「過渡」期という「飛躍」のチャンス

大同団結運動というところで大活躍するわけです。

『三酔人経綸問答』文庫化の経緯

この本は岩波文庫に入っています。当時京大人文研の所長をしていたフランス文学専攻の桑原武夫氏が、ルソーなどを京大人文研の共同研究でやった延長で、「東洋のルソー」である中江兆民の共同研究もやっているうちに、すっかり兆民に惚れ込んで、特にこの『三酔人経綸問答』という著作に感銘を受けたので、それを岩波文庫に入れたいと思ったわけです。

兆民という人はフランス語ももちろんよくできるわけですが、漢文とか、漢籍とか仏典とかを非常によく読んでいる人で、当時としても難しい言葉、表現がたくさん出てくるわけですね。ですからこの前ちょっと言ったように、彼が『東洋自由新聞』を出したりしているときに、かなり本気で東洋的な世界にも自由とか民権の普遍的な理想に繋がるものがある、というふうに考えていた可能性があります。彼がたとえば孟子などを引くときにはかなり共感しながら引いている部分があるわけです。そのへん、福澤なんて徹底的に儒教嫌いだったので、兆民とはちょっと違います。とにかくそういう難しい文章なので、現代語訳をつけよう（明治期の文章ですが）ということで、岩波文庫の『三酔人経綸問答』は、後半が原文で前半が現代語訳になっていますから、非常に読みやすいです。興味のある人は是非読んでいただきたいと思います。

「洋学紳士」「東洋豪傑」「南海先生」――三人の登場人物

その中身を、プリント二六A～二七頁〔巻末五一～五二頁〕に整理してあります。そこに〈洋学紳士君〉と〈東洋豪傑君〉という二人の人物が出てくるわけですが、これはいずれも自由民権運動の中にあった二つの要素を、いわば人格化したものですね。つまり、西洋をモデルにして非常にスマートなやり方で自由と民主主義と平和主義というものを追求する進歩主義者、理想主義者で、兆民は「民主家」と呼んだり「理学士」と呼んだりもしていますが、そういう〈洋学紳士君〉を一方に置きます。

〈東洋豪傑君〉というのは、それに対して、リアリストで策略家で、しかも思想内容としては大陸侵略政策などを説いたりするという、東洋流の豪傑風の人物です。

それにくわえて〈南海先生〉といういちばん兆民に近いような、しかし何よりもお酒を飲むのが好きという人物――酒を飲むとイマジネーションが飛躍して、普通であれば非常に固定した考え方の中に閉じ込められてしまうところを、自由に歴史を超え、それから時間、空間を飛躍したイマジネーションが可能になるという、非常にスケールの大きな話をする人物――の三人が登場します。

その南海先生のところに洋学紳士君と東洋豪傑君が二人で訪ねて行って、一晩飲み明かしたという設定で展開するわけです。確かこれ、英訳を作った人もいますけれど〔*A Discourse by Three Drunkards on Government*. trans. by Nobuko Tsukui, New York: Weatherhill, 1992〕、そういうものと比較して読んでみると面白いかもしれません。

〈洋学紳士君〉の進歩主義、民主主義、平和主義の中身は、原文で読んでいただきたいし、それから〈東洋豪傑君〉の現実主義と策略というのも省略しますが、プリントの表にしてある要約を読んでください。

政治を考える三つのレヴェル（「政理」「政術」「政俗」）と三人の登場人物の対応

〈南海先生〉は、紳士君と豪傑君の話を、いわば「傍観者」のようにして聴いていながら、しかし最後に両者を「調停」し、「総合」していく存在です。

別のところで兆民は、政治というものを考える場合に三つのレヴェルが重要だということを言っていました。政治の「理」（政理）と、それから政治の「術」（政術）、それから政治の「俗」（政俗）という三つのレヴェルです。「理」は〈洋学紳士君〉が追求しているもので、（兆民は「理義」という言葉が非常に好きなのです）理論でもあり理想でもあり、それから主義でもあり正義でもある、理念、理想あるいはユートピア、しかし同時に原理的なprincipleでもある、そういうものを追求するという姿勢です。しかし現実において、政治を規定しているのは政治の「俗」、習俗なのですね。つまり習慣、風俗のようなかたちで人びとの行動様式に染みついてるような、その政治の「俗」（政俗）。その「政俗」を、いかにして「政理」に近づけるかという、そういうものとして政治の「術」（政術）というものがあるんだという発想です。そこで〈洋学紳士君〉は「政理」を追求し、〈東洋豪傑君〉はもっぱらstrategyやらtacticsやら、「政術」のレヴェルで政治を考えている。それに対して〈南海先生〉は、「政俗」をいかに変えていくかというレヴェルで考えている、というふうに見ると非常に面白いのです。

この三人の議論では、それこそ防衛問題、今の日本国憲法の九条と関わるような議論（非武装無抵抗論と「土着兵」論など）というのが実はなされています。〈洋学紳士君〉は徹底した理想主義、平和主義の立場から「非武装無抵抗」の路線を徹底して追求する方向を主張する。それに対して〈東洋豪傑君〉の方はむしろ、「遅れて文明の途に上る国」としての日本は、結局、「欧米文明の効力を買い取る」ための資源を手に入れないことにはどうしようもない、として、明らかに満州あたりを示唆しながら、そこに拠点をもって進出してゆくと言います。ただしこれも話は単純ではなくて、そこにむしろ古いタイプの連中が出かけて行って、もし失敗して滅びてしまえば、新しいタイプの、洋学紳士君的なタイプが日本の本土でちゃんとやって行くからそれでいいんだという、非常に皮肉な議論にもなっていて（このあたり、西郷隆盛の「征韓論」と、兆民のイメージは重なっているらしいのです）、この辺もちょっと紹介したいところですが、時間がないので省きます。

「南海先生」は何を「誤魔化」したのか？

そういうなかで〈南海先生〉は、両者の議論をどうやって総合するかというふうなことを言いながら、最後は非常に穏健な議論をするわけです。これはまだ明治二十〔一八八七〕年の段階ですから、「大日本帝国憲法」は発布されていない、しかし大日本帝国憲法はこんな程度だろうと見当はつけていて、とにかく「恩賜的民権」であっても民権は民権なんだから、それを「恢復的民権」の方に切り替えていくことができるはずだとして、結論としては非常に、大日本帝国憲法として実現するのに近いことしか南海先生は言わない。しかもその欄外に、先ほどの「眉批」ですけれど、その眉批として「南海先生誤魔化せり」と書いているのですね。しかしそれを読むと、どういうふうに誤魔化したんだろう、本当はじゃあどうしたいんだろう、というふうに読者は考えるはずで、そういう挑発をするためにわざとそういう書き方をしたと思われるのです。

いちおう井上毅論のマクラになるようなことは、先ほどお話しましたので、次回は、彼自身のやったこと、特に「大日本帝国憲法」というものをどういうものとして制定していったか、それから、同時に彼は「教育勅語」の制定にも関与しているというあたりを話したいと思います。また、帝国憲法と教育勅語をセットにして、いわゆる「近代天皇制国家」というものが作られていく、その思想的なバックボーンのようなことも話したいと思います。

第七回　井上毅と近代天皇制国家の制作

井上毅
1895年ごろ

一　「国家」の二側面――「共同体としての国家」と「機構としての国家」

井上毅をめぐる話は兆民の「三酔人経綸問答」との関係で若干触れましたが、「井上毅と近代天皇制国家の制作」というテーマそのものにはまだぜんぜん入っておりません。そこをなるべく簡単に通過して、次の「明治二十年代の思想」の方に進みたいと思います。

国家を「作る」という発想

「井上毅と近代天皇制国家の制作」というタイトルを付けましたのは、そもそも「国家」という観念が明確に意識されるだけではなくて、さらにそういう国家を新しく作るんだという意識が生まれたのが明治の初期であったということが大前提にあります。そういうなかで、最も中心となって、「芸術作品としての国家」とでも言うべきものを構想した人物がいた。それが井上毅ではないかという観点から論じてみたいと思ったわけです。

「芸術作品としての国家」という言葉は、プリント三六頁〔巻末六一頁〕にも引きましたように、ブルクハルト『イタリア・ルネッサンスの文化』という名著からとりました。この本は、十六世紀イタリアのいわゆるルネッサンス文化を論じ、そこでは「国家」というものも「芸術作品」のごときものとして新しく作られたんだという議論をしています。それを日本に当てはめるとこの辺と対応するのかなということで言ったわけです。

日本の伝統的「くに」観念

つまり国家というのは、たとえば日本語では「くに」という言葉があるわけですが、これは『古事記』『日本書紀』にすでに出てくる古い言葉で、近代になる所で新しく創られたものではないわけです。「大きい国の主」ということで、言ってみれば当時の地方の族長、そのうちの大きいものという意味合いです。「くに」の主という言葉が出てくるわけです。たとえば出雲神話に「大国主命《おおくにぬし》」という神様が出てきますけど、あれは

ただし、「大国主命」のもっと古い呼び名は「オホナムチ」(「大穴牟遅」古事記、「大己貴」日本書紀、「大穴持」出雲風土記、「大名持」延喜式)神と言います。これも大きいナムチ、ナムチの「な」というのは、土地という意味ですね。たぶん「名主(なぬし)」などというのは、そっちからきているんだと思います。それから地震のことを「なゐがふる(大地が揺れる)」なんていう言い方をしますが、その「なゐ」の「な」というのも土地という意味だろうと言われています。とにかく「オホナムチ」という方が古い名前で、それが「オホクニヌシ」と言い換えられていくのです。

そして『古事記』ではそのあと、いわゆる出雲の「国造り」というのが「大国主」中心になされた後、そこに高天原《たかまのはら》からタケミカヅチ(建御雷神)という神様が降りてきて、大国主に「国譲り」を迫る、という場面があるわけです。それが実際の、たとえばヤマト族とイズモ族とが実体としてどこまで対立してあったのかという点に

ついては、議論がありますけれども、とにかく高天原の勢力が出雲の勢力に国譲りをさせ、そしていわゆる「天孫降臨」があって、神武天皇の三代前の神様（ホノニニギ）が地上に君臨するという、そういう構成をとっている。その段階で、すでに「くに」という言葉はあるわけです。

日本の「世界史的」特殊性

それだけではなくて、おそらく世界的に見ても大きな日本の特徴は、そういう古代以来同じ国土で、そしてほぼ同じ言語で一貫していることです。（もっとも、たとえば明治の初年に東北の人と薩摩の人は普通にはコミュニケーションが不可能で、漢語風の、それも謡曲、謡いなどで鍛えたような言い方だと通じたとか、そういう話も伝えられています。）また、縄文系と弥生系は人種的に違うのではないかという議論もありますけれども、しかしまあほぼ同一で、そういうふうに古代から現代までずっと一貫しているというのは、世界中見ても極めて稀なのですね。

「都市国家」と「帝国」——ヨーロッパの前近代国家

ヨーロッパの場合、古代の、たとえばギリシアとかローマとかは、いわゆる「都市国家」のかたちで、最初は「ポリス」という単位で存在して、そのあとアレキサンダーのヘレニズムの「帝国」や、ローマ帝国ができますが、この「帝国《エンパイア》」というのは、今われわれが「国家」としてイメージしているものではありません。たとえばローマというのは、「すべての道はローマに通ず」などと言われますが、街道を作って、道でもって拠点と拠点を繋ぐ、いわば点と線による支配なわけですね。それから「海上帝国」みたいなかたちもとりますが。

そういうなかで、たとえば今のドイツとかイタリアに該当する地域というのは、ちょうど明治維新と同じころに、初めて一つの「国家」というかたちでまとまるわけです。それまでドイツもイタリアも、いくつもの都市とか、小さい諸王国とかの集合体でしかなかったのです。ヨーロッパにはその他に、いわゆる「神聖ローマ帝国」というものも、十九世紀初めまで残っていました。

state と commonwealth

英語で言えば国家というのは state なのですが、この state という言葉は、ドイツ語だと Staat（シュタート）、フランス語だと État（エタ）という言葉になります。これが実は、元が stato（スタトー）というイタリア語で、そしてこれがまさにルネサンス頃、それもマキャベリあたりから使われ始めた言葉であるわけです。で、実は英語でも、近代国家以前の段階では、state という言葉は使われなくて、たとえば commonwealth（コモンウェルス）とかが使われます。commonwealth というのは、ちょうどラテン語の res publica（レス・プブリカ）と同系統の言葉です。前に「レス・プブリカ」は中江兆民のときに引きましたが、これは republic（「リパブリック賛歌」の「リパブリック」ですね）という言葉にも連なるわけです。「レス・プブリカ」は「共有の物」というふうな意味ですね（兆民は「衆民之事」と訳したわけです）。ですから commonwealth というのも、「共有された富」というふうな感じの言葉になります。state とは違うニュアンスの言葉として出てくるわけです。

「共同体」としての国家、「権力機構」としての国家

この二つをあえて区別するとすれば、「コモンウェルス」の系統は人が集まって作っている、「共同体としての国家」ですね。それに対して、「スタトー」の系統は「権力機構としての国家」ということになります。一つの機構、メカニズムとして、そこに官僚機構があったり、軍隊があったり、警察機構があったりというかたちで成立してくる。これが近代国家を指すものになっていくわけです。それに対して、古いかたちの「共同体としての国家」という側面も、近代国家になってもずっと続いているわけです。

ですから、先ほどの日本の場合の「くに」というのは、たとえば江戸時代ごろであれば（今でもそうですが）、「くにに帰る」と言ったら、田舎、故郷に帰るという、郷土という言葉に通ずるようなものとして残っていて、それがずっと一貫している。しかし、たまたま海に囲まれて一つにまとまっているところという意味で、外との関係で意識するときには、「日本国」、日本の国、大和の国と言う、そういうものだったわけです。

ただし、さっきの高天原勢力が出雲に「国譲り」を迫っていったときにはもう、支配するものとされるものというふうなイメージや、それを支えるものとしていわば国家権力のようなものが存在するという、そういうイメージがすでにあったわけですね。つまり、出雲の「国造り」について、「国引き」の話というものが『出雲風土記』にあるのですが、要するに、いわば平和な農村共同体を作っていくというのが「国造り」です。それに対して、さっきのタケミカヅチというのは、これは刀のイメージであり、同時に雷神、雷であり、明らかに軍事力のイメージです。つまり軍事力でもって平和な生産階級を支配するに至るという側面です。

神話の「三要素」

いわゆる神話学というのがありまして、フランスのデュメジルという人は、神話には必ず三要素があると言います。それは要するに、必ず神話の中には、生産者階級にあたるものに関わる神様、があり、それから兵士、まあ軍事力をもつものの神があり、それからもう一つは祭祀、祭り、宗教的な祭りですね、それを司る祭祀者、まあ古い段階に遡れば遡るほどそれはマジシャンのような性格を帯びるわけですけれども、その三つは必ずあるというのです。そして、国家権力というのは、（生産の共同体だけであれば、こちらの方の国家権力的な機構、国家機構というふうなものは出てこないわけですが）それが最初に「文明化」していく段階で必ず、軍事力的な要素と、それから祭祀者、宗教的、祭り的要素と結びついて権力および権威というものが成立してくると言います〔デュメジル『神々の構造』国文社、一九八七〕。

「作品」としての国家

しかし、それが近代になるともっと合理化されたかたちで、しかも小さい単位ではなくて一定の単位（近代資本主義というものの発展はナショナル・マーケット（一国市場）ができるということと結びついているわけですが）でもって、いわゆる近代国家（ネーション・ステート）というものができあがっていくということになるわけです。そういうなかで、つまり自然にあるクニ、共同体というものではやっていけなくなっていくなかで、近代国家ができてくる過程で、その機構、メカニズムとして「国家」というものを制作してくるという側面が、近代国家の形成のときには必ずあるわけです。それをブルクハルトは、ちょうど「芸術作品」を作るようにして国家を作るんだという比喩で述べたわけです。

二　国家における「制度」と「習俗」との連関

「機構」を支える「習俗」

ただその際にですね、たんに作品として作る、それから機械を作るようにして作るというわけにはいかないのが、政治的な「国家」の場合なのです。つまり、さっきの「共同体としての国家」というもの、これをまったく無視して「機構としての国家」を作ってくわけにはいかないわけですね。いくら法律を作り、それによって制度を作っていっても、それを支えるものとしての風俗と言いますか、習俗を無視しては、国家は作れない。これまで述べてきた、たとえば福澤諭吉が、国家としての独立を達成するためには「人民独立の気風」、あるいは「一身独立」するという「自由独立の気風」が形成されなければ、国家の独立あるいは近代国家の形成はできないんだというふうに言いました。

それから中江兆民も、あまり詳しく説明はしませんでしたが、彼が考えていた自由と民権というものが実現した国家というのは、その前提として、「自治の俗」の形成が不可欠だと言ったのです。この前説明を省いたところなので、プリント二九頁〔巻末五四頁〕の「『自由民権』の『哲学』（その2）」の項を見てほしいのですが、彼は「専制の制」から「立憲の制」へ、それから「民主の制」へというふうに進んで行くのが歴史の進化の法則、「進化の理」であり、と同時にそういう方向を望ましいと考えていたわけです。その「民主の制」なるものを実現するためには「自治の俗」というものの形成が必要であるということを、口を酸っぱくして説いたわけです。

中江兆民の英仏両国「人民」評

たとえばですね、プリントの三〇頁〔巻末五五頁〕を見てほしいのですが、兆民はフランスで学び、そしてルソーの影響を受けて「人民主権」の思想、民主主義の思想というものに到達しました。しかし彼は、第一回衆議院議員選挙の前に、『選挙人目ざまし』という、選挙人に対して選挙というのはこういうものだぞ、と啓蒙するための本を書いたのですが、そのなかで、特にフランスとイギリスをくらべて、結局モデルとすべきなのはイギリスのあり方だ、と言っています。フランスの歴史に対しては批判的なのですね。どうして批判的かというと、「仏蘭西国是れ蓋し自由平等の瘋癲病院と謂ふ可し」と言うのですが、とにかくフランスは、自由とか平等というので突っ走るから、血が流れて悲惨な状況を生み出してしまうわけです。その数行下に、「蓋し政治的動物として言へば」とありますが、「仏蘭西人民は眠ることと狂ふことを好みて、働らくことを好まざるが故なり。彼れ、其れ眠りて働らかざるが故に、其末や狂ふの必要を見るに至る」というわけです。

つまりここで「働らく」ことを好むと言っているのがイギリスのあり方なのですが、つまり「自治の俗」がそこにはある。政治というものをお上に任せて「政治的な動物」としては眠り込んでいるフランス人民に対して、イギリス国民というのは、「二六時中行住坐臥政治的に精々働らくことの必要」を知っている人種であるというわけです。彼ら「英国人民は」と、プリントにあるのですけれども、「彼れら英国人民は……其れ自治の俗に習ひ、務めて政府に依頼せざることを求むるよりして」、まあ要するに何でも自分で、自分たちで自分たちのことを始末しようとするというのです。そういう習俗をもっていて、さらにその上の段ですけれど、「今日の英国民が棲息して以て其富強の栄を致す所の蔭涼樹たる自由制度は、固より浩瀚なる歴史を負ふに論無きも、其進むや次を以てし、其闌くるや序を逐ひ、世代と共に推移し、時事と倶に変遷し」、その次ですね、「理論によりて湧出したるよりは寧ろ習俗によりて醸熟したるが故に」強いんだというのです。つまり、制度を「理論」にもとづいて一挙に作るというのではなくて、長い時間をかけて「習俗」として、つまり習慣風俗、あるいは行動様式として、「自治の俗」というものを身につけていっているから、イギリスの民主主義は本物なんだということを言っているわけです。

荻生徂徠の「習俗」論

そういう、つまり制度の背後に習俗、習慣的な行動様式に多数の民衆が習熟していくという、そういうことが必要だという観点は、実は、ヨーロッパの政治思想史で言うとモンテスキューとかが強調したことなのですが、日本でも江戸時代に荻生徂徠という人がいて、この人は徳川吉宗に「享保の改革」に連なる進言をしていて、『政談』という長い建言書と、同時にもう一つ『太平策』という、これは比較的短いものも出しているのですが、そのなかで「習俗」論を展開しているのです。そこでは「制度の立替」ということを強調して、つまり、家康が作った徳川幕府の制度というものが上手く機能しなくなっている、それを「立替へよ」という言い方をして改革論を展開しているのですが、それをプリント三六頁〔巻末六一頁〕の真ん中あたりに引用しておきました。ちょっと面白い表現だと思って引いたのですが、こんなことを言ってるわけですね。

江戸の「都市化」と「商品経済化」

「制度を立て替へると云は、風俗をなほさん為なり。風俗は世界一まいなる故、大海を手にてふせぐが如く、力わざにて直しがたし」。ある一定の方向に風俗というものが動いて行くときに、それを力業で直そうとしても、その流れを止めることはできない。たとえば元禄の段階で、ちょうど江戸が「百万都市」になり、当時としては世界トップクラスの、「都市化」が進んでいくわけですね。そういうなかで、荻生徂徠は面白い言い方をしています。人びとは「旅宿の境界」に生きているような状況になっていると言うのです。「旅宿」というのは旅の宿です。つまり、それはどういうことかと言うと、都市化する前に田舎に住んでいたとき、たとえば物を食べようと思って箸がなければ、ちょっと裏山で小枝を取って来て、それを削って箸を作ればよかったわけです。ところが都市に住んでいると、そうはいかない。「箸一本にても買調ねばならぬ」というわけで、つまりなんでもお金を出して買わなきゃいけない。ちょうど旅行中に旅の宿で生活しているのと同じような境涯で、要するに商品経済化が進んでいるということでもあるのですが、地に足のつかないような生活をしているのは哀れである、「雲ノ根ヲ離レタル様ナ境界ニ武家モ町人モクラスコト、哀レナル次第也」と言うのです。

「職人」の論理と「商人」の論理

そのようにして、やたらと商品経済の論理によって動かされるようになっていく。たとえば徂徠が子供のころに使っていた木の塗り物のお椀なんていうのは、そのお婆さんの代から使っていてぜんぜん傷んでなかったんだけれども、このごろのものは数年も経つと使い物にならなくなる、というようなことを言っているわけです。そして、それもつまり結局は、長い時間かけていいものを作ろうという「職人の論理」ではなくて、安く大量に売った方が儲かるという「商人の論理」の方が優越するからである、という意味のことを言います。まあ、その方向は現在に至るまでずっと続いてきているわけですが。

とにかくそういうふうに「都市化」を前提にして「風俗」が変わっていく。これを「力わざ」で直そうとする、たとえば「贅沢は敵だ」なんていう調子で勤倹節約を言ったところで、商品経済化による疲弊を食い止めることはできない。とにかく、そういう状況のなかで、制度を立て替える、それでもって風俗を直そうとする、これはたいへんなことなんだと言うわけです。そして、その際の「風俗」というのは「ならはしなり」と言います。ところで、これはちょっと脱線なのですが、「学問の道も習し也。……習はし熟して、くせにしなすことなり」という、印象的な言葉も徂徠は吐いています。つまり習熟して、ほとんど意識しないで、「くせ」になっているような、それが「習はし」あるいは「習俗」であって、「風俗」もそういうものであると言うのです。それを変えていくというのはたいへんなことだということになる。

「制度の立替へ」
――「自然」の「作為」という逆説

そして、「只今までの風俗を移すことは、世界の人を新に生み直すが如くなるゆへ、是に過たる大儀はなきなり。故に大道術ならでは是を直すことはならぬなり。其大道術と云は、観念にも非ず、まじなひにも非ず、神道にも非ず、奇特にも非ず、わざなり。わざの仕かけによりて、自然と移りゆくことなり」と言う。これも面白い言い方だと思うのです。

つまり、「わざの仕かけ」で作り変えるというのは、いわば「作為」の論理ですが、作為というのは、泥を捏ねて人形を作ったり、木やら何やらを組み立てて物を作ったりするだけではない。ある「仕掛け」をすることによって、生きた有機体である人間とそれの集合体である社会というものをも、「自然」であるかのごとくに変えていくことができるのです。そういう「わざの仕かけ」にあたるものが「制度」なんだ、と言って、そのような「制度を立替へ」ていこうという議論をしているわけです。〔丸山眞男「近世日本政治思想における『自然』と『作為』――制度観の対立としての」『日本政治思想史研究』東京大学出版会、一九八三年を参照。これは丸山先生が戦中に書いた論文ですが、徂徠における「作為の論理の近代性」が論じられています。」

三　明治国家の「制作」と井上毅

「帝国憲法」と「教育勅語」

例によって前置きが長くなってしまいました。明治時代に日本が近代国家を作ろうとするときに、「国家」という制度を、たとえばヨーロッパをモデルにしてポンともってきて、法律を変えたりあるいは作ったり、それから機構を作ったりというだけで「近代国家」ができるかというと、そういうものではないわけですね。そのことは当時の明治国家を作ろうとしていたステーツマンたち、政治家たちは皆意識していて、たとえば伊藤博文なども繰り返し言うわけですね。たしかに明治維新によって新しい明治国家を作ったのは、中央集権化して近代化を進めていくためなのですが、その際に「郷党社会」というものの動向を無視してはいけないと言います。あるいは、山縣有朋が内務大臣、内相として「地方自治制」を作る際の中心人物になるわけですが、彼も、伊藤よりもっと保守的な立場から同様のことを言います。先ほど言った「共同体としての国家」というか「くに」というか、そのような基盤を維持しながら、あるいは新たに作り出しながら、その上に「機構としての国家」を作っていくということが必要なんだ、という認識です。そして、そのことと結びついているのが、実は憲法、「大日本帝国憲法」の制定と同時に渙発された「教育勅語」ではないか、という議論があるわけです。

つまり、ある意味で古い、伝統的な共同体を支えていたようなモラルを、国家規模で作り上げていく。それによって人びとの習慣風俗、習俗というものを作っていこうとする。まあ、それは天皇を中心にした国家機構なわけですけれども、それを支えるものとして「教育勅語」的なものが必要だという声が起こり、それに応えるかたちで教育勅語が出てきたんだというわけです。そしてこの問題がもっと大規模なかたちで意識されて出てくるのが、その次に、プリント三六～三七頁〔巻末六一～六二頁〕に引用した、枢密院の帝国憲法草案審議における伊藤博文（当時、枢密院議長）の発言です。

憲法政治の「機軸」としての「宗教」

ちょっとこれは長い引用なので、ポイントだけ見ていきますと、「憲法政治」というのは、とにかく「東洋諸国」においてこれが初めての経験で、それをこれから作ろうとしているんだと、まず言います。そしてそれが上手くいくかどうかは、まったく予測がつかない。しかし「二十年前」、というのはつまり明治維新のときに、「封建政治」を廃止し「各国と交通」を開いた。そして開国した以上、「憲法政治」を採るというやり方しかないんだと言うわけです。そういうことを言ったあとに、「今憲法ノ制定セラルヽニ方テハ先ツ我国ノ機軸ヲ求メ、我国ノ機軸ハ何ナリヤト云フ事ヲ確定セサルヘカラス。機軸ナクシテ政治ヲ人民ノ妄議ニ任ス時ハ、政其統紀ヲ失ヒ、国家亦タ随テ廃亡ス」と言います。

「機軸」というのが何かというのは次の問題なのですが、それはそのあとに、「抑、欧州ニ於テハ憲法政治ノ萌セル事千余年」、千年以上もの歴史があると、「独リ人民ノ此制度ニ習熟セルノミナラス、又宗教ナル者アリテ之カ機軸ヲ為シ」という表現があることからわかります。つまり、伊藤博文が「憲法政治の機軸」、あるいは「国家の機軸」ということでイメージしているのは、宗教なのですね。「深ク人心ニ浸潤シテ、人心此ニ帰一セリ。然ルニ我国ニ在テハ宗教ナル者其力微弱ニシテ、一モ国家ノ機軸タルヘキモノナシ。仏教ハ一タヒ隆盛ノ勢ヲ張リ、上下ノ人心ヲ繋キタルモ」、これは中世ぐらいまでで、おそらく信長、秀吉の段階で「一向一揆」が抑え込まれたあたりでその歴史を終えるのですが、「今日ニ至テハ已ニ衰替ニ傾キタリ。神道ハ祖宗ノ遺訓ニ基キ之ヲ祖述スト雖、宗教トシテ人心ヲ帰向セシムルノ力ニ乏シ」、お祓いをしたりする程度の神道では、人びとの心、人心を動かす宗教としての力は乏しいというわけです。もちろん、ヨーロッパのようなキリスト教を導入するということもありえないわけではないが、今からそこからやり直すということは不可能に近いというわけです。

宗教の「代用品」
——近代天皇制に期待された機能

そこで、そのあと、「我国ニ在テ機軸トスヘキハ、独リ皇室アルノミ」というのです。つまり、宗教のいわば代用品として、天皇に対する尊崇の念というものをもちだすことができるのではないか、ということを言い始めます。そこで、「是ヲ以テ此憲法草案ニ於テハ専ラ意ヲ此点ニ用ヒ君権ヲ尊重シテ成ルヘク之ヲ束縛セサラン事ヲ勉メリ」となります。そして、「大日本帝国憲法」というのは「天皇主権」を中心に構想され、そして同時に、「大日本帝国ハ万世一系ノ天皇之ヲ統治ス」という第一条、それから「天皇ハ神聖ニシテ犯スベカラズ」という第三条の規定が置かれるわけです。この「神聖ニシテ犯スベカラズ」という表現の中に、先ほどの伊藤博文の言う宗教的な、宗教に代わる精神的な機軸としての天皇という意味合いが込められているのです。これがのちに、天皇「現人神」説になり、第二次大戦後にあらためて天皇が「人間宣言」をしなくてはならない、というところにまで行きつく発端だったと言っていいわけです。

近代国家建設における井上毅の役割

井上毅は、このような伊藤博文や山縣有朋やらの意を受けて、その懐刀《ふところがたな》のような存在として実際の憲法草案を作り、それから教育勅語の案文も作り、それだけではなく、プリント三五〜三六頁〔巻末六〇〜六一頁〕の彼の経歴に書いておいたように、内閣書記官長、制度取調御用掛、外務省御用掛等を兼ねて、それからさらに法制局長官、枢密院書記官長という具合に、役職を務めていきました。内閣「官制」とか、

「官吏服務規律」とかも含め、要するに日本が近代国家として確立していくための法的な整備の原案は、ほとんどこの井上毅が作ったと言っていいわけです。井上は、「明治十四年政変」の際にも重要な役割を果たしていますが、そのへんはプリント三七頁〔巻末六二頁〕を読んでおいていただけたらと思います。

帝国憲法第一条の「原案」

プリント三九～四〇頁〔巻末六四～六五頁〕「大日本帝国憲法」の制定のあたりをもうすこしだけ掘り下げて、これと教育勅語制定への関与の話だけしておきます。まず、先ほど触れた大日本帝国憲法の第一条「大日本帝国ハ万世一系ノ天皇之ヲ統治ス」についてですが、これは、井上毅が最初に準備した第一草案にあたるものでは、「大日本帝国ハ万世一系ノ天皇之ヲ治《しら》ス」となっていました。つまり、統治の「治」の方だけで、「統」の字が入っていなかったのですね。しかし、「シラス」というのはいかにも古めかしい大和言葉で、法律の条文にするには相応しくないということで、「統治ス」に変わったのだろうと推測されます。その「シラス」という言葉の意味をほぐしていくと、先ほどの「精神的機軸としての天皇制」において何が考えられていたか、ということが若干浮かび上がってくるのではないかという気がするわけで、つぎに伊藤博文の『憲法義解』〔国家学会刊〕という本を見ていきます。昔は岩波文庫に入っていたことがあるのですが、今はどうなっているかわかりません〔新版、伊藤博文／宮沢俊義校註『憲法義解』岩波文庫、二〇一九年〕。

『憲法義解』――大日本帝国憲法の「公定」解釈本

これは伊藤博文が中心になって、新しく出た大日本帝国憲法の、いわば公定解釈本を作ろうとしたものです。そしてこのときに「国家学会」という学会を作って、その初代総裁というか会長に伊藤博文が就任しました。この国家学会は今でも続いていて、明治十九年にできた帝国大学の中心である法科大学、のちの法学部の中の、公法、政治学関係の人たちが作った最初の学会ということになります。そして、その初代会長に伊藤博文が就任した。ということは、つまり『憲法義解』が、学問的に最も権威のある、憲法についての正しい解釈であることを意味するわけです。

もっとも、この義解の「解」は、意義を解釈するというだけで、「正しい」解釈を示すという意味まではなかったかもしれません。しかし、とにかくそのような公定解釈本が出たわけです。今でも東大の法学部の公法と政治関係の人たちが中心となって『国家学会雑誌』が出されており、これに書くということは、たとえば若手がデビューする際、就職する際に強力な条件になるという状況がまだ続いています。まあ、それはともかく、この『憲法義解』の実際の筆者は、実は井上毅であったようです。

「シラス」（権威にもとづく権力）、「ウシハク」（事実上の権力）

で、その『憲法義解』の第一条の「解《げ》」、解釈ですね、そこを見てみますと、ちょっと注目すべきなのは、「ウシハク（領）」と「シラス（治）」という言葉の、その両概念の違いを強調しながら、ここで言う「統治ス」というのは、古い大和言葉で言えば「シラス」であって「ウシハク」ではないんだということを強調しているわけです。で、そこでの井上の言い方だと、「ウシハク」というのが英語で言えば occupy に相当する。つまり、事実的に領有、占有、使用しているにすぎない、そういう権力のあり方。それに対して「シラス」は、英語で言えば govern に相当する言葉であって、つまりたんに事実として占有している状態ではなくて、ある精神的な権威にもとづいてコントロールしている状態、それが「シラス」なんだと言っているわけです。

小中村義象の回想

ちょっと注目すべきだと思うのは、井上毅が死んだあとに彼の文章を集めた『梧陰存稿』という本です。漢文で書かれた文章とか、書簡とかも含まれていたと思いますが、これは和綴じ本のような体裁で、小中村義象（あるいは池辺義象、途中で姓が変わるのですが、国学者というか、日本の古典に強い古典学者）が序文を寄せています。憲法の草案（いわゆる夏島憲法案）を作っているころ、井上毅が小中村を誘って、一緒に房総に旅行に出かけたという話をしているのです。つまり、あまり根詰めてやっていたので、少し休養しようと房総方面に出かけたのですが、しかし、休養どころか、そのあいだじゅう、小中村義象は井上毅の質問攻めにあって、古い日本語で統治とか法とか政治とかそういうものにまつわる言葉には、どんなものがあるかということをさかんに聞かれたというのです。井上はやはり旅行中も憲法のことが頭から離れなくて、質問攻めにしたいうわけです。おそらく、この「ウシハク」と「シラス」という言葉の違いというのもそのときに小中村が教えたのだろうと推定されます。

「シラス」「ウシハク」の語義

この「ウシハク」と「シラス」のうちの「シラス」という言葉は、プリントに引用した「天壌無窮の神勅」（日本書紀の一書にのみある）にも出てきます。先ほど引用した古事記の「国譲り」の段では、タケミカヅチが大国主に、天照大御神と高木神の「命《みこと》」を伝える中に、「汝《な》がうしはける葦原中国《あしはらなかつくに》は、我《あ》が御子《みこ》の知（しら）さむ国」とあったのですが、こちらの日本書紀の「天孫降臨」の段では、「豊葦原《とよあしはらの》千五百秋《ちいほあきの》之瑞穂《みずほの》国《くに》は、是れ吾《あ》が子孫（うみのこ）の王（きみ）たる可き地《くに》なり。宜《よろ》しく爾皇孫《いましすめみま》就《ゆ》きて治（しら）せ。行矣《さきくませ》、宝祚《あまつひつぎ》の隆《さか》えまさむこと、当《まさ》に天壌《あめつち》と窮《きはまり》無《な》かるべし」というふうに、「葦原中国」（豊葦原瑞穂国）の本来の正統な持ち主は天照の子孫である「皇孫」であるという「神勅」（いわゆる「天壌無窮の神勅」）の中に出てくるのです。（日本書紀の方には、「ウシハク」という言葉は全く出てきません。)

それで、この「ウシハク」という言葉がどういうものかというと、これは言語学的に言うと「ウシ」プラス「ハク」なのですね。「ウシ」というのは「ヌシ（主）」と同じ。よくなんとかのウシという古語で出てきて、「主人」という字を書いて「ウシ」と読ませる例があります。主人としてハク、——「ハク」は、太刀を佩く、靴を履く、ズボン等を穿く、その「ハク」であるわけです——つまり身に着ける。だから主人として身に着けているというのが「ウシハク」なのです。

それに対して、語源的な議論は今の研究の段階では必ずしも十分ではないのですけれども、「シラス」は「知ラス」で、知るの知、認知するの知の字を当てたりします。が、いわば被治者、支配される者が、支配する者、治者のなんらかの意味での精神的な権威を承認してそして服従するという、そういうニュアンスがあることは間違いないだろうと言われています。つまりたんに事実として占有しているんではなくて、精神的な権威を承認させた上で君臨している、そういう状態が「シラス」であるということです。古代天皇制の成立以来の原理にもとづいて、この大日本帝国は「万世一系の天皇」が統治してるんだぞ、という意味合いをそこに込めようとした、と言っていいわけです。

昭和「国体論」との差異

しかし同時にその際の、天皇のいわば統治権の正統性を言うにあたって、のちのいわゆる「国体論」、特に昭和に入ってから文部省の教学局が出した『国体の本義』に出てくる「天壌無窮の神勅」、つまり、アマテラスが、先ほどの皇孫を高天原から降臨させるときに与えたといわれる言葉（そのなかに「天壌無窮」という言葉が出てくるので「天壌無窮の神勅」、神の勅語と言われます）によって、宗教的に授権されたというふうになっているかといえば、そうでもない。ヨーロッパの「王権神授説」は、王の権威、権力は神が授けたものであるという論理ですが（ジョン・ロックの『市民政治二論』、『統治論』の第一部は実はフィルマーという人の王権神授説を全面的に批判するということをした上で、ロック自身の社会契約論にもとづく市民自治の理論を展開しているわけですけれども）、それと同じように天照大御神によって天皇の権威が与えられたというふうになっているかというと、そうしたニュアンスはここでは前面に出ていないことに、むしろ逆に注目すべきであると思うわけです。

井上毅における神話の利用と その限界の自覚

ちなみにその「天壌無窮の神勅」は先ほど引用しましたが、もう一度引きますと、「天照大神……皇孫《すめみま》に勅《みことのり》して曰はく、豊葦原千五百秋之瑞穂国は、是れ吾が子孫《うみのこ》の王《きみ》たる可き地《くに》なり」というものでした。「地」を「くに」と読むのが日本書紀の読み方であるようですが、まあとにかく「宜しく爾《いまし》、皇孫就《ゆ》きて治《しら》せ」と、ここで「シラス」という言葉を使っているわけですね。「行矣《さきくませ》。宝祚《あまつひつぎ》の隆《さか》えまさむこと、当《まさ》に天壌《あめつち》と窮《きはまり》無かるべし」、と。ここで「天壌無窮」という言葉が出てくる。つまり天が続き大地があるかぎり永遠無窮にお前の子孫、というか自分の子孫が豊葦原瑞穂国の君主であるぞと。こういうふうにアマテラスが言って、ホノニニギノミコトという生まれたばかりの嬰児の神様が、高千穂の峰に降りていくわけですね。それがいわゆる「天孫降臨」神話で、そのへんの意味を論じていくと非常に面白いのですが、それは省略します。

とにかくそういう神話、つまり古代のいわば天皇制神話のようなものができる。その段階の観念のようなものをある程度ですが援用しながら、大日本帝国憲法第一条の天皇の統治権についての説明を試みているということが、注目すべきだろうと思うわけです。しかし、井上毅がやろうとした大日本帝国憲法の制定の作業というのは、実は、そういう「天皇大権」というものだけを前面に出したものではない。むしろそういうことだけでは近代国家の憲法としてはやっていけないという、他方に極めて強い自覚がありました。

井上毅の『王国建国法』——比較憲法論の試み

前回ちょっと触れましたが、彼はフランスに、中江兆民などと時期的に重なるかたちで、二年間ぐらい留学して、勉強して帰るわけですが、そのときに勉強して帰った成果を、『王国建国法』（ラヘリュル著の翻訳、和装本、明治八年三月刊）というタイトルの本として帰国後出します。「建国法」というのは憲法に当たるわけですね。constitution 憲法という言葉は、日本では六法全書の冒頭にある法ということで、なにか民法とか刑法とか商法と並ぶ法のような感じを与えますが、英語では constitution というのが憲法です。ドイツ語でも Verfassung という言葉で、law とか Recht とかという言葉は付かないわけです。つまり、むしろ国家の骨格のようなものを指すものとして言われているわけですね。ウォルター・バジョットという人の *English Constitution* という名著があるのですが、これが戦後すぐに深瀬基寛《もとひろ》によって日本語に翻訳されたときに『英国の国家構造』というタイトルで出ている。つまり「英国憲法論」と訳してしまうと意味がわからない。第一イギリスは、いわゆる「不文法」の国で、憲法という条文（成文法）はないわけです。あくまで慣習法として constitution に当たるものがあるにすぎない。そういうこともあって、『英国の国家構造』というタイトルで出たわけです。

とにかく、憲法という訳語が定着する前に、初期の井上毅が「建国法」ということを言って、ただし『王国建国法』という本を出しているというのが一つのミソで、つまりフランスに彼は留学したんだけれども、フランスをモデルにするのでは「憲法」は作れないと考えた。つまりフランスをモデルにはできないということで、まず「共和国」を排除し、「王国」になるわけです。それで、『王国建国法』において、イギリス憲法、ベルギー憲法、プロイセン・ドイツ憲法、あともう一つくらい何かあったかもしれませんが、当時あった君主制の国の憲法を翻訳して、そのなかでどの憲法をモデルにするべきか考えた。そして、まさに兆民の言うように長い時間をかけて「自治の俗」を成熟させてきたような、そういうイギリスのあり方というのは、今すぐに取り入れてモデルにして真似ることはできないものである。ベルギーはどうだったか忘れましたが、結局プロイセン・ドイツモデルにすべきだと言うのです。

近代憲法と立憲主義
——君主権力の制限

その点、同じくフランス留学から帰ってきた中江兆民が、前述したように、その理想とする「自治の俗」に基づく政治が行われているのはイギリスだと思って帰ってきたということとの、食い違い方も面白いわけです。とにかく井上毅はそういう感覚の持ち主で、だからプロイセン型の、絶対君主を中心に官僚機構、官僚制と強い軍隊とをもってする体制のあり方をモデルにしようとしたわけです。しかし、それはあくまでもやはり近代国家の憲法のあり方を前提にしているわけですから、立憲主義、いわゆるconstitutionalismという要素を抜きにしては憲法とは言えないということが、他方でハッキリあるわけですね。

プリント三九頁〔巻末六四頁〕のいちばん下に書きましたが、彼は「君主循法主義」という言葉を使って短い文章を書いたりして、君主が法に従うということが、憲法政治のなかでは非常に重要なんだと言います。つまり君主が法の、たとえば憲法の上に立って好き勝手なことをできるということであれば、立憲国家とは言えないんだということを強調する。まあ強調しないとまずいような状況があったということでもあると思うのですが。そして、語呂合わせをしながら、法に該当するような日本語として掟（おきて）という言葉があるけれど、この「おきて」というのは「置き手」で、お互いに手を置き合って約束し合うことであるとか、誓《ちかひ》というのも「血交ひ」で、互いに血を交わらせることで成り立つものであるとか言い、要するに、法に従うということをお互いに認め合うことで、君主国においても憲法というのは制定されるんだ、ということを強調するわけです。

井上毅による元田永孚批判

さて、初期の井上毅の考え方を知るうえで面白いと思うのは、明治十四年政変の少し前の、元田永孚に対する批判です。この人物はのちに教育勅語の制定に関与し、井上毅と並んで教育勅語の原案を作ることになるわけですが、やはり熊本藩士の出身で、横井小楠などにも影響を受けています。この人は井上毅よりもっと保守的と言っていい。その元田永孚が、聖徳太子の「十七条憲法」に倣って、我が国体に則った憲法を作るべきだという主張をしたわけです。それに対して井上毅は批判して、十七条憲法というのは「憲法」というけれども一種の官吏服務規律にすぎない。「和を以て貴しとなす」なんていう有名な条文がありますが、ああいうのも役人、官吏たちがお互いに対立しないで統治しなければ良い政治はできないぞ、と言っているにすぎないんだと言うわけです。

近代憲法の条件

憲法というのは十七条憲法のようなものではないんだと言ったうえで井上は、西洋の憲法は「君民ノ共議ニナルモノ」であると言います。君主と人民が共議してそれでできあがるものだと。だから「国憲ヲ守ルハ必ズ君民同治ノ法ニ依」らなくてはならない、君主と国民とが同じ法の下でそれにしたがって生きるということでなければ駄目なんだと言う。そういうものでなければ「国憲ヲ制定スルノ理ナシ」、憲法を作る道理はないんだとまで言っているわけです。そして、「君権ヲ限ル」こと、つまり君主権は一定の制限の下に立つこと、それから「立法ノ権ヲ人民ニ分ツ」こと、それから「行政宰相ノ責任」が明確に定められること、そういうものを含まない憲法制定は意味がない、と言い切っていたわけです。ただ、君民の共議によってなる憲法ということは、国民、人民が憲法制定過程に参加するということをその段階では言っていたのですが、明治十四年政変のときに、これは前回紹介したように、要するに「欽定憲法」路線というものをきっぱりと示すということをしなければ、そのときの明治政府の危機は乗り切れないということで、「憲法制定国民会議」的なものは消えていくことになるわけです。

四　大日本帝国憲法体制の「両義性」

その点と関係するのが、『憲法義解』の他の条項（帝国議会を「協賛」機関とする条項）の説明の仕方です。大日本帝国憲法は、帝国議会を協賛機関として位置づけています。議会は要するに主権者である天皇の統治を「協賛」する機関であるという言い方をしていて、つまりさっきの「君民ノ共議」によって成り立つ憲法体制における議会であれば、たとえば予算を決めるにあたっても、税金を払っている国民の同意ないし承認がなければ決められないという、前回ふれた「第一議会」のときの問題に繋がるわけです。「同意」とか「承認」が必要だとはっきり書いてしまうと、天皇中心の憲法という色彩が薄れるという配慮から、「協賛」という曖昧な言葉を使ったわけですね。（これがのちに、昭和期に入って、いわゆる「政党政治」が腐敗堕落したと言って政党を解散させ、「大政翼賛会」にまとめ上げていくということをした、その「翼賛」という言葉に通じるわけです。しかし「協賛」という言葉には、ただ「翼《つばさ》」として支えるというだけではなくて、協力する側の主体性のようなもののニュアンスもあるので、微妙ではあります。）

「天皇大権」主義と「立憲主義」、大日本帝国憲法体制の二つの要素

しかし、『憲法義解』の説明では、そういう考慮なしに、実は、「協賛」は英語で言えばconsentであると説明してしまっているわけですね。つまり同意、承認を得る、そのための機関が議会である、と

いう言い方をしていて、そのへんにも、井上毅には、天皇の精神的権威、伝統的な権威を持ち込まないで、「立憲主義」を説くという意識があった。つまり彼は、一方では、たんにドイツ、プロイセン・モデルの憲法体制というだけでは日本ではやっていけないから、当時の日本の国民の「習俗」に支えられたかたちでの「天皇大権」の国家体制にしなければならない、と思いながら、しかし他方では、にもかかわらず「近代憲法」である以上、立憲主義の原則を崩すわけにはいかないという、巨大な矛盾というべきものを抱え込んでいたわけです。

そういう、いわば二重のものを盛り込んだのが大日本帝国憲法でした。それはのちに「天皇大権」というものが独り歩きしていくなかで、二つの方向を生み出します。一方では、先ほどの「政党政治」の腐敗を言って政党を解散させ、「大政翼賛会」にしていく「昭和ファシズム」期の方向であり、他方、それに対して、「立憲主義」の方向を生かすことをいろいろやろうとしていったのが「大正デモクラシー」の時期だったと言ってもいいでしょう。こちらは、いわゆる「政党内閣制」に曲がりなりにも到達していく方向というわけです。

大日本帝国の統治構造・再論

第五回〔本書一二五頁以下〕で大日本帝国憲法に示される統治構造については、あらましを説明しました〔本書一二六頁参考附図参照〕。基本的に、大日本帝国憲法の体制というのは、天皇がトップにいて主権者であり、それを内閣が支え、そしてその内閣の下に議会があって、特に衆議院という存在は、いちおう国民から選ばれてくるというものであったわけです。この構造自体は、実は現在の日本国憲法の骨格と変わらないわけですね。今の日本国憲法は、国民が選んだ議会で多数を占めた政党を中心に、いわゆる「議院内閣制」あるいは「国会内閣制」で内閣を選び出す。そしてその内閣が実質的には最高の行政決定権をもっていて、それを、議会の承認を得ながらですが、動かしていく。

天皇はと言えば、独自には動けないで、いわば下からのコントロールの下で、完全に「象徴」としてのみ機能するというふうになっているわけです。ところが、大日本帝国憲法の場合には、あくまで主権者として天皇があります。議会のなかでの勢力関係と関係なしに、天皇が内閣総理大臣を指名して、その下で内閣、いわゆる「超然内閣」を作らせるということをし、内閣は議会から独立して動けるという仕組みになっているのです。

と同時に、このピラミッド型の構造の外から、これを牽制するものとして、三つの仕掛けというか機構《アパラート》が、大日本帝国の統治構造には組み込まれています。まず、内閣を牽制する機関として、「枢密院」というものが置かれました。「天皇ノ諮詢ニ応ヘ重要ノ国務ヲ審議ス」る機関として、いわば直接天皇と結びついて内閣を牽制することができるのです。それから二つ目に、衆議院と対等の存在として、「貴族院」というものが置かれます。これは、華族令でもって選ばれた、というか公・侯・伯・子・男の爵位を与えられた「華族」、それに「多額納税議員」、さらに、学識等を信頼するというかたちで天皇が直接選ぶ「勅選議員」からなります。そういう貴族院が衆議院を牽制するものとして、しかも天皇と結びついてそれを支えるものとして、存在するわけです。

それからさらにもう一つ大きいのが、軍というものが、このピラミッド型の部分から独立したものとして想定されているわけですね。特にいわゆる「統帥権の独立」にもとづいて、つまり「軍政」と「軍令」の違いがあった。まず、戦闘を前提とした指揮命令系統というのは戦闘の場面では現場で独自に動かなきゃいかん、というのが「軍令」部門。それに対して、いわば日常的な軍関係の行政に関わる「軍政」部門、これは内閣の中の陸海軍大臣の統制の下に置かれます。そうすると軍政部門は内閣のコントロールの下に置かれるわけですが、軍令関係に関しては、軍隊のなかでの指揮命令系統の方が優先される。となると「大元帥」、つまり天皇であるわけですが、大元帥天皇の下で「統帥権」に関わるかぎりは、軍は「独断専行」ができるということになります。満州事変のときの「関東軍」のやり方は、石原莞爾が裏で作り上げたプランだと言われていますが、まさに、統帥権の独立を盾にとって、出先の関東軍が既成事実を作ってしまい、そのときの内閣総理大臣以下は、その事実を知らされない、というものでした。そういうことが起こるのも、「統帥権独立」の仕組みにもとづくわけです。

「大正デモクラシー」と「昭和ファシズム」

たとえば大正デモクラシーの時期に吉野作造がやろうとしたことは、こういうかたちにできている機構を、あらためて（ピラミッド型の）枠の中に封じ込めようとすることです。だからなるべく枢密院の権限を縮小していく、それから貴族院の力を縮小していく、それから軍の独断専行をなくす方向にもっていこうとする。それが吉野作造のいわゆる「民本主義」の根本にあって、つまり彼は「民衆的監督」の仕組みが必要だということを明治の末にすでに言っているのです。そして、その民衆的監督という言葉の横に popular control という英語をつけています。要するに、政治というのは基本的に、国民が議員をコントロールし、ついで議会が内閣をコントロールし、そして内閣が主権者をもコントロールするという、それが基本であるべきだというのが吉野作造の考え方で、大日本帝国憲法の中に、そういうかたちで民主主義的な側面を強めていける要素があったわけです。それを追求したのが「大正デモクラシー」だったとすると、逆に天皇大権の方が独り歩きして行く要素と結びついたのが、昭和の「ファシズム」ないし「軍国主義」であったというふうに言っていいわけです。

五　「教育勅語」と井上毅

「教育勅語」制定における井上毅の役割

最後に「教育勅語」の制定における井上の関与の話をします。元田永孚は、儒教を中心にしたいわば国教にあたるものを教育勅語を通じて作り出そうとした。つまり宗教的、道徳的要素を全面に出したものとして教育勅語を作ろうとしたのですが、それに対して井上は、なんと言いますか、そういう道徳的あるいはイデオロギー的というか、あるいは宗教的要素をなるべく抜いていくことをしようとしたのです。（藤田省三は『天皇制国家の支配原理』のなかで、それを「内容上の簡約化・原始化」という言い方をしています。）

ただし、例の、親に対しては孝行を尽くし、夫婦相和し、兄弟は仲良くし、みたいな日常的な徳目は並べたうえで、しかし「一旦緩急あれば義勇公に奉じ」、つまり何か事があった場合には国のために忠義を尽くすという、その一点だけを確保するという方向に押し込んでいく。そういう作業を井上はしたと見ることができるわけです。

「忠君愛国」イデオロギーの誕生

しかしまあとにかく、これによって、いわゆる「忠君愛国」のイデオロギーというものができあがりました。前にも言いましたように、もともと忠義の「忠」という徳目は、「君臣」関係があって成り立つ徳目でした。江戸時代で言えば一握りの武士が支配階級で、圧倒的に多くの農民がいて、あとは工、商があり、支配される側が「民」、民《たみ》だったわけですね。そのなかの「士」のところにだけ「君臣」関係があったわけです。それを、士農工商の身分制度を撤廃するとともに、いわゆる「一君万民」のイデオロギー（これはすでに幕末の水戸学の中にも出てくるのですが）によってただ一人の君主に忠義を集中する。天皇以前の君臣関係の忠義は、無数の君臣関係によって成り立っていましたが、それを撤廃して忠義の対象をただ一人の「一君」へと集中すると同時に、その忠の担い手を底辺の「万民」にまで広げる、ということをしたわけです。

疑似「愛国心」としての「忠君愛国」

そういうところで出てきた範疇が「臣民」というものです。これは、儒教と結びついたような古典的な概念には無かった、存在しなかった範疇です。つまり、「臣」の方は支配階級の中の君臣関係にしか成り立たず、「民」の方は君臣関係を知らないはずだった、それをくっ付けて「臣民」というものを作り出していく。そして、それと「一君」への権威の集中というものを結びつける。一つのネイション・ステート、国民国家、まあ疑似「国民国家」的なものを作ろうとする際にそういうことが必要だったわけです。ですから、一君万民のなかで、その一君に対する忠義を底辺の臣民がもつと、それが結局（「忠君」＝）「愛国」、国全体を愛するという意味になるんだというわけです。

そういうことを可能にするために、忠孝の道徳を基本に据えた「教育勅語」というものが、大日本帝国憲法の形成と並んで必要とされた。しかしそれは本来の、というか、福澤諭吉が考えたような、一人ひとりの人民、国民が「独立」して自由を意識し、そして自分たちが作る「国」ということで国家というものを意識するなかで持つ「愛国心」（福澤は「報国心」という言葉を使いましたが）とは違うかたちのものになっていくわけです。また、それはもちろん、中江兆民が考えたような、「レス・プブリカ」（衆民の事柄）としての国家、みんなの公共の物として国家というものを形成する、その主人公は国民一人ひとりである、というものとも違います。つまり、nation state を作る、nation building をする際の中核の概念として「忠君愛国」というイデオロギーが必要とされた、ということだろうと思います。

次回は明治二十年代の「平民主義」と「国民主義」の話をします。

第八回　明治二十年代の思想——平民主義と国民主義

徳富蘇峰
『蘇峰自傳』中央公論社、1935年より。

一　民友社と政教社——明治二十年代の時代的・精神的状況

内村鑑三を中心に「明治キリスト教の思想」にも触れたかったのですが省略し、今回は「明治二十年代の思想——平民主義と国民主義」について話をしたいと思います。プリント四一頁〔巻末六六頁〕から明治二十年代の思想状況、一般的な状況に触れています。そのあとプリント四三頁〔巻末六八頁〕から徳富蘇峰、プリント四九頁〔巻末七四頁〕から陸羯南と、続けています。

体制選択の終わり——明治二十年代の基本的枠組

プリント四一頁〔巻末六六頁〕の冒頭に書いておきましたように、明治二十年代というのは、基本的な体制選択（枠組みと方向の決定）が終わった段階です。つまり、この講義のはじめに申しましたように、何といっても明治維新というのは、日本の歴史のなかで初めていわば「革命」に近いことが起こった、巨大な変革の時代でした〔巻末三三頁〕。そして、そのなかで、要するに、日本の「近代国家」というものを、どうやって作っていくかということが模索されたわけです。そして、明治十年代といういわゆる自由民権運動が燃えさかった時代というのは、その基本的な体制選択、一方の、「上から」の富国強兵路線でもって国づくりをしていく方向、つまり明治政府が目指した方向に対して、他方の、もっと「下から」、民衆自身が主導権を取って、近代国家建設をしていくべきであるという自由民権運動側の主張、それがぶつかり合った時代でした。その結果、結局、自由民権運動側を力でねじ伏せた明治政府が、「大日本帝国憲法」に結実していく体制を作り上げていった、ということになるわけです。

「政治の時代」の終焉という時代感覚と「第二の創業の時代」意識

そういうことで、明治二十年代にちょうど入る頃から、すでに、もう政治の時代は終わった、むしろこれからは、もっと内面的な、文化のレベルでの建設の時代だという感覚が出てくる。それから、さらに、華々しい政治の世界ではなくて、もっと地道な経済などの場面での社会的な建設の時代であるという、そういう意識が拡がるわけです。

その時代をリードしたのは、先ほども言いました徳富蘇峰に代表される「平民主義」という思想と、それから、陸羯南に代表される「国民主義」という思想なのですが、その両者は、実は、非常に共通したトーンと言いますか、色彩をもっているわけです。その一つがプリント四一頁〔巻末六六頁〕に引用しておきました「第二の『創業の時代』」という意識です。つまり、「創業」の時代と「守成」の時代を対置するという考え方は、もうすでに江戸時代にもあって、「創業の君主」、たとえば、家康などの仕事をどうやって守っていくかということで「守成の君主」と言っていたわけです。しかし、創業から守成へというふうに、たんにできあがったものを守るだけというのではダメで、むしろ、「第一の創業の時代」であった「維新」の精神を改めて蘇らせながら、「第二の創業の時代」に入るんだという、そういう意識なのですね。

徳富蘇峰――「明治新青年」の自己主張

これは非常に有名なものなのですが、『国民之友』（徳富蘇峰が始めた最初の総合雑誌）の創刊号に巻頭論文として蘇峰が書いた「嗟呼国民之友生れたり」という一時代を風靡した独特の漢文調の名文があります。その一部を、プリント四一頁〔巻末六六頁〕の真ん中あたりに引用しておきました。そこにあるのは、要するに、基本的には「天保生まれの老人」の時代はもはや去って、「明治生まれの新青年」が、これから主人公になるべきであるという、一種の「世代論」による主張です。いわゆる明治維新を達成したのは、天保生まれの老人たちであった。たしかにそれは偉大な仕事であった。しかし、これからは明治生まれの新青年の時代であるというわけです。

そういう主張の中には、実は恐らく、蘇峰たちの、いわば「生まれ遅れてきた」という意識があります。明治維新のいちばん大きな激動の変革の時期に、蘇峰などはちょうど物心がつきかかっているわけですが、しかしまだ子どもで活躍できない。自分たちは、「遅れてきた青年」だという意識が、非常にあるような感じがするわけです。そこから出てくるのは、次のような文章に示される認識です。

> 所謂る破壊的の時代漸く去りて建設的の時代将に来らんとし、東洋的の現象漸く去りて泰西的の現象将に来らんとし、旧日本の故老は去日の車に乗じて漸く舞台を退き、新日本の青年は来日の馬に駕して漸く舞台に進まんとす。

蘇峰のいわばデビュー作にあたる著作が『新日本之青年』というタイトルの本で、これは明治二十〔一八八七〕年三月に、『国民之友』創刊とほぼ踝《くびす》を接して出てきます。元は「第十九世紀日本の青年及其教育」という文章で、それを拡大したものですが、非常なセンセーションを巻き起こし、それでもって、彼は自信をつけ、熊本市内の大江村という所に開いていた「大江義塾」〔現在は「徳富記念館」として、弟の蘆花の関係のものと併せて、当時の姿を遺した記念館になっています〕を出て上京し、そして「民友社」（『国民之友』という雑誌の名に合わせて）を作って、そこから、雑誌『国民之友』と『国民新聞』という新聞を、同時に発行し始めるわけです。

『新日本之青年』の影響

この『新日本之青年』という著作が、いかにセンセーションを巻き起こしたかというのは、ずいぶん昔、丸山眞男先生から聞きました。丸山先生のお父さんの丸山幹治、号が侃堂《カンドウ》という人は、戦後まで新聞記者として活躍し、特に晩年は毎日新聞の「硯滴」〔のちに「余録」〕という、ちょうど朝日新聞の「天声人語」のように一面の下にある欄を二十年以上にもわたって書き続けた人です。丸山幹治は、信州の松代の出身で〔去年、丸山眞男夫人らと一緒に、その実家の方を訪ねて行ったりしました〕、そこから上京して、東京専門学校〔早稲田大学の前身〕に入って、それから新聞記者になるのですが、その上京の動機になったのが、まさに、この『新日本之青年』であったそうです。これを読んで感激して、何としても東京へ出て勉強して、そして蘇峰のような新聞記者になりたいということで、いわゆる「笈を負う」という、笈子《おいこ》の中に最低限の着るものと本などを詰めて背負って、当時ですからテクテクと信州から甲州の方を通って歩いて、東京まで出て行った、ということらしいのですね。それだけ目覚ましいものが、蘇峰の『新日本之青年』にはあったということです。そういう新しい世代の青年の主張として「平民主義」を打ち出していったのが、明治二十年における蘇峰だったわけです。

「革命」から「改革」への転換

さっきの文章〔「嗟呼国民之友生れたり」〕の続きは、「実に明治二十年の今日は、我が社会が冥々の裏に一変せんとするものなりと云はざる可らず。来《きた》れ、来れ。改革の健児、改革の健児。」

「改革」ということを前面に打ち出すわけですね。そして「改革の目的は、社会の秩序を顚覆するに非ず、之を整頓するにあるなり。」

つまり、明らかにここでは、「革命」（レボリューション）ではなくて、「改革」（リフォーム）ということが掲げられている。「革命」というのは旧秩序を破壊していくという、そちらに力点があった。それに対して、破壊的時代ではなく「建設の時代」である我々の時代は、「改革」なんだと言う。つまり、秩序を「転覆」することよりもそれを「整頓」するんだという。そういう議論の立て方ですね。

雑誌『日本人』と新聞『日本』

プリント四一頁（巻末六六頁）のその上の部分に、『日本人』の創刊号から二つ引いておいたのですが、一つは、扉裏に（非常に薄い雑誌ですが表紙があります）刷り込まれた、「創刊の辞」にあたるものです。それが徳富蘇峰の『国民之友』創刊号の巻頭論文と同じ発想で書かれている。

この雑誌『日本人』の方は、『国民之友』より一年ちょっと遅れて明治二十一（一八八八）年四月に創刊し、あと新聞『日本』（『日本新聞』と言ってもいいのですが、『朝日新聞』とか『毎日新聞』のように、タイトルに新聞という字が入っていない）、ただ『日本』というタイトルを付けた新聞が、同じころ創刊されました。『日本人』という雑誌は「政教社」というグループが出し、新聞『日本』の方は、あとで述べる陸羯南を中心に経営していきます。

志賀重昂という人

雑誌『日本人』の方は、最初は志賀重昂、それから暫くして、三宅雪嶺が中心になります。この志賀重昂という人は札幌農学校の第四期生で、二期生に内村鑑三、新渡戸稲造とかがいるわけですが、それに二年遅れていました。内村や新渡戸のようにクラークの影響でクリスチャンになるということがなかった人ですね。彼はその後、地理学者として『日本風景論』を書くわけですが、これは日本の、たとえば山が多く急流が多い、そういう条件の中の、山水、自然の美というものを初めて称揚した著作と言えます。つまり、地理学者という非常に実証的な自然科学者的なセンスをもって、日本の自然美を発見していき、精神主義的・観念的な日本主義とは違うかたちで、日本というものを愛すべきだという主張をした人です。

と同時に、この人の面白いのは、『日本人』という雑誌の創刊に携わる直前の時期に、『南洋時事』という本を出していることです。これは、南洋、南太平洋を見て回ってきたルポルタージュのような本です。海軍の船に便乗させてもらって、ぐるりと「南洋」を回ってくるのですが、明治十年代の終わりの段階での南太平洋の植民地化された島々を見てきたわけですね。つまり、その時期にポリネシア、ミクロネシア、メラネシア、オーストラリアは急激にイギリス領、フランス領、ドイツ領になっていきますし、フィリピンはスペイン領となり、「米西戦争」後はアメリカ領に替わる。そういう植民地だけを真剣に見てきた日本人というのは志賀が初めてではないかと思うのです。そして彼は、「帝国主義」が世界を制覇して、アジアの国々が独立を次々と失っているなかで、日本はいかに在るべきかというふうなことを真剣に考えます。彼は「国粋保存主義」という主張を立てるのですが(あとで紹介します)、この「国粋」とはナショナリティー、国粋主義の国粋で、非常にプラグマティックに考えられたナショナリティーです。この南洋経験が、そういう主張をするに至る大きなきっかけとなったのです。

『南洋時事』――植民地事情の実見

「政教社」と「民友社」の同時代性 ①——「創業」意識の共有

そういう志賀重昂がこの『日本人』創刊号の「創刊の辞」を書いているのですが、その扉裏の「創刊の辞」で、先ほど言いました「創業」という言葉を使っています。これも今見ると、へんちくりんな文章でもあるのですけれど、独特の名文と言えるものです。

当代ノ日本ハ創業ノ日本ナリ。然レバ其経営スル処転《うた》タ錯綜湊合セリト雖モ、今ヤ眼前ニ切迫スル最重最大ノ問題ハ、蓋シ日本人民ノ意匠〔デザイン〕ト日本国土ニ存在スル万般ノ囲外物〔今であれば、環境と訳すエンバイロンメントです〕トニ恰好スル〔それに合う、アジャストする〕宗教、教育、美術、政治、生産ノ制度ヲ選択シ〔これも宗教、教育、美術、それから政治、生産という順序で並んでいるのが非常に特徴的です。十年代の自由民権論だったら、たぶん政治、生産、教育という順序になるでしょう。自分たちのデザインで自分たちの環境に合ったそういうものを主体的に選択するということです〕、以テ日本人民ガ現在未来ノ嚮背ヲ裁断スルニ在ル哉。吁嗟《ああ》斯ノ千載一遇ノ時機ニ際シ、白眼以テ世上ヲ冷視スルハ、是レ豈ニ日本男児ノ本色ナランヤ。

「政教社」と「民友社」の同時代性 ②——「改革」志向の共有

この『日本人』創刊号の巻頭論文は、同じ志賀重昂の「『日本人』の上途を餞す」という文章ですが、ここでも、さっきの蘇峰と同じような言い方をしているのが注目されます。

蓋し爾『日本人』が畢生懐抱する処の大精神は、実に鞏固確乎たる大日本の国礎を建築せんとする者なり〔国の基礎の部分を作ろうとしているんだ〕。……彼の国内宗教の嫉妬の如き、政党の軋轢の如きは真個に雲烟過眼ならん〔そんなものは無視して、どうでもいいことである〕。……蓋し汝は保守主義を懐抱する者に非ず。何となれば、爾は日本の国礎をして愈鞏固に愈宏大ならしめんことを目的とする者なればなり。蓋し爾は〔他方で、ということです〕過激極端の主義を蘊蓄する者に非ず。何となれば、過激極端の言論と作業とは動もすれば日本の国礎を揺動して撩倒せしむるの恐れあればなり。之を要するに汝は革命者に非ずして改革者たらざる可からず。顚覆者に非ずして修繕者たらざる可からず。

これは、先ほどの『国民之友』の蘇峰の言い方と、本当に軌を一にしているわけです。

「政治」の革命から「知識世界」の革命へ

今度は、徳富蘇峰の、さっき引いた『新日本之青年』からの引用です。

……第十九世紀ノ文明ハ、人類ガ造化ニ勝チ〔この「造化」はネイチャー、自然ということです。つまり、人間が自然に勝ち〕、自由ガ専制ニ勝チ、真理ガ習慣ニ勝チタルノ事実ニシテ、……吾人カ諸君ト共ニ此ノ第十九世紀宇内文明ノ大気運ニ頼テ〔このへんが後で問題にする蘇峰の、「世界の大勢」にひたすら依存するというふうな議論の立て方に関係してきます〕我国ノ時勢ヲ一変シ、以テ知識世界第二革命ヲ成就セント欲ス。

つまり、「第一革命」は政治革命だった。それに対して、知識世界における「第二革命」ということを言おうとしているわけです。

こういうふうに引用を丹念に読んでいると、時間が無くなってしまいますけれども、当時の雰囲気というのがよく出ていると思います。

二　新世代知識人の登場あるいは知識人の性格変化

青年気風の変化

プリント四一頁〔巻末六六頁〕の後ろに載せておいたのが、『国民之友』第二九号の付録に載った文章で、『新日本之青年』の第三版の「付録」としても収められた、緒方直清という人の「青年学生」です（緒方は肺病で早死にしてしまい、それを悼む意味もあって蘇峰がこれを『新日本之青年』に再録したわけです）。これが、ちょっと面白いのです。ちょうど我々の身近なところだと、六〇年安保の後の光景とか、いたるところ大学が荒れ果てた後の、七〇年代後半あたりの雰囲気とかが、何となく重なってくるのですが、これもついでですから読んでみます。

……我邦青年ノ情勢ニ就テ観察スルニ、……殆ド一変セントスル者ノ如シ。曰ク、東洋英雄流ノ放恣粗豪ノ風漸ク熄《や》ンデ、齷齪苟且ノ風〔あくせくとして、ちまちまとした、そういう風〕将サニ生ゼントスル、是レナリ。……何レノ学校ニ於テモ、……彼ノ漢学塾ノ名物タリシ乱暴書生ナル者ヲ見ルコト殆ド稀レナリ。概シテ現今ノ学生ハ、往々喧マシキ理屈ヲ云フニモ拘ハラズ、読書ニモ勉強シ、学科ニモ欠席セズ、……。

もっとも今の大学生も欠席はしないのですが、出てきてすぐにお喋りを始めたり居眠りをしたりしています。まあとにかく真面目である。そういう学生の特徴をみると、さらに、どういうふうになるかというと、

第一ハ其目的トスル所、浮世ヲ旨ク渡ルニ在リテ、遂ニ怜悧慧巧ノ人ヲ生ゼントスルガ如シ。

新タイプの青年①——「立身出世」型

これは、プリント四二頁〔巻末六七頁〕の上の方に言葉を出しておいたのですが、『新日本之青年』のなかで蘇峰が「叩頭型」の青年というのが登場してきたという言い方をしている、そのタイプです。「叩頭《こうとう》」というのは、中国で皇帝の前でひざまずいてと言いますか、這いつくばって、地面に頭を叩きつけてお辞儀をするというのが、中国で皇帝の前での作法なのですが、そのイメージなのです。要するに当時、たとえば「電信」という言葉が流行るのですが、それは、上役とか上位の力のある人と連絡がついていて、その「引き」でもって出世していくということ。だから蘇峰は、叩頭型の青年というのは、もっぱら「他人ニ依頼シテ生活センコトヲ思フ」タイプだと言うのです。前にすこし話したことのある「立志」=「自助」型（セルフヘルプ型）の、福澤諭吉や中村正直の本を読んで感激して志したようなタイプに代わって、いわゆる「立身出世」型、「立身出世」を志向するタイプが出てきた、ということだろうと思うわけです。

新タイプの青年②——「冷笑者」型

ところが、もう一つ別のタイプが出てきている。「第二ハ冷淡無頓着ノ人ヲ生ズルガ如シ」。要するに無関心派、あるいは、蘇峰の『新日本之青年』の本文のなかでは「冷笑者流」の青年と表現されているものです。非常にシニカルに、自分たちは関係ないよ、というような風で、もっぱら懐疑的、批評的になっていく、そういうタイプが出てきているというのです。

それを緒方直清という人物に言わせると、「……青年ノ自カラ有ス可キ活火」、つまり生きた火、燃える火というものを内にもっていない「成人（オトナ）ラシキ青年ヲ見ルコト多ク、造リ飾リタル青年ヲ見ルコト多クシテ、未ダ青年ラシキ青年ヲ見ル能ハズ」。そういうふうな言い方をしている。「……理想的ノ標準トモ謂フ可キ確然タルモノ存セザルヲ疑フナリ」。燃えるような理想を内にもっていないと言うわけです。

「内面的」価値の追求というプラス面

そのへんに当時の時代の雰囲気の変化というものが見えてくる。しかし、これはいわばマイナス面ですが、同時に、ひっくり返して言うと、プラス面もそのなかにあるわけです。

たとえば、二葉亭四迷の『浮雲』が「近代小説」の最初と言われるのですけれども、その主人公の内海文三というのは、いわば、「近代的なインテリ」の先駆者として出てくるのです。非常に優柔不断で、許嫁の女性とその母親に振り回されているような、そういう存在ですけれども、しかし、かつての「政治青年」とは違う。いわば「内向の世代」というか、内面的な価値を追求するようなタイプです。そういうタイプが出てきているということでもあるわけです。そして、それは懐疑性・「批評」性というものが行動力と一旦切り離されて、内向していくということが起こっていたのであって、そのことの意味はただマイナスだけでは決してなかったと思います。

「実学型インテリゲンチア」の登場

それからもう一つ、実際の「立身出世」を追求するようなタイプの登場というのを別の面から言えば、たんに悲憤慷慨して、政治の世界で成果が得られなければ終わりだという、そういう「天下国家」タイプではない、新たな知識人のタイプが出てきたとも言えるのです。これは、つい昨日亡くなったという報道がされた松田道雄さん〔一九九八年六月没〕が昔「日本の知識人」という論文〔『近代日本思想史講座』第四巻、筑摩書房、一九五九年、所収〕で使った、「実学型インテリゲンチア」という概念に相当するのです。

松田さんは京大の医学部を出たのですが、彼の書いたものを読むと、彼が青年時代、マルクス主義、あるいは共産党の運動というものにかなりコミットしようとしたことがわかります。しかし、そのままマルクス主義者になり、共産党の運動に飛び込むというだけでは、周りの友人たちのようにただ捕まって、「転向」を強いられる。そういう道しか見えない状況のなかで、彼は一つの選択をします。まず着実に医学をマスターして、しかし、大病院とか大きな組織に属すると、それに依存して自由が失われるので、小児科医として町医者になる（小児科医は必ず需要があるので独立が保てる）という道を選び、と同時にロシア語をちゃんとマスターして、レーニン、スターリンとか、要するにロシア革命というものの意味をちゃんと考えよう、と昭和の初めに決心するわけですね。

そして戦後になってから、いろいろなところで活躍し始めて、『日本知識人の思想』〔筑摩書房、一九六五年〕という本に纏められるような思想史の仕事をします。これはずいぶん前に筑摩叢書に入りましたが、筑摩叢書そのものがなくなったので、今は手に入りづらいかもしれません。それから、他方、ロシア革命を見直して、ずいぶん前ですが、独自の「ロシア革命論」〔『世界の歴史22　ロシアの革命』河出書房、一九七〇年／河出文庫、一九九〇年〕を出したところ、これが当時の共産党の人たちからコテンパンに叩かれるということがありました。つまり、正統派のロシア革命観とは違うものだったわけです。その松田道雄さんの「日本の知識人」という論文を昔読んだときにいちばん印象的だったのが、「実学型インテリゲンチア」というのが明治二十年代に登場した、と言っていたことです。「志士型」や、それから「洋学官僚型」などというのが明治維新から十年代頃、特に啓蒙主義時代にいて、他に「旧幕臣ジャーナリスト型」とか、そんなようなジャンルの知識人もいましたが、それらに代わって、「実学型インテリゲンチア」が出てきたというのです。

「万能知識人」から「専門知識人」への転換

「実学」というのは、福澤諭吉が『学問のすゝめ』のなかで「虚学」ではだめだ、「実学」でなければいかん、ということを言った言葉ですが、たんに観念的なものではなく実際を重んじる学問というだけではありません。ここで松田道雄が指摘したのは、本当に実地で役に立つ学問というのは、一般論だけやってるのではだめで、必ずなんらかの専門分野に分業化せざるをえない、専門化、分業化ということをせざるをえないということです。そのうえで、しかし、この二十年代頃の知識人というのは、それぞれの分野で、「ナショナリズム」と言いますか、先ほどの志賀重昂の言葉にあったように、それが結局、「大日本の国礎を作る」んだという意識、そういう使命感と結び付いていたのです。そういう「ナショナリズム」を根底にもちつつも、学者、技術者、官僚、ジャーナリスト、芸術家、宗教家等々の、いわば職業分化というものが、この時期から鮮明になってくるわけです。逆に言うと、十年代頃までの知識人というのは、だいたいルネッサンス型の万能知識人というか、一人で何でもこなす総合型の知識人というか、そういうものの方がむしろ普通だったのですが、だんだんこの時期から専門分化しながら、とにかく観念とかそういうものではなくて、実際に役に立つ学問を目指すようになったということがあるわけです。

志賀重昂の「実業の精神」論に見る明治二十年代の時代感覚

そのへんをよく示しているのが、明治二十一〔一八八八〕年の段階で、志賀重昂が相模の藤沢の実業家たちに演説した文章で、これは『日本人』の七号に載っています。プリント四二頁〔巻末六六頁〕の下の方にあるものは要約で、これのもとになるものは、『志賀重昂全集』のどこかに入っていると思いますが、その「実業の精神」論の一節です。「凡そ実業の精神は『奇妙』と『壮快』と云へる観念を脱却するにあり。殖産興業は奇妙を要せずして尋常一様を要す」（ノーマルで、そして、ある意味で退屈で平凡な世界である）。「壮快なるを望まずして順序方法を望む」（一挙に全てをひっくり返して、あるところに飛躍するというのは、痛快、壮快なのだけれども、そうではなくて、着実に順序、方法を踏んで追求されなければならない）。「……之を要するに、順序・沈着・結合・専務の四神髄を需要す」と言うのです。

細かいことはともかくとして、こういう感覚が、明治二十年代に急速に広まっていったのです。つまり、自由民権運動というものが明治十年代に昂揚し、そして敗北したなかから、たんに挫折感のようなことを言うに終わる人たちだけではなくて、このような新しいタイプの知識人が登場してきたわけです。

戦後民主主義の、いわば最後のピークが一九六〇年「安保」だったとすると、その後、「敗北」だの「挫折」だのと言っていた知識人のかたわらで、「高度経済成長」が進んでいく、その時期の状況と重なる面もあると同時に、どこが違うかということも考える必要があるかと思います。

久米邦武「学界の大革新」

そういう明治二十年代の雰囲気をよく伝えるもう一つの文章として、プリント四二頁〔巻末六七頁〕のいちばん下に引いておいたのが、明治二十八〔一八九五〕年一月に創刊された、博文館の『太陽』という雑誌の創刊号の巻頭論説です。これを書いたのは久米邦武という、岩倉使節団と一緒に回って『米欧回覧実記』〔全五巻、岩波文庫、一九七七～八二年〕という旅行記をまとめ上げた人物です。この人は歴史家で、いわば明六社的な雰囲気から出てきながら、「神道ハ祭天ノ古俗」という論文を明治二十五〔一八九二〕年に書きました。この一文は、田口卯吉（鼎軒）という『東京経済雑誌』を創刊した人物が編集していた『史海』という雑誌に載ったのですが（田口鼎軒はまさに総合型知識人で、ジャーナリストでもあり、経済学者でもあり、それから、歴史家でもありました）、神様を祀ると称して、もうすでに国家神道のようなところに祭り上げられようとしている「神道」というのは、もともと未開社会ではどこにでもある「天を祀る」古い習俗にすぎないということを、爽やかに言ってのけたものです。これはだいぶ物議をかもして、久米邦武は、帝国大学教授だったのを辞めさせられます。そういう事件をも引き起こした人物です。

その彼が雑誌『太陽』の創刊号に「学界の大革新」という文章を書いて、これが「巻頭」を飾っているわけです。『太陽』という雑誌は、大衆向けの総合雑誌として創刊されました。明治十年代は「政論雑誌」とか「経済雑誌」とか、それぞれのものはありましたが、政治、経済、教育、文学、そういうものを何でも載せる「総合雑誌」というのは、実質的には先ほどの『国民之友』『日本人』までなかったわけです。それをもっと大規模に、しかも大衆向けにして、発売部数で言えば一桁違うぐらいの量を売りさばいたのが『太陽』です。同じ「雑誌」でも蘇峰の『国民之友』、志賀重昂らの『日本人』の場合には、明確なひとつの主張で纏まっていたわけですね。つまり、「平民主義」とか「国民主義」とかです。『太陽』の中身はあとで触れますが、『国民之友』『日本人』に較べると、いわゆる「商業雑誌」の性格を強く帯びて、むしろ、そういう明確な主張をもつのではなくて、売れさえすれば何でも載せるという方向に行き始めたのが、この『太陽』だったのです。

そもそも博文館というのは、大橋佐平が作って盛り上げたのですが、日清戦争のときに『日清戦争実記』という、戦争にくっついて行ってその様子を記録して、そして、当時は写真はあまり使えないので、エッチングみたいな絵を付けて、速報風に売り出した出版社です。それが当たりに当たって、売れに売れて大儲けした。その儲けを有効に使いたいというので、『太陽』という総合雑誌を発刊するに至ったのです。

「専門化」と「分業化」の時代

しかし、そういうものの「巻頭」が、「学界の大革新」という久米邦武の論文であったというのも、やはり、当時の時代の雰囲気を示していると思うわけです。そして、その中身がどういうものかと言いますと、先ほどの「専門化」と「分業化」というものの意義を説いているわけですね。今度の戦、つまり、日清戦争では、

我分業専修の練兵〔日本の方はすでに分業専修で鍛え上げられた兵隊がいたわけです〕を以て彼の不分業の軍〔昔ながらの清国軍〕を敗《やぶ》りたる……是はたゞ兵のみに非ず、総《すべ》て社会は智能の発達するに従ひ、何事も分業専科となり、科に科を分つて進むものぞかし。

しかし、そういう「分業世界」が発達するためには、それを「障礙する階級制」を打破して、「自由の世界」になす」という「革新」をしなければならない。要するに、四民平等の世界が実現できるかどうかに成否がかかっているというのです。明治維新はそれを達成したのに、清国はそれがなかったので、「分業世界」が発達しなかったと言っているわけです。

そして、わが明治維新というのは、「利益競争の社会」「生存競争の忙劇場」というものを生み出したけれども、それによって、「道徳政治」に代わって「法律政治」、それから「家長政治」に代わって「立憲政治」というものが出てきた。日清戦争に勝ったという意味は、そういうところに在るんだぞと。だから、これからますます分業化・専門化をしながら、「学界」は「大革新」を遂げて発展しなけりゃいかん、というようなことを言ったわけです。

日清戦後における時代状況の再転換と〃日本的なるもの〃の賛美の風潮

しかし、あとで詳しく述べますが、日清戦争ぐらいから、また時代の空気は変わっていきまして、この頃から、啓蒙主義時代から始まり、「実学型インテリゲンチア」の登場がもっていたある重要な側面が、むしろ逆に、封じ込められていきます。いったん維新後に「開かれた社会」と言いますか、文字通り「開国」して「オープン・ソサエティ」の方向に行こうとしていた社会が、日清戦争に日本が「勝利」した頃から、むしろ閉じられてくるという状況に切り替わってくるわけです。

久米の「学界の大革新」の最後に出てくる文章は、明治四十三〔一九一〇〕年に石川啄木が「時代閉塞の現状」という文章を書くことになるわけですが、時代が閉塞していくという、閉塞感がだんだん強まっていくとともに、天皇制イデオロギー、「教育勅語」でたたき込まれる「忠君愛国」的な観念が前面に出てくるという、その転換、切り替えのところで書かれたというふうにも思われるわけです。つまり、日清戦争の戦勝気分のなかから、プリント四三頁〔巻末六八頁〕のいちばん上に引きましたように、いわゆる〝日本的なるもの〟の賛美の風潮が急激に出てきます。それをいちばん象徴的にというか、滑稽なくらいのかたちで示したのが、あとで紹介する高山樗牛が明治三十年代に主張した「日本主義」なのですが、そういう〝日本的なるもの〟の賛美の風潮です。

つまり、当時現れてきた「日本は清浄の国なり、廉潔の民なり、愛国の心厚く、義侠に富み、武勇にして物の情（あはれ）を知る」などという風潮に対して、久米邦武は批判的なわけです。「かかる自称の誉詞〔自画自賛する言葉〕は、慢心の発露」でしかないと言います。

これは、丸山先生が昔から言っているように、「明治の健全なナショナリズム」というのがあって、それはだいたい、福澤の頃から始まって明治二十年代の陸羯南の頃まではあったけれども、三十年代以後、特に日露戦争に勝って以後、もはやそれは失われて、悪い意味でのナショナリズム、膨張主義的な「帝国主義」と化してしまったナショナリズムとか、合理性を失った非合理的なナショナリズムに変質してしまう、ということと関係してくるわけです〔「明治国家の思想」一九四九年（『丸山眞男集第四巻』岩波書店、二〇〇三年所収）等参照〕。

三　「平民主義」と「国民主義」——その共通性と対立点

◇◇◇◇◇◇◇◇◇◇◇◇

「平民主義」と「国民主義」の共通性

◇◇◇◇◇◇◇◇◇◇◇◇

それで、あと残りの時間で、蘇峰の「平民主義」と羯南の「国民主義」を簡単に紹介しておきたいのですが、まず、プリント四三頁〔巻末六八頁〕の図を見てください。

これは色川大吉さんが彼の『明治精神史』（一九六四年。僕も最初に読んだとき、非常に感銘を受けた本です）のなかで作っていた図に、ちょっと手を加えたものです。明治二十年代は「平民主義」と「国粋主義」(図の下段の左と右です)の対立を基本とする時代だと色川さんは見ているのですが、しかし両者は、上段の「貴族的欧化主義」と「伝統的(および官僚的)国家主義」という両者に対抗するという点では、非常に共通しているというのです。

「貴族的欧化主義」というのは、これは蘇峰が使った言葉ですが、要するに、「鹿鳴館」的な欧化主義ですね。つまり、条約改正のためということを掲げて、鹿鳴館でもって上っ面だけ近代化したようなダンスパーティーをしている。そこに集まっているのは、まさに貴族的な生活をしている上流階級の人たちである、というわけです。そういう貴族的欧化主義ではなくて「平民的欧化主義」でなければいけないというのが、蘇峰の民友社の「平民主義」の主張になるわけです。

「平民主義」と「国民主義」の対立点

それに対して、政教社の陸羯南、それから志賀重昂、三宅雪嶺という人たちは、「貴族的欧化主義」に反発するのはもちろんですが、しかし彼らとしては、「欧化主義」という共通項のなかで「貴族的」か「平民的」かを争うよりは、むしろ、〝真のナショナリズム〟を主張したいというのです。つまり、伝統的・官僚的な「上からの国家主義」とは違う、もっと開かれた、「下からのナショナリズム」である「国粋主義」「国民主義」というものを主張したいというわけです。

ですから、「平民主義」と「国民主義」というのは、一面ではいわば連帯して戦線を組みつつ、しかし欧化主義的な平民主義と国粋主義的な国民主義という部分では、その力点が違って対立しあうという、そういう面も持っているわけです。

四　徳富蘇峰の「平民主義」

「茅屋の人民」の「欧化主義」——「平民主義」の立場

まず蘇峰の「平民主義」の立場です。これはあくまでも在野のものであって、政府の「貴族的欧化主義」とは違う、蘇峰の言い方だと「茅屋の人民」の「欧化主義」だというのです。茅葺き屋根に住む「平民」の「欧化主義」だというのですが、これについては以下に引用する文章を読んでいただきたいのです。前に紹介した「嗟呼国民之友生れたり」の最後の部分です（プリント四三～四四頁〔巻末六八～六九頁〕）。

「鹿鳴館」は華やかに赤々とすでに電灯が点いていたのです。「電気灯の光は晃々として暗夜尚ほ昼を欺き、羊肉肥て案〔テーブル〕に堆《うづたか》く、葡萄酒酌んで盃に凸《たか》きの時に於ては、……我が普通の人民〔これは common people の訳語でしょう〕は、寂寥たる孤村、茅屋の裡、破窓の下、紙灯影薄く〔あんどんの薄い灯りのなかで〕、炉火炭冷〔囲炉裏の火も炭が消えて〕に、二三の父老相対して濁酒〔濁り酒、どぶろく〕を傾るに過ぎず」という光景です。

泰西の社会は平民的にして其の文明も亦た平民的の需用より生じ来れるものなることは、固より吾人の解説を要せずと雖も、此の文明を我邦に輸入するや、不幸にして貴族的の管中より為したるが故に、端なく貴族的の臭味を帯び、泰西文明の恩沢は、僅に一種の階級に止り、他の大多数の人に於ては、何の痛痒もなく、何の関係もなく、殆ど無頓着の有様なりと云はざる可からず。衣服の改良何かある。食物の改良何かある。家屋の改良何かある。交際の改良何かある。金「モル」の大礼服は馬上の武士を装ふて意気揚々たれども、普通の人民は「スコット」地の洋服すら穿つこと能わず。貴紳の踏舞には柳絮の春風に舞ふが如く、胡蝶の花間に飛ぶが如く、得意の才子佳人達は冬夜の暁け過ぎを恨む可しと雖も、普通の人民は日曜日に於てすら妻子と笑ひ語りて其の楽を共にする能はず。煉瓦の高楼は雲に聳へ、暖炉の蒸気体に快くして、骨を刺すの苦寒尚ほ春かと疑はれ、電気灯の光は晃々として暗夜尚ほ昼を欺き、羊肉肥て案に堆《うづたか》く、葡萄酒酌んで盃に凸《たか》きの時に於ては、亦た人生憂苦の何物たることを忘却す可しと雖も、我が普通の人民は、寂寥たる孤村、茅屋の裡《うち》、破窓の下、紙灯影薄く、炉灯炭冷に、二三の父老相対して濁酒を傾るに過ぎず。（前掲「嗟呼国民之友生れたり」）

そういう位置から「平民主義」というものを主張するんだ、というわけです。民権運動と自分たちが違うのは、先ほど紹介したように、「破壊的」ではなくて「建設的」だという点。それから、「士族根性」ではなくて、むしろ「田舎紳士」（あとで詳しく見ますが、カントリー・ジェントルマン＝豪農です）が同時に近代化の担い手になっていくから、そういう階層を中心にやっていきたい、という点だというわけです。

蘇峰思想の根本的問題点 ——大勢依存的「進歩」主義

そこで、「平民主義」一般というよりも、蘇峰の思想の特徴であり、問題点だと考えられるのは、プリント四五頁〔巻末七〇頁以下〕に書いた〈A〉「進歩主義」的思考様式というものが鮮明に表れていることです。先ほどちょっと言いましたが、時の大勢への依存というか、「世界の大勢」がそちらに行っているんだから、それが「進歩」の方向なんだから、それに乗っかっていくべきだという思考様式です。これが『将来之日本』という、明治十九〔一八八六〕年の著作などでは、「十九世紀宇内文明」の進歩の方向として、明確に図式化されているのです。

「生産機関」＞「武備機関」（経済社会）

「平民社会」＞「貴族社会」　（政治社会）
「平和世界」＞「腕力世界」　（国際社会）

まず根本的に、「生産機関」（＝ブルジョワジー）が「武備機関」（＝武士階級）に取って代わるのが、十九世紀の進歩の大勢であり、それは同時に、「平民社会」が「貴族社会」を圧倒するということでもあり、国際社会においては「腕力世界」に代わって「平和世界」が実現する。要するに、「生産主義」、「平民主義」、「平和主義」という、この三点セットが十九世紀の「進歩の大勢」であって、それに日本も乗っかっていけば、すべてうまくいくというわけです。

直線的進歩史観と大勢便乗主義との癒着

これは非常に「予定調和的なオプティミズム」で、しかも「単線的二段階論」とプリントに書きましたが、真っ直ぐ進む「進歩」です。しかし、歴史というのは、そう簡単にはいかなくて、いわゆる弁証法的に言えば、「対立物に転化」したり、いったん反対の方向に行くように見えたり、ジグザクがあったり、飛躍があったりするわけで、そういう視点が非常に弱いのです。

それから、「主体的作為の契機の希薄」と書きましたけれども、歴史の流れに寄り添っていけば、ひとりでにうまく行くと考えている。つまり、自分たちが歴史を作るんだという意識が、むしろ乏しいわけです。だから、「世界の大勢」の見通しが変わってしまうと、その思想が変わっていく。それがプリント四八頁〔巻末七三頁〕にある、徳富蘇峰の、当時の言い方だと「変説」ということなのですが、これは説を変ずると同時に節操を変ずるということであり、（前に紹介した加藤弘之に続く）知識人の「転向」の典型的なケースになるかと思うのです。

蘇峰の「転向」(「変説」)

つまり、細かいところは省略しますが、日清戦争のあとの「三国干渉」が決定的であり、もはや、さっきのような生産主義、平民主義、平和主義の時代ではなくて、「世界の大勢」は「帝国主義」の方へ向かっている。だから、自分はもう「帝国主義の信者」に変わるんだ、ということを蘇峰は打ち出すわけです。

『国民之友』の明治社会主義に対する影響

その前の段階にも蘇峰はいろいろ興味深い変化をしていて、一時は『国民之友』という雑誌は社会主義とか労働運動とか、そういうものの記事を沢山載せていました。のちに平民社の『平民新聞』(「平民社」という言葉自体、蘇峰の「平民主義」の影響を受けている感じがしますが、明治三十年代に入ってから、いわゆる「明治社会主義」というのが起こってきて、これが「非戦論」、つまり戦争反対を唱えたものですから、徹底的に弾圧を受けるに至ります。その時期に、特に日露戦争中に、明治の社会主義者たちが「平民社」というグループを作って立てこもっていて、そして『平民新聞』を出していたわけです)が、その頃「余は如何にして社会主義者になりしか」という欄を設けまして、いろいろな人に、自分はこういうふうにして社会主義者になったということを書かせているのです。そのなかでかなりの数の人たちが、明治二十年代に、この蘇峰の『国民之友』で紹介されている社会主義の記事の影響を受けた、と言っているのです。

もっとも、同じようなことは、新聞『日本』とか雑誌『日本人』などもやっています。長崎の方の高島炭坑で労働者がひどい生活条件で虐待されていると告発するようなことを、当時の政教社グループもやっていて(三宅雪嶺「三千の奴隷を如何にすべきや」『日本人』一八八八年八月三日、など)、そういう共通の面があったりします。

「田舎紳士」への期待と失望

それが、蘇峰の場合、どうしてそういう「変説」が起こったかというのは、プリント四五頁〔巻末七〇頁〕の〈B〉「田舎紳士」論の問題性ともつながってくるわけです。平民主義の担い手として彼が期待していたのは、蘇峰の表現で言うと「コンツリー、ゼンツルメン」（カントリー・ジェントルメン、country gentlemen）でした。つまり「地方に土着した紳士」が、田舎の村や町の近代化の先頭に立つというのです。プリント四六頁〔巻末七一頁〕では「中等民族」という言い方をしていますが、要するに彼らが「ミドルクラス」をかたち作り、独立自治の平民として、「平民主義」の担い手になっていくべきであると言います。そして、「中等民族将に生長せんとす」と言っていたわけです。

ところが、明治二十三年に日本最初の資本主義恐慌と言われるもの（いわゆる「二十三年恐慌」）が起こるわけです。そこで急速に、当時いっせいに起こりかけていた地方産業が潰れていくわけですね。そのため、地方ではますます「寄生地主」化が進み、その寄生地主の資本を持ち寄るかたちで、銀行があちこちにできる。各地方に「何十何銀行」とか、「百十何銀行」とかいう、数字名の「銀行」（香川の「百十四銀行」など）がいっせいにできたのは、この頃のことなのです。そういうなかで、農民層というものを「両極分解」させて、資本家と労働者を生み出していくというプロセス、いわゆる「資本の本源的（原始的）蓄積過程」、略して「原蓄過程」などということを昔のマルクス主義経済学では強調したのですが、そういうプロセスがこの時期に急速に進むわけです。

平民主義第二着の勝利
——労働階級への一時的期待

そういうなかで、彼が期待した「中等階級」、「田舎紳士」の階層というのが影を薄くしていくわけですね〔「中等階級の堕落」明治二十五年十一月〕。そこで、プリント四七頁〔巻末七二頁〕でちょっと紹介しておきましたように、それに代わるものとして、ほんの一時期ですが、徳富蘇峰は「平民主義第二着の勝利」

（明治二十四年十二月）などということを言います。つまり、「平民主義」に第二段階が今や来たと言うのです。つまり、「富を以て武力を制した」平民主義は第一段階、今度は「労作を以て富を制せんとする」、すなわち労働をもって資本をコントロールするという、要するに社会主義的な「平民主義」、いわば「社会民主主義」のようなものが第二段階だということを言ったりもするわけです。（その背景には、蘇峰がモデルとしていた英語雑誌の議論が変わったということがあります。それもプリント四七頁〔巻末七二頁〕に紹介しておきました。）

> 富を以て武力を制したるは、平民主義が、世界に於ける第一着の勝利なり。労作を以て富を制せんとするは、平民主義が、世界に於ける第二着の勝利なる可し。第一着の勝利は、既に十九世紀に於て、半ば其の効果を収めたり。第二着の勝利に至りては、其の効果の見る可きもの多からずと雖も、亦将に、漸く其徴を現はさんとす。思ふに是れ、十九世紀の尾、二十世紀の頭に於ける、社会の一大変と云ふ可き乎。

それから、また、青年層も明治二十四、五年〔一八九一、二年〕位になると保守化してきたと「明治の青年と保守党」（明治二十四年五月）〔巻末七二頁〕で言います。そういうなかで、もはや彼の「平民主義」を支えていた担い手というか、基盤が失われていくということがあるわけです。

「平民主義」の基盤喪失と「大日本膨脹論」

実は、日清戦争が始まる直前あたりから、蘇峰はのちに『大日本膨張論』にまとめられる議論をし始めています。蘇峰は明治二十三〔一八九〇〕年頃からイギリスのディルク（C・W・Dilke）という人物の影響を受けていて、ディルクが編集していた *Fortnightly Review* という雑誌がその頃の『国民之友』のモデルだったわけですが、このディルクは、ジョゼフ・チェンバレン（Joseph Chamberlain, イギリス自由党で、元々は急進派の指導者でした）が帝国主義 imperialism に傾斜していくのにくっついて「帝国主義」論を展開し始めます。それが本になったときのタイトルがProblems of Greater Britainというのです。つまり、たんなるGreat Britainではなくて、よりgreaterな、より大なるBritainをというわけです。そういうグレイター・ブリトゥニズム（大ブリテン主義）を主張したのです。（イギリスというのは面白い国で、それに反対する人たちは、小英国主義Little Englandismを言い出します。その影響をのちに受けて、「小日本主義」を唱えたのが石橋湛山です。）

「帝国主義」の唱道者への転身

それに対して蘇峰は「大なる日本」という論説を明治二十六〔一八九三〕年という早い段階で書きまして、それにルビをふって「グレイタージャパン」と言っています。つまり、ディルクの「グレイターブリテン」に対して「グレイタージャパン」というわけです。蘇峰はそうした「大日本主義」に基いて、日本民族は膨張能力をもっており（「日本国民の膨張性」明治二十六年七月）、海外への「国民拡張《ナショナルエキステンション》」が必要だと言います。そして、「東洋のバルカン半島」となろうとしている朝鮮半島への勢力進出を説き、折からの「対外硬派」の「条約励行運動」で指導的役割を果たし、「東学党の乱」が起こると日清開戦をいち早く主張し、さらに「三国干渉」後には明白に「帝国主義」を唱道していきました。

「尊王新論」から「皇室中心主義」へ――日露戦後の徳富蘇峰

それと同時に他方で、蘇峰は「尊王新論」（『国民之友』明治二十六年六月）というものを書いて、「皇室」が「社会主義の実行者」となれ、という面白い言い方をしています。つまり、社会問題の解決が資本主義化の進む近代日本のなかで最大の問題となる。その社会問題の解決に、「最下層にある窮民の友」として皇室が乗り出すべきであると言うのです。「養育院」、「孤児院」、「感化院」、「盲唖院」、「施療院」……「社会の陥欠者、不具者」と言っていますが、要するに、身体の不自由な人に対して恩恵を施す存在として皇室が出てくることで、新しい皇室の価値が生まれるんだというのです。

皇室をして政治の上に超然たらしめ、社交上の中心点たらしめよ。別言すれば、一方に於ては、責任内閣の制を確立し、所謂る天皇神聖にして侵すべからざるの義を全ふし、他方に於ては、皇室自から社会主義の実行者となり、民の父母たる実を挙げしめよ。更らに一層手近く言えば、皇室をして我が最下層にある窮民の友たらしめよ。……養育院の如き、孤児院の如き、感化院の如き、盲唖院の如き、施療院の如き、社会の陥欠者、不具者に対する恩恵より先着せられんことを……

この「尊皇新論」と先ほどの「帝国主義」が結び付き、日露戦争後に、「アジアの盟主」としての「世界の中の日本」の「国民的使命」が問い直されるなかで、「皇室中心主義」があらためて掲げられることになります。こうして、大正期以降の蘇峰というのは、「保守的」というよりも、もっと「右」の方のジャーナリストへと変っていってしまうわけです。

五　陸羯南の「国民主義」

それに対して、陸羯南の「国民主義」の方は、出発点は蘇峰に較べて華々しくなく、もっと地味で、しかも「国民主義」、ナショナリズムを強調していたわけです。けれども彼は、プリント五〇頁〔巻末七五頁〕に長く引用しておきましたように、自分のは敢えて「国家主義」ではなくて、「国民主義」なんだとハッキリ言って、そして、それは「自由主義」とか「平等主義」と決して矛盾するものではないんだということを、一貫して主張しているわけです。そこは、引用した『近時政論考』所収の文章を読んでおいてください。

保守主義的思考の強み
――具体的・歴史的思考方法

その羯南においては、ちょうど蘇峰に「進歩主義」的思考様式の問題性があったと同じように、「保守主義」的思考様式がもっている強みと、それからその限界というか落とし穴があったのではないかと思うのです。プリント五二頁〔巻末七七頁〕以下に少し書いておいたのですが、その強みの方を言えば、具体的、歴史的なものの考え方をしている。つまり、抽象的なあるいは自然法的な思考方法ではない。「啓蒙主義的な合理主義」というのは「抽象的」で「自然法」主義的な思考方法です。それに対するリアクション、反動として、たとえばエドマンド・バークという、近代的な「保守主義」の最初の思想家と言われる人物が、主著の *Reflections on the Revolution in France*（『フランス革命の省察』）で、フランス革命のマイナス面を初めて指摘しました。このバークにも、「抽象的・自然法的」思考を排して、あくまで「具体的・歴史的」に考えていくという考え方があります。そして、歴史的現実というのは生きて動いている、それを殺すのではなくて、どう発展させていくか、という考え方も明確に出てきます。そういう思考方法が保守主義の強みであり、それが羯南にもあるのです。

国家と社会の二元論
――「社会」からの「国家」批判

それから、あともう一つは、「国家と社会の二元論」とプリント五二頁〔巻末七七頁〕に書きましたが、国家と社会という違うレベルがあるんだという視点です。法律制度で作られた「国家」と、生活に密着してできあがっている「社会」を区別していくべきであり、「社会は徳義上の存立なり」などということを言うのです。そういう「社会」の立場から「国家」というものを批判していかなければいけないという立場です。

じつは、羯南が主宰していた新聞『日本』というのは、おそらく明治時代においては（のちの社会主義的なものに比べたら少ないかもしれませんが）、「発売禁止」や「発行停止」を受けた回数がやたら多いのですね。それだけ経営的なピンチも多い。つまり、政府批判の言論ということで言えば、蘇峰の平民主義の立場からするものよりも遙かに羯南の方が鋭かったというところがあるわけです。（のちに「文明批評家」として名をはせた長谷川如是閑の代表作は『現代国家批判』『現代社会批判』『日本ファシズム批判』の三「批判」書ですが、彼が羯南の『日本新聞』社員から出発していることが象徴的です。）

有機体的思考という弱点

細かいことは省略しますが、その羯南の「保守主義的」思考様式の落とし穴というのは、結局、有機体的思考なのですね。プリントには「〃国家有機体論〃の問題」というふうに書きました。つまり、国家とか政治制度とかいうものは、一面ではメカニックに（機械論的に）、人間が主体的に自由に変えていくものとして扱うべきものなのに、それをも「生きた有機体」として見てしまう。それによって、羯南の保守主義は、むしろマイナス面に行くことがあるわけです。

「国民」概念の曖昧性
――羯南「国民主義」の限界

それから、それと結びつくのですが、羯南が「国民主義」の担い手として想定していたのは「地方実業者」でした。ちょうど蘇峰の「田舎紳士論」と同じように、「地方の実業者の運動」への期待というものを、特に初期には、非常によく言っていたのです（「実業者の政治思想及び改題の主意」、『東京電報』創刊号社説、明治二十一年十一月三十日、等。プリント五三頁〔巻末七八頁〕の最下部）。しかし、その期待は、蘇峰の「田舎紳士」論の場合と同じように、明治二十三〔一八九〇〕年恐慌のなかで潰えていくわけです。つまり、「国民主義」の実質的な担い手として想定していた「地方実業者」が姿を消していく。そこで、プリント五三頁〔巻末七八頁〕に引いておきました「国民的の観念」（明治二十二年二月十二日）にあるような、広い（広過ぎる！）「国民」概念が登場してくるのです。つまり、日本国民であれば、みんな「国民」であると言う。そのなかには、君主もいるし、貴族もいるし、金持ちもいるし、一般労働者もいると言うのです。それを含めた国民全体の立場に立つのが「国民主義」であると。その「国民観念」というもののフィクション性というか、曖昧性が、結局、羯南の「国民主義」の限界になっていくんではないかと思うわけです。

しかし、先ほども言いましたように、羯南の批判的な言論機関としてのジャーナリズムという立場は最後まで一貫しています。彼は肺結核で比較的早死にしてしまうわけですが、日露戦争後になっても、

羯南の一貫性あるいは羯南における「独立の精神」

彼の思想の批判的性格が変わらないところは、ちょうど蘇峰と好対照ですね。「進歩主義」で非常に格好よく登場したのに、状況とともにどんどん変わっていく蘇峰に対して、羯南の場合は、出発点はそんなに先端を行くわけではなかったけれども、状況のなかで一貫しているという、そのへんが良い意味での「保守主義」だった。それは「自由主義」とも結びついている強みだろうと思います。

彼は「新聞記者」というプリント五四頁〔巻末七九頁〕に引いた論説のなかで、新聞には三種類あると言うのですね。それは「機関新聞」と「営利新聞」と、それから「独立新聞」だと言う。そして羯南としては、「機関」（政府の機関もそうだし、政党の機関もそうです）発行の新聞でもなく、かといって「営利」だけで、儲かるかどうかだけで突っ走る新聞でもなく、「独立新聞」（ちょうど福澤の「独立の精神」をもった、インディペンデントな新聞）というものを目指したいんだと言うのです。それは良きにつけ悪しきにつけ、彼のいろいろな意味での特色であったと言っていい。そして、羯南は日露戦争後間もなく、明治四十〔一九〇七〕年に五十歳で没します。ある意味では、

日本のナショナリズムが急速に健康さを失っていく時代を見なくて済んでよかったのかもしれないという気もするけれども、逆に、もしその後も生きていたら、どういう展開をしていたかということも気になる、そういう存在です。

ということで、最後の方は駆け足になってしまいましたけれども、これで「平民主義」と「国民主義」、明治二十年代の話を終わりにします。

第九回　日露戦後世代の登場と高山樗牛

高山樗牛の肖像画
『現代日本文学全集13』改造社、1928年より。

一 〝明治ナショナリズム〟の終焉と新しい世代の登場

明治維新から始めてずっと、言ってみれば「立国の時代」、国を立てる、作る、立場はいろいろですが、しかし皆、同じ共通の目的に向かって頑張っていたという、そういう時代の話をしてきました。

日露戦後の日本の変化

日清戦争、日露戦争という二つの戦争を経た頃から、いちおうその目標が達成されて、少なくとも、たとえば福澤諭吉が「一身独立して一国独立す」ということを言った、その「一国独立」という課題がほぼ達成された。それだけではなくて、日露戦争後になりますと、もはや日本も「世界五大強国」の一つになったとか、そういうことが言われるようになる。日英同盟が結ばれたりして、「世界の一等国」になったという言い方もされる。それとともに、かなり大きな変化が起こっていると言っていいのではないか、と思うわけです。

「維新日本」と「帝国日本」

アメリカ人の歴史家でマリウス・ジャンセンという人がいるのですが、この人が一九六〇年頃に書いた論文のなかで、「明治日本」という言葉と、「帝国日本」という言葉は分けて使ったほうがいいのではないか、と言ったことがあります。漠然と近代、それから、あるいは明治、大正、昭和と言うけれども、日露戦争の以前と以後とでは、同じ「明治」という元号でくくられている時代でありながら違うんだということです。つまり、「メイジ・ジャパン」と「インペアリアル・ジャパン」とは違うんだと言うわけですね。

私としては、「維新日本」と「帝国日本」と名付けたほうがいいと思いますけれども、とにかく、「立国の時代」、国作りのために頑張っていた時期の健全さと言いますか、健康さといったものが、これ以後失われていくということです。それはちょうど、日清戦争のあとに、いわば戦果として台湾を植民地とし、そして日露戦争のあとには、今度は朝鮮を「大日本帝国」の中に組み入れる、植民地化するという時期でもあるわけです。

そういうなかで、つまり、いわゆる「帝国主義」国家の一つに日本自身がなっていくその時期に、いろいろなかたちで新しい意識のようなものが出てくる。そこに、ひとつの世代交代があったんではないかということで、「日露戦後世代の登場」という言い方をしてみたわけです。

石川啄木の評論「時代閉塞の現状」

ここで、石川啄木の「時代閉塞の現状」（明治四十三〔一九一〇〕年）という有名な評論の一節を以下に引いておきます。この石川啄木らの世代には、時代が「閉塞」してきたというふうに見えたということなのです。これ本当は、もっと長く引用すると非常に興味深い文章なのですけれども、ほんの一部分だけ引用します。

蓋し、我々明治の青年が、全く其父兄の手によって造り出された明治新社会の完成の為に有用な人物となるべく教育されて来た間に、別に青年自体の権利を識認し、自発的に自己を主張し始めたのは、誰も知る如く、日清戦争の結果によって国民全体が其国民的自覚の勃興を示してから間もなくの事であった。既に自然主義運動の先蹤として一部の間に認められてゐる如く、樗牛の個人主義が即ち其第一声であった。（石川啄木「時代閉塞の現状」明治四十三年）

「我々明治の青年」が父親の世代によつて造り出された「明治新社会」のなかで「有用な人物となるべく教育されてきた間に、「別に青年自体の権利を識認し、自発的に自己を主張し始めた」世代があるというのです。それが「樗牛の個人主義」を「其第一声」とする「自然主義運動」であったと言うのです。

つまり、父親の世代によって〝明治国家〟（啄木言うところの「明治新社会」）は作られた。その作る過程に参加できないで、作られたなかに放り出されたのが、「我々明治の青年」の新しい世代だというわけです。そして、「時代閉塞の現状」のなかでは、もう「明治新社会」は隅から隅まで完成させられてしまって、社会組織が発達して息が詰まるような、そういう時代に入ってきてしまった、と啄木は言います。

その際、「我々日本の青年は未だ嘗て彼《か》の強権（『怨敵たるオオソリテイ』＝『国家』）に対して何等の確執をも醸した事が無いのである」とも啄木は記しつつ、「斯くて今や我々青年は、此自滅の状態から脱出する為に、遂に其『敵』の存在を意識しなければならぬ時期に到達してゐるのである。それは我々の希望や乃至其他の理由によるのではない、実に必至である。我々は一斉に起つて先づ時代閉塞の現状に宣戦しなければならぬ。自然主義を捨て、盲目的反抗と元禄の回顧とを罷めて全精神を明日の考察——我々自身の時代に対する組織的考察に傾注しなければならぬのである」というところまで議論を煮詰めていきます。

しかしこの明治の末に書かれた、白眉と言える文芸評論に、これ以上立ち入る余裕はありません。岩波文庫にも入っていますので、ぜひお読みください。〔追記――『時代閉塞の現状 食うべき詩 他十篇』（岩波文庫、一九七八年）には、松田道雄による、秀逸な「解説」が付いています。〕

二 「文明批評家」の登場と生田長江の論――「対外的愛国心」を「根本動機」とする「国家至上主義」への「反動」としての「自我主義」の登場

この明治末年における新しい世代の登場については、同じようなことがいろいろな人によって指摘されているのですが、ここではプリント五五頁〔巻末八〇頁〕に引いておいた二つの文章を見てください。大正十五〔一九二六〕年という年、すなわち大正が終わって昭和に切り替わろうとした年（「日露戦後」から二十年後）に、大正時代には「文明批評家」と言われる人たちが出てきたわけですが、そのうちの二人である生田長江と土田杏村が、明治維新以来の、文学ないし思想一般の歴史を振り返って書いた文章です。

生田長江の論①

まず生田長江。この「明治文学概説」は、新潮社の『日本文学講座』第三～五巻「明治文学講座」に、三回に分載されたものです。ちょうど大正十五年から昭和の初めにかけて、所謂「円本」ブームというのがあって、一円で予約購読する文学全集の類が各社から売り出された。それは改造社の『現代日本文学全集』（六三巻）から始まって、新潮社『世界文学全集』（五七巻）、春秋社『世界大思想全集』（一二六巻）、平凡社『現代大衆文学全集』（四〇巻）等々（いずれも昭和二〔一九二七〕年中に刊行開始）が続くのですが、なかでも新潮社の『世界文学全集』は四十万の予約があり、ダントツに売れたのです。しかし、これには前史があって、新潮社の社史には、大正十五年に刊行開始の『社会問題講座』(全一三巻)について、「これは予約物としては、円本の現れるまで、最大成功の記録保持者だった」とあります。この成功が『日本文学講座』や『世界文学講座』の刊行につながったらしいのです。そこに生田長江の「明治文学概説」が、おそらく目玉の一つとして書かれたのでしょう。

そこでは、「明治維新(或は革命)」という「大変革の根本動機」という言い方をしていますけれども、言ってみれば、これは音楽の「ライトモティーフ」のようなものですね。つまり、「主導動機」というか、ワーグナーの「リング」(「ニーベルンゲンの指環」)にはいろいろなライトモティーフが出てきて、それを気にしながら聞くと面白いというふうなことがあるのですが、とにかく、根本の根っこのところから維新以来の動きを突き動かしてきた「根本動機」。それが生田長江の言い方だと、「対外的愛国心の覚醒」、目覚めであったという。要するに〝ナショナリズム〟であったというわけですね。ところが、それが日露戦争の後に「恐るべき一般的反動」を招いた。リアクションが起こったのです。そのあとに引用したところは、非常に、要約としてよくできていると思うのですが、その「反動」をもたらした様相を、三つに分けています。

(一)日本の国際的地位がともかくも安固なものになって、半世紀に亙る憂国的緊張も幾分の弛みと疲労とを来した為。

「世界に於ける日本国家の地位が、何事を措いても先づ日本国家の運命を、累卵の危きより救はねばならぬと深くも思ひ込ませたこと」からくる、緊張した精神生活を送っていた――それが(「黒船ショック」以来)「半世紀」にもわたったというのです――のが、やっとその目的を達成して、もう大丈夫だというふうになったので、その「緊張」が弛み、どっと疲労のようなものが出てきたというのです。それが一つ。

それから、二つ目に、「(二) 国家的興隆が必ずしも直ちに国民個々の福利を意味しないことを、余りにもむごたらしく体験した為め。」

つまり、国家が素晴らしく興り栄えるということができたけれども、それが国民個々、一人一人の福利をもたらしたかというと、そうではない、ということを体験させられた。それが、日露戦争・日清戦争であったというわけです。これは徳富蘇峰なども、「勝利の悲哀」という文章を書いたりしています。

生田長江の論②——「国家的興隆」と「国民的福利」の乖離

とにかく、いわゆる「国民戦争」と言いますか、戦争のあり方として日露戦争は、ある意味で、画期的な戦争の一つだったのですね。その前の露土戦争(ロシア・トルコ戦争、一八七七—七八年)などもちょっとそういう性格がありました。要するに、通常は第一次世界大戦をもって、いわゆる「総力戦」というかたちで戦争のあり方が変わったと言われますが、日露戦争は特に日本にとって「総力戦」的な性格が非常に強いものであった。つまり、それまでの十八世紀・十九世紀のヨーロッパの戦争などというものは、基本的に、軍人、兵隊たちだけが戦うのであって、いわゆる「銃後の国民」というものの生活までもが完全にそれに巻き込まれて滅茶苦茶になるというふうなことはなかったわけです。それが、日露戦争では、当時からすれば巨大な「大国」であるロシアと日本が正面切って戦うことになり、文字通り「総力」をあげざるをえない。

日露戦争指導者と「ポーツマス講和」

しかも、よく言われることですが、日露戦争当時の戦争指導者というのは、実は、戦争を始めるときに、国力からしてどこまで戦えるかと、その限度までやったうえで、いつ戦争を終結させるかということを最初から考えながら戦っているわけですね。そのへんが「大東亜戦争」、太平洋戦争の時と全く違うわけで、つまり、日露戦争は、「日本海海戦」でバルチック艦隊を破り、それからいわゆる「遼陽の大会戦」で陸の方でも大勝利を収めた段階で、指導者たちは、もうこれが限界である、ここでなんとかして講和に持ち込まないと、特に経済的にもう全く戦争を続ける力がない、と。それで、アメリカの当時のセオドア・ローズベルト大統領に斡旋を依頼して、「ポーツマス講和」に向かって動き出すわけです。しかし、国民の方はそういうことはわかりませんから、この調子で、たとえばバイカル湖まで取れとか、いや、シベリアを全部占領せよとか、そういうふうな勇ましい議論が起こったわけです（「バイカル博士」！）。けれども、当時の戦争指導者はそういうムードに動かされないで、陸奥宗光の『蹇蹇録』に描かれているような世界ですが、あえて講和に持ち込む。そしてその講和も、日本としてはもう戦えないということがわかっているので、国民が期待していたような有利な講和条件ではなく、非常に、最小限の要求しかしない。とにかく講和にもっていくわけです。

民衆の台頭――「日比谷焼打ち」事件

それがあったものですから、日露戦争の講和が発表された後、「日比谷焼打ち事件」などということが起こります。つまり、国民からすると、これだけの犠牲を払って戦って、勝利したはずなのに、何であういう屈辱的な講和を結ぶのかというわけです。日比谷公園に集まった抗議集会の後、それが、いわば暴徒化して、当時の市電、電車をひっくり返して燃やしたり、交番を焼き打ちしたり、それから日露の講和に賛成する立場の言論を展開していた蘇峰の国民新聞社を焼き打ちにするというふうな、とにかく、群衆が押しかけて行って暴れるということが起こります。これは日本の歴史のなかで、なんというか、いわゆる民衆が街頭に出たということの最初でもあるわけです。そしてやがて、「大正政変」のときには、あれは第一次護憲運動などと言われますが、「憲政擁護、閥族打破」というスローガンを掲げて民衆が国会を包囲して、桂内閣が辞めざるをえなくなる。そういう意味での「大正デモクラシー」、「民衆」が政治の舞台に目に見えるかたちで登場してくるということの最初が、日露戦後の「日比谷焼打ち事件」の時の姿であったということです。

とにかく、そういうなかで、前に論じたと思いますが、かつては「お国のため」に頑張ることがそのまま「自分のため」になる、あるいは「故郷に錦を飾る」というムラの共同体のためにもなるし、「家を興す」というイエのためにもなり、自分個人のためにもなるというふうな、一種の予定調和のようなかたちで、「お国のため」に働くということがごく自然に信じられていた。そういう価値（「国家的興隆」＝「国民個々の利福」）が信じられていたのが、分裂してくるという事態がここで起こっているわけです。これが二番目ですね。

それから、三番目には、「産業界の近代的展開にもとづく自由競争と生活不安とから、思ひ切つた利己主義へ駆り立てられた為め」。

つまり、資本主義というものが本格的にこの頃から動き始めるわけですが、そこでは基本的に「自由競争」です。それは裏返せば、「弱肉強食」の「生存競争」。そのような、いわば「生き馬の目を抜く」世界のなかで生きていくためには、「思い切った利己主義」、エゴイズムでやっていくしかない。そういう事態が起こっているわけです。

生田長江の論③——日本資本主義の始動およびダーウィニズム的状況

これは、思想の世界で言うと進化論、つまりダーウィンの「生物進化論」ですね。これがこの頃、大流行と言ったら変ですけれども、たとえば丘浅次郎という人が『進化論講話』という本を書いて、これがベストセラーになる。つまり、生物の進化というのは、基本的に生存競争で、生き残った、勝ち残ったものが優勢種として生物体を進化させていくんだと。「最適者生存」（survival of the fittest）というのですかね、最も環境にフィットした種がサバイバルして、生き残っていくわけです。それから「自然淘汰」（natural selection）、自然の力が働いて、弱い種が切り捨てられて、強い種が残っていく。そういう「学説」が、実感をもって受け止められたのは、初期の資本主義がこのような自由競争、市場原理で働き始めて、それによって急速に産業が発展していったからなのですね。それを裏返せば、それまでは何だかんだと言っても、村落にしろ都市にしろ、そこには「共同体」があって、そこには何らかの意味での相互扶助の仕組みがあったわけです。ひどい状態でもなんとか喰っていける。それがシビアに切り捨てられていくなかで出てきたのが、生田長江のこの記述だったわけです。

日露戦争の後、(一)日本の国際的地位がともかくも安固なものになつて、半世紀に亙る憂国的緊張も幾分の弛みと疲労とを来した為、(二)国家的興隆が必ずしも直に国民個々の福利を意味しないことを、余りにもむごたらしく体験した為め、及び、(三)産業界の近代的展開にもとづく自由競争と生活不安とから、思ひ切つた利己主義へ駆り立てられた為め、明治四十年頃からの日本人は一体に、それまでの国家至上主義的思想に対して反動的な思想を抱き、甚だしく個人主義的自我主義的な考え方感じ方をするやうになつた。

「国家」=「共同体」の解体と「自我」・「社会」の析出

その動きを図に書いておきました。これは非常に抽象的な概念図で、一つずつ説明をしなければわからないようなものなのですが、いちばん上に「国家」と書きまして、その右下に「共同体」とありますが、もともと「立国」の時代の「明治国家」においては、「共同体」的なものと「国家」が結び付いていたわけです。それは「家族国家」観というようなものでもあるわけですが、先ほど言いましたように、「立国」=「立志」で、特に国家意識や共同体意識と対立するものとしての「個人」や「自我」の意識というのはなかった。それがこの時期に、「国家」が解体して「私化」(privatization)するなかで、「自我」意識が出てくる。

と同時に、国家と区別された「社会」の意識が、この時期強く出てきます。つまり、現象としては、「社会問題」というものが意識されるようになり、明治三十年代からいわゆる「明治社会主義」という動きが出てくるわけですが、それについては次回に述べたいと思います。要するに、「国家」意識が解体して、「自我」意識と「社会」意識が目立ってくるということが、この時期に起こったことです。

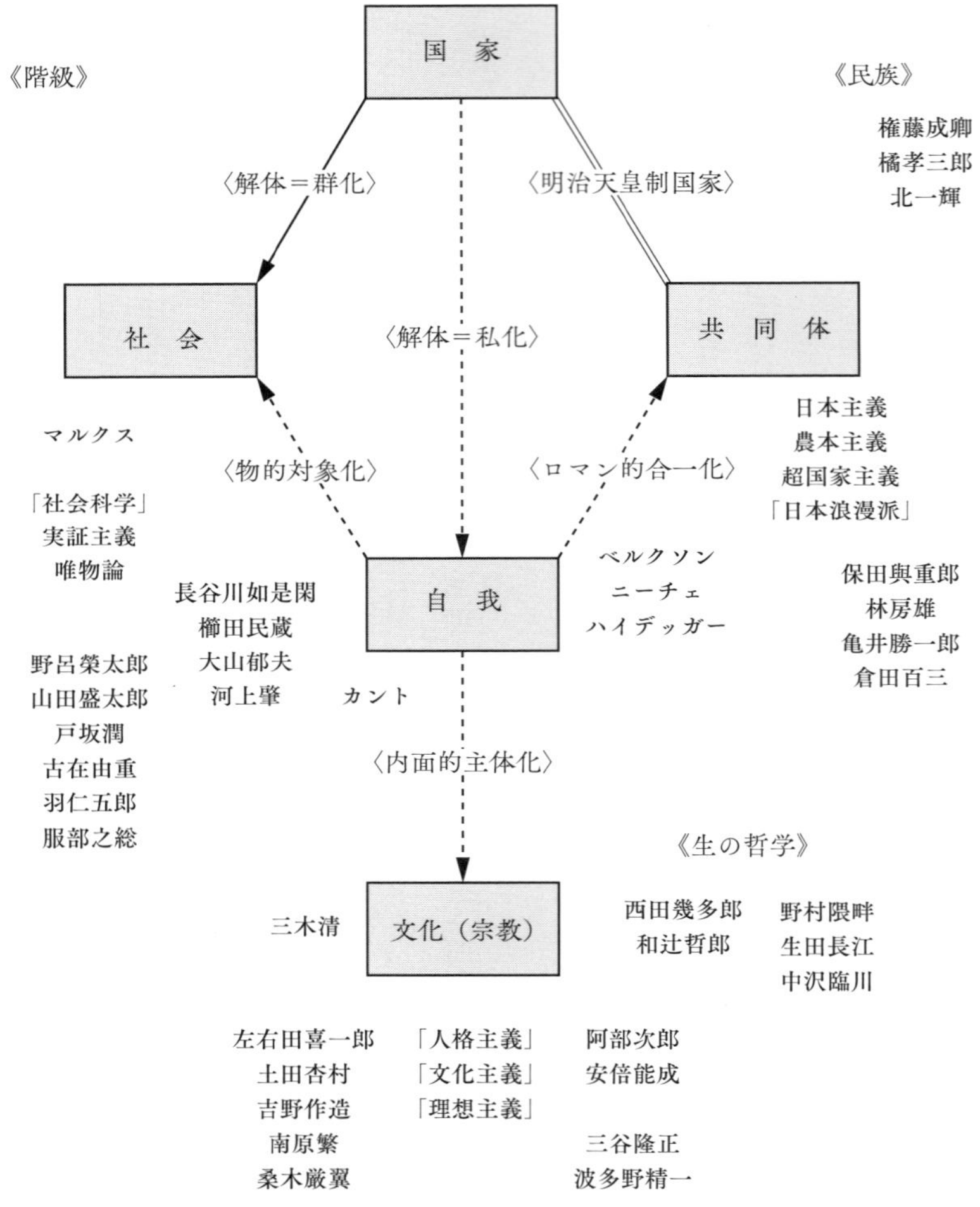

参考附図：「国家意識」の解体と「自我の意識」の出現

三　土田杏村・山路愛山・三宅雪嶺の論

土田杏村の論――「ナショナル・ロマンチシズム」の解体と「主観的個人主義」と「社会的リアリズム」へ

そのことを、生田長江の次にプリント五五頁〔巻末八〇頁〕に引用した土田杏村という人の『日本支那現代思想研究』(*Contemporary Thought in Japan and China*) の記述で見ていきます。これは、もともとイギリスで出すために英語で書いた本であり、その元になった日本語原稿をイギリスでの出版の後に出したものなのですが、外国人にもわかるように説明するなかで、先ほどの生田長江と似たような視点を出して整理しているので、それも引いておいたわけです。

つまり、近代日本は「西洋文明との接触」から出発して「国民的浪漫主義」、杏村のことばでは「ナショナル・ロマンチシズム」、そういうものにずっと動かされてきたと言うのです。それは「外来の文明をできるだけ早く消化し、国家的に大きく生長しやうとする要求」だった。それが日清戦争によって「一つの外形を得た」こととなり、「とにかく或る程度まで成功した事が証明せられると」、ここに一「段落」が与えられることになった、と言います。そして、それまでの日本の思想界は、「日本の国家的建設と国民の政治的権利とに不離の関係を持つて発達したものであり、其れを離れた思想的内省はまだ甚だ乏しかつた」のであるが、このとき、「漸く其の国家的特色から離れ、純粋の思想として発達し得るやうになつた」と言うのです。

其れと同時に、資本主義による産業的発達も次第に進んだものとなつて来たので、其れに伴髄し、思想の社会的特色も亦漸次に其の色を濃厚ならしめた。

そこから、どういうことが起こったかというと、「此れから以後の日本の思想界は、国家の専制的拘束力から先づ個人を解放せしめ」、「其の個人をして又再び国家とは違つた社会の統制下へ自らを所属させる方向へ進ましめた」。それで結局、「ナショナル・ロマンチシズム」の解体とともに「主観的個人主義」と「社会的リアリズム」に分極化してゆくというのが、明治後期から大正期にかけての思想史である、と杏村は言うわけです。

山路愛山の論 ——『現代日本教会史論』

そこに引いておいた高山樗牛の「新しき日本」の一節も興味深いものですが、樗牛の話はあとでしますので省略します。それから、山路愛山なども『現代日本教会史論』（明治三十八〔一九〇五〕年）で同じようなことを言っています。これは一度、岩波文庫（『基督教評論・日本人民史』一九六六年）に入っていたことがあるのですが、今は手に入りづらいかもしれません。プリント五六頁〔巻末八一頁〕に引用したのは、その『現代日本教会史論』の最後の部分です。（一）「所謂国家教育主義の破産」、（二）「社会主義の勃興」、（三）「国際的関係の変動」という三つを、この時期の特色として挙げているのですが、その（一）のところだけ読んでおきます。

……日本の青年は忠君愛国主義を鼻声にて説教する坊主〔学校教師〕より有難き御法談を聴きたり。最初は謹厳なる態度を以て之を迎へたり。されど其数《しばし》ば繰返さるゝに及んで彼等は遂に大欠伸《あくび》を催せり。彼等はたとひ如何《いか》ほど道理ある主義にても、外部より強て注入せらるゝに堪へず。其気概あるものは遂に起て之に抗せり〔反抗するようになった〕。帝国大学の秀才たりし高山林次郎が〔樗牛のことです〕其学校を出づると共に美的生活論なるものを唱へ〔これについては後で述べます〕、登張竹風がニッチェを担ぎ出し、しきりに仁義道徳の縄墨主義なるを攻撃したるが如きは是れ学生の遂に所謂国家教育主義に謀叛するに至りしものなり。而して此放縦自恣なる傾向は日に長じ、月に進み、遂に日露戦争の最中に於て国民新聞記者〔蘇峰〕をして左の如く日はしむるに至れり。

蘇峰からの最初の方の引用は飛ばしまして、印象的なのは、その終わりの方に出てくる「青年の或者は遼陽の大激戦よりも寧ろ壮士芝居の評判に多く心を動かしつゝあり」というところです。そういうふうに言われるような新しい動向というか、新しい世代が出てきたと、山路愛山はかなり批判的に言っているわけです。

三宅雪嶺の論──「哲学青年」「文学青年」「宗教青年」の登場

三宅雪嶺という人は、前に述べた政教社グループの雑誌『日本人』などで活躍した人ですが、その人が大正二〔一九一三〕年、つまり明治が終わって大正になったときに、明治思想を振り返った、『明治思想小史』という小さい本を出して、そのなかでも同じことを指摘しています。その本の目次を引いておきました。

（一）明治以前（二）尊王攘夷（三）維新の思想（四）征韓論と民選議院論（五）暴動と結党（六）政党の対立（七）外柔内剛の窮極（八）非外柔内剛（九）対外硬の実現（一〇）多年宿題の解決（一一）新問題社会主義（一二）不平の由来（一三）無政府主義（一四）自己実現と自暴自棄〔以下略、強調引用者〕

尊王攘夷から始まって、十番目が「多年宿題の解決」。これは日露戦争ですね。そして、（一一）として「新問題社会主義」というのが起こる。それから「不平の由来」、「無政府主義」と続いて、さらにそのあとに「自己実現と自暴自棄」という項目を立てております。そういう「自暴自棄」的な雰囲気も出てくると言うのです。

同じ頃に雪嶺が出した評論集で『想痕』という厚い本があるのですが、それに収録された文章のタイトルもいくつか挙げておきました。その最後の所に、「慷慨哀へて煩悶興る」という一篇があります。つまり、この時期に「煩悶青年」というのが社会問題化するわけですね。その有名な例は、日光の華厳の滝に飛び込んで自殺した藤村操という当時の一高生ですが、彼が飛び込む前に華厳の滝のほとりの松の木を削って、そこに筆で書きつけた言葉が、「悠々たる哉」で始まる有名な「巖頭之感」です。要するに、人生がわからないから死ぬんだ、といったことを言って、いわば哲学的自殺をして、それ以後、そういう自殺が流行るということがあるのです。だから、それまでの青年と言えば、とくに十年代の自由民権運動の頃など、悲憤慷慨して世の中を怒り、そして天下国家のために活動しようとする「政治青年」だった。このころから、それに代わって「哲学青年」とか、いろいろなかたちの「宗教青年」が増えていきます。新興宗教もありますし、キリスト教、それから仏教のなかでも、たとえば、清沢満之という人がいました。清沢は当時、浄土真宗大谷派の改革運動をするなかで、「精神主義」を掲げて『精神界』という雑誌を出したりするのですが、そういう「仏教の革新」と結び付いて、若い青年層が宗教の方に向かうというのも、一時的ではありますが、目立つようになるわけです。

ですから、そういう文学青年、宗教青年、哲学青年はいずれも、それまでの政治青年のように外向けに活動するよりも、非常に内面化して、自分の自我の内側を見つめて、それこそ「人生とはなんぞや」というようなことで「煩悶」する、悩むということが起こっているわけです。

四　長谷川如是閑の回顧——明治三十年代青年の「三つの典型」

まったく同じような指摘をもう一つだけ、くどいようですが、その時代を生きていた人の回顧録から引いておきます。長谷川如是閑という人は明治九〔一八七六〕年生まれ、九十四歳まで長生きして第二次大戦後まで活動したジャーナリストですが、一九五〇年に『ある心の自叙伝』という自叙伝を書いています。これは青年期までを書いているものですが、そのなかで、明治三十年代の青年たちには「三つの典型」的なタイプがあったと言っています。

（一）「日本の時代の歴史に生きようとする――あるいは、封建制を清算した近代国家の歴史に生きようとする――近代的の民主的国家主義の典型に属する一群」。

「立国」期に強かった「健全なナショナリズム」というか「下からのナショナリズム」、それを引き継いでいる青年も、まだいたわけです。しかし、第二、第三の別のタイプも出てきました。

（二）「すでに世界的に進行していた資本主義の末期の歴史に順応する、『政治的解放』につぐ『社会的解放』の要求に燃えている、前者の『国家的』なのに対して『国際的』の典型に属するそれ」。

これは「インタナショナルな社会主義」に関心を持っていくようなタイプが出てきたと言うことです。第一が「国家青年」とすれば、こちらは「社会青年」。それに対して、第三に、

（三）前二者と異なり、「国家的」にも「社会的」にも「何らかの積極性も行動性も」示さず、ただ「個性の無力の叛逆を煽」りつつ、「茫漠たる懐疑性に包まれて低迷する一群」。

これが今言った「煩悶青年」ということになるわけです。しかし、この第三のタイプというものが、その後の大正から昭和初期の思想史というか精神史に、非常に大きな影響を結果として与えることになったんだ、というのが如是閑の診断です。

五　「樗牛問題」——〝絶えざる「転向」者〟？

その辺りの意味を考えるために、高山樗牛という人に絞って見ていくと面白いと思います。樗牛に則してその問題を考えてみたのがプリント五九頁〔巻末八四頁〕以下です。高山樗牛は、最初のところにも示しましたように、明治四〔一八七一〕年に生まれて三十五〔一九〇二〕年に死んでいる。つまり、三十一歳で亡くなった、非常に早熟で、早く人生を駆け抜けた人物なのです。しかもその短い生涯にかかわらず、非常に多作でした。姉崎嘲風という人が『樗牛全集』を編纂しているのですが、その全集は、樗牛の死の直後に一回出て、それから大正時代にもう一回出て、さらに昭和の初めにもう一回と、三回も再版されているのです。ところが当時、特に大正期までは熱狂的に読まれたにもかかわらず、以後はぜんぜん読まれなくなります。そのへんは、たとえば、同世代に夏目漱石などがいるわけですけれども、漱石は今でも相変わらず読まれ続けているのに対して、一時熱狂的に読まれて忘れられたという、そういう典型的な人物の一人が高山樗牛です。ある時代の一面を非常に典型的に示すけれども、それが過ぎてしまうと忘れられていくという、そういうタイプなわけなのですね。それに対して、たぶん漱石はもっと普遍的なものを示しているので、読まれ続けるということだと思うのです。

とにかく、この樗牛全集、これは三回とも表紙に「吾人は須（すべか）らく現代を超越せざる遍（べ）からず」

という樗牛自筆の文句が刷り込まれていまして、そういうのも非常に当時の青年を惹きつけたんだろうと思われます。その樗牛全集を編んだ姉崎嘲風は樗牛の親友で、この人は宗教学者になりまして、東京帝国大学に宗教学の講座を確立し、たしか関東大震災の頃は帝大の図書館長を務めたりもする人ですが、本名は姉崎正治だったと思います。その嘲風が全集の解題を付けていますが、プリント五九頁〔巻末八四頁〕の冒頭に示したように、樗牛の短い生涯は四つの時期に分けられるとしているのです。

(一)憧憬の時代
(二)自信の時代
(三)煩悶の時代
(四)渇仰の時代

それが姉崎の別の言い方では、

(一)倫理問題研究時代
(二)日本主義鼓吹時代
(三)美的生活論時代
(四)日蓮論時代

ということになっています。特に(二)(三)(四)の変化というのは、最初は「日本主義」「国家主義」を高く掲げて登場したものの、「美的生活論時代」、ここでさっきの「自我の煩悶」のようなものが出てきて国家主義を全面的に否定していき、個人主義的な主張をし始める、ということなのですが、さらにその後もう一回、死ぬ直前の頃は盛んに日蓮を論じて、国家を超えた宗教的な理想のようなことを打ち出して生涯を終えているのです。そういう、いわば絶えざる「転向」をしながら、「新しい自我」のようなものを示していったという点で典型的な、しかし「第一級の」思想家とは言えない人物だと思います。(皮肉なことに、彼は時代を先駆けて「代表」する存在ではあっても、時代を「超越」することはできなかったのですね。)

プリントの冒頭で「樗牛問題」と書きましたのは、エルンスト・カッシーラーという哲学者の『ジャン・ジャック・ルソー問題』という名著になぞらえているわけですが、「ルソー問題」ほどのすごい規模ではないけれども、そういう「問題的」存在として樗牛も面白いんではないか、ということです。そういう意味で、この講座で今まで福澤を論じたり、中江兆民を論じたりしたのは、その人たちの思想自体が我々にとって汲み取るべきものを多々含んでいるからですが、樗牛の場合はむしろ、そういうことではなくて、「問題」として面白いわけです。

六　「制度通過型インテリゲンチャ」最初の世代と〝センチメンタルな自我〟

樗牛のそれぞれの「時代」の思想をざっと紹介してみます。最初は「思想形成期」。「論壇登場以前」とカッコ内で示しました。

彼は明治十七〔一八八四〕年に福島中学校を出た後、明治二十一〔一八八八〕年に第二高等中学校、仙台二高に二回生あたりで入っているはずです。そして、帝国大学文科大学(当時は学部がなく単科大学ですから、法科大学、文科大学、医科大学、工科大学などがありました)、つまり現在で言う文学部の哲学科に進んでいます。

ちょうど明治十九〔一八八六〕年に「帝国大学令」ができ、それから、高等学校令、中等学校令、師範学校令等々。これは森有礼が文部大臣の時ですが、要するに大日本帝国としてのいわば「学校体系」が整備されたわけです。

制度通過型優等生としての高山樗牛

中学校とか小学校の初等教育は、明治五〔一八七二〕年の「学制」発布のときに始まるわけですが、それが、だんだん中学校、高等学校、それから大学というふうに整備されてゆく。彼はその最初の時期を次々と通過して、いずれも優等生でした。先ほどの山路愛山の『現代日本教会史論』に、「帝国大学の秀才たりし高山林次郎」とありましたが、そういう新しい学校体系を通過して、そのなかのエリートになっていくという、「制度通過型インテリゲンチャ」(藤田省三さんがむかし使っていた言葉を借りました)の最初の世代であるわけです。つまり、逆に言うと、明治維新を達成したのは、よく言われるように「青年」たちでみな二十代であり、「維新の元勲」と言われる西郷はちょっと年上ですが、それでも三十歳そこそこぐらいだったと思うのです。しかし、彼らは学校制度のようなもののなかで育ってきたインテリではないわけですね。明治初年に活躍した人たちはみなそうでした。彼らが先ほどの石川啄木の言う明治国家を作った「父兄」というわけですが、そのなかで生まれてきた世代というのは、このような学校体系制度を通過してインテリになっていく世代です。たぶん、そこらへんで相当大きな変化があるわけですね。

「銀時計組」ないし「恩賜の軍刀組」と「煩悶青年」世代

よく司馬遼太郎などが言うわけですが、長い目で見ると、日露戦争までの軍人とそれ以後の軍人は違う。たとえば東条英機に代表される、陸軍幼年学校、士官学校、陸大(陸軍大学校)でよい成績を収め、いわゆる「恩賜の軍刀」組と呼ばれるような、そのような連中が指導するようになって軍はだめになったというふうなことを言うわけです。

たとえば『坂の上の雲』という司馬遼太郎の小説は、秋山好古・真之兄弟に焦点を当てて書かれているわけですが、そのうちの秋山真之は、このような制度のなかで、海軍機関学校などで教える側に立ちます。しかし、彼自身は、明治維新以後の激動の時期に、自分で鍛え上げて能力を身につけていった世代でもあるのです。要するに、学校出のインテリが指導者になるようになってから日本という国家はだめになった、というふうなことがいろいろな場面で言われるのですが、その最初の世代だと言っていい。その世代が、しかし、「煩悶青年」の世代でもあったというところが、この時期を考えるうえで面白いと思うわけです。

論壇デビュー論文「日本主義を賛す」

もっとも彼、樗牛は、いちおう福島の小学生だか中学生だかの時代に、いわゆる自由民権運動などに関心をもった形跡があったりもします。そして、明治三十〔一八九七〕年、『太陽』という雑誌（前に話しましたが、『日清戦争実記』で大儲けした博文館が出した総合雑誌です）の編集長格の「主幹」になりました。樗牛はいったん大学を卒業したあと、自分の出身校である第二高等学校、いわゆる仙台の二高に教授として赴任するのですが、そこで学校騒動が起こりまして、生徒の処分問題かなにかで校長と対立し、嫌気が差して辞めて東京に戻ってきたのです。そして、ジャーナリズムの世界で、総合雑誌『太陽』の主幹となって再スタートするわけですが、そのときの最初の、いわばデビュー論文が、プリント六〇頁〔巻末八五頁〕の冒頭に引いておきました「日本主義を賛す」というものです。

「日本主義」を掲げて、しかも国家主義、「国家至上主義」であると言いながらのデビューです。これは明治二十年代の陸羯南などの「国民主義」とかナショナリズムというのとは明らかに様相が違う、露骨な国家主義で、しかも、プリント六一頁〔巻末八六頁〕に「(八) 帝国主義・反社会主義・反デモクラシー」と書きましたけれども、そういう性格の強い「国家至上主義」を掲げて登場してきたわけです。

「准帝郎の悲哀」

ただ彼の場合の一つの特徴は、非常に早い時期から、まだ仙台の二高の生徒だった頃から、たとえば、ゲーテの「准亭郎《ウェルテル》の悲哀」、いまの訳で言えば「若きウェルテルの悩み」ですね、その翻訳を『山形日報』で連載したりして、非常に「センチメンタルな自我」のようなものを早くから示しているわけです。

「滝口入道」

そして、帝国大学に入って二年目ぐらいでしたか、『読売新聞』が「懸賞歴史小説」を募集したのに応募し、その「二等賞」(一等賞なし)に選ばれたのが「滝口入道」という小説。これは、『平家物語』に題材をとった、平家の若武者、斎藤時頼という人物が恋をして、失恋した挙句に坊主になるという物語を綿々と描いた悲恋小説です。

「わがそでの記」

そういうセンチメンタリズムを最もよく表しているのが「わがそでの記」という随筆〔明治三十年『反省雑誌』(『中央公論』の前身)に掲載〕で、これは当時よく読まれて、青年層に愛唱されました。

一夜、われあやしき思ひにうたれて、小夜更くるまで泣きくらしき。……如何なる星の下に生れけむ、われや世にも心よわき者なるかな。暗《やみ》にこがるゝ我が胸は、風にも雨にも心して、果敢《はか》なき思ひをこらすなり。

花や採るべく、月や望むべし。わが思ひには形なきを奈何にすべき。恋か、あらず。望みか、あらず。あはれ、〝はいね〔ハイネ〕〟はわが為にそを語りき。……

「戯曲に於ける悲哀の快感を論ず」

また樗牛は学生時代から『太陽』の編集部に出入りして、その頃から文芸評論のようなものを書いているのですが、その一つに「戯曲に於ける悲哀の快感を論ず」があります。これは近松の戯曲を論じたものですが、そういう「悲哀の快感を論ず」なんていうのは、明治二十年代までの世代には書けないようなものだったわけです。

「道徳の理想を論ず」

ただ彼は、大学時代は、いわば文芸評論家として活動しながらも、同時に、ちゃんと哲学科で卒業論文を書いて卒業しています。その卒業論文が「道徳の理想を論ず」というもので、そこでは、トマス・ヒル・グリーンという、イギリスのジョン・スチュアート・ミルなどのあとを受けて自由主義的な哲学を展開した人の「自己実現」(self-actualization)の概念を「自己の現化」と訳したりしながら、「道徳の理想」が論じられています。のちの昭和期に河合栄治郎が、ファシズム批判やらなにやらで裁判にかけられ、帝国大学の経済学部の教授を辞めざるをえなくなるという「河合栄治郎事件」というのがありますが、その河合などは、自由主義の哲学体系を作ろうとして、もっぱらグリーンを使って議論しています(『トーマス・ヒル・グリーンの思想体系』一九三〇年)。哲学科学生時代の樗牛はそういうものを使いながら、「理想主義」的な自由主義、「倫理学研究」をしていたのですが、それがさっき言いましたように、仙台の二高の教授を辞めて東京に戻ってきて、雑誌『太陽』の編集主幹になるとともに、「日本主義」というものを掲げ出すわけです。その大学時代の「アカデミックな倫理学研究」の内容は、簡単ですがプリント五九頁〔巻末八四頁〕の（八）と（二）に書いておきましたので、読んでおいてください。

七 「日本主義を賛す」と内村鑑三的キリスト教の排撃

まず最初に「宗教排撃」、とりわけ「キリスト教排撃」ですが、これはたぶん内村鑑三に対する反発です。内村鑑三は、この講座では端折ったのですが、日清戦争のときに「日清戦争の義」という文章を、もともとは『国民之友』に英文で書きました（明治二十七年八月）。蘇峰が出していた雑誌『国民之友』には英文欄があって、そこに英語で"Justification of the Corean War"という、つまり、日清戦争は朝鮮を舞台にして戦われた戦争なのですが、それを正当化（Justification）するという文章を書いた。その日本語訳が「日清戦争の義」です。

◇◇◇◇◇◇◇◇◇◇◇◇

内村鑑三「時勢の観察」――「義戦」ではなく「欲戦」だった日清戦争

◇◇◇◇◇◇◇◇◇◇◇◇

日清戦争というのは、清国の不当な支配の下で苦しんでいる朝鮮国民を助けて自立させるために、日本が清国と戦争するのであるから、いわば正義の戦争である、と、内村は主としてアメリカの友人たちなどに対する弁明として、日清戦争擁護論を書いたわけです。

それが翌年、ちょうど一年後に書いた「時勢の観察」（明治二十九年八月。プリント六〇頁〔巻末八五頁〕）では、そういう自分は間違っていたと痛烈に論ずるにいたるわけです。つまり、あれは正義のための戦争だと思って、自分は擁護の言論を展開したけれども、じつは「義戦」ではなくて「欲戦」であった、欲の戦いでしかなかったと言います。日清戦争の後、日本が何をやっているかと言えば、露骨に領土獲得とか賠償金獲得に走り、朝鮮の独立のためにやっていたかと思ったらそうではなく、むしろ清国に代わって朝鮮に進出しようとしているではないか、というわけです。そこに引用しておいた文章、出だしがおかしいのです。

樗牛「国民道徳の危機」

「今や日本国民は博文侯より下は博文館主人に至る迄皆な悉く八方美人とは化しぬ」で始まっているのです。伊藤博文から雑誌『太陽』の「博文館」主人（大橋佐平は引退して息子の代です）までみな「八方美人」の「偽善者」になっている。途中についている小見出しのようなものを並べると、「公徳と私徳の分離」とか「実益主義の国民」とか、それから「自賛的国民」とか、そういうことを論じています。そして、「国家の利益と称して私利を営む実業家は、実業家に非ずして虚業家なり。隣邦の独立を扶植すると称して干戈を動かし」、つまり戦争を起こし、「功成りし後は自国の強大のみを計て終に孱（せん）弱国〔隣邦、朝鮮のことです〕をして立つ能はざるに至らしめし国民は、偽善者なり」と言うのです。

そういうふうに痛烈に日清戦争後の日本の状況というものを批判した内村を叩くということを、樗牛は「日本主義」賛美の最初のところでやりました。

> 吾人は我皇室及び国家の名に対すれば、常に言ふべからざる一種粛敬の情を禁ずる能はず。……然るに近時我社会に忠君を嘲り、愛国を罵り、他の是を説くものを目して矯飾となし偽善となすものあり。

そういうものに対しては「国民的良心の制裁を喚起すべき」であると言って、「国民道徳の危機」を論じたわけです。（「国民道徳の危機」明治三十一年一月）

井上哲次郎「教育ト宗教ノ衝突」

その背景にあるのは、プリント六〇頁〔巻末八五頁〕の（ロ）のところに書きましたように、内村鑑三の「不敬事件」と、井上哲次郎という人物です。内村が「教育勅語」に敬礼をちゃんとしなかったということで一高講師を辞めざるをえなくなった不敬事件に対して、井上は、「教育勅語」の示す精神と「宗教」（キリスト教）とは相容れない、衝突するものである（『教育ト宗教ノ衝突』明治二十六）と言って、キリスト教排撃運動（「国民道徳運動」）を展開しました。井上は、昭和の初めまで帝国大学哲学科主任教授として君臨して、通称「井の哲」なんて言われたのですが、この人物こそが、じつは樗牛の哲学科での指導教官であったわけですね。その井上哲治郎がこの時期展開していた、いわゆる「国民道徳運動」を論壇の上で支援する動きとして、樗牛は「日本主義」を展開したと言っていい。それは、そこにも書きました「大日本協会」というものとの連係プレーでもあったのです。

八　露骨な「帝国主義」、反・民主主義、反・社会主義から「美的生活を論ず」へ

しかし、その中身は、非常に露骨な国家主義であり、帝国主義的主張であり、プリント六一頁〔巻末八六頁〕に並べておきましたように、「我国体と新版図」、「人種競争として見たる極東問題」、「植民的国民としての日本人」、「帝国主義と植民」などという、タイトルだけ見ても露骨な主張をしています。中身は読んでおいてください。

それから、このころ目立ち始めた「社会問題」、やがてそのなかから明治「社会主義」が出てくるのですが、樗牛は明治三十〔一八九七〕年九月という早い段階で「社会問題につきて」という文章を書いています。要する

に、社会問題というのは能力において劣って怠け者である人間が貧乏になるのであって、「社会の罪」なんて言い方をする人間がいるけれども、そうではなくて、「罪は貧民にあり」と言うのです。

それから、さらに民主主義に対しても、「民主思想は……須臾も我国体と相容れざる也……我邦にありては、文明の進歩は民権の発達にあらずして、寧ろ臣民の義務を明確に理会するにあり」と、そういう調子です。

「文明批評家」としての文学者——ニーチェ

このように日本主義、国家主義を論じていた樗牛は、明治三十四〔一九〇一〕年になるとがらりと論調を変えます。その変化の最初が明治三十四年一月に書いた「文明批評家としての文学者」という文章で、ここで先ほど山路愛山のところにも出てきたニーチェを担ぎ出すわけです。ちょうどニーチェが、この前年の一九〇〇年八月に死ぬわけですが、ニーチェはその前十年あまり精神錯乱状態になっていて、実際にはもう活動していませんでした。しかし、それが死んだのを契機にして、しかも、それが世紀の変わり目、二十世紀への転換期だったこともあって、ドイツを中心におそらくいろいろなニーチェ論が展開された。それを読んで、偉大なるニーチェといった感じで担ぎ出してきたわけです。

そこで樗牛がどういうことを言っているかというと、プリント六二頁〔巻末八七頁〕に引きましたが、「ニーチェは殆どあらゆる方面に於て十九世紀の文明に反抗せり」と、そしてそれは要するに個人主義だ、という言い方をしているわけです。「歴史無く、真理無く、社会無く、国家無く、唯個人各自の『我』あるを認むるもの」、それがニーチェであると言う。

「彼れは個人の為に歴史と戦へり、真理と戦へり、境遇、遺伝、伝説、習慣、統計の中に一切の生命を網羅し去らむとする今の所謂科学的思想と戦へり」と言って、ニーチェは理性ではなくて「本能と動機と感情と意志」を高く評価したんだ、と言うわけです。

「真」や「善」の追求を「偽善」として「暴露」する「美的生活」論

それを受けるかたちで出てくるのが「美的生活を論ず」という同じ年の八月の文章で、こういうものは今では読もうと思っても普通の文学全集のようなものにはなかなか入ってないものですから、プリント六三～六四頁〔巻末八八～八九頁〕に長く引用しておきました。要するに、「人性本然の要求」というもの、あるいは「本能」というもの、それが究極目的であるべきであって、それを「美的生活と云ふ」。たとえば、「真理」というものを追求するという立場があるんだけれども、「是れ一種の偽善に過ぎざるのみ。哲学書一巻を読破して未了の知識に逢着する時、快は即ち快ならむも、終日労し来りて新浴方《まさ》に了《おわ》り、徐《おもむろ》に一盞《せん》の美酒を捧げて清風江月に対する時と孰（いず）れぞ」。哲学書を読むよりも、一日働いて一風呂浴びて、そしておいしい酒を飲みながら、涼しい風に吹かれて月を眺める、そちらの方が遙かに快楽として大きいではないかというわけです。それから、「貧を卹れみ孤を助くる」、そういう慈善というか道徳的な「善」というものを追求するということをしているとき、「快は即ち快ならむも、佳人と携えて芬蘭の室に凴《よ》り、陶然として名手の楽に聴く時と孰れぞ」。美人と一緒に花の香る部屋で陶然として素晴らしい音楽をきいているほうが、道徳的な善行よりも良い。当り前といえば当り前ですが、つまり、いわゆる「真・善・美」という価値のなかで、真理とか、道徳的善とかよりも、「美的生活」（美意識）というものが最高の快楽であるということを言うわけです。

だから、さっき初めに述べたこととの関連で言うと、それまでの立国期の明治日本を支えてきた意識、つまり「国家」意識と、それから、道徳とか真理とかを追求していく努力というものは全て偽善である、嘘だ、虚偽だと暴露して、そして、自然の本能に忠実に生きよ、と当時の青年層にアピールした。

樗牛の死後、いわゆる「自然主義」文学が起こってきて、これはしばしば「現実暴露の悲哀」などと言われました。欲望のままに自然のままを追求して、そしてあらゆる価値を偽善だと暴露していく、そういう「現実暴露」をしても、あとに残るのは「悲哀」だけだということが、自然主義論争のなかで言われるのです。そういうものを先取りするようなことを、樗牛はしてみせたというわけです。そのことの意味は、もっといろいろ議論しなければいけないのですが。

九　「日蓮上人と日本国」から「現世的国家主義の打破」へ

ところがもう一つ、さらにその翌年になりますと、彼の主張は新展開を示すわけです。彼はその頃肺結核で血を吐いて、ドイツを中心に留学して戻ってきたら帝国大学の美学の教授として迎えられるという約束があったのに、結局留学もできなくて、それから一年ほどで死んでしまいます。そのことと彼の「美的生活」論の展開というのは関連していると通常言われるのですが、しかしそういうなかで、その美的生活論にも飽き足らなくなったと言うべきか、樗牛は最後に日蓮主義を出してくるのです。

日蓮の説く法華経の真理に従わない「日本国」を滅ぼすために仏陀が派遣した「蒙古軍」

プリント六五頁〔巻末九〇頁〕に「日蓮上人と日本国」（明治三十五年六月）という文章を引いておきました。日蓮がなぜ偉大な存在であるかというと、国家（当時の鎌倉幕府。北条政権）を超えた真理として法華経の真理を信じて、そして、その国家を超えた真理を現実化させる（この地上にもたらす）ために、いったんその国家というもの、法華経の真理に従わない国家というものは滅びるべきであると言うのですね。そして、蒙古のフビライのいわゆる「元寇」、蒙古襲来というのは、仏がそういう日本を懲らしめるために派遣した軍隊であると言いました。そういうふうにして現実の国家がいったん滅びた亡国の先に、むしろ真理の光に照らされた法華経の実現する国家ができるはずである、とした日蓮を樗牛は称えるわけです。

「当代文明の革新は……現世的国家主義の桎梏を打破するにあり」

ちょうどその頃、プリント六六頁〔巻末九一頁〕に引いておきました「感慨一束」という文章のなかで、彼は自分の最初の時期の「国家至上主義」を明白に否定する文章を書いています。「個人は個人の存在を疑へ」とか、「社会も亦其の存立の根拠を疑へ」とか言ったあとに、「殊に国家は其の憲法と法律と広大なる版図と強盛なる軍備とを擁して何の為に存在するか、又存在せざるべからざるかを疑へ。……当代文明の革新は社会の上下にゆき亙れる現世的国家主義の桎梏を打破するにあり」と言うに至るのです。その延長上に、「国家」を超えた「真理」としての宗教的真理というもの、あるいは「超国家的大理想」というものがあるんだと言って、日蓮にいくわけです。

内面的な「価値」を主体的に選び採るところに生まれる「個人の尊厳」からの再出発

最後の、死の直前に書かれたのが明治三十五〔一九〇二〕年十月の「無題録」という短い文章なのですけれども〔巻末九一頁〕、そこで、先ほど言った『樗牛全集』の表紙に刷り込まれた「吾人は須く現代を超越せざるべからず」という言葉が出てきます。結局、「即ち知る、人生畢竟価値に外ならざるを」と言い、「主観的」で、「個人」という「能持の主体」が認めた「価値」のみが価値であるというようなことを言います。最後に示しましたように、内面的な価値を主体的に選び採るところに「個人の尊厳」というものがあるんだ、そこから出発し直せと言って死んでいったところに、日露戦後世代に先駆する象徴的存在としての樗牛が最もよく表れていると言えます。

その後「大正教養主義」と言われるような特徴をもった世代が現れるのですが、その世代の共通した出発点として、「人生問題」とか「哲学」とかに惹かれるところがあって、西田幾多郎の『善の研究』などにも夢中になっていきます。そしてそれは、倉田百三の『出家とその弟子』などといった、親鸞の『歎異抄』のような世界を再発見していくということでもあるのです。

先ほどから触れている「明治社会主義」がこの明治三十年代から出てくるので、次回は幸徳秋水と片山潜という二人の人の考え方を中心に紹介しながら、その意味を考えてみたいと思います。

第十回　明治社会主義の思想

［左］幸徳秋水、撮影年不明、『幸徳秋水選集』世界評論社、1948年より。
［右］片山潜、1884年ごろ、『欧米遊蹤』アトリエ社、1933年より。

〔注〕かわさき市民アカデミーでは、第九回講義まで著者が北京日本学研究センターでの講義のために作成したプリントをもとに講義が行われていたが、第十回の途中以降の配布資料はない。

一　「明治社会主義」にあった二つの型

「大逆事件」

今回は「明治社会主義の思想」について話します。明治三十年代になると日本でも、社会主義が一定の勢力をもつというまでには至らないのですが、そういう運動に飛び込んでいく人たちが出てきました。そのなかでは何と言ってもまず、幸徳秋水という人が注目されるわけです。明治四十三〔一九一〇〕年に、いわゆる「大逆事件」の嫌疑で逮捕されて、翌年、死刑判決を受ける。このとき二十四名に死刑判決が下されて、その内半数の十二名は恩赦によって減刑されましたが、幸徳秋水をふくむ十二名に死刑が執行されたことで注目されました。

これは単純に「危険思想」であるから目立つのではなくて、この日露戦争前後の時代状況から出てきて、真剣にこの時代の問題に立ち向かおうとした、そういう人たちの動きとして、その後のさまざまな社会主義運動との関連からしても、無視できないいろいろなものがすでにここに現われていたと思われるのです。

知識人タイプの社会主義と労働者タイプの社会主義

今回は、幸徳秋水ともう一人、片山潜という人を中心に話そうと思います。片山潜は、文字通り下から叩き上げた、アメリカで十数年、長く苦学して、働きながら勉強して、向こうで「キリスト教社会主義」というものに触れて、社会主義者として戻ってきた人です。

幸徳秋水の方が新聞記者などをやったりする、知識人タイプの社会主義者であるとすると、片山潜の方は労働者タイプの社会主義者であり、そういうものの先駆者でした。

ただし、彼は大逆事件の後、いわゆる「冬の時代」のなかで、日本では生きていけなくなって、亡命するようにアメリカに渡り、それからさらにメキシコなどに行ったりしたあと、ロシア革命が成功したあとのソ連に入り、最後はモスクワで死んで、「赤の広場」にレーニンなどと並んで葬られた、という人です。ですから、晩年は社会主義者としては功成り名遂げたような部分もあるのですが、しかしそれは、自分の働くべき場所である日本という土地を離れてのことで、かならずしも片山の本意ではなかった、たぶんそういう生涯ではなかったかと思います。

この二人は、思想内容も非常に対照的なところがありますので、二人を中心に特徴的な部分を見ていこうと思います。

二　幸徳秋水と「志士仁人の社会主義」

兆民の書生

まず幸徳秋水、この人は土佐の中村の出身です。あまり正規の学校には行けないまま、明治二十〔一八八七〕年に上京して勉強したいということで家出し、しかし、ちょうどその年に、前に中江兆民のところで触れた「保安条例」が出て、東京三里外に追放されてしまいます。そこで大阪に行ったところ、土佐の先輩の紹介がありまして、中江兆民の書生、いわゆる学僕になるのです。つまり、玄関番したり、掃除をしたり、薪割りしたりしながら、住み込みで勉強する。そして「国民英学会」という英語を勉強する専門学校のようなところに行ったりしたあと、『自由新聞』社、それから『中央新聞』社といったところを経て、明治三十一〔一八九八〕年に『万朝報』社、いわゆる「万朝《まんちょう》」社に入ります。

「万朝報」社員

これは黒岩涙香《くろいわるいこう》という人がやっていた新聞で、たぶん万朝報のチョウホウは、「よろず」(全て)に「重宝」だという語呂合わせで付けた名前ではないかと思います。当初はこの新聞、「赤新聞」というか、センセイショナリズムのようなもので部数を伸ばしたのですが、明治三十年代に入る頃から、真面目な硬派の新聞に変わっていきます。そういうなかでこの『万朝報』は幸徳秋水と、それから幸徳と並ぶ明治期の文人タイプの社会主義者として名声があった堺利彦、号が枯川《こせん》、あとは内村鑑三、この人は社会主義者ではなくて「無教会主義」を唱えたキリスト教徒ですが、そういう人たちを迎えて大いに発展していったのです。

「非戦論」

とくに、この幸徳、堺、内村たちが揃って「非戦論」というものを展開したのです。当時、日清戦争のあとロシアがシベリア鉄道を敷設してウラジオストクの方まで進出し、朝鮮にも影響力を及ぼすようになってきている。そういうなかで、日露開戦が間近である、というころから、当時の日本の社会というのはショーヴィニスティック（排外主義的）というか、好戦的な気運があり、いわゆる「臥薪嘗胆」、「三国干渉」で受けた屈辱を晴らすために、薪の上に寝て苦い肝を舐めて、舐めながら恨みを晴らすという、そのために頑張るんだ、そういう雰囲気が漲っていた時期です。そのときに、この『万朝報』は果敢に「非戦論」というのを掲げるわけです。

内村鑑三

戦争というものは絶対にしてはいけない、内村鑑三は、キリスト教徒としての信念からの「非戦論」です。この前ちょっと紹介しましたが、内村鑑三は日清戦争のときには“Justification of Korean War”「日清戦争の義」というものを発表し、日清戦争は「正しい」戦争であると英文で書いて、アメリカの友人などに送るということまでしていました。それが、これも樗牛のときに説明しましたように、戦争が終わってみると、日清戦争というのは決して「義戦」、正義の戦いなどではなくて、「欲戦」、要するに欲望を追求し、それを達成しただけの戦争であったんだと言うに至ります。つまり、朝鮮の独立を助けるためとか言いながら、実は、日本の影響下に朝鮮を置いて、そこで利益を上げようとしているにすぎない、と言ったわけです（「時勢の観察」明治三十一年）。そういう批判をしていたわけですから、日露戦争への動きに対しては、その自己批判、反省から、断固「非戦論」、今回は絶対戦争反対であるというわけです。聖書の教え、「殺すなかれ」という原理からいって、国のためとかいう名目があったにしても、人殺しは人殺しである。戦争というものは殺人を基本にして成り立っているんだから反対である、と「非戦論」を言ったのです。

インターナショナリズムからの非戦論

それと同調するようなかたちで、幸徳、堺たちは、社会主義者としての立場からの「非戦論」を主張します。いわゆるインターナショナリズムですね、明治三十六〔一九〇三〕年ぐらいだったか、堺利彦と幸徳秋水と連名でマルクスの『共産党宣言』を翻訳したりして、急速にマルクス主義を学習していくなかで、「万国のプロレタリアート」が団結して戦争に反対していくのが正しい立場であるという信念をもち、彼らも「非戦論」を展開するわけです。

「社会民主党」――安部磯雄と木下尚江

明治三十四〔一九〇一〕年、ちょうど中江兆民が喉頭癌がさらに進行して死んだ年に、幸徳秋水は、安部磯雄、木下尚江、片山潜らと六人で、「社会民主党」という、日本で初めての社会主義政党を結成するのですが、即日結社禁止の処分を受けるということが起こっています。

この安部磯雄という人も「キリスト教社会主義」の立場の人で、この人の名前はむしろ、早稲田の教授をしながら野球、baseballを日本に持ち込んだことで残っています。野球が最初に大きな国民的イベントのようにして騒がれたのは、明治末期の「早慶戦」のころですが、その早稲田の野球部を創設・指導した人物です。いわゆる「安部球場」というのが早稲田にあったのですが、数年前、その安部球場を壊して代わりにホテルかなにかを建てたりしたことが、ちょっと話題になりました。この安部磯雄も、アメリカで勉強していたときにキリスト教社会主義に触れて帰ってきた人です。

それから、木下尚江。この人も非常にユニークな人ですが、信州の松本の出身で、新聞記者として活躍しました。特に有名なのは足尾鉱毒事件で、毎日新聞でキャンペーンを張り、この事件のために一生戦った田中正造の晩年の面倒をみたり、その田中正造の伝記（『田中正造翁』）を書いたりして目立つ人です。いわゆる「日本の公害反対運動の原点」である足尾鉱毒問題、谷中村の鉱毒事件で活躍した人物で、この人も「キリスト教社会主義」の立場だと言っていいかと思います。

「クロムウェルの木下」

木下は、松本中学時代に英語の勉強をしているなかで、クロムウェルの伝記を読んで感銘を受けて、そのころ「クロムウェルの木下」というあだ名が付いていたというのです。クロムウェルという人が、「ピューリタン革命」で国王チャールズ一世を裁判にかけて、人民に対して犯罪を犯したとして処刑したことに、非常に感銘を受けたというのです。

木下が小学校のときでしたか、明治十年代に明治天皇があちこちを行幸、巡行して歩いていた時期がありまして、それが松本にやって来た。彼の小学校に天皇がやってくる、その天皇にお見せする絵を描けと言われて、勇んで描き始めたら、ひょっと後ろからプロの画家が手を添えて、子供の絵とは似ても似つかぬような立派な絵にしてしまった。このころから、いわば天皇制というものに対する違和感というか、疑念のようなものが噴き出してきて、「クロムウェルの木下」になったわけです。彼は中学校を終えたあと上京して、東京専門学校（後の早稲田大学）に入ります。とにかく、クロムウェルがチャールズを処刑したような、法律というものを学びたいということで法律科に入ったのでしょう。しかし、大いに期待に胸を膨らませて憲法の授業に出てみたら、そのときの憲法の教師が誰だったかはわからないのですが、冒頭から「天皇は神聖にして侵すべからず」と言われるわけで、期待していたような法律を学ぶことはできなかった、という経緯がある人です。

幸徳秋水「日本の民主々義」

幸徳秋水の思想の特質はあとで述べますが、木下などとはぜんぜん違うタイプなのですね。中江兆民の書生をしながら勉強して、自由民権というものに夢中になる、そこからスタートしたものの、彼の場合は、その自由民権運動がいちばん盛んだった頃はまだ小学生ぐらいだったものですから、運動に加わるにはなんと言いますか、生まれ遅れているわけです。そして、その民権の理念を追求していくなかで社会主義に繋がっていった。ただ、たとえば彼は『万朝報』一九〇一年五月に「日本の民主々義」〔巻末九四頁〕という論説を書いているのですが、これは、日本は古代以来ずっと「民主主義」の国であったという主張なのです。

幸徳はここで、「古のふみ見るたびに思ふ哉己が治むる国は如何にと」とか、「綾錦とり重ねても思ふかな寒さ掩はむ袖もなき身を」とか、そういう、天皇というものはたえず民のことを思ってやってきたのだ、という明治天皇の「御製」を引き、さらに、仁徳天皇が丘の上から見下ろしたら、人家から煙が立ってなかったので一生懸命政治に力を入れて、暫くしてまた丘の上に上ったら、家々から煙がでていた、それを見て「民の竈は賑わいにけり」というふうに言ったという逸話というか伝説のようなものを引いて、まさに「仁徳」をもった天皇がいた、と言うのです。日本はそういう歴史をもっており、明治維新において「五箇条の御誓文」というものを天地神明に天皇は誓っている、そういう「民主主義」を伝統の中にもっているのが我が国体であるという、そんな議論をしているわけです。

木下尚江「革命の無縁国」

ところがそれに対して木下の方は、「革命の無縁国」などという文章を書いているのです。つまり、日本というのは、結局、一度も革命が起こったことがない国であるという。それこそ「民主主義」を一度も経験したことがない、という正反対の言い方をしているのです〔『新紀元』第十一号、明治三十九年九月〕。

また、ちょっと面白いエピソードとして、木下尚江が晩年に書いた自伝的な文章のなかで、「或日、幸徳はワザワザ尋ねて来て、君の君主制批判は困る」と言ったというのがあります。「君、社会主義の主張は、経済組織の改革ぢゃないか。国体にも政体にも関係は無い。君のやうな男があるために『社会主義』が世間から誤解される。非常に迷惑だ」と、君主制批判の論調を控えるよう言いに来たと書いています〔「神の解放」『朝日新聞』昭和八年二月、『神・人間・自由』昭和九年、所収〕。

「議会政策派」と「直接行動派」

そういう木下尚江たちと幸徳秋水たちは、日露戦争が起こる直前に、いったんは「平民社」という社を作って、『平民新聞』を出して一緒にやっていたのですが、しだいに唯物論派とキリスト教社会主義派との対立が生じ、さらに明治社会主義のことを論じた本には必ず出てきますが、「議会政策派」と、それから「直接行動派」も対立して、分裂していくわけです。

「議会政策派」は片山潜、それから田添鉄二という人が論客で、この田添もきわめて面白い人でしたが、三十になるかならないかで、貧乏暮らしのなかで肺病で若死にしてしまいました。長崎の鎮西学院というミッション系の学校で学び、その意味では、最初は彼もキリスト教社会主義から入ってきたのですが、アメリカのシカゴ大学で勉強して経済学などの理解を深め、『経済進化論』（一九〇四年）などの著作をいくつか残しました。非常に水準の高い社会主義理論まで辿りついた人ですが、この「議会政策派」と「直接行動派」と対立・論争している最中に死んでしまうのです。

この対立が何かと言いますと、まず、「議会政策」と「直接行動」という言葉が最初に出てくるのは、幸徳秋水が一九〇七年二月に書いた「余が思想の変化」（『日刊平民新聞』第一六号、一九〇七年二月五日）〔巻末九七頁〕です。

幸徳秋水「余が思想の変化」

「余は正直に告白する。余が社会主義運動の手段方針に関する意見は、一昨年の入獄当時より少しく変じ、更に昨年の旅行に於て大に変じ、今や数年以前を顧みれば、我ながら殆ど別人の感がある」という一文から始まり、「彼の普通選挙や議会政策では真個の社会的革命を成遂げることは到底できぬ。社会主義の目的を達するには、一に団結せる労働者の直接行動（ヂレクト・アクション）に依るの外はない」と言うのです。

秋水の渡米

日露戦争中に彼が書いたものは徹底的に警察にマークされています。「非戦論」を唱えていた平民社グループの社会主義者というのはマークされるわけです。たとえば幸徳秋水や堺枯川の場合だと、家の真ん前に臨時の交番を作るわけですね。そして朝から晩まで見張りがついていて、訪ねてきた人間が誰かをチェックし、出かけるときには必ず二人尾行がついてどこへ行くかをチェックする、という状態だったわけです。そういうなかで、秋水が『平民新聞』に書いた文章の片言隻句を捉えられて、禁固五か月の刑を受け巣鴨監獄に入獄するという、いわゆる「筆禍」事件がありました。その刑を終えて出てきたところでたしか結核にかかり、その療養を兼ねて一九〇五年十一月、アメリカに渡るわけです。

サンフランシスコの「社会革命党」との接触

秋水はサンフランシスコを中心に、半年余り過ごしてくるのですが、そこでアメリカのアナーキストたちに出会います。アルバート・ジョンソンというアメリカ人のアナーキストとは、日本にいる間から文通もしていたらしいのですが、それに加えて日露戦争の最中からあとにかけて、ロシアでは、いわゆる第一次ロシア革命が起こっていました。レーニンなどもこれに参加していたのですが、しかし、この段階では、革命の中心だったのは、むしろ「社会革命党」という、SRと書いてエスエルと読むグループで、じつはこのSRはアナーキストたちのグループでした。その社会革命党員が革命に失敗して、戦争が終わったあとアメリカに亡命してきており、それがたまたまサンフランシスコにいた。そのうちのフリッチ夫人という女性の家に秋水は下宿したりして、そのなかで秋水は急速に無政府主義、アナーキズムの方に傾斜していったわけです。

サンフランシスコ大地震と足尾銅山暴動――「直接行動論」へ

ちょうどそのころ、一九〇六年四月、サンフランシスコを中心に大地震が発生し、そこで秋水は感銘を受ける。つまり、地震ですべてが瓦礫のように潰れ、警察などが機能しない無政府状態のはずなのに、人々は「相互扶助」で助け合いながら、いわば自治的な、自発的な、ボランタリーな秩序というものを作り上げていたわけです。

それを目の当たりにした秋水は、これこそが無政府共産の理想の片鱗なんだと確信を強めて日本に帰ってきて、しかも帰ると、そこに足尾鉱山の暴動が起こる。これは結局軍隊が投入されて、やっと鎮圧されるわけですが、それがかなり大きな力を発揮するなかで、もはや社会主義というのは、「議会政策」中心ではだめで「直接行動」（ダイレクト・アクション）でなければいけない、というところまでいくわけです。「ダイレクト・アクション」というのは、実際には、ゼネストでもって生産拠点を止めてしまえば革命は達成できるんだという発想です。これはのちの大正時代に、大杉栄などによって「アナルコ・サンディカリズム」という、フランスのサンディカリストたちのアナーキズムのかたちでさらに展開されていきます。

それまでの「議会政策」主義

それでは逆に、それまでの「議会政策」主義というのがどんなものだったかというと、『平民新聞』に「読者と記者」という欄があるのですが、そこに投書がきて、それに答えるなかでこんなことを言ってるわけです。これはたぶん、幸徳が書いたのだと思います。「実行々といふ御注文が処々から参りますが、さう容易に実行の出来るものなら何も騒ぐ事は無いのであります。おれは社会主義を実行するなどゝ云ふのは無意味の言葉であります。社会主義を実行するには政権を握らねばなりませぬ。政権を握るには議会の多数を占めねばなりませぬ。議会の多数を占めるには多数人民の輿論を作らねばなりませぬ。そこで思想の伝播と云ふ事が第一の要件となるのであります」というのです。

「社会主義伝道」——ドイツ「社会民主党」モデル

日露戦争が始まる前の時期ですが、この平民社の人たちは「社会主義伝道」、つまりキリスト教の「ミッション」、「伝道」という言葉を使って、社会主義の教えを伝道して歩くということをしています。

さらに、それと同時に「普通選挙」運動も展開します。選挙権を皆がもつようになれば、つまり労働者、農民らが選挙権をもつようになれば、議会のなかで多数を占めるのは容易であり、そうすると政権が獲得できる、という発想をしていたわけです。

じつは、この時のモデルは当時の「ドイツ社会民主党」、いわゆるＳＰＤ（エス・ペー・デー）で、第一次大戦前まではどんどん勢力を伸ばしていたのです。いちおうマルクス主義が指導理論で、特にカウツキーなどの影響、理論的な指導力が大きかった時期です。そのSPDがドイツの議会で多数を占めて、社会主義を実現しようと議席数をどんどん伸ばしていた、それをモデルにして考えていたのが「議会政策」論です。

「非国民」と「露探」
——ロシア「社会革命党」モデルへ

ところが、日露戦争の最中、社会主義者であることよりも非戦論を唱えたことで、完全に、いわば体制のアウトサイダーとしてはじき出されてしまう。たんに権力から弾圧されるだけではなくて、いわば国民から村八分にされたのです。つまり、戦争に反対するのは「露探」だ、ロシアからのスパイだということで、日露戦争のときの社会主義者と、それからキリスト教徒の一部が「非国民」扱いされる。そういうなかで、議会で多数を占めて政権をとるなどということはできそうもない、ということで、SPDモデルからロシア社会革命党のSRモデルに切り替えながら、「直接行動論」、つまりアナーキズムの方に傾斜していったという事情があるわけです。

『社会主義神髄』の結びの言葉
「志士仁人は立て」

そういう幸徳秋水たちの社会主義思想は、もうすこし中身の方でどういう特徴をもっているかといいますと、非常に目立つ点の一つは、いわば「志士仁人の社会主義」とでも言うべき性格が強いということです。幸徳秋水は明治三十六〔一九〇三〕年に『社会主義神髄』という本を出します。これは社会主義の神髄、エッセンスを示そうというので、貧困の原因、産業制度の進化、それから、そういうなかで社会主義の主張とはどういうものであるかを諄々と説いた、社会主義を啓蒙するための本なのですが、その結びの一句は、「立て、世界人類の平和を愛し、幸福を重んじ、進歩を希ふの志士仁人は立て。起つて社会主義の弘通《ぐつう》と実行とに力《つと》めよ。予不敏と雖も、乞ふ後《しり》へに従はん」というもので、漢文調の格調の高い文章なのです。

マルクスの『共産党宣言』は、ご承知の通り、「万国の労働者、団結せよ」と終わっているわけですね。それに当たる場所で「志士仁人は立て」というわけです。「志士」という言葉は、明治維新の志士、維新の志士などと使われますが、民権運動に関わっていた人達もしばしば志士という意識をもって活動していました。

安重根の書、「志士仁人、殺身成仁」

この「志士仁人」という言葉について、たまたま知ったエピソードがあります。伊藤博文をハルピンの駅頭で暗殺した安重根という人物がいますね。この事件は、日本が領事裁判権をもっている場所で起こったので、日本が裁判をして、安重根《アンジュングン》を死刑にするわけですが、たしか大連でやったその裁判の弁護士（国選弁護人）水野吉太郎は、実は、私が今務めている法政大学の前身の「和仏法律学校」の卒業生だったのです。そういう縁があり、私はその子孫の人、弁護士の養女だった高知在住のお婆さんの話を聞きにいきました。そこで、安重根が弁護士に対して非常に感謝していたこと、つまり、水野弁護士が、安重根は国を思う愛国心からそういう行動に出たんだから、これは政治的な信念に基づいて行われたことであって、単なる犯罪人ではない、というふうに正面から弁護してくれたことに感謝していたことを聞いたのです。そして、安重根は死刑になる直前の時期に大きな紙に字を書いてくれたといいます。その紙は、弁護士の友人の画家に預けられていて高知にあるということですが、写真を見ると、安重根の書いた字が「志士仁人」で始まるわけです。

「志士仁人は身を殺して仁を成す（志士仁人殺身成仁）」と、立派な字で書いてあるわけですね。身を殺して仁をなす、要するに、自分の命を投げ出して仁をなすのが志士仁人であり、そういう考え方が朝鮮の独立のために暗殺行為に出た安重根のなかにもあったということです。古い儒教や、日本の場合でいうと武士道に通じるような意識であり、しかもそれは、いわばヒロイズムであり、それからある意味でエリート意識でもあるわけです。「志士仁人は身を殺して仁を成す」は『論語』の「衛霊公篇」にある言葉なので、幸徳秋水にも安重根にも共通しているということなのです。

そういう体質が秋水や堺利彦らの社会主義にはあるのですが、それは結局、大正デモクラシーからそれ以後、社会主義が再び起こってくる過程では払拭されていくことになります。ある意味で古い意識に基づく一面です。この前、自由民権運動の中にも士族意識があり、それに基づく国権論という性格が強いんだということを言いましたが、やはりそういうものの延長上にあるわけです。

明治維新の「志士」の正統的な継承者としての「明治社会主義」

だから、彼ら社会主義者にしてみれば、日露戦争の前の段階では、むしろ本来、自分たちこそが明治維新の精神の継承者であり、また自由民権運動を経た新しい維新後の社会の正統的な継承者の立場にあるべき存在のはずである。ところが明治政府＝藩閥政治家どもが、明治維新の成果をいわば簒奪し、日本の国家、社会をひどい状態にしている。それを救って本来の姿に戻すのが自分たちの社会主義運動だという意識が非常に強かったと思うわけです。

「紳士閥」としてのブルジョワジー

おそらく、それと関連するのが、先ほど触れました『共産党宣言』を堺利彦と幸徳秋水が訳したときに、「ブルジョアジー」とか「プロレタリアート」とかをどういうふうに訳しているか、ということです。まず、ブルジョアジーを「紳士閥」と訳すのですね。訳としては面白いけれども。それから、プロレタリアートの方は、まだ「労働者」という言葉が定着していないせいもあるのですが、「平民階級」と訳している。つまり働く者、労働する者というところに力点をおくよりも、むしろ人民一般という訳しかたをしている。そのへんが今の事情と関係があるわけです。堺利彦がそのころ書いた文章の中に、ブルジョア……之を「紳士閥」と呼ぶ事にした。「門閥」「藩閥」「学閥」「党閥」「財閥」等の諸閥が相結合して今の社会の上流階級となり、権力階級となって居るので、……之を一纏めにして「紳士閥」と呼ぶのは実に当然であらう

とあります。そういういろんなところにできあがった「閥」の連合体としての「紳士閥」が、いわば明治維新の成果を簒奪しているというのが、彼らの基本的な発想だったと言っていい。

そして、そういうなかで資本主義が進んでいくと、貧富の差が増大し、いわゆる「社会問題」が起こってくる。その社会問題というものを早く解決する、つまり、ヨーロッパのようにそれが「階級闘争」にまで激化する以前に解決するために、「社会主義」的な政策によって、階級闘争が起こるような状態を先制的に予防しなければならない、というわけです。つまり、社会主義的な政策をとらないと、明治国家体制は「亡国の危機」に瀕する、という意識ですね。だから、それは自分たちこそが明治国家を守る中心であるという意識であって、逆に言うと、日露戦後のような〝体制のアウトサイダー〟の意識はない。

「亡国」の危機を「未発に防遏」する「社会主義」

これは幸徳の文章ですが、「我日本維新の革命は実に自由、平等、博愛の精神を以て成れるものにして、此大趣意を推拡し」、押し広め「之を利導して宜しきに処せば」、資本主義の弊害は「之を未発に防遏して健全の発達を為す難きに非ず。然るに我国の政治家は全く当初革命の目的、精神を喪失し、我進歩発達に大頓挫を来し、却て今日の大腐敗、大堕落を助長したるの形跡あり」(「現今の政治社会と社会主義」、『六合雑誌』一八九九・七・一五)。こういうことを言っていたわけです。

もう一つ、「志士仁人」性と並んで、ちょっと面白いと思うのは、社会主義が実現したら、どういう状態がもたらされるかということ、つまり理想的な社会主義が実現した状態というのはどういうものであるかということ。特にこれは堺利彦に目立つのですが、こんなことを言っています。

「清らかな愛情的関係」を実現する「社会主義」

社会主義者は……人類同胞の共同生活を理想とし、自由競争に代ふるに相互扶助を以てし、動植物界の悲惨なる境遇を脱して安楽なる無競争の社会に入らんことを望んでゐる。（「菜食主義について」、『直言』一九〇五・四・二）

つまり、生存競争、自由競争というものに基づいて悲惨な状態が起こっているのが、資本主義社会である。そういう競争のない相互扶助の状態をもたらすのが社会主義である。「経済的の関係ばかりが自由に翼を拡げるようになる」（「家庭に於ける階級制度」、『家庭雑誌』一九〇四年四月）のが、「皆が寄り合って、助け合って、真に兄弟同胞の思をして、清く、美しく、高く、尊き社会」にする（「社会主義の大意」、『直言』一九〇五年八月二十七日）のが、社会主義だというのです。

大義に献身する求道者たちの集まる「志士仁人の社会主義」

その底にあるのは道徳主義です。「武士は食わねど高楊枝」のように、経済的なことなんて無視するのが侍だ、という発想がある。そして、「志士仁人」たちがそういう理想、「大義」に向かって献身する。そうすると、社会主義同志たちは、そういう大義に向かって献身する求道者たちの集まりになる。それが「志士仁人の社会主義」であるわけです。

三　片山潜と「労働と自治の社会主義」

それに対して、片山潜派の方は、「労働と自治の社会主義」と名づけたらいいのではないかと思います。幸徳一派は片山派と別れて批判する側になってからは、片山を「ガタヤマ・モグル」だとか言ってバカにしていました。片山という人は、先にちょっと紹介したように、もともと岡山の奥の久米南条郡羽出木《はずき》村というところの農民で、いちおう庄屋の家に生まれましたが、父親が家を飛び出して僧侶、坊さんになってしまうということがあったりして、小さい時から働かなければいけませんでした。けっきょく小学校にちょっと通っただけで、あとは独学で勉強するしかない境遇で育ったのです。それが先ほども言いましたように、東京にいったん出て、そこで活版工とか、いろいろなことをして働いているときに、岡山時代からの友人の一人がアメリカから手紙をよこして、「米国は貧乏でも勉強のできるところだ」と言ってきた。それで、片山はもうすでに二十五歳だったのですが、明治十七〔一八八四〕年にアメリカに渡り、明治二十九〔一八九六〕年、三十七歳のときに戻ってくるまで足かけ十三年間、アメリカでの生活のなかで、社会主義者になっていったわけです。

隅谷三喜夫の描く片山潜

隅谷三喜男さんという、三里塚の円卓会議などを主催して、成田空港の問題を解決の方向に導いた人物が書いた『片山潜』という本があります。隅谷さんはもともと経済学者で、それだけではなくて、満鉄の系統の（昭和製鋼所）炭坑かなにかで働いており、五味川純平の『人間の條件』という小説の主人公の「梶」は、実はこの隅谷さんがモデルらしいのです。前に隅谷さんを交えて座談会をやったことがあって、そのときに、それは本当ですかと聞いたら、五味川純平とは満州時代に非常に親しかったから、そういうふうに言ってもいいかもしれない、という。ただし、五味川純平とは日本に帰ってから絶交しちゃったというのです。五味川が向こうの女性とできて、日本へ連れて帰ったら、奥さんと子供がちゃんと舞鶴港で待っていたという体たらくで、あんな奴だとは思わなかったとかなんとか言っていましたけれども。

インテリではない「農民らしい実践型」の社会主義者

隅谷さんが書いた『片山潜』は、UP選書（東京大学出版会）として、もうずいぶん前に出た本です。その「はしがき」を要約するとこんなことを言っています。「片山潜というのは、要するに、インテリではない社会主義者であった。インテリ型の社会主義者の場合には、まず思想があって、行動がこれと距離を置きながらついて行く、というふうな行き方なんだけれども、片山潜の場合には、まず行動があり、次にも行動があり、その後に思想が付いていくという農民らしい実践型のものであった。そうであるだけに、逆に、当時からすれば、その理論は格調において遙かに低く、当時のインテリ青年の間では必ずしも高い評価は与えられなかった。しかし、他面、彼ほど労働者の間に信望を勝ち得た者は明治期のリーダーの中にはいなかった」と。

つまり、片山潜という人が当時の社会主義運動などに入っていく通常のタイプの青年たちからあまり評価されないのは、思想とか理論の格調が高くなかったからであり、それから、彼は日本語で良い文章が書けないわけです。幸徳秋水などは名文家です。堺枯川も文学者になろうとしたことがあったぐらいですから、非常にいい文章を書く。ところが、片山は十二年間アメリカで生活している間に日本語を忘れちゃっているのですね。

石橋湛山が文章を直す

たとえば片山は、アメリカに亡命する前の一時期、『東洋経済新報』という今でもある雑誌に寄稿していたのですが、そのときに世話をしていたのが、当時まだ若かった石橋湛山です。その石橋がどこかで、片山潜のものは書いている中身はいいんだけれども、文章としてなってないので、自分が手を入れて、文章らしい文章に書き直して載せたと言っているのです。

「割勘」でしか払わず「親分」になれない

それからさらに、行動様式の面で、たとえば、幸徳秋水だとどんなに金のないときでも、若い連中が来て食事どきになると、料理屋に連れて行っておごってやるわけです。いわば、日本のなかでのリーダー、親分になるためには、そういうことが必要なのですが、片山潜は絶対そういうことをしない。必ず、どこでものを喰っても、誰とでも「割勘」にしてしまうし、家に帰って喰うものがないと、ただ飯の上に味噌汁をぶっかけて済ませてしまうというタイプの人柄であったといいます。これも、片山が当時、社会主義運動のリーダーになれなかった原因であったかと思うわけです。

堺利彦の「売文社」

ところで、幸徳秋水が大逆事件で死刑になったとき、ちょうど堺利彦や大杉栄は、赤旗事件で獄中にいたものだから巻き込まれずに済んだわけです。しかし、大逆事件の後は、先ほども言いましたように、社会主義「冬の時代」であり、俗説かもしれないのですが、とにかく「社会」という字の付くような出版物はみな取り締まられた。その結果、『昆虫の社会』という本が発売禁止になったとかいう話があるぐらいですが、堺利彦などは、そこで、「売文社」というのを作るわけです。文章を売る。それこそ、手紙の代筆もします。たとえば、ラブレターを代わりに書いてあげたりして、なんとか生活を維持しようとする。必ずしも成功はしなかったのですが、堺利彦の場合はそういうことができる。しかし、片山は日本語にならないような文章しか書けないので、もう喰べていけなくなり、妻子を置いてアメリカに行ってしまうわけです。

働かない者には食わせないのが社会主義

しかし、そういう片山の社会主義思想はさっきの幸徳たちの「志士仁人」の思想とは対照的なものになるわけです。つまり、彼が基本におくのは「労働」という観念になるわけですね。たとえば、こんなことを言ってるわけです。「労働者の希望は何も学者になる、資本家になる、政治家になる等と云ふことでなくても宜しい。労働は神聖だと云ふでない乎。……労働者は一生涯労働者たるの希望を有して宜しい。否有せなくては困る」（「労働者の希望」、一八九七年八月十五日の労働組合期成会での演説）。

つまり、武士根性が跋扈《ばっこ》しているなかで皆労働を軽蔑しており、労働の苦痛から逃れる、あるいは、労働者の境遇から脱出するために労働運動をやろうとしているが、それは間違いであると言うのです。社会主義というのは、彼の場合には、働く者が中心の社会であり、逆に言うと、働かない者には喰わせない社会制度なんだと言うわけです。

「祖父《じい》は山へ草刈りに行き、祖母《ばあ》は川へ洗濯に行く社会」

片山潜には、ちょうど、先ほどの幸徳秋水の『社会主義神髄』に匹敵するような著作として、『我社会主義』という、これも『社会主義神髄』と同じ明治三十六（一九〇三）年に書かれたものがあります。これは、「社会主義とは何ぞや」「資本家とは何ぞや」「富、財産及び資本の関係」というところから始まって、「自由競争と労働者」とか「ツラスト〔トラスト〕」、それから「社会主義の産業制度」ということを、順序立てて論じているのですが、その最初の方にこんな言葉があるのです。「祖父は山へ草刈りに行き、祖母は川へ洗濯に行く社会には、一人も所謂資本家なるものあるなく、真に稼ぐに追ひつく貧乏なしと云ふ金言通りの社会なりき」。働いた労働がちゃんと結果を生む社会だった。だから社会主義は、「働けど働けど猶わが生活楽にならざり」という啄木の歌ではないですが、資本主義がもたらしたそういう状態を脱するために起こっているんだというわけです。

社会主義は斯る資本家の圧迫に耐へざる労働者の為に起れる者なり。社会主義の目的は、此不正理、不公平なる産業組織を一変して、真に文明的祖父祖母の社会〔さっきの「爺は山へ草刈りに、婆は川へ洗濯に」という社会〕を築かんとするに在り。然れども社会主義は、過去の祖父祖母の社会に返らんとするにあらず。社会主義は蒸気電気及圧搾空気を以つて産業を行ふ文明の祖父祖母の社会、即ち働ける者が、一番勢力あり快楽を得る社会に進まんとするにあり。

「自治独立」の個人主義を完成させるのが社会主義

そういうふうに考えているから、ちょうど「志士仁人」の社会主義にすっぽり欠けていた、「労働」という観念を中心にした見方が出てきた。しかも、彼の場合には、アメリカで労働によって自活した経験から、結局、一人一人の労働者が自分で自立する、自活する、あるいは、独立する、自由独立に存在する「自治独立」が大事なんだと考えます。その意味では、社会主義は、むしろ真正の、正しい個人主義を完成させるものだとさえ言うわけです。

「パーラメンタリ・システム」であるべき「組合」の在り方を教えてくれた「学生クラブ」

では、どうやって社会主義を実現させていくかというと、労働者を組織していくということが必要だと片山は言います。それは、議会政策主義を唱えた段階の幸徳・堺などのように「労働者が議会で多数を占めて政権を握る」という発想ではなくて、たとえば彼は、

「労働倶楽部」を作れなんてことを言うわけです。クラブの字に今でもときどき使う「倶に楽しむ部」という字を当てて、自治的な組織を作っていく、また、日常的な、非政治的な場面で団結を作っていく。そういうことを非常に強調したわけです。

それから、片山の場合、幸徳秋水などのように新聞記者として言論の場から社会主義に行ったのとは違って、「組合」運動が重要になっていくわけですが、「組合は自ら作るところの規則の下に民主的自治政治の主義を教育するものである」とか、「吾々の組合はハーラメンタリシステン（ママ）（パーラメンタリ・システム。議会のシステム）に依つて総て議事を致します」というようなことを言うわけです。

片山は、アメリカにいたときのことを回顧して、大学で学んだ書物はほとんど利益にならなかったけれども、学校生活から得たことが意味をもったと言います。その一つが、学生クラブで身に付けた討論とか交際とかの方法で、そういう、草の根の民主主義のようなものが意味をもったというのです。だから「組合」もそういう「共和政治」でなければいけない、というわけです。

「都市社会主義」論——チェンバレンの「ミューニシパル・ソーシャリズム」

それからさらに、彼の特徴的な議論の一つに、「都市社会主義」ということを早い段階で言っているわけです。彼は、たしかシカゴ大学にいたときに、短い期間ですが、ヨーロッパに渡って、特にチェンバレンが市長をやっていたイギリスのバーミンガムで、「ミューニシパル・ソーシャリズム」、つまり自治体社会主義の実験のようなものを見ます。それを見て学んできたところが多いのですけれども、「市民の家庭としての自治の都市というものを作れ」とか「都市的公共の精神」が大事だとか、そういうことを言うわけです。つまり、「国家政治」と区別された「都市政治」、そこで社会主義というものを実現していくことから始めよう、などと言います（『都市社会主義』一九〇三年）。

つまり、政権を取って体制を変革するということよりも、そういう、自治体レベルでの下からの積み重ねのなかから社会主義を実現していくとか、いろいろな意味で、今読んでもユニークな議論を展開したのです。ですから、さっきの「志士仁人」の社会主義は「直接行動論」に飛躍していってしまうわけですが、それとはちょうど正反対の、「『労働』と『自治』の社会主義」というものを追求していったのが片山潜だったのです。

田添鉄二——「明治社会主義の知性」

最後になりますが、田添鉄二という人も非常にユニークな議論を展開していました。田添については岡本宏先生〔佐賀大学、熊本大学名誉教授〕が、むかし岩波新書で『田添鉄二——明治社会主義の知性』〔一九七一年〕という本を書かれています。図書館等にはありますので、興味のある方は読んでいただけたらと思います。

ということで、もっといろいろ紹介したいことはあるのですが、「明治社会主義」の話はお仕舞いにします。

第十一回　吉野作造の思想と大正デモクラシー

吉野作造
『閑談の閑談』書物展望社、1933年より。

今回は「吉野作造の思想と大正デモクラシー」についてお話しします。前々回に「日露戦後世代」の登場ということで、日露戦争後、それまでの日本人を突き動かしていた「国家」意識というものが解体していくということを話しましたが、「大正デモクラシー」というのは、そういう「国家」の重石が取れたという意識のなかで広がった風潮だと見ることもできるのではないかと思っています。

一　第一次世界大戦

「債務国」から「債権国」へ

いろいろな要素がありますが、おそらくなんといっても大きいのは、一九一四年から一八年まで「第一次世界大戦」がありまして、これはヨーロッパにとっては大事件であったわけです。日本は日英同盟を結んでいましたので、いちおう連合国側に参戦して、中国のチンタオ（青島）を攻撃します。中国で美味しいビールと言えば「青島啤酒《チンタオ・ビジュ》」ですが、あそこはドイツの植民地があったので、ドイツが撤退したあとにそのビール工場を接収して、その技術をそのまま生かしていまだに作り続けているわけです。ともかく、そのチンタオを日本は攻撃して、一時占領までしたわけですが、しかしそれは、あくまでほんのエピソードにすぎません。結局、第一次世界大戦の日本というのは、いわば「火事場泥棒」的なことができたわけですね。つまり、ヨーロッパが戦場になり、アメリカも参戦するなかで、必要な物資を日本が供給したことから、それまでは貿易収支で言うと「債務国」であった日本が第一次世界大戦を境にして急速に「債権国」に変わることができました。それから、産業の在り方も、だいたいその頃から重工業中心になったわけです。八幡製鉄所ができたのは日清戦争のあとで、あれは日清戦争の賠償金二億テールを中国から取ることができたので、それを元に作られたのですが、そういう「重工業化」の動きが第一次大戦後、完全に本格化する。そういうなかで一気に経済規模が拡大するとともに、豊かな余裕のようなものが、若干ですが生まれたというのが、大正期であるわけです。

流行思想としての「デモクラシー」

そして第一次世界大戦が終わります。この戦争で、結局、旧帝政ドイツの国家主義というか権威主義に対して、デモクラシーの陣営、民主主義の陣営が勝利したんだと、それが「世界の大勢」であるということが盛んに言われるようになります。「デモクラシー万歳」という雰囲気が、大正八～九年、一九一九～二〇年のあたりから急速に目立ってくるわけです。そういう意味では、「大正デモクラシー」というのは、日本の社会のなかから自発的に、主体的に起こった運動というよりも、「世界の大勢」に乗っかった一種の流行思想として生じたものです。しかもそれは、第一次世界大戦で「火事場泥棒」的に儲けた日本で一時的に生じたもの、いわば「小春日和」期とでも言えるときに咲いた「あだ花」のようなものが「大正デモクラシー」であったという評価もあるのです。

この時期というのは、「大正自由主義」の時代だとか、「大正文化主義」の時代だとか言われました（「文化」というのが盛んに流行り、「文化住宅」やお茶の水の「文化アパート」ができたりしました）。明治期を覆っていた「富国強兵」で頑張ろうというイメージからちょっと解放されて、「自由」とか「文化」とか「デモクラシー」を謳歌した時代だったのです。

「戦後不況」から「軍国主義」へ

ですから、こういった小春日和期が終わると状況がひっくり返る。つまり、第一次世界大戦が終わってしばらくすると、「戦後不況」が一時あって、さらに大正から昭和に切り替わる頃に「金融恐慌」、そして昭和四年、一九二九年からはご承知の通り、アメリカのウォール・ストリートから始まる「世界恐慌」に突入していきます。そうなると、「デモクラシー」の風潮は急速にしぼんでしまった。昭和六年、一九三一年には「満州事変」、そして国内では「五・一五事件」、「二・二六事件」が起こり、「政党政治」が否定されるなかで、「軍国主義」あるいは「ファシズム」と言われる時代に入っていってしまうわけです。

大正デモクラシーの再展開——戦後民主主義

そういう意味で大正デモクラシーは、日本近代史のなかでは一つのエピソード的な一時期としか言えない感じもあるのですが、しかし、にもかかわらず、さらにもう一回ひっくり返して考えてみると、軍国主義化、ファシズム化していき太平洋戦争、当時で言う大東亜戦争に突入して敗戦を迎えたあと、米軍の占領と結びついてではありますが「戦後民主主義」と言われる時代になる。その「戦後民主主義」というのは見方によっては、「大正デモクラシー」でいったん開きかけたものを、もう一遍やり直したというふうにも見えるわけです。特に思想的に言えば、戦後民主主義期に展開したいろいろな思想・考え方は、大正デモクラシーの時期にだいたい出揃っていた。それを本格化して展開したというふうにも言えるのではないか。だから、単なるエピソード以上のものがあると言った方がいいのかな、という印象も、大正デモクラシーを巡ってはあるわけです。

二　吉野作造の生涯に沿って（一）

デモクラシーの主張

そういったことを、吉野作造という人を中心に考えてみます。吉野作造は、東京帝国大学教授という地位にありながらデモクラシーを主張したことで、ビッグネームになったというところがあります。

帝国大学というのは前にちょっと触れたと思いますが、明治十九（一八八六）年にできて以来、国家的権威の中心であり、特にその「法科大学」、大正期に「法学部」と名前が変わるのですが、その法学部というのは官僚養成の中枢にあって国家機構を支える重要な部分を作り出していくわけです。そういう東京帝国大学の法科大学、法学部の教授である吉野作造が、「民本主義」というかたちでデモクラシーを提唱したのです。これはさきほどの第一次世界大戦後の「デモクラシー」ブームに数年先駆けて、大正五年、一九一六年に唱えられたもので、そのあと大正八年から九年にかけて「デモクラシー」ブームが起こります。

社会主義・マルクス主義の流行

しかし同時に、第一次世界大戦後の大正六年、一九一七年にロシア革命が成功し、その影響が大正八、九年にどっと入って来ることになります。そうすると、デモクラシーの流行、特に第一次大戦後のいわば英米型のデモクラシーの流行に踵を接するようにして、実は「社会主義」というものも流行することになるわけです。ちょうど大正十二〔一九二三〕年の関東大震災の前後ぐらいから特に顕著になりまして、あちこちの大学とか高校に「社会科学研究会」ができて、「社会科学運動」なるものが展開されるのですが、その場合の「社会科学」というのは、要するにマルクス主義と同義語なのです。

浪人会・白虹事件・大阪朝日

そういうふうに状況が展開していくのですが、吉野作造が大正七年に「浪人会」との立会演説会というものをやります。「浪人会」というのは右翼的な（その頃はそういう言い方はないのですが）結社で、いわゆる「大陸浪人」とか言われる人たち、通称佐々木蒙古王（本名安五郎）とか、いろいろな人がいました。しかし、その浪人会との話に入る前に、「白虹事件」の話をしておいたほうがよさそうです。

プリントのいちばん最後の七三〜七六頁〔巻末九八〜一〇一頁〕に、いわば付録として、「大正期におけるジャーナリズムの役割——総合雑誌を中心に」というレジュメをつけています。これは数年前に横浜の「みなとみらい」の国際会議場でフォーラムがあったときに配ったものですが、その七四頁〔巻末九九頁〕あたりをちょっと見ていきたいのです。

『大阪朝日』と「白虹事件」→「吉野と浪人会の立会演説会」→「新人会」「黎明会」と小見出しをつけてあります。「浪人会と吉野作造の立会演説会」の元と言いますか、その発端は「白虹事件」です。「白虹事件」とは、一九一八年に『大阪朝日新聞』に掲載された記事において発生した筆禍事件です。当時、大正デモクラシー運動を推進していたジャーナリズムの機関は、一つが吉野作造が拠っていた『中央公論』という雑誌、もう一つが『大阪朝日新聞』だったわけです。ご承知かと思いますが、『朝日新聞』や『毎日新聞』は、もともと大阪が本社でした。それで、一九四〇年までは『東京朝日新聞』（一八八八年に『大阪朝日』が東京の『めざまし新聞』を買収して改題）が別に出ていたわけですが、この大正に入る頃は完全に、朝日と毎日。ちょっと遅れてそれを東京の読売が追いかけるという構図でした。『大阪朝日』はこの時期、鳥居素川が編集局長で、それから、最初は「社会課」と言っていた部署を大正の初めに充実させて「社会部」として、長谷川如是閑がその部長として活躍しており、この二人が果敢なデモクラシー論を展開していたわけです。

寺内内閣・ビリケン・非立憲

当時の寺内内閣、軍人であり朝鮮総督などもやった寺内正毅の内閣はプリントに書きましたように、「ビリケン内閣」というあだ名がついていました。「ビリケン」というのは、そのころの漫画だか挿画に出てくる神様で、それと寺内の頭の格好が似ているというので、ビリケンと言われたわけですが、と同時に「非立憲」と引っかけています。「非立憲的な内閣」であるというわけです。

というのは、この時期、第一次世界大戦の末期にロシア革命が起こったわけですが、それに対してアメリカなどによる一種の干渉戦争がありました。つまり、ちょうどチェコの軍隊がロシア（革命軍）の捕虜になっていたのですが、それをシベリアを通って送り返す、救出するという名目でもって、赤軍に対する反革命的な「白軍」を連合国が支援するという動きがあって、その関連で寺内内閣も「シベリア出兵」をするわけです。これは非常に不毛な出兵で、いろいろな話が残っているのですが、とにかく、そういう非立憲的な寺内内閣に対して大阪朝日、特に鳥居素川は、内閣批判を毎号のように社説に書いて、最後の締めくくりの文句に「寺内内閣は退陣せざるべからず」と必ずくっつけるということをしていました。

シベリア出兵・米騒動

そして、寺内内閣がシベリア出兵宣言をした直後に富山で米騒動が勃発するわけです。米価が騰貴していくなかで、富山の漁村のおかみさん連中が騒ぎ出して、米屋を襲撃する。その動きがあっという間に全国に広まり、特に西日本はひどかった。それに対して寺内内閣は、徹底的な言論統制、つまり米騒動についての報道を一切させないということで臨んだものですから、プリントに書いてありますように、「寺内内閣弾劾新聞記者大会」というものが大阪で開かれました。そのときの大阪朝日の記事、それも社会面に出た、大西利夫記者が書いたと言われるその記者大会を報道する記事の中に、「白虹日を貫けり」という言葉が載ったのです。新聞はご承知の通り何回も刷るわけですが、社会部長の如是閑は、最初のうちはその言葉に気がつかないで、もうすでに新聞が出回り始めてから、何版目かになってようやく気がついて、それを削らせたと書いています。当時のことですから、輪転機の活字を削って白くしてしまうということをしたのですが、しかしもうすでに出回ってしまっていた、というわけです。

「白虹日を貫けり」

「白い虹が日を貫く」の何が問題かというと、中国の故事で「日」は太陽で、皇帝、天子も意味する。それを「白虹が貫く」というのは、天子に不吉な影が落ちるという凶事を意味するので、天皇に対する極めて「不敬」な言辞だということになるわけです。実はそのころ大阪朝日は、先ほどの浪人会も含め、右翼的な連中から狙われており、『新時代』という大阪朝日を攻撃するための雑誌が発刊されていたりしました。当時の寺内内閣の内相は後藤新平でしたが、この雑誌には内相の機密費が流れていたんではないかと言われています。

連袂退社

そういうなかで検事局が乗り出してきて、編集局長の鳥居素川と社会部長の長谷川如是閑が退社するならば新聞の「発行停止」処分は執らない、しかしそういうことがなければ発行停止を命ずる、という圧力をかけてきたわけです。新聞社というのは、ほんの一日二日でも新聞が「発行停止」になると致命的な打撃となり、ただそれだけで潰れてしまう。つまり、一日だけ夕刊が「発売禁止」になったとしても、これはもう出回った後だからいいのですが、「発行停止」という措置を執られると致命的である、というわけで結局、鳥居素川、長谷川如是閑は退社するわけです。それを受けて、いわゆる「連袂退社」というかたちで、プリントに書きましたように、花田大五郎、丸山幹治、大山郁夫といった人たちが続々袂《たもと》を連ねて退社した。これが「白虹事件」です。

社長辞任

その直前の一九一八年九月二十一日に、米騒動の責任を取るかたちで寺内内閣は総辞職をしており、そして二十九日には「平民宰相」などと言われる原敬の「政友会」内閣、本格的な「政党内閣」らしきものの最初のものが成立しているのですが、この時期に、プリントの年表に書きましたように、大阪朝日の社長の村山龍平が、大阪の中之島で壮士に襲われる事件が起こっています。これも「浪人会」の連中が咬んでいるのですが、公園の電柱に縛り付けられ、その横に、大阪朝日に「天誅」を下すといったことを書いた紙（「国賊村山龍平」）が貼り付けられるということがあって、村山は社長を辞任する。これは、その翌日に発表される鳥居素川・如是閑の責任を取るというかたちのものでしたが、大阪朝日はそれまでもこの村山と上野理一が二人で交替で支え合ってきたので、今度は上野が社長に就任するというだけで、実質的に手を引いたということではありません。

吉野の弾劾文と浪人会との対決

それに対して、直後に発売された『中央公論』に吉野作造が「言論自由の社会的圧迫を排す」という文章を書きました。浪人会の連中が村山龍平を襲ったりしたことに対して、痛烈な弾劾の文章を書いたのです。それを見た浪人会の連中が押しかけてきたので、やりとりをしているさいに、これは正々堂々とお互いの意見を大勢の前で、つまり「立会演説会」のかたちでぶつけ合おうではないかと、吉野の方から提案したと言われています。もっとも浪人会の方から出ている雑誌では違うと書かれているらしいですが、ともかく、神田の「南明倶楽部」というところで立会演説会が開かれました。

このときには新聞報道がなされ、学生や労働者が続々詰めかけました。なぜ労働者かというと、吉野作造は、ちょうど明治から大正に切り替わる時期にヨーロッパに留学して、大正二〔一九一三〕年に留学から帰ってくるとすぐ、鈴木文治という人物が発足させた労働組合連合会の「友愛会」に、助言するなどして関わっているのです。吉野作造は宮城県の今の古川市、当時の古川町の出身で、鈴木文治はその古川の後輩に当たります。吉野も鈴木もクリスチャンで、キリスト教、それも本郷教会に関係を持っていたこともあってキリスト教的な色彩が強く、それで「友愛会」なんていう名前にしたのですが、その関係もあって、労働者が詰めかけたということなのです。

結局、「立会演説会」は、吉野一人に対して、内田良平ら四人で論争するかたちをとったものの、浪人会側は理論的に言い負かされそうになりました。そこで、浪人会の誰だか一人が、非常に威圧的な脅しみたいな物言いをしたところ、吉野がすかさず「そういう言い方こそが言論の自由に対する社会的圧迫そのものに他ならない」と返したものですから、会場は大喝采。周りを取り囲んでいた連中は、演説会が終わると凱旋行進のようにして吉野作造とともに電車道に繰り出したと伝えられています。

三　大正デモクラシー期の雰囲気

「新人会」と「黎明会」の結成

そういう雰囲気のなかから、二つの団体が結成されます。一つは「新人会」。これは赤松克麿や宮崎龍介が作った団体で、宮崎龍介は、宮崎滔天という、孫文などと親交を結んで辛亥革命にも関与した、いわゆる「大陸浪人」系でありながら「浪人会」的なものとはちょっと違う人の息子です。この人は「白蓮事件」という、九州の炭鉱王の若い夫人柳原白蓮と大恋愛をした事件で話題になったりもしています。赤松克麿は、のちに吉野作造の次女と結婚するのですが、吉野作造が昭和八〔一九三三〕年に死ぬ、その少し前あたりから「社会民衆党」を離れて「国家社会主義」に近づき、軍人たちの動きと結びついたりしようとする、そういう人物です。それに対して吉野は非常に批判的なことを日記に書き残しています。そういう人たちが東大の法学部にいて、吉野の下で研究会のようなことをやっており、浪人会との立会演説会のあとの高揚した雰囲気のなかで、「新人会」という日本最初の学生運動団体を結成したわけです。

その機関誌が『デモクラシイ』でした。もっともこの「新人会」はその後、急速に社会主義の影響を受けるようになり、『デモクラシイ』もやがて『ナロオド』にタイトルを変えます。ロシア革命の前段階に「ナロードニキ」の運動があって、「ナロード」というのは人民大衆、人民あるいは民衆の意味です。「ヴ・ナロード」というと、「民衆の中へ」という意になり、これが「ナロードニキ」のスローガンでした。このように、「新人会」も明らかにロシア革命の影響を受けて変わっていくわけですが、そういうものが一つできる。

それから他方で「黎明会」。これは学生の団体ではなくて、知識人の運動団体で、「黎明」というのは夜明けを意味する言葉ですね。

この二つが、「世界の大勢」が向かっている「デモクラシーの方向」を目指す、そして「頑迷思想を撲滅」する、といった綱領をもって展開していく。この二つの団体ができあがったころが、いわゆる「大正デモクラシー」が社会的にいちばん目立った時期だろうと思います。それはしかし、先ほども言いましたように、やがて大正末期になると社会主義、特にマルクス主義の影響によって圧倒されてしまうわけです。

デモクラシーへの反発

そのころ、大正十一（一九二二）年に、吉野作造が「板挿になつて居るデモクラシーの為めに」という文章のなかでちょっと面白いエピソードを書いています。吉野があるとき、ある講演会で講演をしていたら、そこに不作法な姿をした学生らしき若い連中が数人入ってきて、後ろの方からヤジり始めた。それが「吉野のバカセ（博士＝馬鹿士）」と言うのですね。当時はまだ「末は博士か大臣か」などと言われたころで、明治から大正の初期にかけては博士号を持っている人など全国で数えるほどしかいない。だから、吉野作造の肩書きは必ず博士で、「吉野博士」と呼ばれていたのですが、それをもじって吉野のバカセ。これは与謝野鉄幹・晶子が明治末期に作った『明星』という雑誌に載った文章なのですが、「断つて置くが当夜私はデモクラシーを説いたのではない」と書いています。とにかく、吉野＝「デモクラシー」というふうになっていて、しかもそれが帝大教授の博士であることと結び付けられ、それに対する反発がすでにこの時期、出てきていたということなのですね。

デモクラシー流行の世相

そういう「デモクラシー」流行の世相については、いろいろ面白い話が伝えられています。さっきの新人会のメンバーの一人であった菊川忠雄という人が、昭和六年に『学生社会運動史』という本を書いたのですが、そのなかで、一九一九年の夏ごろすでに「デモクラシー節」というものが流行っていたことを紹介しています。この「デモクラシー節」が、岩波新書に入っている添田知道（添田唖蝉坊という演歌師の息子です）の『演歌の明治大正史』〔一九六三年〕という本の中に引用されています。

近ごろはやりのデモクラシー
近ごろはやりのデモクラシー
高い教壇で反りかへり
口角泡を吹きとばす
それが学者の飯の種
ナンダイ飯の種　デモクラシー

こういうふうな風潮と結びついて、吉野作造のデモクラシー論というのが受け止められていたというわけです。流行現象としてのデモクラシーに乗っかって、吉野が「デモクラ博士」と言われたり、デモクラシーだけど「でも苦しい」とか、「デモ暗シ」とか、当時いろいろな「引きずり下ろし」の形態があったようなのです。

四　吉野作造の思想

しかし、吉野自身は、実はもっと根本的なところから「デモクラシー」でなければいけないということを、早くから言っていました。これはしかも、明治三十八〔一九〇五〕年ごろです。彼は先ほどもふれた古川の小学校を出たあと、仙台の二高を卒業していますが、小学校の時からいつもトップで二番以下になったことはないらしく、高校へ入るときも、中学へ入るときも、無試験の推薦かなにかで行くような、大秀才でした。

面白いのは大阪朝日の論説記者で、先ほどの白虹事件で連袂退社した大山郁夫も吉野とほぼ年格好が同じなのです。この人は兵庫の方の出身ですが、吉野が卒業したころ、早稲田大学をやはりトップで卒業し、そして、ドイツとかアメリカへ留学して帰って来て、早稲田の教授になっている。そういう意味では両者とも、まさに優等生なのですが、しかしエリート意識と結びつくようなただの優等生ではなく、本来的に「デモクラット」だったような気がするのです。特に吉野の場合には、学生時代、それから卒業直後に木下尚江を訪ねていって出入りしたり、社会主義者と接触したり、それから「平民社」の連中と日露戦争最中に論争をしたりしているのです。

ナショナル・デモクラット

吉野作造は、先ほど少しふれましたが、「本郷教会」の海老名弾正(「熊本バンド」の出身の人です)の影響を強く受けています。海老名弾正が主宰していた「本郷教会」の機関誌が『新人』というタイトルでしたが、先ほどの「新人会」のネーミングも、これにヒントを得ている可能性があります。

吉野は大学を出たあとは、学者になりたかったようです。吉野作造のついた先生は小野塚喜平次という人で、東大の政治学の伝統のようなものを最初に作った人物であり、昭和の初めには東大の総長にもなっています。その小野塚喜平次が留学から帰ってきて初めてした講義の講義案が『政治学大綱』で、わりに薄い二冊の本になっているのですが、吉野作造はその講義を聴いて、すっかり心酔し、小野塚の研究室に残りたいと思ったらしい。しかし、なんといっても小野塚喜平次は留学から帰ってきて教授になりたての、まだ三十代初めぐらいの若い教授なので、人事権とかそういうふうなものはあまりなかったのではないかと思われるのです。だから、いちばんで卒業した、いわゆる恩賜の銀時計組である吉野作造でも、東大とかその他どこかの大学に助手として入り込むことができなくて、大学院に籍を置いて勉強していた。そして日露戦争が起こり、平民社の連中と論争するにいたるわけです。

その論争の中身は非常に面白いのですが、そのへんは、私が筑摩書房から出した『批判精神の航跡』〔一九九七年〕という本のなかでかなり詳しく紹介しておきましたので、興味ある方は読んでいただきたいのです。たとえば、吉野作造は平民社の「非戦論」には反対なのですね。そして、社会主義者たちがインターナショナリズムの立場に立つのに対して、むしろ吉野は、明治三十八年の段階から、いわば「ナショナル・デモクラット」、ナショナリズムと結びついたデモクラシーを主張していました。そのころの吉野の議論というのは、要するに、国家というものが強大に発展していくためには、国民一人一人の力が伸びて、そしてその意向が反映されなければならない、それが国家繁栄の元である、という、つまりデモクラシーによって支えられたナショナリズムが必要だという主張だったわけです。

「社会の発見」

ところが、その吉野自身が大正八、九年の大きな時代思潮の転換期に、この「ナショナル・デモクラット」の性格を、〔デモクラシー論としては一貫していますが〕修正しています。それはどういうことかというのを、仮に「社会の発見」と名付けて論じたのが、先ほどの私の本に収めた論文「〃ナショナル・デモクラット〃と『社会の発見』」です〔初出は「吉野作造」、小松茂夫・田中浩編『日本の国家思想』下巻、青木書店、一九八〇年所収〕。

「社会」という言葉は、英語だと「ソサイエティ」、ドイツ語だと「ゲゼルシャフト」、フランス語だと「ソシエテ」ですが、その翻訳として「社会」という言葉を使ったのは福地桜痴だと言われており、それは明治八〔一八七五〕年ごろのことです。それまでは「仲間」「会社」「人倫交際」「人生社交」「世道」等々と訳されていて、福澤諭吉も明治八年に出した『文明論之概略』では、「人間交際」という訳語を使っています。しかし、とにかく言葉としては、明治十年代に入ると急速に「社会」が普及する。それから、前に紹介したハーバート・スペンサーの *Social Statics* という本が、明治十七〔一八八四〕年に松島剛という人によって『社会平権論』という題で翻訳される〔訳としては誤訳です〕。これを読んだ板垣退助が、これこそ「自由民権の聖書」であると言ったので、民権運動に加わっている人たちに大いに読まれたわけです。そういうふうに「社会」という言葉はすでに知られていた。ほかにも、明治十五〔一八八二〕年に社会主義政党のようなものである「東洋社会党」を、樽井藤吉という人が創っていたりします。そういうのが「社会」という言葉の歴史であるわけです。それから、この前紹介したように、明治三十年代になると「社会民主党」というのが創られたり、幸徳秋水の『社会主義神髄』や片山潜の『我社会主義』が出るようになる。しかし、その場合の「社会」というのは、要するに「社会問題」の社会であり、「社会主義」の社会なのです。

「国家」と「社会」

この大正八、九年に、先ほどちょっと名前を出した福田徳三という人が書いたもののなかに、期せずして「社会の発見」という言葉が使われているのです。福田は東京高商〔現・一橋大〕で、経済原論をはじめ、経済史学、社会政策学、それから厚生経済学を築き上げた人ですが、この論文で「発見」と名付けたのは、「国家」と区別された「社会」という意識なのですね。そして、「社会問題」を解決するための「社会主義」と言うさいには、むしろ「国家」という存在が当然のものとして前提されていて、その国家の下で社会問題を解決する。「社会政策」を取ったり、あるいは「生産の公有化」というかたちで「社会主義」を進めていくわけで、「国家」というものと「社会」というものとの明瞭な区別の意識はないわけです。

テンニース『ゲマインシャフトとゲゼルシャフト』

近代になって、テンニースというドイツの社会学者が『ゲマインシャフトとゲゼルシャフト』という本を書きます。その「ゲマインシャフト」の方が「共同体」ですね。それから「ゲゼルシャフト」の方が「社会」に当たる。つまり、英語でいえば、コミュニティとソサイエティ、あるいは、コミュニティとアソシエイションという感じの区別です。そこでテンニースが主張していたのがどういうことかというと、近代になって、いわゆる「市民社会」というものが発展していくと、古い「共同体」的な結合は、むしろ壊れていくんだということです。イメージとしては、いわば農村型の「村社会」から都市型の市民社会へ切り替わっていくというふうに言ってもいいかもしれません。つまり、人間が集まって生活しているものを一般的に「社会」と呼ぶ、その「社会」ではなくて、「近代」、特に「資本主義」の発展と結びついて出てくる「市民社会」というレベルが、大正半ばの時期になって、改めて「発見」されていくということが起こっているのではないかと思うのです。

「国家」から「社会」へ

吉野作造が大正九〔一九二〇〕年の初め頃に書いたもののなかで何回か言っているのは、これまでの「デモクラシー」論というのは、先ほども言いましたように「国家」を強大にすることと結びついて展開されていた「富国強兵」のためのデモクラシーだった。それに対して今や必要なのは、国家よりもむしろ、人間生活の共同性を意味する、生活体としての「社会」というレベルでのデモクラシーであって、その意味で、「国家」と結びついたもっぱら政治的な意味での「デモクラシー」だけではなくて、様々なレベルでの「社会的デモクラシー」が必要なんだというようなことを言い始めるのです。

吉野デモクラシー論の〝転回〟と一貫性

もっともそれが吉野作造のいわゆる「政治学」構想というものと、どういう関連をもつかということは、先ほどあげた私の論文で力を入れて論じたので、これについては省略します。要するに、「国家」の発展のためのデモクラシーではなくて、(「社会の発見」によって) 個人とそれが横に創り上げていく市民社会レベルにおけるデモクラシーというものを強調するに至るということで、吉野のなかでも「デモクラシー」論が一つの〝転回〟を遂げているのではないかと思うわけです。と同時に、にもかかわらず吉野には、「デモクラシー」論として一貫しているものがあり、その点で前に紹介した議論との関係で、強調しておきたいことがあるのです。

帝国憲法の「立憲的」部分と「民衆的監督」

大日本帝国憲法というものには「立憲的」な部分と「非立憲的」な部分があるという話を、第五回と第七回にして、図〔一一六頁〕を書きました。

つまり、民衆が最底辺部にいて、まず議会、特に衆議院議員を選んでいく。そして、議会で多数を占めた政党が内閣を組織する。そして、その内閣の助言によって、というか実質的には内閣の決定に従って、名目的に天皇が「主権者」として最上層にいる。そういう「立憲的」構造が明治憲法、大日本帝国憲法の中にはあった。ただし、それを妨害する「非立憲的」要素も、大日本帝国憲法には組み込まれていたわけです。

それを吉野は明治三十八〔一九〇五〕年に『国家学会雑誌』に載った論文「『国家威力』と『主権』との観念に就て」などで詳しく展開しました。そのなかでは「民衆的監督」の仕組みということを言っています。英語で言えば〝popular control〟です。「監督」というと、なんだか横から、あるいは上から見ているだけのようですが、そうではなくて、民衆が、窮極的なところではコントロールする。チェック・アンド・コントロールというような感じでしょうか。「民衆のコントロール」の下にこのシステムが成り立っているという立憲的な要素があると言うのです。

それに対して他方で、「非立憲的」な要素、「天皇大権」と結びついて内閣を牽制するものとして「枢密院」があり、衆議院を牽制するものとして「貴族院」があり、それから、このシステム全体に対して独立して動いてこのシステムを崩しかねないものとして「軍」があるんだ、という図を前に書いたわけです。

「人民主権」と「民本主義」

吉野作造は最初、「民本主義」という言葉を使っていました。吉野自身の最初の説明によれば、例のリンカーンのゲティスバーグ演説の「デモクラシー」の三つの要素、すなわち"government of the people, by the people, for the people"（人民の、人民による、人民のための政治）で言うと、「民本主義」というのは後ろの二つ（by the people と for the people）を中心に考えるのだと言うのです。つまり、of the people ということになると、いわゆる「人民主権」ということになる。名目上「人民主権」になると、大日本帝国憲法では天皇に「主権」があるとなっているわけで、それと「全面衝突」することになる。だから、それは主張しないと言っているのです。要するに名目の問題であって、実質のところで「人民による政治」と「人民のための政治」がおこなわれれば、形式上「主権」がどこにあろうとかまわないではないか、というのが吉野の主張です。

儒教における「民本的徳治主義」

そして、その「民本主義」ということで言えば、たとえば伝統的な儒教の政治思想なども、よく「民本的徳治主義」なんて言われるわけですね。儒教の考え方では、天の命を受けて天子という者が統治をする。官僚・役人を率いて統治をするのですが、しかし、民の動向が重視される。そういう中国の儒教的な考え方からすると、天命、天の命というのは、民の動向を通じて現れるわけです。つまり、民衆が餓え苦しんで反乱を起こすという事態が起こると、それは天の命が民の動向を通じて現れたものとされ、そのときには天子に対する天命が革まるというのが「革命」です。いわゆる「易姓革命」の思想、姓が易わって王朝が変わるという思想です。

朝日新聞の一面の下に「天声人語」という欄がありますが、あれは「天の声、人の語るところ」ということです。ラテン語にも *vox populi, vox dei* という言葉があって、vox は声ですから「民の声は神の声である」。これもちょうど同じ表現で、つまり、民衆の動向が天命と結びついているわけです。ですから、天子は「仁政安民」ということをやらなくちゃいけない。「仁政」と「安民」は同じ意味ですが、「民を安んずる」のが「天子の職分」であり、そしてそれが天子の「徳」である。だからその「徳」を失ったら君主としての資格も失うという「有徳者君主思想」に結びついた「儒教的民本主義」があったわけです。吉野は、そういうものを引いたりしながら、要するにデモクラシーというものは決して危険なものではない、そして、帝国憲法の中にも、その要素はちゃんとあるんだということを諄々として説くということをしていたのです。

吉野博士の「三大改革論」

吉野作造は昭和八〔一九三三〕年に死んでしまうわけですが、第二次大戦後になって急速に吉野の「民主主義」論が思い出されて、『吉野作造博士民主主義論集』〔新紀元社、一九四六～七年〕が八冊本で出ます。その第三巻は『日本政治の民主的改革』で、そのなかに「三大改革論」、吉野の三つの大きな改革論を集められています。三大改革とは何かというと、「軍部改革」と「枢密院改革」と「貴族院改革」です。実は、先ほども触れたピラミッド型の「大日本帝国憲法の『立憲的』要素とそれを妨げる『非立憲的』要素の図」は、この本所収の「帷幄上奏論」(『東京朝日新聞』大正一一年二月)の付図に、私が手を加えて作ったものなのです。

こういう「非立憲的」存在をできるだけ極小化し、枢密院と貴族院に関しては「有名無実」のものにしていくのがよろしい、というのが、吉野の「日本政治の民主的改革」論でした。特に「枢密院」は「会計監査院」のごときものになればよろしいといって、吉野は「枢府と内閣」（「枢密院」と内閣ということです）という長編評論を書きますが（『大阪朝日新聞』大正一三年三〜四月）、それによって検事局に呼ばれて危うく起訴されそうになっていました。順番が逆になってしまいましたが、実は、このとき吉野は、帝大教授を辞めて大阪朝日新聞社に移っていました。

五　吉野作造の生涯に沿って（二）

吉野と朝鮮・中国

大阪朝日に移っていた理由の一つは金銭的なものです。吉野は、中国人や朝鮮人の学生の面倒を見たり、亡命してきた革命家や独立運動家を、個人的に、さまざまなかたちで援助したりしていました。特に学生に対しては、学費やら生活費まで渡していたらしくて、そのために彼は雑誌やらに書きまくって、原稿料を稼ぎ、それから講演料も稼ぐ。数年前に岩波書店から出した『吉野作造選集』〔全一六巻、一九九五〜七年〕にくっつけましたが、吉野は日記帳の後ろに、家計簿というほど整ってはいないものの、収入だけ書いてあるのですね。支出は書いていません。それを見ますと、月々の収入のうち、帝国大学教授としての月給は、だいたい全収入の三分の一とか四分の一に過ぎないわけです。そうやって稼いだ金で、朝鮮の独立運動に関わっている学生たちとか、中国の革命運動に関わっている学生たちに援助していたらしい。それがしかし、だんだん足りなくなってきた。

吉野の援助者・左右田喜一郎

特に第一次世界大戦直後ぐらいの時期に、たとえば「船成金」とか、いろいろな「成金」が出てきていた。吉野はそういう人たちにも援助を仰いでいたらしいのです。ところが、戦後不況、それからさらに追い打ちをかけるように関東大震災が起こって、その「成金」たちが没落し、吉野は援助を得られなくなる。吉野の援助者の中には、松尾尊兊さんの推測だと、横浜にあった「左右田銀行」の頭取の左右田喜一郎もいたらしいです。左右田喜一郎は、先ほど名前を出した東京高商、つまり現在の一橋大で、福田徳三の下で学び、卒業後は私費留学のかたちでドイツに渡ってリッケルトの下で哲学、新カント派の哲学を学んで、経済哲学というものを創ろうとしていました。この人が、「極限概念と創造者価値」という論文を書きます。

牧口常三郎という、最終的には日蓮正宗と結びついていって創価学会を作った人がいますが、「創価学会」という名前は、私の推測では、左右田喜一郎が「文化価値」に対して「創造者価値」と言ったのに由来するのではないかと思います。「文化」という創られたものの価値に対して、創造する者の価値ということを左右田は言った。左右田の哲学に私淑したことがある牧口は、そこから「創価学会」（最初の名称は「創価教育学会」）と名付けたのではないか。

それはともかくとして、左右田は先ほどの「黎明会」でも活躍し、「文化主義の論理」という話をしたりして（『黎明講演集』大鐙閣、一九一九年所収）、当時の哲学と経済学の方面に大きな影響力をもっていたわけです（左右田は「横浜社会問題研究所」を主宰し、そこで『新カント派の社会主義』という本を出して、「文化哲学より観たる社会主義の協同体倫理」という論文を書きます。私は一九七二年に書いた博士論文（『大正知識人の思想風景』として法政大学出版局より刊行）のなかで、この論文を高く評価しました）。そういう人物が、左右田銀行の頭取も兼ねていて、吉野に支援していたんではないかと、松尾尊兊さんは推測しているのです。ところが金融恐慌に続く関東大震災で、この左右田銀行も取り付け騒ぎののち閉店する。その心労のなかで左右田喜一郎は一九二七年、四十七歳で死去するのです。この左右田喜一郎を初めとして、吉野にお金の支援をしてくれる人がみないなくなってしまいました。

朝日入社

ちょうどそこに朝日新聞、大阪朝日の方から吉野に、論説委員として加わってくれないかという話が持ち込まれます。このとき朝日は柳田國男も論説委員として迎えて、一つの新しいスタイルを創ろうとしていた。それも、東大教授の月給の何倍か出して迎えるというのです。先ほど言ったような事情があるものですから、それに乗って吉野はいったん東大教授を辞めて、朝日新聞に入ります。

ところがそれに対して、先ほど述べた「白虹事件」以来の関係である「浪人会」、大阪朝日を狙っていて、それと同時に吉野作造も引きずり下ろそうという連中が騒ぎだす。吉野が朝日で講演会（「時局問題大演説会」、大正十三年二月二十二日大阪、二十三日京都、二十五日神戸。吉野は二十五日神戸で「現代政局の史的背景」と題して講演）をやったところ、そこで話した内容が怪しからんというのです。「五箇条の御誓文」というのは当時の明治政府が上げた「悲鳴」であるという類いの吉野の表現を取り上げて、五箇条の御誓文は明治天皇が神々の前で誓った言葉である、それに対して不敬の言辞を弄するとは何事だと騒ぎ出すわけです。

朝日退社

ちょうど同じ頃に、吉野はさっきの「枢府と内閣」を朝日に連載中で、これがまた痛烈に枢密院の在り方を批判して、「会計検査院」のごときものにすればよろしいという言い方をしたものだから、その両方でもって検事局に呼ばれた。行ってみたら担当検事がたまたま吉野の教え子だった、ということもあったのですが、とにかく朝日新聞を辞めるなら起訴しない、というふうに、朝日新聞社と検事局の間で取引がなされたらしいのです。それで吉野は朝日新聞を辞めて、また東大に戻る。ただし、その後は万年講師で、教授職には戻れませんでした。そしてそのころから吉野は「明治文化研究」を開始し、『明治文化全集』を出し始めて、その中心になる。そういう「研究」の方に力点を移していくというのが、吉野作造の晩年でした。

大正デモクラシーという時期の雰囲気がわかってもらえたかと思います。とくに吉野作造論としては、話の入り口までしかできませんでしたが、基本的な根っこのところは、お話しできたと思います。

第十二回　昭和マルクス主義の思想　河上肇・三木清

［左］河上肇、1946年ごろ。［右］三木清、1929年。

今回は「昭和マルクス主義の思想」についてお話しします。この話は、本格的にやるととうてい一回では無理なものですが、なんとかやってみましょう。

一 「主義」の理念・制度・運動

皆さまも雰囲気はおわかりかと思うのですが、最近の大学生などは、「マルクス主義」というのは「そんなものがむかし流行ったんだ、へーッ!?」という時代になっています。そして、ソ連・東欧も崩壊して、いわゆる「社会主義」を名乗っていた政治体制というものが、ガタガタになった。中国はまだいちおうマルクス・レーニン主義、マルクス主義を掲げていますが、しかし、実質は開放経済体制といって市場経済化している。要するに資本主義化しているわけです。そういうなかで、どうやら社会主義とかマルクス主義とかは過去のものになったようだ、というムードになっているわけです。

しかし、これは社会主義だけではなくて、民主主義とか自由主義もそうだと思うのですが、政治体制とか国家体制としての社会主義が成立して崩壊したということと、理念としての社会主義が価値を失ったかどうかということは別の話ですし、それからまた、社会主義にしても民主主義にしても、制度として作られたものと、運動として実現しようと目指しているものとは、違うんだろうと思うわけですね。そういう意味では、「社会主義」（マルクス自身の時代には「社会民主主義」という言い方をしていました）が過去のものになったとは、とうてい言えないのではないか、と思っているわけです。

「昭和モダニズム」時代の「モボ」・「モガ」と「マルクス・ボーイ」・「エンゲルス・ガール」

「昭和マルクス主義」と掲げましたけれども、実質的には大正末期から昭和の初期、この時期に主として知識人と学生に、マルクス主義というものが猛威を振るったわけです。当時の雑誌などを見てみますと、「マルクス・ボーイ」、「エンゲルス・ガール」というのが流行っていて、ロシアの菜《ナ》ッ葉《パ》服（労働者ふうの服）を着て、赤い表紙のレーニンの本を持って歩くのが、カッコいいと言われたりしました。

一方で、大震災が済んでしばらくのあいだ、大正から昭和に切り替わるころ、この時期は「昭和モダニズム」などとも言われます。「モダン・ボーイ」、「モダン・ガール」、いわゆる「モボ」、「モガ」というのが流行するのです。たとえば、雰囲気としては「東京行進曲」という歌、「昔恋しい銀座の柳」から始まる歌です。あのなかの、「ジャズで踊ってリキュルで更けて」、「明けりゃダンサーの涙雨」というふうなのが「モボ・モガ」時代です。

「マルクス主義」の思想的な魅力（その一）――河上肇の「経済学」

しかしそういう風俗現象に留まらず、なぜその時期にマルクス主義が思想的な魅力を発揮したかということを考えてみる必要があります。今回簡単に取り上げようと思っている河上肇や三木清を見ますと、河上の方は、もともと非常に古いタイプの経済学を学んで出発しました。この人の有名なエピソードとしては、明治時代の一九〇五年、河上が二十七歳の年に、『読売新聞』に連載していた「社会主義評論」を途中でストップして、そして、帝国大学の農科大学、いまの農学部の講師として経済学を教えたりしていたのも辞職して、伊藤証信という人がやっていた「無我苑」に飛び込むわけです。「無我苑」というのは無我の境地の「無我」ですが、一種の新興宗教団体のようなものです。もっともこれも、なかに入ってみると、決して皆「無我」でやっているわけではなく、けっこうみにくい人間関係などもあったので、嫌気がさして辞めてしまいます。このように、経済学者として社会主義を問題にする以上のもの、いわば宗教的なものが河上の根本にあるわけです。さらに言うと、そのころの河上は、経済学をやりながら、「利己主義」と「利他主義」の関係をどうするかという問題で悩んでいた。つまり、経済学はとうぜん人間はみなエゴイズムで利益を追求するという前提でやっているんだけれども、ほんとにそれでいいのか、と悩んでいたわけですね。

河上は大学生のころに「足尾鉱毒」事件の演説会を聞きにいって、谷中村の公害の悲惨さにショックを受け、その場で着ていたものを脱いで置いていったといいます。その後さらにドカっと、衣類やら何やらのいっさいを寄付して、奇特な大学生がいると新聞種になったりする、そういうタイプの人物だったわけです。「無我苑」に飛び込んだり戻ったりということをした後も、特に初期の段階の河上という人の行動には、いわゆる「求道者」の姿勢、それこそ『論語』ではありませんが「朝（あした）に道を聞かば、夕べに死すとも可なり」というふうな、人間としての生き方において究極の道を求めるという姿勢が一貫していたわけです。

一九一七年に前の年から書き継いでいた『貧乏物語』というのが本になります。そこで、資本主義社会では貧困というものの意味が違ってくると言います。貧しい人間というのはいつでもいるのですが、近代資本主義社会においては、いわば法則的に貧困者が作り出される、労働者が困窮していく状態が作り出されているのであるということを書いて、これが非常にわかりやすい書き方だったものですから、ベストセラーになります。

戦争中の中国人留学生における『貧乏物語』との出会い

私の勤務先である法政大学に、去年〔一九九七年〕、中国人の、かなり年配の人が訪ねてきまして、自分は戦争中に法政大学を卒業した人間で、長いこと、特に文化大革命のころなどは苦労したが、しかし今はやっと余裕ができて、懐かしくなってやって来た、と言うのです。それだけではなくて、実は息子が留学して法政大学の経済学部に入ったというので、息子を訪ねてきたと言うのです。彼は、昭和十年代に東京に出てきて大学に入ったのですが、戦争中ですから授業はろくに行われていない。日本人の学生は学徒出陣していて、学徒出陣しなかった人たちもみな徴用であちこちの工場に遣られていて、授業ができないのです。しかし中国人は徴用されないわけですね。朝鮮人や台湾人は、植民地の日本人であるといって、ひどくこき使われたわけですが、中国人はそういうことがなかった。それで彼は、図書館で本を借りてきたり、あるいは神田へ出て古本屋街を歩いて本を買ってきたりして勉強を始めた。その過程で「社会主義」に目覚めて、けっきょく彼は、昭和十八年だか十九年に卒業して中国に戻り、その足で中国共産党に入って、革命まで共産党員として闘ったらしいのです。その社会主義に目覚めたきっかけというのが、河上肇の『貧乏物語』だったのです。『貧乏物語』を古本で買って読んで感激して、そこから出発して、河上肇の『資本論入門』や『経済学大綱』を読んで、マルクス主義者になっていき、そして中国共産党に入党することになったんだ、という話を聞きました。そういう影響力、魅力というものも、河上肇の求道者的な姿勢がもつインパクトが非常に大きかったことの表れと思うのです。

「マルクス主義」の思想的な魅力（その二）——三木清の「哲学」（大正教養主義からマルクス主義へ）

それから、もう一人の三木清、この人はいわゆる「大正教養主義」からマルクス主義に近づいた典型的な人です。最初の著作は『パスカルに於ける人間の研究』というもので、のちに『人生論ノート』を書きました。三木は敗戦間近のころに、逃亡中の高倉テルという共産党員を匿ったことで捕まり、豊多摩刑務所にいるあいだに終戦、敗戦を迎えた。ところが、三木はすぐには釈放されず、獄中に放って置かれました。そのうちに疥癬という皮膚病にかかって腎臓病が悪化し、敗戦後かなりの日数が経って、刑務所のベッドから転げ落ちて死んでいるのが発見されるという、悲惨な最期を遂げるわけです。九月二十六日に死んでいますから、四十何日、放って置かれたわけです。そして、残された遺稿は「親鸞」についてのノートでした。

三木清という人は非常な名文家です。たとえば、岩波文庫の刊行の言葉にあたる、岩波茂雄の「読書子に寄す——岩波文庫発刊に際して」という文が今でも岩波文庫の後ろに付いていますが、実際は書いたのは三木清だと言われています。「真理は万人によって求められ」と始まる、格調の高い文章です。そういう名文家であると同時に、『人生論ノート』を書くような、やはり河上肇に通じる「求道者性」のようなものがあって、それが若者を引きつけたのです。

西田哲学

三木清は兵庫県の龍野の出身で、一高に入ったあと、京大に行きました。当時の一高生はほとんどが東大、東京帝国大学に進学していたのに、京大に行った。それは要するに、西田幾多郎という哲学者に惹かれて、そのもとで勉強しようとしたわけです。西田幾多郎は『善の研究』を明治の末に書いています。これは一方では、西田が、ベルクソンとかウィリアム・ジェイムスとか、ある意味最先端の哲学を参考にして書いた本ですが、他方では、当時たしか金沢の四高の先生をしていた西田が、あのへんの禅寺で座禅を組んだりしながら書いたものでもある。『善の研究』はそういう本なのです。大正期の、たとえば倉田百三。『愛と認識との出発』『出家とその弟子』などで「大正教養主義」世代に影響を与えた人物ですが、この人が『善の研究』の多大な影響の下に活動を始めたりする。それから阿部次郎の『三太郎の日記』。「大正教養主義」の代名詞のような本ですが、ここにもその影響が見られると思います。大正期の教養主義の裏にはそういう、「人生問題」、つまり人はいかにして生きるか、という問題が流れている。そういう問題と結びついた「哲学」を西田幾多郎が示していたわけです。西田は西洋哲学と東洋哲学を「綜合」しようとして、「場の論理」というものを作ったりもするのですが、しかし最後は「絶対矛盾の自己同一」などという、ちょっと神秘的なところに到達しました。そのようにして日本的なるものとか東洋的なるものを「哲学」化するということは、当時の太平洋戦争の時代状況のなかで、大東亜戦争の動きをジャスティファイ、正当化することになったという側面もある。そのような批判が戦後いろいろなところから出されたりもしました。しかし、少なくとも三木清などは、西田の影響から出発しましたが、そこからマルクス主義の方に、いわば出て行ったわけです。

山川・福本論争

三木は二十五歳のとき、大正十一〔一九二二〕年にドイツに留学しまして、ハイデルベルクでリッケルトという新カント派の哲学者に師事したあとに、さらにフランスに移って勉強しましたが、そのときにはまだ、マルクス主義には行っていませんでした。しかし、日本に戻ってみると、福本和夫という人がちょっとした時代の寵児のようになっていたわけです。福本の前は、一時期、山川均が社会主義や共産党の陣営で主導権を握っていて、「山川イズム」と言われたのですが、福本はそれを華々しく否定して登場し、「福本イズム」と言われたりしていました。その福本の理論的な「タネ本」は、当時ヨーロッパでマルクス主義に新しい様相を持ち込んでいた、特にハンガリーのジェルジ・ルカーチという哲学者、それからカール・コルシュという哲学者の本です。ルカーチの『歴史と階級意識』〔日本語訳は未來社、一九六二年〕というのは、第二次大戦後もずいぶん翻訳が読まれたものですが、これを福本は留学時代に読んだらしい。その「福本イズム」というのは、非常にカッコいいものだったのです。文章も独特で、たとえば、「今や我が日本資本主義も没落の過程を過程しなければならない」とか、日本語としてはおかしいのですが、とにかく否定を通じての弁証法、いわゆる「弁証法」論理なるものを駆使してみせました。一方、それまでの「山川イズム」の山川均という人は、明治末、少年時代に事件を起こして捕まったところから始まって、堺利彦や、一時期は大杉栄、高畠素之と一緒に運動をしていたような、「明治社会主義」以来の、いわばたたき上げですから、そういう人たちにはなかった新鮮さというものを福本はもっていたわけです。「福本イズム」については、いろいろな意味で批判がありますけれども、純粋に「理論闘争」を前面に打ち出したのが福本なのです。理論闘争でもって論破していく、ということそれ自体が「革命的」なんだというスタイルを作り出したということの功罪というのがあるわけです。代表的な論文が『方向転換』はいかなる諸過程をとるか、われわれはいかなる過程を過程しつつあるか」という、長いタイトルのものですが、福本は「方向転換論」というものを掲げて、理論闘争をやったのです。

留学時代

さて、三木清は前述の留学時代に、それこそルカーチなどは身近に知っていた可能性があります。当時のドイツは敗戦後のインフレがひどいときですが、三木はそういうなかで、カール・マンハイムから、それこそ家庭教師のように教えを受け、マンハイムの家に行って討論をした、などという話があります。マンハイムは、『イデオロギーとユートピア』(一九二九年)で、いわゆる「イデオロギー論」を「知識社会学」的に分析し、ルカーチとは立場が違ったようですが、ハンガリー革命にも関わった人物です。そして、三木はマンハイムだけではなく、ハイデッガーの助手をしていたカール・レーヴィット〔日本語訳に『ウェーバーとマルクス』未來社、一九六六年など〕の指導を受けたりもしていますから、ルカーチのことを知っていたのではないかと思うわけです。そういうこともあり、三木清は福本和夫に対して、「その程度のことだったらオレだってやれる」というふうな対抗心を燃やしていたのではないか、と言われています。

『唯物史観と現代の意識』と『新興科学の旗のもとに』

それから三木は、『唯物史観と現代の意識』という本を出し、そして一九二八年、昭和三年には、歴史家の羽仁五郎〔主な著書に『ミケルアンヂェロ』岩波新書、一九六八年など〕と一緒に、『新興科学の旗のもとに』という雑誌を出し始めます。当時のドイツに『マルクス主義の旗のもとに』という理論雑誌がありましたが、「マルクス主義」を前面に掲げるのは当時の日本の状況ではやりにくい、ということで、「新興科学」にしたわけです。共同責任編集というかたちで羽仁五郎と一緒に、急速にマルクス主義陣営の方に接近していくわけですね。一方、マルクス主義の方から見ると、どうしてもそれまでは経済学理論としてのマルクス主義に力点があった。河上肇などでもそうです。それに対して三木などが、哲学としてのマルクス主義、いわゆる「唯物弁証法」の哲学というものをリードしていき、影響力をもつようになるわけです。

西田幾多郎「マルクスゆゑにいねがてにする」

その頃のエピソードとして、まず西田幾多郎は、哲学者として時代の問題に正面から立ち向かわねばならないという認識を持っていたからでしょうか、この時期、三木清や、その一年後輩の戸坂潤と、マルクス主義を巡って、特に哲学面でかなり熱心に議論をした。この戸坂という人は後に「唯物論研究会」で中心的な役割を果たすのですが、彼も三木と同じく、一高から京大へ行った人物です。そのころの西田幾多郎が詠んだ歌に、「夜ふけまで又マルクスを論じたり　マルクスゆゑにいねがてにする」というのがあります。マルクスのために「いねがてにする」、眠れない、寝不足になっているという歌で、そういう時代が、ほんの一時期ですが、昭和初期にはあったのです。

河上肇「山河を越えては越えて来つるものかな」

それから、河上肇も、『貧乏物語』（一九一六年）以後、『唯物史観研究』（一九二三年）、『経済学大綱』（一九二八年）などを刊行し、マルクス主義に傾倒していきます。

このころ、河上という人はたえざる自己否定の中にありました。単なる経済学としてのマルクス主義ではダメだ、『資本論』をちゃんと読むだけではどうもダメなようだ、『資本論』をちゃんと理解するためには唯物弁証法の哲学を勉強し直さなくてはいかん、と「哲学」の勉強のやり直しをしていたのです。もっとも彼は、のちの昭和八（一九三三）年に捕まって、しばらく獄中生活をすることになります。そして、今後は実践活動をしないという文書を書いて出てきて、晩年は『自叙伝』を書いたりして終わってしまうのですが、その前の、彼が共産党に入党した昭和七（一九三二）年に「辿り着き　振り返り見れば山河を　越えては越えて来つるものかな」という有名な歌を歌っています。「越えては越えて」というふうに、「求道者」的に学問を進めてきた人なのです。

二　マルクス主義　哲学と科学

ここまでお話ししたように、「マルクス主義」というものは、いろいろな側面をもった総合的な思想体系として入って来て、それが人々を捉えたわけです。それをどういうふうに整理するか。いろいろな整理の仕方があるのですが、まず二つの側面を挙げました。一つは、世界観としてのマルクス主義。つまり世界をどう見るか、そのなかで人はどう生きるか、という側面です。哲学としてのマルクス主義といってもいいでしょう。それからもう一つは、社会科学あるいは科学としてのマルクス主義。これは『資本論』に代表される、資本主義の構造を明らかにする側面です。少なくともマルクスは、『資本論』を書いた段階では、資本主義というのは「恐慌」を繰り返して必然的に没落していく、それに替わって「社会主義」というのが実現していくんだと言っている。そういう「予言の書」的な性格をもちながら、しかし「科学」と称している著作が『資本論』ですね。

それからさらに付け加えると、これはレーニン的要素と言ってもいいかもしれませんが、運動論・組織論、あるいは実践論としてのマルクス主義というのがあります。マルクス主義は、そういう様々な側面を総合したものとして現れたゆえに、大きな魅力をもって当時の知識人、特に青年たちを引きつけたのだろうと思うわけです。

総合的な思想体系

逆に言いますと、たとえば前にお話ししたような「明治社会主義」のたんなる延長上に、より正しい立場の「社会主義」としてマルクス主義が出てきた、というようなことではなかったわけです。たとえば、「明治社会主義」のあとの時代、さきほどの「大正教養主義」の時代には、世界観欲求というものが深まっていました。高山樗牛などを論じたときに説明しましたが、日露戦争後、特に青年層において、「国家青年」「政治青年」といったものではない、「文学青年」「哲学青年」「宗教青年」が出てきた。と同時に、社会主義に興味をもつようなタイプも出てきていた。そうやって、大正時代を通じて、宗教的・哲学的な世界観欲求のような意識が非常に深まっていたわけですね。

他方、明治時代までの、「天下国家」のために、あるいは「富国強兵」のために頑張るというような「国家」

意識とは違うレベルでの社会に対する問題意識、それも、社会の矛盾をリアルに認識していくなかから出てくる「社会科学」的な発想、そういうものも、やはり大正時代を通じていろいろなかたちで深まっていた。その両者を総合するものとして、マルクス主義というものが出てきた、それによって大きな力をもった、というわけです。

「プロレタリア文学」運動における「自然生長と目的意識」論

そのころ、文学の世界でもいわゆる「プロレタリア文学」や「プロレタリア芸術運動」といったかたちで、マルクス主義が持ち込まれます。話は大正末の一九二六年に飛びますが、この年、青野季吉が『文芸戦線』という当時の「プロレタリア文学」を代表する雑誌に、「自然生長と目的意識」という論文を発表します。この論文が、プロレタリア文学運動における「政治と文学」をめぐる論争を引き起こすのですが、注目すべきは、この論文の題名がレーニンの『何をなすべきか』の中心概念である「目的意識性と自然生長性」を踏まえていたことです。

レーニン『何をなすべきか』の「目的意識性と自然生長性」

「目的意識性と自然生長性」というのは、さっき言いました「世界観としてのマルクス主義」と「科学としてのマルクス主義」にならぶ第三の側面、つまり実践論あるいは組織論というレーニン主義的な側面です。けれども、それは結局「党の理論」になり、「共産党」が特別な存在になってしまうような構造が当時あったわけです。どういうことかと言いますと、レーニンは『何をなすべきか』のなかで、「党」というものと「大衆」というものを分けて、党というのは言い換えると「前衛」であり、その前衛が「目的意識性」を明確にもって、その目的意識に基づいて「指導」するんだと言うわけです。それに対して「大衆」はそういう目的意識を明確にはもっていないから、指導性を必要とするのですが、しかし、「大衆」は自然発生的なエネルギー、あるいは「自然生長性」をもっていると言うのですね。そして、その二つが結びつくことによって「革命」が成功するんだ、とレーニンは言ったわけです。

「前衛」理論と「共産党」

なぜそんなことを言ったかといいますと、実はロシア革命の過程では、日露戦争の際の「第一次ロシア革命」の時もそうだったのですが、伝統的に「アナーキズム」の勢力が非常に強かったわけです。マルクスの時代には、バクーニンがロシア・アナーキストとして第一回のインターナショナルに出て、マルクスと論争をしたわけですが、一九一七年のロシア革命の段階でもアナーキズムの勢力の方がむしろ非常に強い力をもっていて、クロポトキンらがアナーキズムの理論的枠組を提供していました。それだけではなくて、「ナロードニキ」という、十九世紀に展開していたロシアの伝統的な運動などの流れからも、アナーキズムと結びつくような勢力が出てきた。その「アナーキズム」とは何かというと、要するに権力はいっさい要らない、ということです。レーニンの言う大衆の「自然生長性」に全面的に依存して、それに対して「指導」するというのは、新しい「権力」を作るエリート主義であって、そういうものは必要ない、というのがアナーキズムです。それに対して、アナーキズムと結びついているような大衆の自然生長的なエネルギーを指導する「前衛」が必要である、という「前衛」理論を作り、そこから「共産党」に特別な意味を与えていったのが「レーニン主義」であるわけです。

「スターリン主義」と「ノーメンクラツーラ」——ソ連の崩壊

これが祟りまして、特にレーニンの死後、スターリンが権力を握っていく過程で、いわゆる「スターリン主義」が生まれる。これは、「党官僚」、あるいは「ノーメンクラツーラ」と言われる新しい貴族階層のような官僚が権力を握る体制であり〔ヴォスレンスキー『ノーメンクラツーラ』中央公論社、一九八一年／新訂増補版一九八八年参照〕、そのために結局ソ連は崩壊することになった、と言ってよいかと思います。その根っ子は、ププロレタリアート中心の社会主義国家を作って、大衆が主導権を握る体制のはずだったのに、それを指導する党を絶対化して権力を集中しなくちゃいかん、という方向に行ってしまったことなのです。

「永久革命としての民主主義」

この問題は話としては簡単ではなく、永遠の問題をはらんでいます。それこそルソーの「人民主権」論が本当に成り立ちうるのか、という問題にもかかわります。人民が人民を「自己統治」する、「自治」でもって自分で自分を支配するというのが「人民主権」ですけれども、しかし、何らかの意味での支配、統制、コントロール、指導的部分のようなものを作り出さないとダメなわけですね。それで、いちおうのかたちとしては「代表制民主主義」、「選挙」によってコントロールするということに今のところなっているわけですが、支配者と被支配者が完全に同一になるということは永遠にありえないのです。その意味では、それに向かって、それに無限に近づけていくために運動していくというかたちでしか、民主主義というものはありえないのであり、それが丸山眞男の言う「永久革命としての民主主義」ということです。社会主義理論の場合は、その問題を目覚めた一部の「前衛」、その前衛集団としての「党」が、遅れた「大衆」を指導するということにしてしまい、社会主義者たちも「プロレタリア民主主義」こそが真の民主主義であると言って「ブルジョア民主主義」を批判してきたわけですが、実質は「スターリン主義」に現れたような、最も非民主主義的なものをもたらしてしまったわけです。

三　ドストエフスキー――大審問官物語

ここでちょっと脱線しますが、この問題を考えるときに非常に面白いと思うのは、ドストエフスキーの『カラマーゾフの兄弟』という小説に出てくる「大審問官」の話です。ドストエフスキーは若いころ、「ペトラシェフスキー会」というフーリエ的空想社会主義者のサークルのメンバーになって捕まり、シベリアのオムスクの刑務所に四年間入れられました。その時代のことを書いた小説が『死の家の記録』ですが、以後、「ネチャーエフ事件」から構想を得たとされる『悪霊』を代表として、ドストエフスキーの小説の中には「政治」あるいは「政治の悪魔性」の問題が、一方の「宗教」の問題と重ねられて、繰り返しあらわれます。『カラマーゾフの兄弟』は、ドミートリイとイワンとアリョーシャという三人の兄弟を中心とする小説で、兄弟の父親であるフョードルを殺した犯人は誰かという興味と結びつけながら、いろいろな問題が書き込まれているわけですが、そのなかに次男のイワン・カラマーゾフというニヒリストが語る「大審問官」の話というものがあるのです。このまえ亡くなった埴谷雄高〔一九九七年二月没〕は、ドストエフスキーの「大審問官」ものを最も愛読したと言っていましたが、どういうものかと言いますと、イワンが弟のアリョーシャに、自分が作ったドラマというか、長編詩のようなものを読んで聞かせるというかたちで展開される、『カラマーゾフの兄弟』という小説の中の「劇中劇」のようなものです。

終末論――「千年王国」論

それは、十六世紀、スペインのセヴィリアにキリストが「再臨」するという設定の寓話です。キリスト再臨というのは、「ヨハネの黙示録」に出てくる「終末論」と結びつく「千年王国」思想に関わるものですね。仏教でも「末法」という歴史観があって、釈迦が死んで一五〇〇年とか二〇〇〇年とか、数え方は諸説あるのですが、その年数が経ったところで「末法の時代」に入って、世界は終末を迎えるとかいいます。それが平安末期から鎌倉の時期、特に平安末期の時期に、末法思想〔「正法」の時代から「像法」の時代を経て「末法」の時代に入る〕と結びついて、鎌倉仏教が生まれていく。そういう終末論が仏教にもあるのです。

さて、キリスト教の方では、ある時期に「最後の審判」が下って、神が救いを予定している人間だけが救われて、あとは皆滅びていくとされます。しかし、そのあとに「千年王国」というものが新しく展開するんだという、いわゆる「ミレナリスムス」、千年王国論があるわけです。そういうものを下敷きにして、ヨーロッパには、ちょうど十六世紀になる前後に終末がきて、キリストが再び姿を現すと考える人たちがいました。後に日本でも、大正時代に内村鑑三が「キリスト再臨運動」をやるわけですが、その前提になっていた考え方です。

そのイワン・カラマーゾフが語る寓話は、十六世紀のセヴィリアでの話に本当にキリストが再び姿を現したという設定で始まります。キリストは非常に貧しい身なりなんだけれど奇跡を行い始める。そこを支配していた「大審問官」〔異端審問官でもある枢機卿〕の、九十歳になんなんとする老人はキリストを捕まえさせますが、その夜半に一人で牢獄に繋いでいるキリストを訪ねてきて語るのです。

「人はパンのみにて生くるに非ず」——内面的信仰

大審問官は、なんでお前は今ごろやって来たのか、お前が今やって来ると我々は困るんだ、我々の仕事をぶち壊しにしてしまうんだ、と言います。どういうことかというと、イエス・キリストは聖書のなかで、「人はパンのみにて生くるに非ず」〔「マタイ伝」第四章〕、つまり、本当の救いを求める内面的な信仰に訴える必要があると言うわけですね。イエスが荒野を彷徨っていたときに試練に遭う話があるのですが、悪魔が、お前にこの石ころをパンに変える力を授けてやろうとか、いろいろなやり方で誘惑してくるのを全部退けていく話です。そうやって、全てを捨ててイエス・キリストに付いていく者のみが救われる、「金持ちが天国にはいるのはラクダが針の穴を通るより難しい」と「山上の垂訓」で言うわけですね。

聖職者集団と一般大衆
――中世カトリック世界

つまり、そういう厳しい基準を求めていったら、大衆は救われないんだ、というのが「大審問官」の言い草なのです。古代ローマ帝国の時代に「パンとサーカス」という言葉がありましたが、これは、大衆というものは、「パン」、つまりいちおう食べるものが与えられ、あとは楽しみとなるような「サーカス」がありさえすれば、それで満足するのである、という見方です。そして、中世ヨーロッパのカトリック世界も、そういう原理で成り立っている部分があるわけですね。つまり、聖職者らが作っている秩序と、その下にいる大衆の間には区別がある。一方の聖職者は、謹厳に戒律を守って苦しい修行をして神に仕え、一生を神に捧げるという集団です。しかし、一般大衆の方は、日曜に一度教会に行って、懺悔をして、それからさらに教会に喜捨、寄付をすれば罪は許される。そういう、いわば「ダブル・スタンダード」によってカトリックの世界は成り立っていたわけです。

「教会」の否定――プロテスタント

それを否定したのが「プロテスタント」で、ルターは「万人司祭」主義ということを言いました。誰もが司祭であり、一人一人が聖書を媒介にして神と、あるいはキリストと直に結びつき、「ソラ・フィデ」、つまり「信仰のみ」によって救われる。それまでの、教会という制度を通して救済の専門家に相談して、ちゃんと教会に通い、ときどき懺悔をして喜捨をすれば救われる、というカトリックのシステム、制度としての「教会」というものを否定したのが宗教改革、ルターとかカルヴァンがやったことの意味なのですね。

もっとも、ルター派にしてもカルヴァン派にしても、それぞれなりに、またちゃんと教会を作ってしまいます。ドイツのルター派の場合には「ランデス・キルヘ」、つまり「領邦教会」という教会ができたりなどします。

レーニンの「前衛」理論と大審問官物語

とにかく、「大審問官」が問題にしたのはそういうことです。数千万あるいは数億の大衆に幸福を与えるために、少数の聖職者たちの集団が、大衆に代わって厳しい規律を自分に課して、その指導の下で大衆がハッピーな生活を送れるというシステムを、キリストが死んだあと、自分たちは作り上げてきた。そういうふうに成り立っている秩序が、お前が現れたことによって、ぶち壊されてしまう、ということを言ったわけです。その間キリストは一言も口をきかず、そして翌日、大審問官はキリストを釈放し、キリストはどこかに立ち去った、というストーリーなのです。

この問題が、まさにレーニンの「前衛」理論、あるいは「党」の理論と重なるわけですね。スターリン主義的な、結局は少数の支配者が特権階級(ノーメンクラツーラ)になってしまう官僚国家というのを、最高に善意をもって解釈するならば、レーニンの理論はこういうことなのです。「大衆」自身が完全に主権者としての能力を持ち、「自治」でやっていけるような時代状況が容易にはこないとすれば、大衆に代わって苦難を引き受け、厳しい規律を自分に課して禁欲的な生活を送る、少数の「前衛」集団が指導しなければならない、というわけです。

ツァーリズム時代のロシアでは、皇帝の絶対専制政治のもとで、「大衆」は無知蒙昧のままで放置されていました。ここに、ロシア語で「インテリゲンチア」という人々が登場したわけです。彼らは、「ナロード」(大衆)つまり農奴的な存在の農民たちのために献身する、というイメージを出して、これを「ヴ・ナロード」(大衆のなかへ)と言いました。しかし、他方で、その「インテリゲンチア」というのは、結局自分の労働で生活しない、いわば寄生分子であるから「無力」である。「青白きインテリ」などというイメージもそのころに出てきます。それから「オブローモフ主義」というのもありまして、オブローモフというのはゴンチャロフの小説に出てくる人物ですが、怠惰で何もしない、また何もできないインテリなのです。

四　ロシア革命の成功の中で

ちょっと話がそれてしまいましたが、そういうロシアの現状のなかで革命を達成し、さらに急激に工業化を進めていったレーニンは、「ネップ」（新経済政策）のころに、必要なことは「電化とソヴィエト」であると言います。つまり、ダムを造って電力を開発して、それに基づいて「工業化」を進めていくという側面と、「ソヴィエト」という組織をきちんと創り上げていく側面と、両方が必要である、と言うことです。その際に、「党」組織、「前衛」理論というのが必要になっていった、と思うわけです。

日本の共産主義運動――転向と非転向

ロシア革命が成功し、モスクワの権威が絶対になっていき、コミンテルンの指示が絶対化されるなかで、日本でも「共産党」が作られるのですが、これはすぐ非合法化されて「地下活動」をすることになります。そして、目に見えないかたちで動いているということもあって、これがますます神秘化されていくということが起こります。そもそもそういうレーニン的な「党」の理論がスターリン主義になっていくという問題があるところに加えて、さらに共産党が特別な存在になっていくということが起こるわけです。

そして、やがて昭和六〔一九三一〕年の満州事変から、軍国主義化、ファシズム化がどんどん進んでいくなかで、昭和八〔一九三三〕年になると、有名な佐野学・鍋山貞親の「転向声明」が出ます。佐野は早稲田の教授でインテリ、鍋山は大阪の労働者上がりですが、当時獄中にいた共産党幹部のこの二人が、獄中から転向するという声明を出すわけです。「転向の時代」と言ったりもしますが、これをきっかけにして続々と、「転向」していく人たちが出てくる。一方、そのなかで、あえて「獄中十二年」とか「獄中十八年」とか頑張り続けた人たちもいます。いわゆる「徳球」、徳田球一や宮本顕治らが、「非転向」で頑張った。それが、ますます共産党および共産党の指導者というものを神秘的な存在にしてしまうのですが、それはむしろ「戦後」の問題なので省きます。

マルクス主義と「天皇制的精神構造」

そういう「昭和マルクス主義」をめぐる特殊状況のなかで、もう一つだけ付け加えておきたいことがあります。日本の思想をトータルにみていくと、いろいろな意味で、そして広い意味で、「天皇制的な精神構造」という問題がある。少なくとも近代においては、それがずっと一貫してあるのです。天皇制的な精神構造の中身については、最終回の「戦後の思想」でくわしく触れたいと思うのですが、いわゆる「戦後民主主義」の出発点は、この天皇制的な精神構造との「対決」であったわけですね。一方、第二次世界大戦以前でいうと、これを打ち破るような思想は、たぶん明治のキリスト教と、それからこの「昭和マルクス主義」だけだったのではないか、と言われているのですが、実はこれと、先ほどお話しした「転向」が関係してきます。

「転びバテレン」

「転向」現象というのは、自分が信じていた主義・信条を捨てる、あるいは裏切って時の権力に屈服していくということです。その先行形態というのは、いわゆる「転びバテレン」です。「天草の乱」のあと、キリシタンたちに「踏み絵」をさせる、マリアの像とかイエスの像を足で踏ませて、拒否した者を火焙りの刑に処す、という残酷なことが行われました。そこで転んでいった人たちが、ちょうどこのマルクス主義者たちの「転向」に相当するわけですね。「神」を絶対的なものと信ずるキリスト教徒と、「マルクス主義」（「世界観」であり「科学」でもあるような「主義」）を絶対的なものと信じ、それに基づいて理論と実践を一致させて生きようとする人たちは、同じ位相にあるわけです。

転向と「成り行き」

逆に言いますと、「マルクス主義者」以外の人たちというのは、実は、およそ「転向」なんて意識する必要はないのです。つまりその時々の状況のなかで「成り行き」で動いて、「世の中」が変われば自分も変わるという生き方をしているわけですね。「天皇陛下万歳」と言って戦争に突入していった人たちが、八月十五日を境にして、今度はマッカーサーのもとで「民主主義万歳」と言うのは当然である。つまり、世の中が「民主主義」に変わったのだから、自分も変わるのは当然だという生き方が絶対的多数派であり、それに支えられるかたちで「天皇制」が、中身を変えながら残り続けてきているということです。それとは両立しえないものとして、それに対してクサビを打ち込むようなものとして出てきた存在は、「キリスト教」と「マルクス主義」しか、歴史上なかったのではないか、という側面があるのです。

マルクス主義とキリスト教

マルクス主義は「唯物論」ですから、宗教は「アヘン」であると、宗教を徹底的に批判しているわけですが、しかし、繰り返して言うと、キリスト教と同じように、マルクス主義もほとんど「宗教的絶対者」と重なるものとしてあったことが強みでした。そうした在り方自体が、少なくとも日本社会がもっている「非原理性」といいますか、その時々の「成り行き」で、ある意味で何でも取り入れ、それから都合のいい方に無原則に移っていくという風土のなかでは「異質」なものであり、それが、最初に述べたような「求道者性」に繫がるわけです。こういう側面があったことで、一時、昭和の初期にあれだけの吸引力をもったのであろうと思われるわけです。

「成り行き」と少数者

しかし、そうであるがゆえに、マルクス主義は、日本社会のなかでは孤立した少数者のものでしかありませんでした。それを、より大衆化した、日常生活と結びついた運動まで、どう持っていくか。これはたぶん、戦後、必ずしも共産党の立場でなくても、社会主義やマルクス主義と結びついたいわゆる「革新勢力」にとって、考えなければいけない課題です。少なくとも今までのところ、マルクス主義がもっている徹底性、純粋性、体系性というものを貫こうとすると、日本社会のなかでは、少数のいわば殉教者集団のようなものとしてしか存在しえないのではないか。そういう状況がまだ続いているという感じがするわけです。

「昭和マルクス主義」については、まだ話すべきことがたくさんあるのですが、このあたりで終わります。

第十三回　昭和ファシズム期の思想

［左］北一輝、1920年代、東京都立図書館蔵。［右］石原莞爾、1934年。

一　昭和初期――ファシズム期

明治維新以後の「近代日本」というのが、もう一三〇年ほど経つわけですが、そのうちの昭和の初めの十五～二十年間ほどの時期が「暗黒期」、軍国主義とファシズムに覆われ、太平洋戦争に突入して敗戦を迎えるという「谷間」のような時期になっています。どうしてそういうことが起こったのかというのは、なかなか簡単には解き明かせないことなのですが、しかし世界的にも当時、イタリアで「ファシズム」がまず起こり、それからやがてドイツにヒトラーに率いられた「ナチズム」が起こる。「ファシズム」という言葉は、イタリア語の「ファッショ」(束、集団、結束)に由来し、第一次大戦後にムッソリーニを指導者として結成されたファシスチ党からきています。他方、「ナチズム」は、「ナチオナール・ゾチアリスムス」というドイツ語から来ていて、英語で言えば「ナショナル・ソーシャリズム」、「国民社会主義」とも言われますが、それを略したものが「ナチ」ないし「ナチス」になるわけです。そういう世界的なファシズムの流れに、日本も巻き込まれたということでもあるわけです。

当時の雰囲気

その当時の雰囲気というものを想像してみますと、なんといっても大きいのは、昭和の初めに「金融恐慌」が起こり、それから昭和四〔一九二九〕年、アメリカのウォール街での株の暴落から始まった、いわゆる「世界恐慌」という世界的な経済不況が深刻化する。そして、日本を見ると、この時期は天候が不順で、たとえば東北で飢饉が起こる。当時の新聞などを見ると、「欠食児童」、つまり、子どもが食べるものがなくて弁当を学校に持って行けない、家へ帰っても芋などを食い尽くしてしまって、文字通り飢え死に寸前であるという、目を覆いたくなるような状況が伝えられています。そういう雰囲気、そういう状況を打破しなければいけないという動きと、満州事変を起こして満州に侵出していくという動きは、根本のところで繋がっているわけですね。あとでその思想を考えていきますが、石原莞爾という人が、満州事変、それから「満州国」の建設で指導的な役割を果たして、そういう軍人が大きな力をもつに至る。そして、その果てに、東条内閣に象徴されるような、軍人が主導権を握る「軍国主義」の体制に突入していくわけです。

日本ファシズムの準備段階——大正期「革新」派

そういうなかでファシズムの特徴、特に日本ファシズムの特徴とは何か、というようなことを考えると、いろいろな点が挙げられるのですが、まずは歴史的な準備段階から見ておきたいと思います。だいたい大正八、九〔一九一九、一九二〇〕年から満州事変に至るころ、この時期は前回お話ししましたように、特に知識人の世界でマルクス主義が全盛期だったのですが、ちょうどその時期に民間「右翼」の運動が出てきます。大正期に「革新」という言葉があらわれるのですが、これは、「左翼」の革新と並ぶ、「右翼的」革新と言ってよいと思います。初期の段階に遡るほど、「右」と「左」の区別が付かなくなるような状況があるのです〔伊藤隆『大正期「革新」派の成立』塙書房、一九七八年、参照〕。それを象徴するのが、たとえば、北一輝という人です。この人は、ご承知の通り、「二・二六」事件のときに起ち上がった「青年将校」たちに思想的な影響を与えた人物です。事件の指導者格の人物であったということで、軍法会議で死刑判決を受けて、銃殺刑に処せられました。

北一輝

北一輝は佐渡の出身で、明治十六〔一八八三〕年生まれですから、自由民権運動なども物心ついたころには終わっていたという世代です。この人は結局、大学にはちゃんと行きませんでした。弟に北昤吉（れいきち）という、早稲田を出て、早稲田に哲学の教授として残り、第二次大戦後には代議士にもなった人がいるのですが、その弟が通っていた早稲田の図書館に潜り込んだりして、独学をしたわけです。それで、二十三歳のときに『国体論及び純正社会主義』という本を出版しますが、ただちに発売禁止処分に遭います。これは、純粋な正しい社会主義、「純正社会主義」の立場から、天皇を中心にした日本固有の「国体論」を批判する、というものですから、まさに北は「社会主義者」として出発したと言っていいわけです。

「社会主義者」

このころ、のちの明治四十四〔一九一一〕年に起こる中国革命（辛亥革命）に向けて、日本に留学していた学生や、それを指導するために日本に来ていた革命家たちによって「中国革命同盟会」という組織が作られます。北一輝も、「革命評論社」の同人になったりしたあと、そういう組織と接触をもち、そして辛亥革命に参加します。辛亥革命は、当初は孫文が指導者で、その孫文を親友である宮崎滔天が助けたわけですが、北一輝の場合には、むしろ反孫文派の宋教仁という人物との親交を深めています。宋はいわゆる「第二革命」の過程で、袁世凱の放った刺客によって暗殺されてしまいますが、とにかく北は、中国革命のなかで、それも真っ只中で、まさに武力による革命を経験して戻ってくるわけです。

「国家改造論」者

そういうなかで結局北一輝は、当初の社会主義の考え方ではなく、むしろ軍事力、特に軍の「青年将校」クラスをつかまえなければ、革命は成功しない、ということを学んできたわけですね。その観点で、彼は『支那革命外史』という本を大正四〔一九一五〕年に書きます。

そして、大正八〔一九一九〕年に中国では「五四運動」が起こります。これはのちの「中国革命」に繋がる先駆的な動きであると同時に、日本を排斥する「排日」運動と結びついてもいる。それを眼の前に見るなかで、彼は新たな拠点とでも言うべきものを築き上げていきます。そこで書いたのが『国家改造案原理大綱』（のちに『日本改造法案』とタイトルが変わります）で、これは上海で執筆されました。

大川周明

ちょうどそれを書き終えようとしていたところに、日本から大川周明がやってきます。この人も五・一五事件、二・二六事件等に影響を与えた人です。彼は第二次大戦後の巣鴨の「東京裁判」でも「戦犯」として裁判にかけられたのですが、そのときにたまたま被告席で前に座っていた東条英機のはげ頭をピシャピシャ叩いたというので、精神に異常をきたしたとみなされて裁判から外された人物です。大川は大学ではインド哲学を勉強し、イスラム教について『回教概論』という本を書いたり、「コーラン」の翻訳をしたりしています。

この大川周明、それから満川亀太郎、こういう人たちが当時の状況、つまり大正デモクラシー運動が進展し始めると同時に、急速に一九一七年のロシア革命の影響が及んできて社会主義に向かおうともしている状況に対して危機感をもち、「猶存社」を作るわけです。そして、猶存社にはカリスマ的指導者が必要であるというので、大川周明が上海にいる北一輝を訪ねて、猶存社に入ってくれと勧誘したわけです。この大正八年というのが、日本ファシズム運動の出発点になったと言ってもいいかと思います。

と同時にこの大正後期から、たとえば大正十〔一九二一〕年に原敬が暗殺されたり、それから財界人たちが次々と暗殺されていくという動きが出て来るわけです。その指導者格の連中、たとえば井上日

暗殺——「右翼テロリズム」

召という人などは「一人一殺」、一人が一人を殺せば世の中は良くなる、そんなふうなことを言う。

井上日召や北一輝などは、日蓮の「法華経」信仰と結びついたりしているのですが、そのへんにもちょっと考えるべきところがあります。石原莞爾も日蓮の思想に影響を受けていて、「世界最終戦論」を考えるにいたるわけですが、そういう「右翼テロリズム」というものが、このころから目立ち始めるわけです。

それについては昔、橋川文三さん〔一九二二—一九八三年〕が、いろいろ論じています〔『昭和維新試論』朝日新聞社、一九八四年、参照〕。つまりここに、「右翼少年」タイプの原型として、たんに経済的に貧しいというだけではなく「社会的不遇感」、自分は不遇な境遇にあると感じて、その原因を「社会的」なものに求めていく心性が登場しているのではないか、というわけです。そして、それをもたらしているのは悪しき「資本家」どもであり、またそれとくっついている「政党政治家」が世の中を悪くしているのだ、という感情が大正の後半期ぐらいから、かなり広く出てくるわけですね。

国家社会主義

そういうものに結びつくかたちで、たとえば先ほどの北一輝の『国家改造法案原理大綱』あるいは『日本改造法案』などが、「青年将校」を惹きつけていく。天皇大権を用いて戒厳令を一時敷いて、議会なるものは解散して政党内閣も解散させて、軍人が主導権を執る内閣の下で「国家社会主義」を実現するというのです。「国家社会主義」とはどういうことかというと、「国家」の力でもって、たとえば当時のお金で三百万円以上の資産をもっている金持ちの、その三百万円以上の分は没収するとか、それから土地も十万円分以上の土

地をもっている大土地所有者からは、その超過分を没収するとかして、ある種社会主義的な再分配をするという構想です。それが先ほどの「社会的不遇感」をもっている青年層を惹きつけ始めるのが、大正の終わりから昭和の初めの時期なのです。

ところで、ロッキード事件〔一九七六年〕のときに名前が挙がり、裏のフィクサー役だと言われ、まもなく死んでしまった児玉誉士夫という人物がいますが〔一九八四年没〕、彼の『悪政・銃声・乱世』〔弘文堂、一九六一年〕という自伝があります。その初めの部分には、ある意味で非常に感銘を与えるようなところがある。彼は幼少期に、父親と一緒に朝鮮を放浪しているのですが、いわば純粋な心情に基づいて「右翼」になり、「テロリスト」になっていく様相が、よくわかるように書かれているのです。そういう心情が、右翼運動あるいは日本ファシズム運動の原点になっていくわけですね。そして、先ほどあげた井上日召や、それから橘孝三郎という人が、どちらも茨城の方で塾のようなものを作り、青年層を教育していくわけです。

二　日本ファシズムの特徴

「農本主義」

そこで出てくるのが、いわゆる「農本主義」です。つまり「資本主義が悪である」というのは、社会主義と共通するところなのですが、日本ファシズムは、社会主義の方向、あるいはソビエト式の共産主義の方向ではなくて、いわば「土に帰れ」という方向にいくわけです。たとえば先ほど名前を出した「猶存社」は、のちに結局「両雄並び立たず」ということで、大川周明と北一輝が分裂して解散するのですが、大川はそのあと「行地社」というのを作り、これが五・一五事件などに影響を与えていくグループになります。その「行地社」の綱領を見ますと、「中央集権」より「地方分権」へ、「議会中心」より「自治本位」へ、「都市偏重」より「農村振興」へ、と謳っているのです。

そういう点で最も目立つ人物の一人に、たとえば昭和七、八（一九三二、三三）年ごろに展開された、農村が自らを救う運動、「農村自救運動」の思想的な指導者だった権藤成卿という人がいます。この人は非常に古い古典的な漢学とか、「制度学」とか、そういうものを御祖父さんの代から引き継いできた人で、『農村自救論』の他に『自治民範』という本があって、「農業本位」の「農村自治」とを基本にした社会を作れということを言うわけです。面白いことに、今から二十年ぐらい前かな、アナーキズムのグループが『権藤成卿著作集』全七巻を「黒色戦線社」からあらためて出版しています（一九七二年刊行開始）。

農本主義のイデオロギー
——権藤成卿の「社稷」概念

そういう「自治」の立場で、権藤は「社稷」という概念を打ち出すのですが、要するに「官治」、官による統治・支配ではなくて、「自治」で行かなくてはいかんと言い、それも生産者としての「自治」、反官僚、反都市、反大工業を表に出していく、ほとんど「農本無政府主義」のようなものです。だから国ではなくて、「社稷」という古い言葉を持ち出すわけですね。

前に「国家と社会の区別」の話をしたときに、「社会」という言葉は英語の「ソサイアティ」の翻訳だということ、翻訳として明治八（一八七五）年ごろに成立したということをお話ししましたが、もともと「社」というのは、「氏神のやしろ」のことです。そういう氏神、神社を中心にした共同体の集まりというのが「社会」だった。朱子の書いたものに「社倉論」というのがあって、それぞれの地域の共同体ごとに倉をおいて飢饉やらなにやらに備えよという議論をしているのですが、そのなかで「社会」という言葉がこのもともとの意味で使われています。

そういう社会のイメージと繋がるものとして、この「社稷」という観念があるのだと思うのです。〔追記——「社稷」の「社」は、以上に述べたとおり、「土地神をまつる祭壇」の意だが、「稷」は、「穀物の神をまつる祭壇」を意味する。したがって、「社稷」とは、天壇・地壇や「宗廟」などとともに、中国の国家祭祀の中枢を担うものであり、中国で新しい国家が興ると、「社稷」の祭壇と「宗廟」が設置された。そこから転じて、「社稷」は「国家」そのものを意味するようになった。〕

こうして「農本主義」が日本のファシズム・イデオロギーの一つの大きな特徴になっていくわけですが、こういう権藤成卿の動きは注目すべきだと思います。それに対して、北一輝などには、こういう「農本主義」の色彩はなく、彼は彼なりの「社会主義」と結びつけて「国家社会主義」と言ったのであり、だいぶ肌合いが違うわけです。

「家族主義」・「家族国家」観

それからもう一つ、たとえばナチは、「ゲルマン民族の優位」、「民族共同体」というふうなことを言ったわけですが、日本ファシズムの場合には、「民族」よりはむしろ「家族主義」、「家族国家」観なのです。日本という「民族」全体が「一大家族」であると言い、そういう「全体」に対して奉仕することを強調する。たとえば、「日本村治派同盟」という農本主義的な団体の書記長をやっていた津田光造という人が、「家族なる全体への奉仕に基づくのである」と言い、「この家族主義の延長拡大が取りも直さず我らの国家主義でなければならぬ」と言うのです。この家族的な民族結合体としての「国家」の「元首」である「天皇」は、「家長」であることによって、国家の中心、総代表なのである。こういう日本ファシズムに通じる考えというものは、前に論じましたように、すでに明治中期以降、とくに「教育勅語」以降、「修身」教育などで叩き込まれてきた観念の上に成り立っていると言っていいでしょう。

それから、もうひとつ、三番めの「昭和ファシズム」の特徴が「大アジア主義」で、いわゆる「東亜共同体」論もここから出てきます。これは自由民権運動時代からの課題と言ってもいいのですが、少なくとも理屈の上から言うと、ヨーロッパ「帝国主義」がアジアに侵出してきているなかで、アジア民族を解放しよう、「東亜」をヨーロッパの圧力から解放しようとアピールしたわけですね。ただし実際には、それこそ「満州国」建設が象徴的ですが、日本の植民地支配のための傀儡政権を生んだにすぎませんでした。当初、石原莞爾たちが本気でやろうとしたのは、いわゆる「五族協和」、つまり中国、朝鮮、日本、満州族、モンゴル族の五族が協和した体制であり、これを掲げて満州に「王道楽土」を建設するという構想です。しかし、今でも中国では、溥儀の「満州国」のことを、かならず「偽」の字を冠して、「偽満帝国」などと言うわけで、結果としてはそういうものになってしまった。

石原莞爾

その石原莞爾も、当時で言う「支那事変」（一九三七年）、つまり日中戦争の開始以後、特に東条英機らの勢力から排斥され、本土の参謀本部に呼び戻され、さらに、太平洋戦争開戦前には現役を退き、「予備役」へ編入されます。そして、さきほどのの大川周明とは別のかたちで、石原莞爾も戦後の極東国際軍事裁判、いわゆる「東京裁判」では、「戦犯」指名から外されています。それは要するに、連合軍の側の調査の結果、石原莞爾は東条英機と対立してパージされた存在であり、したがって石原は東条の「軍国主義」に対する反対勢力だから、裁判の対象にならない、という理屈なのだろうと推測されるのです。もっとも石原莞爾自身、戦前・戦中の「東亜聯盟」論からさらに進んで、絶対平和主義を掲げるに至ります。戦後、一九四九年に亡くなるまで、平和国家建設のために運動し、晩年は永久平和論のようなことを展開しました。

結局、「大アジア主義」というのは、結果として、「大東亜共栄圏」というかたちで大陸へ日本が侵出していく、さらに南方に侵出していく際の看板、そういう侵略のイデオロギーになってしまったわけです。以上、「農本主義」、「家族主義」、「大アジア主義」というものが、「日本ファシズム」思想の特徴だったという話の概略でした。

三　日本ファシズムの時期区分

「民間右翼」のその後――「建国会」「玄洋社」「国本社」など

さて「民間右翼」のその後を見ていきましょう。たとえば「建国会」が大正十五〔一九二六〕年にできます。この中心が赤尾敏という人で、つい最近まで活躍していました。そのほか、津久井龍雄とか、あるいは渥美勝という面白い人がいます。渥美勝は放浪する乞食僧みたいな人で、たとえば靖国神社とか出雲大社とかで「国の子桃太郎」という旗を掲げて「桃太郎主義」という運動をしていた不思議な人です。そういう人たちによって「建国会」というのができる。そもそも建国会の会長は上杉慎吉という、美濃部達吉のいわゆる天皇機関説に対抗して、天皇主権説というものを唱えた人物です。それが会長で、顧問は福岡の「玄洋社」を作った頭山満。この「玄洋社」はもともと自由民権の結社であり、頭山は中江兆民とも非常に親しくしていました。しかし、やがて自由民権運動の中にあった国権論の要素を膨らませていくなかで、福岡という土地柄のせいもあってか、大陸に渡るいわゆる「大陸浪人」の群像をたくさん生み出していき、この時期にはもう右翼的な団体になっていました。あとは平沼騏一郎、これは検事総長などを務め、短命に終わりましたが総理大臣にもなって平沼内閣を組織し、「国本社」、国の本の社という団体を率いていた。その平沼騏一郎も顧問になっている。そのほかにもいろいろな団体があるのですが、省略します。

「急進ファシズム」――全盛期

こうして大正八、九〔一九一九、二〇〕年から満州事変ごろまでに、右翼運動の様々な動きがほぼできあがり、そして、満州事変前後から昭和十一〔一九三六〕年の二・二六事件にいたる時期が、日本ファシズムの第二期。いわば「急進ファシズム」の全盛期となります。つまり、それまではたんに民間運動、民間右翼運動でしかなかったものが、軍部の一部とくっついて国政の中核を占拠するにいたる時期です。軍の一部とは、いわゆる「皇道派」です。「皇道派」は、真崎甚三郎を大将として担いでいましたが、実質的にはむしろ「青年将校」たちが中心です。それが、「三月事件」（一九三一年三月）、「錦旗事件」（「十月事件」とも言われる、同年十月）といった未遂事件を経て、「五・一五事件」、「二・二六事件」、「血盟団事件」（一九三二年二〜三月）だの、「神兵隊事件」（一九三三年七月）だの、「相沢中佐事件」（一九三五年八月）だのといった事件を起こし、国政の中核を占拠しようとしたのです。そういう政治構造のなかでのファシズム化の意味については、後で別に述べたいと思います。

日本ファシズムの第三期――上からのファシズム

「二・二六事件」は、何人もの政治家が暗殺されると同時に、都内の重要地点が占拠され、一時戒厳令が敷かれた事件です。しかし、蜂起した連中が期待していた、天皇が認めてくれるということは起こらず、むしろ有名な戒厳司令部名義の名による呼びかけ、「原隊に帰れ」というビラが播かれる中で鎮圧されました。その「二・二六」の後、「粛軍」、つまり軍の粛正が行われ、そこで「皇道派」にかわって「統制派」の軍人たちが主導権を握る。そちらの方の中心人物が東条だったわけです。この時期から一九四五年八月十五日、終戦の時までというのは、ある意味では「日本ファシズムの完成時代」と言えます。しかし、この段階では、急進派の右翼運動とか、軍人の一部とかではなくて、国家全体がファシズム体制になっている。つまり、官僚・重臣、それから独占資本、いわゆる財閥、政党ものちに自分で解散して「大政翼賛会」を作っていくわけですが、そういう従来の支配層全体がファシズム化している。「下からのファシズム」、「下からの運動としてのファシズム」ではなくて、上から下まで日本の国家「全体」がファシズム体制になってしまうのが、「第三期」なのではないかということですね。

四　イタリア、ドイツとの違い

ファシズム化と天皇大権――統帥権

イタリアのムッソリーニの「ファシスチ」、それからドイツのヒトラーの「ナチス」などは、「ファシズム革命」によって完全にそれまでの支配層を引っくり返して権力を握ったわけですが、日本の場合にはそのへんがズルズルッと、いつの間にか「ファシズム化」してしまった、というところがあります。それは言い換えると、近代の「天皇制国家体制」の内部にあった要素を膨らますように、「ファシズム化」が進んで行ったということではないかと思うのです。

第五回で書いた図を再びとりあげます〔本書一二六頁参考附図〕。大日本帝国憲法の体制というのは、天皇が強大な天皇大権をもち、主権者として頂点にいます。それを支えるものとして内閣があり、そして議会、特に衆議院があり、その衆議院議員は国民が選ぶというかたちが中心部分にあります。しかしそこからはみ出す「非立憲的」部分として、内閣を牽制する「枢密院」があり、それから衆議院を牽制する「貴族院」がある。枢密院は天皇の最高諮問機関であり、貴族院というのは公侯伯子男の華族や、天皇が直接選ぶ勅撰議員が中心ですが、多額納税議員なども加わっていました。さらにもう一つ、大きな存在が「軍」であって、軍は「統帥権の独立」を主張して、内閣や議会から独立して「独断専行」できるわけです。

ところで、「統帥権」という観念を言い出したのは誰だったのか、というと、これはそもそも大日本帝国憲法の「天皇大権」の一つに、「天皇ハ陸海軍ヲ統帥ス」（第一一条）という項目があったわけですね。ですから、かなり早いうちから、特に山縣系の官僚あたりでは当然のように「統帥権の独立」が言われていました。山縣有朋は、長州閥の中心で、陸軍と結びついていました。

「統帥権干犯」と「国体明徴」運動・「独断専行」による満州事変

さて、ロンドン海軍軍縮条約のとき（一九三〇年）、「統帥権干犯」という言葉を使って、内閣が天皇の統帥権を犯していると攻撃し、内閣を引っくり返そうとする動きを作ったのは、おそらく北一輝です。それから同じように、「国体明徴」というスローガンを作り、「天皇機関説」問題を捉え返して、美濃部機関説排撃の大運動のきっかけを作ったのも、北でしょう。

明治憲法体制は、三角形の枠内、中心部分だけで言えば、戦後の「日本国憲法」とほとんど変わりません。つまり、国民が衆議院議員を選び、衆議院の多数を占めた政党が内閣を組織し、そして天皇は内閣の決定に基本的に従う。この限りでは、「国民主権」の原理を生かせる余地があったわけです。しかし、軍が天皇の統帥大権と結びつき、内閣や議会から全く独立して行動できるという部分、つまりこの三角形からはみ出した「非立憲的」部分で、とくに軍部が「独断専行」していき「満州事変」が起こされるわけです。

その後の「支那事変」（日中戦争）への拡大も、同じパターンで進んでいきます。明治天皇制国家の側面、半分の側面と言いますか、一方では実質的には「国民主権」に繋がりうる「立憲的」要素があったのに、他方に「非立憲的」要素を率いる「天皇大権」があったために、ファシズム化が進んでいく。「ファシズム革命」を起こさなくても国家体制全体がファシズムへ移行することが可能だった。それが戦前の日本であったと言えると思うのです。

リーダーシップ

この時期の問題点として、リーダーシップについてお話ししておきます。前にすこし触れましたが、日清戦争、日露戦争の頃までの日本の政治的な指導者というのは、明治維新をくぐり抜けて出てきたような、いわゆる明治の「元勲」と言われた人たちであり、政治的なリーダーシップと、それに対する責任感が非常に明確にありました。これも前に触れましたように、日露戦争などでは、当時の軍人を含む指導者たちが、戦争を起こしたときから、どの段階で戦争を終結させるかということを必死に考えていたわけです。アメリカやヨーロッパに出かけて、外債を募集して資金を得て戦争に突入し、そして、ほぼこれが限界だ、とわかったところで、講和条件としては非常に不利とも言える「ポーツマス講和条約」を結んで戦争を終結させた。ところが、そういう指導力と責任感というものが急速に失われていったわけですね。そのことと、この昭和のファシズム化というものが結びついていたのです。

「無責任の体系」——丸山眞男の分析

前から名前を出している丸山眞男先生が、一九四九年に書いた「軍国支配者の精神形態」という論文があります〔『超国家主義の論理と心理 他八篇』岩波文庫、二〇一五年、所収〕、これは当時明らかになってきた東京裁判における戦犯の言動を素材として使いながら、日本の「軍国支配者」、指導者たちがいかに「矮小な精神」の持ち主であったかを、少しどぎつく書いた論文です。このなかで、丸山先生は、日本のファシズム支配は「無責任の体系」によって成り立っていたと言います。つまり、ナチの指導者の方は、いわば自覚的に悪を成す意志を持って悪を成したのに対し、日本のファシズムの指導者たちの方は、善を成すつもりというか、悪を成すなんていうつもりは微塵もなくて、結果として悪を成したという意識しかない、「弱い精神」の持ち主であった。ズルズルッと、気がついてみたらそういう状態になっていたというわけで、責任感というのがおよそない。そういう意味で、ナチの指導者よりもしょうがない、なんていうことを書いたものですから、ナチの方が良かったというようなことを言うのはおかしい、という批判が出たりもしました。

「権限への逃避」と「既成事実への屈服」

この論文でいちばん象徴的なのは、東条英機が開戦の決意をするに至ったプロセスを述べているところです。東条は、それまでずっと、日米交渉でなんとか打開しようとしてきたけれども、なんとも打開の道がなくなって、にっちもさっちもいかなくて、やむをえず「清水の舞台から飛び降りる」というのは、真珠湾攻撃の開戦を決断した、と言っているのです。「清水の舞台から飛び降りるつもりで」、要するに自殺行為であって、そういうふうな決断の仕方というのは、いかにも「無責任」であるというわけですね。

それればかりではなく、この東京裁判での被告たちの弁護の仕方というのは、丸山さんの表現で言えば二つの論理に拠っています。それは何かというと、一つは「権限への逃避」。自分はそういう立場、そういう位置にいたんだから、そういう命令をせざるをえなかったとか、そういう役割上、立場上そうせざるをえなかった、自分はやりたいと思ってやったのではなかったんだと言うわけです。それからもう一つが「既成事実への屈服」。次々と事実が進んでしまったから、「成り行き」でしょうがなかったんだと言うわけですね。その時の、その場の「成り行き」、あるいは「勢い」で事実が進んでいった。それに対して自分ではいかんとも仕方がなかったんだと言うのです。そういう二つの論理が組み合わさっているのが、「無責任の体系」だというのです。

三層構造——神輿・役人・無法者

そういう「無責任の体系」がどのように成り立っているかというと、丸山さんの整理によれば、いちばん上に「神輿」として担がれている存在があるというのです。その最たるものが天皇ですが、下の方の集団にも「神輿」として担がれている存在があって、それを「役人」が支えている。そしてそれを、さらに下から突き上げている存在として、右翼というか狭い意味でのファシストたち、「無法者」という範疇がある。それはいわゆる「浪人」的存在で、ちゃんとした法的権限など何もないんだけれども、そういう連中に突き上げられて、権限をもった役人がファシズムを推進するわけです。しかしそれは、精神的権威としての神輿を担ぐのであって、つまり自分がやるのではない。そういう権威の名の下に役人がやるのだから、どこにも責任の所在がないわけですね。言い換えれば、精神的な権威、それから法的な権力、それから物理的暴力、そういうものが使い分けられて、日本のファシズム化が進んで行ったのです。しかも、上に対しては「無法者」として振る舞うけれども、下に対しては「役人」として臨む。かつ、下からはそれも「神輿」として担がれているというふうに、いろいろな場面でその使い分けが為されるのです。

ナチス・ドイツの場合には、ヒトラー自身がまさに「無法者」だし、その周辺のゲーリングとかヒムラーとか、そういう連中も「無法者」そのものですね。それが権力を握り、権威を独占した。しかし、日本の場合には、みごとな使い分けによって、だれも責任をもたないのに、しかしシステムとしては、無法者たちが既成事実を作っていき、それを役人が追認する、という構造がずっと続いてしまっている。そういうものが、日本ファシズムの大きな特徴としてあるわけです。もっとも、現代日本のいろいろな汚職とか腐敗とかに対する責任のとり方も、構造としてはあんまり変わってないような感じがしますね。

五　「天皇制」概念と「講座派」史観

「三二テーゼ」と「絶対主義的天皇制」

先ほどの民間右翼のファシズム運動が掲げていた理論との関係で、もう一つ付け加えておきます。北一輝などは「国家社会主義」といって、「天皇大権」を発動させることによって、上から社会主義的な政策をやるという「国家改造」を考えたわけですが、そこにある論理というのは、戦前のマルクス主義が捉えていた「天皇制」の国家構造の問題を、逆手にとったようなところがあるのです。コミンテルンが出した「日本に関するテーゼ」というものがあるのですが、これは前に話した片山がモスクワで関与したと言われています。「二七テーゼ」（一九二七年のテーゼ）、「三二テーゼ」（一九三二年のテーゼ）などのうち、特に「三二年テーゼ」（正式名称は「日本における情勢と日本共産党の任務に関するテーゼ」）は著名です。そこで「天皇制」というものが、初めて社会科学的に理論化されて提示されたという一面があるのです。

それによると、当時の日本の支配体制は、「絶対主義的天皇制、地主的土地所有、独占資本主義の三ブロックの結合」と規定されます。すなわち、「天皇制」とは、「地主階級と独占資本の代弁者かつ絶対主義的性格をもつ政体」であって、天皇が一方で古い封建的な地主階級に支えられ、他方で資本家に支えられ、さらにもう一つ、軍にも支えられて、その上に君臨しているという捉え方です。

「講座派」と「労農派」

当時のマルクス主義勢力は、「講座派」と「労農派」に分かれて論争をしていました。『日本資本主義発達史講座』〔全七巻〕というのが昭和七、八〔一九三二、三〕年に岩波書店から出るのですが、そこに集まっていた連中が「講座派」です。それに対して、『労農』という雑誌を出していたグループが「労農派」なのですが、先ほどのコミンテルンの「三二テーゼ」の見方というのは、結局「講座派」の方に近いと言われています。つまり、天皇制というものを「絶対主義」段階の権力であるとする捉え方ですね。ヨーロッパの場合、封建制の段階から資本主義の段階に行く途中に、両者のバランスの上に成り立つ「絶対主義」という段階があった。「講座派」は日本がこの段階にあると考えます。それに対して「労農派」の方は、明治維新以後、日本はすでに「ブルジョア革命」が終わって、資本主義の段階に完全に入ってるんだ、と言うわけです。したがって、この資本主義を打倒して社会主義にもって行くには、いわゆる「一段階革命」でいい。それに対して、絶対主義を倒す「ブルジョア革命」がまだ終わっていないのだから、社会主義に行くには、もう一回革命を起こさなければいかん、つまり「二段階革命」が必要だ、というのが「講座派」の理解なのです。

北一輝の見方は、実は「講座派」の理解に非常に近いわけですね。つまり、大資本、財閥などを解体して平等に分配する、それから、封建的な大土地所有に対して農地解放をする、それを天皇の力で上からやる、というのが北一輝の考えです。しかも、いわば「天皇の赤子」としての臣民が、中間に介在して天皇と国民が直結するのを妨げている存在を倒すための、天皇と国民を直結させるための武力行使として「国家改造」を考える、という発想だったわけです。

北一輝はしばしばうまいネーミングをするのですが、たとえば「君側の奸を討つ」なんて表現をするのです。つまり本来、天皇と国民は直結するはずなのに、天皇のそばに「奸物《かんぶつ》」がいてそれを妨げている。「奸」と書いたり「姦」と書いたりもするのですが、そういう怪しからんものを排撃する、というのです。それがクーデターによる「テロ」を正当化する論理に使われるわけです。

六　現在の日本——「全体主義」の風潮

「高度経済成長」が進んだあと、現在の日本では、「農地改革」のせいもあって封建的大土地所有がなくなり、その意味で完全に「資本主義化」が達成され、それから、「農本主義」を支えていた農村人口は激減して、いわゆる「都市型社会」に変わっています。それから、国全体が一大家族であるなんていう「家族主義」、「大家族」的なイメージは、「核家族」化が進むなかでなくなってしまった。いわゆる「マイホーム主義」という言葉が生まれたのは一九六〇年代でしたでしょうか。そういうなかでは、「家族主義」イデオロギーも成り立たないし、「大アジア主義」もリアリティをぜんぜんもたない。というわけで、おそらく現在の日本に「ファシズム化」の危険というものはないだろうと、いちおうは思うわけです。しかし、先ほどの「無責任の体系」は残り続けているし、それから広い意味での「全体主義」的風潮、社会的一体性を破るようなものを排除する力が、相変わらず非常に強いような気がします。サッカーの試合で、「ニッポン、チャチャチャ」などと言って作り上げている「一体感」が、そのまま「全体主義」に繋がるとまでは言いませんが。

中江兆民の「レス・プブリカ」

だいぶ前に、中江兆民が「レス・プブリカ（res publica）」というラテン語を「衆民之事」と訳して、その独自の「民主の制」論を展開したことを述べました。これは、明治十六〔一八八三〕年に、ルソーの『社会契約論』の漢文訳である『民約訳解』を、『欧米政理叢談』という雑誌に連載したさいに出てくるもので、以下のようなものです。（桑原武夫編『中江兆民の研究』岩波書店、一九六六年所収の島田虔次さんによる「よみくだし文」で引きます。）

法朗西《〔フランス〕》言の列彪弗利《レピュブリック》は即わち羅馬《〔ローマ〕》言の列士《レス》・彪弗利《ピュブリカ》二語の相い合せしもの。蓋し列士は事を言うなり、務なり。彪弗利は公を言うなり。列士彪弗利は即わち公務の義、猶《な》お衆民の事と言わんがごとし。一転して邦の義を成す。又た政の義を成す。中世以来、更に転じて民みずから治を為すの義を成す。

ちょっと読みづらい文章なので、簡単に説明します。フランス語の「レピュブリク」は、英語で言えば「リパブリック」ですが、兆民は当時すでに定訳になろうとしていた「共和国」という訳語に反対します。『民約訳解』というのは、「訳」と「解」から成り立っているのですが、右の「解」が付いている部分の本文に当たる「訳」では、「レピュブリク」を「自治国」と訳しているのです。右の「解」で、「レス・プブリカ」は、「公務」＝「衆民之事」＝「邦」＝「政」の意だとしたうえで、「中世以来」はさらに転じて「民みずから治を為すの義」になった、とした所以ですね。本文の「訳」では、さらに、「邦《レピュブリク》」は「ラ・ショーズ・ピュブリック」、今で言うなら「公共のもの」であるから、「凡そ政の理に合するもの（原文は『正当な支配《グヴェルヌマン・レジティーム》』）、皆な自治の政《レピュブリカン》となす」とまで言うのです。要するに、ルソー流の「人民主権」説をとる兆民からすれば、「政治」というのは、国民自身が、自分たちの「公共の事柄」として、つまり自分たちの責任として、担っていくものなのだということなのです。

「公共の事柄」としての「政治」

現在は、参議院議員の投票率が四〇％を切るのではないか、もう三〇％台になるのではないかと言われる、いわゆる「政治的無関心《アパシー》」の時代ですが、そういう時代に、いま述べたような感覚はとくに大事になるのではないでしょうか。「自分たちの事柄」として「政治」を捉えられないと、結局、無責任な力でもって政治は動いていってしまう。気がついてみたら、とんでもないところに行ってしまっているという危険は、まだまだあるのではないかと思うわけです。そういう意味で、日本が「ファシズム化」していったときに働いていた力は何だったのか、それがまた再び働くことはないだろうか、ということを、たえず気にかけておく必要があると思います。

ちょっと抽象的な話に終始してしまいました。次回は最後ですので、「戦後民主主義」から「高度成長」して行ったあとで、思想というものがどうなっているかということを、考えてみたいと思っています。

第十四回　戦後民主主義と高度成長以後の思想

丸山眞男
今井寿一郎『丸山真男著作ノート』図書新聞社、1964年より。

最終回は「戦後民主主義と高度成長以後の思想」というタイトルを掲げました。これは、私や皆さんの、まさに「自分史」と重なる時代の思想ということになります。ですから、今までのように、とくに明治とか大正時代の話をしているときのように、私から皆さんに知識を伝達するというよりも、皆さんご自身の経験に照らして考えてもらうという性格の強い話になるかと思います。

しかし、「戦後」と言っても、もう五十年以上経っているわけですので、いろいろなポイントを押さえて、というわけにはとうていまいりません。この講座の最初のときにも言いましたように、私の先生である丸山眞男という人が亡くなったあと、その仕事を、もちろん一部ではありますがまとめるということを私はやっていますので、私にとって比較的話しやすいところ、丸山眞男にとっての「戦後」というところから話を始めたいと思います。

一　丸山眞男にとっての「戦後」

　私自身は昭和十八年、一九四三年の三月生まれで、戦争が終わったときは盛岡におりましたが、敗戦の少し前、その盛岡に空襲がありました。空襲は駅の近くだけだったのですが、私の親父が国鉄、当時で言えば鉄道省の管理局勤めで、駅の近くに鉄道官舎があったものですから、すぐ近隣に焼夷弾が落ちたのです。どういうわけかその日一日のことは、まだ二歳ちょっとのはずなのに、ありありと覚えています。したがって、生まれだけで言うならば「戦後派」ではないのです。しかし、そういう年代ですから、戦争直後の時期というのはまだ物心がついてないわけで、周りのことが見えてきたのは、高度経済成長が始まると言われる一九五五年、昭和三十年ごろからです。その一九五五年頃までが狭い意味の「戦後」と言われたりするのですが、その「戦後」の時期のことを、丸山眞男論というかたちで少し考えてみようと思います。

　そして、「瞥見」という程度しかできませんがその後の「高度成長」期と、オイルショックの後、高度成長が終わって「低成長」に転じ、さらにバブルとその崩壊を経て、もう「成長」ということが考えられなくなってくる時期のことを、時間の許すかぎり見て、この講義を終えたいと思うのです。

軍隊経験

　丸山眞男先生は自分が「先生」と言われるのを嫌がっていたので、私たちは皆「丸山さん、丸山さん」と呼んでいました。そんな丸山さんの「戦後」については、非常に簡単なかたちですけれど、私の『批判精神の航跡』〔筑摩書房、一九九七年〕という本の中に、短い「『戦後』初発点における丸山眞男」という文章を書きましたので、ご関心のおありの方は読んでみてください。丸山さんは、東大の助教授になった四年後、一九四四年七月、三十歳のときに二等兵として教育召集され、平壌の歩兵連隊に行きます。そこで下士官に非常に虐待され、病気になり七月三十一日には平壌第二陸軍病院に入院、脚気と軍医に診断されて内地送還となります（治癒退院は十月十六日、召集解除は同月二十九日、博多港帰着時）。そしてその後、一九四五年三月、広島の宇品の船舶司令部に二度目の召集（臨時召集）を受けて、そこで原爆に遭ったのです。ご承知の通り、宇品というのは広島市のずっと南の端で、爆心地からちょっと離れていましたので命は助かり、後遺症も目に見えてひどくはなかったようです。そういうなかで、八月十五日を迎えたわけですね。じつは、同じ八月十五日に丸山さんのお母さんが亡くなっていて、しかも丸山さん自身も一昨年の八月十五日に亡くなったので、私たちにとって、八月十五日というのは特別な日になっているのです。

「超国家主義の論理と心理」論文

戦争を終えて東京に戻ったのち、丸山眞男という人が一躍脚光を浴びたのは、一九四六年、昭和二十一年の雑誌『世界』五月号に書いた「超国家主義の論理と心理」という論文によります。今も岩波から出ているこの『世界』という雑誌は、当時まだ健在だった岩波書店の創業社長・岩波茂雄の意向を受けて、吉野源三郎が編集長となって昭和二十一年一月に発刊したものですから、この五月号は五号目に当たります。丸山さんが比較的晩年に回顧した文章などを見ますと、八月十五日から半年以上の間、丸山さんの内部でも葛藤のようなものが非常にあって、その果てにこの「超国家主義の論理と心理」が書かれたようです。その葛藤は突き詰めると、いわゆる天皇制の問題ですね。とくに、政治構造や権力構造としての天皇制ではなく、丸山さんの言葉で言えば「精神構造としての天皇制」の問題を、自分のなかで解決し、見極めをつけようとして苦闘していたわけです。

「重臣リベラリズム」

それはどういうことかと言えば、丸山さん自身が戦前、お父さんの影響もあって「重臣リベラリスト」に近い天皇観を持っていたようなのです。丸山さんのお父さんは、丸山幹治（侃堂）というジャーナリストで、戦後もずいぶん長く毎日新聞の「余録」、つまり朝日新聞の「天声人語」に当たるような欄を書き続けた人で、英米流のリベラリストでした。その丸山幹治が、昭和の初めのいわゆる軍国主義化に対して非常に早くから批判的であったので、丸山さんもそれに共感していた。つまり、日本を誤らせたものとしての軍国主義、それからファシズム化といったものに対して批判的であるということは、丸山眞男という人にとって、子どもの頃からごく自然な感覚だったわけです。ところが、戦前期の丸山幹治の立場は、いつ頃から使われるようになった言葉なのかはわかりませんが、「重臣リベラリズム」でした。つまり、天皇の周りにいたリベラルな政治家たちの立場です。たとえば西園寺公望や、副島種臣の息子で伯爵の副島道正などですが、丸山幹治は『京城日報』の記者・編集長をしていたときにこの副島伯爵と非常に親しくしています。このような「重臣」たちは、天皇制に対して非常に親近感をもちながら、むしろこれが軍国主義やファシズムと結びつくことをなんとかして防ごうとして頑張っていたわけです。

この系統には、戦後の最初の長期政権を作った吉田茂という人がいます。この人は「重臣」ではありませんが、戦後も「臣茂」などと名乗って、天皇制を温存した下での民主化路線を採ろうとしました。吉田は戦前・戦中にイギリス公使などを務めていたころから「親英米派」と言われていましたが、マッカーサーが占領軍としてやってきて、日本を統治しようとする際に、なるべく抵抗なくやっていくためには天皇制を温存して民主化を進めたほうがいいという判断を下したのを受け入れ、いわば盟友関係を築いたわけです。そういう「重臣リベラリズム」によって支えられた天皇制というものを明確に否定する意識を、丸山さんは「超国家主義の論理と心理」を書くまでもっていませんでした。

「悔恨共同体」

しかし、その丸山さんや、丸山さんの世代が、戦争体験のなかでいちばん痛切に感じたのは、たしか「我々日本人」という言い方をしていましたが、どうして結局我々日本人は、そういう無謀な戦争に、それから軍国主義、ファシズムに引きずられて行って、最終的にそれを阻止できなかったのか、という痛恨の思いであったというのです。丸山さんはその世代、つまり戦後当時、二十代から三十代の知識人たちが一つの「悔恨共同体」を作ったという言い方をしています〔「近代日本の知識人」、『後衛の位置から』未來社、一九八二年所収〕。彼ら知識人たちが戦争を阻止するという点でいかに無力だったかという反省と自己批判が、その世代に共有されていたというのです。

一方、さきほどの丸山幹治流の「重臣リベラリズム」、あるいは「親英米派的リベラリズム」は、天皇制は本来リベラリズムと結びついていてちゃんとやっていけるはずだったのに、一部の軍人たちやファシストたちに引きずられてダメになったんだという、いわば「軍部悪玉説」にすぎません。これでは、先ほどの「悔恨共同体」を作っている知識人たちにとっての根本的な問題、つまり、日本人全体がなぜ、あのようなかたちで戦争に巻き込まれ、それに対して抵抗する力をほとんど出せなかったのか、という問題には答えられないのです。

精神構造としての天皇制

ここで、明治以来作ってきた近代日本国家の在り方、その下での精神構造が問題になります。お上の権威に対してなかなか自立的に独立心をもって対抗できないと、福澤諭吉が嘆いて以来の構造ですね。それが、大日本帝国憲法ができ、教育勅語ができて以降、ますます強められていくのです。そして、天皇というものが日本人にとっての最高の価値と見なされ、それに近づけば近づくほど位が上がる、そしてそこへ向かって「出世」していく自由がある、という「出世民主主義」的構造ができるわけです。結局、一人一人の人間が自分たちの生活を守るために独立して自由な横の連帯関係を作り、下から秩序を作り上げていくということができないまま、前回話したような「ファシズム化」の過程が進行します。そこでは、ファシストたちが「無法者」的な行動で「下から」突き上げ、関東軍に代表されるような軍部が「独断専行」で突っ走り、それに対してまったく歯止めが効かないまま皆がズルズルと引きずられていく。これが、誰もそういう事態に責任を持たない「無責任の体系」です。その根っ子の部分に、古代以来の「天皇制」が近代になって「再編」され、拡大・強化され、全「臣民」に浸透していく過程で作り上げられた「天皇制的精神構造」があるのではないかということです。丸山さんの言葉ではなく、私がこの講座で使ってきた言葉でパラフレーズしましたが、そういうことを、丸山さんは「超国家主義の論理と心理」という論文のなかで書くに至ったわけです。もちろん、丸山さんにとっては、単純に「天皇制」を廃止して、「天皇」という存在がなくなれば全て「めでたし、めでたし」とはなりません。近代日本人の「精神構造」の問題として天皇制を捉えているのだから、天皇という存在をなくしても、同じ精神構造が残っているならば、問題が解決したことにはならないのです。

オピニオン・リーダー

この論文が、当時のいわゆる「戦後民主主義」の時期にぴったり合うようなかたちで発表されたものですから、丸山眞男という人は論壇の寵児になり、以後、六〇年代の終わりぐらいまで、オピニオン・リーダー的な役割をすることになりました。他方で、どういうことが当時起こっていたかと言えば、なんと言っても新憲法、「日本国憲法」の制定です。ご承知の通り、これは、占領軍が当時の内閣に、大日本帝国憲法に代わる憲法を作れと促したところ、日本政府の用意した憲法案は非常に後ろ向きで、実質的には戦前の憲法とほとんど変わらないものだったので、それに苛立ったアメリカ占領軍が対案を提示し、英語から日本語に訳され、貴族院で議論され手直しされてできたものです。それは「押しつけ憲法」などと言われ、自由民主党は一九五五年の結党以来、「自主憲法の制定」を党是の第一条に掲げています。前に紹介した中江兆民が「恩賜的民権」や「恢復的民権」ということを言っていましたが、それに倣えば、いわば「恩賜的民主主義」という性格が「日本国憲法」にはあったわけです。しかし、それは民主主義と基本的に矛盾します。つまり、民主主義というのは基本的にはルソーの言う「人民主権」であって、国民が「主権者」として主導権をもって作っていく体制です。だとすると、上から与えられ、それでもってスタートするのは、国民主権、人民主権という考えからするとおかしいですね。しかも、さきほどもふれたマッカーサーの判断によって、いわゆる「象徴天皇制」というかたちで天皇制が残されている。それを「国民主権」の体制と言ってスタートするのは、曖昧さを残した一種の妥協の産物なのです。

大日本帝国憲法の改正としての日本国憲法

もっとも、日本国憲法の問題点は、より根本的な点にあります。六法全書を開けばわかりますが、最初に憲法が置かれ、その憲法は昭和天皇による「勅語」から始まっているのです。大日本帝国憲法の改正権者は天皇ですから、改正するという手続きによってこの日本国憲法ができたわけですが、大日本帝国憲法を天皇の「御名御璽」が最後にくっつく。短いものですが、まずそれがあって、それから「前文」があって憲法が始まります。ここで、これも中江兆民を紹介したときに言いましたように、誰が憲法を制定するか、つまり憲法制定権力の所在、制憲権の所在が、じつは「主権」の所在と並んで、あるいはそれ以上に、重要な問題となってくるのです。本当に「国民主権」の憲法にするのであれば、「制憲権」も国民にあるべきで、「憲法制定国民議会」のようなものを開いて、そこで議論して決めなければならないはずです。それをせずに、旧憲法の「改正」というかたちをとった結果、憲法改正権をもつ「天皇」の名で「日本国憲法」は公布されたのです。

憲法制定会議

じつは丸山さん自身、昭和二十一年の初めごろ、「東京帝国大学憲法研究委員会」なるものの委員となり〔委員長は宮沢俊義〕、書記役をつとめ、憲法改正の手続きについてまとめた報告書のなかで、「憲法制定国民議会」的なものを提案しています。これは、一九四六年二月十四日、当時の東大の学長であり、丸山さんの先生でもある南原繁の指示で作られた研究会で、どういう憲法を作るべきかについての案を諮問されたものの、期間が短く内容には十分踏み込めなかったようですが、その報告書の原案を丸山さんが書いているのです。そこで丸山さんが強調したのは、内容よりもむしろ憲法制定の手続きが問題であるということでした。まず各地方や様々な民間団体から出てきた憲法草案を集約し、公式か非公式かは別として「憲法制定国民議会」のようなところで、どのような憲法が望ましいかの議論を積み上げていって憲法を作るべきであると、そういうことを答申したらしいのです。しかし、先ほどもふれたアメリカによる上からの案、いわゆるマッカーサー私案が提示された以後の歩みの方が早く、結局、ＧＨＱによって提示された憲法草案を貴族院で審議するという奇妙なかたちで「日本国憲法」ができあがる。その間、美濃部達吉なども加わって、いろいろな議論がなされましたが、しかし「貴族院」というのはそもそも、前に紹介した枢密院などと並んで、大日本帝国憲法における天皇主権、「天皇大権」を支える仕組みの一つだったわけですね。

「天皇陛下万歳」から「民主主義万歳」へ

当時の日本社会全体の、いわゆる「戦後民主主義」への動きというのは、前にも同じ言い方をしたと思いますが、それまで「天皇陛下万歳」だった世の中が、敗戦とともにいっぺんに「民主主義万歳」の世の中になり、「世の中が変わったから、自分たちも変わらなきゃ」と、みな走り出したようなものです。そのなかで、上からポンと民主主義の制度なり枠組みが与えられ、それを一所懸命に学習して追いついていこうとしたのだから、これは、形式・実質ともに「恩賜的民主主義」です。つまり、一人一人の民衆、自由で平等な個人が自分たちで下から作り上げていく本来の民主主義とはおよそ違うかたちで、「民主主義の世の中」になったわけです。民主主義という体制を自分たちで作っていったのではないのです。

主体性を伴わない民主主義

一九四八年か四九年だと思いますが、「主体性論争」というものがありました。これは哲学的な論争のかたちをとったのですが、水戸に住んでいた哲学者の梅本克己という人が口火を切り、それに対してマルクス主義者の側から批判が出たり、丸山さんも座談会「唯物史観と主体性」（『世界』一九四八年二月号）に出席するなど、いろいろなことがありました。この「主体性」という言葉は、たぶん三木清が流行らせた言葉なのですが、これが非常に新鮮に受け止められるとともに、いかに「民主主義」といったところで、それは「主体性」を伴わない民主主義ではないか、という問題が浮上したわけです。とくにマルクス主義者は「唯物論」の立場から、「ブルジョア民主主義」を、「ブルジョア自由主義」、「ブルジョア個人主義」とともに否定しましたから、個人の主体的自由と結びついた民主主義などは成り立たないと主張しました。

占領下の民主化から冷戦へ

それればかりではなく、たとえば日本共産党の初代書記長だった徳田球一、通称「徳球」などは、アメリカ占領軍のことを「解放軍」とまず位置づけました。その意味で、共産党は「与えられた民主主義」を歓迎していたわけです。しかし、やがて中国革命が昭和二十四年、一九四九年に成功して中国共産党が国民党を追い出し、ついで一九五〇年には朝鮮戦争が起こるという事態のなかで、アメリカの方が急速に変化します。「民主化」を日本にもたらす「解放」の軍隊としてやって来たアメリカが、当時新たに始まった「東西冷戦」、つまりソ連とアメリカを盟主とする東の世界と西の世界の「冷戦（cold war）」構造のなかで、急に日本に再軍備を迫り、当時「逆コース」と言われた方向に転ずる。「民主化」どころか「レッド・パージ」を始めて、組合の指導者を切っていったりするわけです。それまでの「パージ」というのはいわゆる「公職追放」であって、「戦犯」すなわち戦争犯罪人をパージするものだったのが、そのころから「共産主義者」を排除するものに変わっていきました。そういうなかで、共産党の方も「反米闘争」に力点を置くにいたり、しかも、中国革命の成功に刺激を受けて、地下に潜っていく。そして、毛沢東のゲリラ戦論、「山村工作隊」のように、「農村が都市を包囲する」という「革命の真似事」をしようとした……なんて言い方をすると、ちょっと失礼かもしれませんが。とにかく、日本共産党はそうした「山村工作隊」あるいは「火炎瓶闘争」といった路線に入っていき、しばらく後の一九五五年、いわゆる「六全協」でようやくそれが「精算」され、宮本顕治中心の体制の方に移行していくことになるのです。

民主主義とナショナリズム

そういう共産党の対応からもわかりますように、「戦後民主主義」というのは一方では非常に浮わついた外在的な要素によって、地に足が付かないようなかたちで流れていった部分があるわけです。丸山さんなどは、特に一九四六年から六七年ごろにはむしろ、こういった、民主主義の世の中になった、民主主義万歳などといって、言葉だけ乱舞しているような状況に対して極めて批判的であったと、のちに回顧しています。ちょうど明治維新のあと、日本が「文明開化」万歳で突っ走っていった状況と重ね合わせたりしながら、むしろある時期まで丸山さんは、本来の「ナショナリズム」がどういうものだったのかを考えなければいかん、というようなことを言っていたはずです。前に紹介したように、福澤諭吉にもナショナリズム（「一身独立して一国独立す」）があり、それから陸羯南もその「国民主義」で「健全なナショナリズム」というものを展開していました

〔丸山「陸羯南――人と思想③」、『中央公論』一九四七年二月号、参照〕。いわゆる「ネイション」＝近代国民国家というのは、「下から」の国民主権によって作られていくものです。その意味で、民主主義とナショナリズムが結合していたはずの「国民主義」が、明治中期以降になると、たんなる「国家主義」になってしまいます。さらにそれが、もっぱら「忠君愛国」主義になり、戦争中には「滅私奉公」に転じ、個人＝「私」なんてものはすべて滅ぼして、「公」＝「国」のために命を捧げよ、ということになってしまう。そうではない本来の「ナショナリズム」はどういうものでなければならないか、ということを一時期の丸山さんは強調していました。少しあとの「日本におけるナショナリズム」〔『中央公論』一九五一年一月号〕では、『デモクラシー』が高尚な理論や有難い説教である間は、それは依然として舶来品であり、ナショナリズムとの内面的結合は望むべくもない。それが達成されるためには、やや奇矯な表現ではあるが、ナショナリズムの合理化と比例してデモクラシーの非合理化が行なわれねばならぬ」と書いています。

アメリカ――ニューディールからマッカーシズムへ

これは、「反米ナショナリズム」と言うと変ですが、アメリカをめぐる「逆転」現象が一九五〇年を境に起こったことと丸山さんとの関連で、興味深い問題です。つまり、アメリカの占領政策が、上からの「押しつけ」というかたちであって、最初の「民主化」の段階までは良かったのですが、やがて「レッド・パージ」が展開される状況になっていく。当時のアメリカは「マッカーシズム」の時代です。マッカーシー上院議員が「ノンアメリカン・コミッティー」、つまり「非米活動委員会」を作り、「ノンアメリカン」、つまりアメリカ的ではない、あるいはアメリカ人ではない者を査問していました。そして、アメリカ人でなければ「共産主義者」であるとして、たとえば一九五三年には、ローゼンバーグという原子物理学者を電気椅子で死刑にしてしまいます。そういうなかで、丸山さんにとって非常に大事な友人、知人であったハーバート・ノーマンという人も、マッカーシズムの犠牲になりました。ハーバート・ノーマンは父親がキリスト教の宣教師で、長野の軽井沢で生まれ育ったのですが、その後アメリカのハーバード大学を出て、カナダの外交官としてエジプト大使を務めていたときに、マッカーシー旋風に巻き込まれたのです。ノーマンはハーバード大学時代に、フランクリン・ローズベルトのニューディール政策を経験しましたが、当時のアメリカでは革新的な気運が高まっていて、「ニューディーラー」と呼ばれる革新的な人たちがハーバード大学の卒業生から続々と出てきます。ニューディーラーの中にはマルクス主義をちゃんと勉強するような優秀な学生がたくさんいました。この流れを汲む連中が日本の占領軍の中に入り込んでいて、彼らが中心となって「民主化」が進められたという側面もあるのですが、ともかく、ハーバート・ノーマンも学生時代にマルクス主義と接触を持っていた。そのため、マルクス主義を勉強したことがあるならば直ちに社会主義者であり、マルクス主義者であり、「ノンアメリカン」であるとして追及が始まったのです。その裏にはなにかいろいろな事情があったようですが、結果として一九五七年四月四日、エジプトのカイロの大使館にいたノーマンが自殺するという事件が起こりました。丸山さんは、同月十八・十九日の『毎日新聞』に、「無名のものへの愛着」および「不寛容にとりかこまれた寛容」と題して、丸山さんの文章のなかでも随一の名文ではないかと思われる、良い追悼文を書いています。そのようなアメリカと結びついて展開している当時の日本の政治のあり方に対して、丸山さんは、本来のナショナリズムとは民主主義と結びついたナショナリズムでなければならない、ということを打ち出したわけですね。たんなる「反米」であったわけでは決してないのです。

経済復興——朝鮮特需から高度経済成長へ

そういうなかで、やがて「高度経済成長」が始まります。その始点はどこにあるかというと、後になってからみると一九五五年あたりらしい。まず、だいたい一九四九年から五〇年の画期、特に五〇年の朝鮮戦争というのが、いわゆる「経済成長」の前の「経済復興」にとって決定的だったわけです。前に大正デモクラシーと「戦争成金」との関係を述べましたが、第一次世界大戦に「火事場泥棒」的に関わったことによって、日本は一気に経済成長を遂げることができ、その余裕のなかから生まれたのが大正デモクラシーでした。つまり、「成金」がスポンサーになって「大正デモクラシー」を支えたわけです。同じように、日本の戦後の「復興」は、明らかに「朝鮮戦争」当時の「朝鮮特需」のおかげでした。それまでのいわゆる「焼け跡闇市」状況にあったエネルギー、飢餓や病気などの悲惨な状態を伴う混沌としたエネルギーが急速に終息して、「経済復興」していくのです。米軍が日本から飛び立って行く際に、「特需」すなわち特別な需要というかたちで日本から様々なものを買い上げ、経済復興がなされていく。

五五年体制

そして一九五六年、昭和三十一年になると、当時の『経済白書』の中に、有名な「もはや戦後ではない」という言葉が書き付けられます。それと軌を一にして、政治の方面では、いわゆる「五五年体制」が成立します。これは自民党と社会党を中心に、「二大政党」ではなく「一か二分の一政党」によって成り立ちます。スカラピーノというアメリカの学者が名付けたものですが、つまり、社会党が自民党のおよそ半分ぐらいの勢力しか占められない状態を言っているわけで、この体制が成立してくるのが一九五五年、昭和三十年と見られるのです。この年に、自由党と日本民主党との「保守合同」と、いわゆる「左・右・社会党」の統一が成り、以後、自由民主党と社会党の「一か二分の一政党」体制が何十年も続いて、戦後の混沌の時期が終わるわけです。経済的には「高度成長」の過程に入り、政治的には自民党の「長期安定」と言いますか、「一党独裁」の時期に入ります。「独裁」という感じがしないのは、自民党の中の「派閥」が、ちょうど「政党」の対立と同じような面をもっていて、その対抗関係のなかでバランスが保たれていたからです。

二　丸山におけるその後の変化

この時期の丸山さんには、かなり大きな変化が起こっているように思われます。それまでの丸山さんは、「民主化」をまず掲げると同時に、のちに「近代主義者」と言われるように、「近代化」を掲げていたわけです。この近代化とは何かというと、封建的なものに対する近代的なもの、つまり、封建社会から近代社会へ、いかにして脱皮させるかということを丸山さんは考えていました。たとえば私の子どものころのことを思い出してみても、あの親父は封建的な考え方だからダメだとか、「封建的」という言葉はごく日常的に使われていたわけですね。ところが、まさに一九五五年、ちょうど高度成長が始まるころから急速に、「封建的」という言葉が完全に「死語」になっていくのです。言ってみれば「封建と近代」というかたちだけでは、もはや捉えられない時代に到達したわけです。丸山さんは、「近代化」というものを「市民社会」の形成と結びつけていました。そして、「主体性」の欠如した民主主義というのは、そのころの丸山さんの言葉を使えば、「話し合い民主主義」とか、あるいは「みんな一緒デモクラシー」にすぎません。そのような「民主主義」の伝統は、聖徳太子の十七条憲法の冒頭の「和を以て貴しとなす」に見られるように、日本には神代の昔からあるものだと丸山さんは言います。「八百万《やおよろず》の神々の神集い」で方針を決定したなどというのも民主主義になりますね。つまり、個人の自立した主体性を前提にした民主主義ではなく、共同体における「和」の伝統というものに結び付けて、「話し合い」をすれば民主主義的決定である、「みんな一緒に」決めていけばそれで民主主義であるということです。しかし、そういうものに対して、共同体的なものではなく、個人の自由に結び付いた市民社会、前にちょっと紹介しましたが、「ゲマインシャフト」ではなくて、「ゲゼルシャフト」的なものとしての市民社会があって、そこでは下からの「自治」の積み重ねでもって民主主義的体制が作られていく。これが「近代化」の中身であると丸山さんは言ってきたわけです。

「近代」の意味変化

ところが、「封建」対「近代」と言う際の「近代」、あるいは「近代化」の意味が、「高度成長」が始まる時期に、急速に変わっていくわけです。つまり、それはもっぱら経済的な「近代化」とイコールになり、当時「三種の神器」と言われた冷蔵庫とテレビと洗濯機の普及だとか、そういう類いのところから生活における「近代化」が行われる。それは、「精神構造」としての天皇制との格闘のなかで、それに代わって登場してくるような、「民主主義」的なものと結びついた「近代的な人間類型」とはまったく別物の「近代化」だったわけです。「近代的人間類型」という言葉を使ったのは、大塚久雄さんという、彼も一昨年に亡くなりましたが、『近代欧州経済史序説』〔岩波書店、一九八一年〕という名著を書いた人です。新しい「人間類型」を生み出していく近代化ではなく、もっぱら生活が便利になり快適になり、ものが積み重なり、全てが小ぎれいになっていく、という近代化が進み始めるのです。

近代化理論

しかも、ちょうどそのころ、一九六〇年に「箱根会議」、それから一九六二年に「バミューダ会議」というのがあって、アメリカの学者、特にロストウという人の「近代化理論」が紹介されます。これは要するに、アジア・アフリカの遅れた国がヨーロッパのレベルに近づいていくための、それももっぱら経済的に近づいていくための「近代化」の方策を考えようというものです。六〇年代に入るころには、「イデオロギーの終焉（The End of Ideology）」などということが言われ始めていましたが、ある意味でこれは「脱イデオロギー」的な側面があります。つまり、「社会主義」体制というものも、アジアの後進国、アジア・アフリカの後進国ではむしろ、「近代化」のテコになりうるんだと言うわけです。特にソ連では、スターリンが例の「五カ年計画」でもって、急激に「工業化」を進めていきましたが、そういうやり方、つまり社会主義を通じての近代化ということも考えられるというのです。もちろん、アメリカの場合は基本は「自由主義」経済体制であり、資本主義でいくのが本来なのですが、日本はそれに成功しつつあるから、アジア・アフリカのモデルになれるだろう。そういう「近代化理論」が出てきたりするのです。

そういうなかで、丸山さんがそれまで「民主化＝近代化」の一本槍でやってきたのが、うまくいかなくなってきたと見られます。じつは、いま『丸山眞男講義録』というものを出し始めており、たまたま私はその第三回配本を担当していて、これから「解題」を書かなければいけないのですが、そこで書こうと思っていることの一つが、この問題にかかわっていますので、その話をします。

古代からの再出発

私が担当しているのは、一九六四年度の講義なのですが、そこで目を引くのは、話が古代から始まり、そして鎌倉仏教で終わっていることです。それまでの丸山さんは、もっぱら江戸時代から話を始め、明治の初めぐらいまでを取り上げるという講義をしていて、それはまさに丸山さんが、さきほどの「封建から近代へ」ということを中心的に考えていたことを示しています。つまり、以前の講義は、江戸時代、つまりヨーロッパの影響を受ける前の日本の中に、すでに独自に、「近代的」なものの考え方が現れていたり、「近代化」の要素があったのだということをやっていたわけです。これは戦前からつづく丸山さんの仕事の中心です。しかし、この一九六四年度の講義では、話を古代から再出発させているわけですね。つまり、古事記・日本書紀の神話の話から説き起こして、日本文化とか日本の思想とかというものの根本的な特徴のようなものが、外から入ってきた、たとえば儒教思想や仏教思想の影響を受けながら、どう展開していくかということを、やり直しているのです。

〔追記──厳密には、神話からの話は、一九六四年度ではなく一九六三年度の講義からで、一九五九年にも少しだけ試みられている。丸山眞男の残した講義録はルーズリーフ式で、一九六三年度のものを部分的に書き改めたり、書き足したりして「鎌倉新仏教」までの分が一冊になっており、これが一九六四年度の講義で話された。私は一九六三年度の講義を聴講したが、その後半で聴いた「武士のエトス」の話は、翌々年の一九六五年度に膨らませられて、一年間の講義となった。その講義録も私が本にしている。〕

日本思想の「原型」

それだけではなく、一九六三年と六四年度の講義では、日本思想の「原型」という話が展開されています。丸山さんは、「ウルティプス」というドイツ語を使ったり、「アーキタイプ」という英語を使ったりもしていますが、いちばんよく使われたのは「プロトタイプ」という英語です。もともとの「原型」に当たるものが「日本思想」の根っ子にあって、そこに外からたとえば仏教思想が入ってくると、それが根っ子にある「原型」とぶつかりあって、お互いを変容させ合いながら、またその上に層を成して定着する。そこに、今度は儒教思想が入ってきて、それがまたお互いを変えていく。そういうものの延長上に、西洋思想も入ってきたんだと言うのです。のちに丸山さんは、それを「古層」と言い換え、さらに「バッソ・オスティナート」という音楽の比喩を使って論じます。これは「執拗低音」と訳されますが、執拗に同じものが低音として鳴り響いている「バッソ・コンティヌオ」(通奏低音)とは違って、主旋律が上で展開しているメロディーを、低音の方から上がってくる音型が歪めて変容させるものなのです。だから、主旋律、メインテーマは仏教思想の圧倒的な影響を受けていたり、儒教思想の影響を受けていたり、それから西洋思想の影響を受けていたりするけれども、しかしそれを微妙に修正・変容させ、かたちを変えさせるものが、ずっとその根っ子に残り続けている。丸山さんはそういうものとして日本思想史を捉えていくわけです。

これはおそらく、丸山さんが「超国家主義の論理と心理」のなかで形象化を試みた「精神構造としての天皇制」と関わる問題です。丸山さんには、この「原型」が封建制的なものと結びついて残っているのであれば、「近代化」、「民主化」によって乗り越えられると考えていた形跡もあるのですが、その後、「封建と近代」という位相よりももっとロングスパンの、日本に古代国家が形成されて以来、それこそ「万世一系」の天皇制の存続と結び付いて残り続けているものがあるという見方に、変わってきたのではないかと思うのです。一九七二年に「歴史意識の『古層』」という論文を書いたときには、丸山眞男もそういう「日本的なるもの」を持ち出して「日本回帰」するのか、けしからん、という反応もあったようですが、これは、今までの話からわかるように、プラスのものとして評価すべき、誇るべき「日本の伝統」としてそれがある、という意味ではありません。ここでは先ほどの「原型」とか、「バッソ・オスティナート」と同じ意味で、「古層」という言い方をしていますが、歴史の底辺に残り続ける、古い層というわけですね。

「古層」論──「精神構造としての天皇制」論の深化

だから、外来思想を変形させるものとして執拗に残り続ける「古層」を変革するには、いわば「永久革命」が必要だということになる。封建的「中世」から民主的「近代」へというような、短いタイムスパンの話ではなくなるわけです。丸山さんは、ある時期から「永久革命としての民主主義」ということを言い出します。これは、みすず書房元編集長の小尾俊人さんが、丸山さんの歿後に見出された三冊のノートを一巻にまとめ、復刻した『自己内対話』〔一九九八年〕という本に収録された一九六〇年八月十三日の「ポケット手帖からの抜き書き」が初出だと思われます。一九九六年十一月に放送されたETV特集「戦後日本と丸山眞男」という二日間にわたるテレビ番組を私も手伝ったのですが、その二日目のタイトルを、「永久革命としての民主主

永久革命としての民主主義

義」としました。〔追記――『自己内対話』ではつぎのように述べられている。「社会主義について永久革命を語ることは意味をなさぬ。永久革命はただ民主主義についてのみ語りうる。なぜなら民主主義とは人民の支配――多数者の支配という永遠の逆説を内にふくんだ概念だからだ。多数が支配し少数が支配されるのは不自然である（ルソー）からこそ、まさに民主主義は制度としてでなく、プロセスとして永遠の運動としてのみ現実的なのである。／『人民の支配』という観念の逆説性が忘れられたとき、『人民』はたちまち、『党』『国家』『指導者』『天皇』等々と同一化され、デモクラシーは空語と化する。」〕

民主主義はパラドックス

つまり、民主主義というのは、丸山さんに言わせれば基本的に矛盾、パラドックスなのです。人民・民衆が支配者になるということはどういうことか。政治学で言いますと、たとえば、二十世紀初めのイタリアの政治思想家、ロベルト・ミヘルスという人の、「少数支配の鉄則」があります。社会のなかで実際に社会全体を動かしている支配者というのは必ず少数であって、多数はそれにくっついていくだけであり、その意味で被支配者・被治者でしかないのです。リーダーシップを発揮して社会を統合していこうとすれば、少数のリーダーと多数のフォロワーということにならざるをえない。しかし、にもかかわらず、そういう「少数者の支配」は、そのまま行けば必ず腐敗します。これも政治学の鉄則ですね。そうすると、多数者が少数者をたえずチェックし、コントロールするシステムが必要であり、その意味で、長い目で見れば、多数者である民衆そのものが主権をもつシステムである「民主主義」がベストだということになる。しかしこれは、ある「制度」を作ればできあがるようなものではなく、永久に「運動」として追求し続ける、それから「理念」として追求し続けるしかないものです。現実に、一〇〇パーセント民主主義的な体制などというものは、絶対にできません。むしろ絶えざる民主化をするというやり方でしか、民主主義というのは実在できないのだ、という考え方を丸山さんは出してきたわけです。

永久革命としての自由

民主主義の他に、そのような「永久革命」の対象となるものとしては、「人権」や「自由」が考えられるでしょう。「自由」というものも、「永久革命」としてしか追求できません。つまり、個人が自由であるだけではなく、多数が共存して自由であるという状態はありうるのか、ということですね。完全に一〇〇パーセント自由な人間が、勝手気ままに共存できるわけがないのであって、福澤も「自由は不自由の際に生ず」という言い方をしていますが、一方の自由が他方の不自由になるような、そういう間のところに、なんとかして両者が共存できるようなシステムを作っていくことでしか、自由というのは成り立たない場合が多いのです。そういう、個人個人が銘々にイニシアティブを発揮しながら、しかし一方が他方に自分の意思を押しつけるのではなく、その他方のイニシアティブも生かされていくようなシステムというのは、「永久革命」の対象でしかないわけです。

執拗に残り続けているもの——「つぎつぎと、なりゆく、いきほひ」

そういうふうなものを実現しようとしているときに、しかし、相変わらず「古層」として執拗に残り続けているものが、執拗に「革命」を妨害する。「歴史意識の『古層』」で丸山さんが論じたのは、「つぎつぎと、なりゆく、いきほひ」というものでした。ヨーロッパのユダヤ・キリスト教の伝統的歴史意識の根本にあるのは、「神が世界を創った」ことで歴史が始まるという、旧約聖書・創世記の「つくる」という表象ですね。つまり六日間で創造主が天地から始まって順番に世界を創り、最後に人間を創って、七日目に休んだ。それが安息日で、日曜日としていまだに残っている観念ですが、とにかく無から全てを神（創造神）が創ったわけです。それに対して、日本の神話における世界のできかたを見ると、圧倒的なのは「なる」という観念です。「天地《あめつち》の初発《はじめ》」に「葦牙《あしかび》の如《ごと》、萌《も》え騰《あが》る物に因りて、成りませる神」が出現します。これは「化生神」とも言われますが、七代の「成る」神が続き、その最後の「いざなぎの神」と「いざなみの神」という兄妹の神が、「みとのまぐはひ」という生殖行為によって、「大八嶋国《おおやしまぐに》」つまり日本列島を生みます。「生む」というのは、「つくる」と「なる」の中間にあたる観念です。しかし、どちらかというと、「なる」の方に近いですね。「つくる」世界としてではなく、「なる」世界として歴史が描かれていく、と丸山さんは言うのです。さらに言えば、「なりゆき」というものが歴史に大きな意味をもつと言います。

それからもう一つ、「いきほひ」という範疇があります。中国人などよりも、歴史は「勢い」によって動かされていくという観念が強いのです。たとえば「時勢」という観念。これは前に徳富蘇峰の回に紹介しましたが、蘇峰の「進歩主義」というのは、「時勢」あるいは「世界の大勢」によって歴史が動いていくという考え方に支えられています。これはしかし、逆に言うと、歴史を「つくる」意識がないから、主体的な責任感に結び付かないわけです。つまり、その時々の成り行きで動いていく、その時々の勢いに従う。自分が「する」行為ではなくて、「いきほひ」に乗り、「なりゆき」に流される。だから、前回のファシズムの話も、あれはその時の成り行きで仕方がない、あれはその時の勢いでしょうがなかったんだ、というような「無責任」の構造に繋がっていくわけです。

「古層」の三面——歴史・倫理・政治

丸山さんの戦前の仕事の一つに、「近世日本政治思想における『自然』と『作為』」(『日本政治思想史研究』所収)という論文があります。これは、江戸時代の儒学と結び付いた思想史を論じながら、「秩序」というものが、自然に「ある」ものなのか、それとも「作られた」ものなのか、つまり、人間が作り、作り替えていくようなものとして秩序や「制度」を考えるか、それとも自然に「ある」、あるいは自然に「なる」というようなものとして考えるかということが、政治思想を考えるうえで非常に大きいんだと述べたもので、それ以降の問題に繋がってくるのです。これは「歴史意識」の古層ですが、ほかに「倫理意識」の古層とか、「政治意識」の古層とか、いろいろなレベルで、「古層」が執拗に持続してるんだということを丸山さんは言います。それ以上上の中身は、これから出る『丸山眞男講義録』で読んでみてください。

高度成長を支えたもの

もはや「封建的」なるものを「近代化」していくという話ではなく、もっと大きなところで、「日本の思想」の総体の中に、「人権」とか「自由」とか「民主主義」というものの実現を妨げているものがある、という視点になってきたわけですが、それはおそらく、まさに「高度成長」を支えていたものでもあります。たとえば、「日本株式会社」であるとか、「社会主義」ではなく「社」と「会」が引っくり返った「会社主義」であるとか言われてきたものが、一時「日本的経営論」として評価されたり、バブル崩壊後にはマイナス評価に転じたりしていますね。そういうものが、主体的な「作為」とか「責任感」を作り出す、あるいは生み出すことを妨げるようなものとして再生産されてきた様相と格闘し、それを「古層」ないし「バッソ・オスティナート」と名付けて丸山さんは論を展開したのではないかと思われるのです。

三　高度成長以後――丸山の沈黙

丸山眞男という人は、一九六八、九年のいわゆる「東大紛争」の過程で、慢性肝炎を発症して倒れて以降、もはやそれまでのような輝かしい理論展開ができなくなっていき、結局、「高度成長」とそれ以降の事態について積極的に発言するということをしないままに終わります。私のもう一人の先生である藤田省三さんは、一九六九年に「高度成長反対」と言っていますが、なんにせよ「高度成長」というものは、日本社会の巨大な変化を生みました。「農村型社会」が成立したのは新石器時代ですが、旧石器時代から新石器時代に移行する時期に、鉄器などが導入され、灌漑などができるようになり、定住の農業ができるようになった。それまでは狩猟、漁猟の採集経済だったものが農業中心の経済になり、「農村型社会」というものができたわけです、それがこの高度経済成長の過程で、「都市型社会」へ移行していった。つまり、それまでは六〇%以上もあった農村人口が今や一〇%以下、あるいは五%以下となり、共同体の在り方が根本的に変わったのです。であれば、そういうなかで「自由」や「自治」についての考え方も、大きな変化を遂げていったはずです。私の見るところでは、丸山さんはその変化を、原始古代以来一貫して持続している構造を「古層」として見極めるというやり方で、改めて捉え直そうとしていました。そのことと関連して、私の後輩で、東大で丸山さんのあとの講座を持っている渡辺浩君が指摘していて、なるほどと思ったことがあります。

「一身にして三世」ならず

福澤諭吉に「一身にして二生を経る」という言葉があります。一人の身体で以て二つの生を経験する。福澤諭吉は明治三十四年に六十八歳で死んでいますので、ちょうど前半生が徳川時代で、そして後半生が明治時代です。つまり、全く違った封建時代、幕藩体制のなかで生きた人生と、明治の近代社会へ移行しようとしていた社会のなかでの人生と、二つの生を生きたという自覚が、福澤の思想を非常に魅力的なものにしているのです。これが丸山さんにとっては、結局、一九四五年八月十五日の前と後ということになります。一九一四年生まれですから、一九四五年の丸山さんは三十一歳ですね。年数で言うと、一九四五年以後の方が五十年、その前が三十年ということになりますが、さきほども言いましたように、七〇年以降の丸山さんは沈黙の時期に入っていきますから、四五年以後をそれほど長いと見る必要はないかもしれません。だから、戦前の天皇制国家の下で軍国主義、ファシズム、戦争の時代を生きた人生と、戦後の民主化していこうとする時期を生きた人生と、二つの人生を丸山さんも生きた、「一身にして二生を経」たと言っていい。ここで、渡辺浩君が言っていたのは、「一身にして三生を経る」のは難しいんだということです。つまり「三生」を自覚化するというか、対象化することは難しいのではないかということですね。ちょうど渡辺君の世代は、「戦後民主主義」の時代に生まれて「高度成長」を経て育ったわけで、たぶんその世代にとっては、まさに、その二つの「生」の対比が問題になります。その点で言うと、丸山さんは高度成長以後の事態というのを独自に対象化するということには、まだ成功していないのではないかというのが渡辺君の説で、それはたぶん当たっています。しかし、それを超えてもっと根本のところにある「日本の思想」の特質のようなものを見ようとした、六〇年代以降の丸山さんの仕事というのは、もう一度、再評価すべきではないか、というふうに私は今思っているのです。

最後の社会的発言

話がやっぱり六〇年のところで終わってしまいました。「六〇年安保」がある意味で「戦後民主主義」の時代の最後の盛り上がりと言えると思いますが、丸山さんは六〇年安保については、当時、「復初の説」ということを述べています。つまり、五月十九日の強行採決で新安保条約を通した事態に対して、八・一五、八月十五日の「原点」に戻って考え直すべきだ、戦後、民主主義の下で新たにやり直そうとした原点に帰るべきだということです。それが丸山さんの最後の、大きな社会的発言になりました。

四　最後に――高度成長以後は「自分史」として

「戦後民主主義と高度成長以後の思想」という今回のテーマのうち、あとの方はほとんど展開できすに終わってしまいましたが、むしろそのあたりは皆さま方の「自分史」に照らし合わせて補っていただければと思います。「高度成長」以後、まさにこういう「生涯学習センター」の仕事があらわしているように、明らかに「市民社会」と言えるようなものが日本においてもそれなりに成立してきました。そして、そういうなかで「自治」、自分たちで自分たちの身の回りのことはコントロールするんだ、治めるんだという発想や、「分権」という思想も、かなり定着してきているようです。しかし逆に、日本はもっと誇りを持たなきゃいかん、などと言って、「新しい歴史教科書」を作ろうとする動きがあったり、悪しき意味での日本主義と言いますか、日本文化の伝統を世界に向かって誇るべきである、発信すべきである、などとする動きも出てきてはいます。確実に「高度成長」以後、「上から」与えられ、ただ「万歳」していた「戦後民主主義」ではないような感覚が定着しつつある、と私は思いたいのですが、このあたりは現在進行形ですので、銘々のところでご判断いただけたらと思います。

あとがき

この「かわさき市民アカデミー」での講義は、一九九八年四月九日から七月十六日まで、毎週木曜日の午前一〇時半から、武蔵小杉の神奈川県「労働センター」（その後まもなく「川崎市生涯学習センター」に名称変更）において、全十四回で行われた。

私がその講師に呼ばれた経緯については、「まえがき」と第一回目講義の冒頭で簡単に述べたが、そこに私の名前が挙がったのは篠原一先生の推薦によったらしい。私は篠原さんの大学院のゼミの一九六六～七年度に出ていて親しく接したことがあり、その篠原さんの愛弟子で国際政治史講座を担当することになる高橋進氏の父君（高橋清氏）が一九八九年から川崎市長で、篠原さんは高橋市長が創めた「市民アカデミー」の仕事を助け、その副校長のような役割を果たしていたのであった。

私は、この講義を行ったこと自体を（「まえがき」でも触れたとおり）二年前まですっかり忘れていた。二年前に妻が、コロナ禍の折から、思い立って家の中の、仕舞いっ放しになっていたものを片付けていて、古い書類の重なりの間から、カセットテープの束を発見した。それが一九九八年に行った「近代日本の思想」と題する講義のテープ一四巻だったわけだが、その講義をした前後の時期（一九九〇年代半ばから二〇〇〇年代初め）は、おそらく私の生涯のうちで最も多忙だった時期で、「かわさき市民アカデミー」のことなどは、その「諸事多忙」の片隅に紛れ込んで、忘却の彼方になってしまっていたのであった。

それをテープ起ししておいた方が良いだろうと、妻が始めてくれた。まず全十四回のテーマ・タイトルが、各回の冒頭部分での話から、明らかになった。（このテーマ・タイトルを記した一覧表は、一九九〇年に北京で作った「明治政治思想史」の講義案のレジュメを、帰国後ワープロ専用機で活字化してプリント化したものとともに、講座初回に配ったのだが、講義案プリントの方は私の手元に残っていたのに対して、こちらは二年前の時点では残っていなかったのである。）

①日本近代思想史の方法と対象　②維新・啓蒙期の思想状況　③福澤諭吉の思想
④自由民権期の思想状況　⑤中江兆民の思想　⑥中江兆民の思想（続）
⑦井上毅と近代日本国家の制作　⑧明治二十年代の思想——平民主義と国民主義
⑨日露戦後世代の登場と高山樗牛　⑩明治社会主義の思想　⑪吉野作造と大正デモクラシー
⑫昭和マルクス主義の思想　⑬昭和ファシズム期の思想　⑭戦後民主主義と高度成長後の思想

こうしてみると、明治期の四十年余に十回分を使い、残り四回分で大正から一九六〇年頃までの五十年ほどを片付ける、という無理をしている点はあるけれども、なんとか「近代日本の思想」全体を見渡す話になっているようである。

そして翻って考えてみると、一九七〇年代以降に急速に進んだ「専門化」——「全共闘」が使った言葉で言えば、「専門バカ」化——の過程で、「思想史」という分野もまた細分化してしまい、哲学思想史・文学思想史・宗教思想史・社会思想史・経済思想史・政治思想史・法思想史・科学思想史・風俗文化思想史・等々にまたがって、「時代精神」の推移をトータルに見渡すような仕事（それが本来の「思想史」だろう）は、ますます見当たらなくなっているのである。

だとすれば、これを本にする価値があるのではないかと思い、妻に加えて、鈴木貫樹・栗原茂幸の両君に手伝ってもらい——両君には、私の前著『大正知識人の思想風景』の人名索引と事項索引づくりをしてもらった。それに引き続いてである——、テープ起しを急ぐことにした。

しかし、テープ起ししたものに手を入れて読めるような文章にする仕事は、意外に難航した。講義口調はそのまま残し、二十年前話したとき以後に得た知見や、その後の私の考えや見方の深まり・発展は、一切加えないことにしたにもかかわらず、お三方のテープ起しが終わってから一年以上も文章化に時間がかかってしまったのである。たとえば、講義では随所で、話を飛躍させたり話題を転換するときに、「で、……」とか、「あのー……」とか、「えーと……」と言って、ちょっと間をおいて、話を続けているのだが、それを文章化しようとすると、いわば直感的な連想や飛躍を、多少なりとも論理化して表現しなければならない。私自身の頭のなかでは（直感的に）繋がっている話も、多少なりとも論理的に説明しようとすると、いろいろ媒介項を入れなければならなくなる、等である。そんなことで、だいぶ難渋したのであった。

ともあれ、そういう次第で、二十年余り前の講義の復元は成った。これが「近代日本思想史」を概観するという点で、いまだに類書がないのではないかということは先ほど述べた。しかしそれはいわば形式的な側面での話であって、はたして内容的に、これが「近代日本思想史」の記述として今日的に読む価値のあるものになっているかどうかは別問題である。通常の「あとがき」であれば、その本が二十年前の話の活字化であった場合、その二十年前の話が今なお新鮮である所以を説き、その上で、今日同じ話を書くとしたら書き加えたい点、その後の状況推移のなかで書き改めたくなっている点、などを記すべきであろう。

しかし、なにせ二十年前に話したことである。その後の時代状況の推移や私自身の変化を踏まえて、「あとがき」という形で加えるのは、今の私には不可能である。また、二十年前に話したことの内容自体については、そのままで今も通じる話になっていると思いたい。

ということで、はなはだ不親切で無責任ということになるかもしれないが、このまま、いわば放りだして、読者の皆様の審判にゆだねたいと思う。

なお、最後に謝辞を、妻と鈴木貫樹・栗原茂幸の両君に捧げたい。鈴木・栗原両君は、妻を助けてテープ起しをやってくれただけでなく、私の前著に引き続いての人名・事項索引づくりに加え、小見出し付けという、余人には代えがたい仕事もして頂いた。皆さんのお力添えがなければ、本書が陽の目を見ることは到底無かったことは間違いない。本当に有難うございました。

二〇二一年十一月

追補

本講義は、「はじめに」で述べたように、神島二郎さんの「かわさき市民アカデミー」での「近代日本の思想」と題された講義を、「代行」して行われた。それを今回、本にするにあたって、『近代日本思想史大概』というタイトルに改めることにした。

それは、神島さんが「近代日本の思想」として講じようとされていたのが、いわば「近代日本思想」の「構造」というべきものだったのに対し、私のそれは「近代日本思想史」の概略を述べたものだったから、というのが一つの理由である。

また、私は丸山眞男先生が亡くなられた一九九六年頃から、『日本思想史大概』という本を、全五冊（神話・古代篇、中世篇、近世編、近代編、現代篇）で書くことを自分の「ライフワーク」にしたいと思うようになり、そのことを公言していたことにもよる。（二〇〇七年一月に亡くなられた福田歓一先生から、『日本思想史大概』の完成を期待しています」という賀状を頂いたのを覚えているので、その数年前――二〇〇〇年代初めから「公言」していたことになる。）『近代日本思想史大概』はその第四巻にあたるわけである。

「大概」という言葉は、私がかねてから愛読していた石川淳の『文学大概』から借用したものである。これは一九四二年に刊行された評論集だが、一九四一年刊の『森鷗外』とならんで、「江戸へ留学」（石川淳自身の表現）していた時期の彼の評論に漲る、「精神のダンディズム」ともいうべきものに、私は魅了されていたのであった。

しかし、まさにその丸山先生歿後から、私の身辺は俄かに超多忙状態になり、わたしの「ライフワーク」には取り掛かれないまま徒に時が経ち、管理職業務や諸雑用から解放された定年退職後になっても、「書けない病」は昂進するばかりでいたところに、癌腫罹患が重なり、結局、「ライフワーク」云々は、ほぼ諦めていた。

ところがそこに、コロナ禍の下での「奇貨」とでも言うか、思いもかけず、書架の片隅に眠っていたカセットテープの束が見つかり、かの『日本思想史大概』を、全五巻中の一巻にすぎぬとはいえ、本にすることができたのである。

私の生涯は「偶然的出会いの現象学」だと、かねがね言ってきたのであるが、最後になって、また、有難い「偶然」に出会えたようである。

二〇二四年八月

索　引

か行

さ行

た行

な行

は行

ま行

や行

ら行

わ行

附・講座レジュメ（配布プリント）

かわさき市民アカデミー「歴史・自分史コース」の講座「近代日本の思想」（1998年4月～7月）で配布したレジュメを掲載する。本書のなかでも触れられているとおり、本講座は立教大学名誉教授・神島二郎氏の代行として急遽著者が担当することになったものであり、1990年に北京日本学研究センターで筆者が講じた「日本文化論」のレジュメが用いられた。

ただし、最初の「日本政治思想史講義（目次）」の部分は、北京から筆者が帰国したのち、法政大学での講義（全30回）のために作成したものであり、本講座で配布したのは「16　明治社会主義の思想（1）」までである。当時のレジュメの頁（1～76、うち5～7は欠番）も下部に記載しているが、本文中でレジュメを参照する場合は、原則としてレジュメの頁と本書の頁を併記する。

なお、明らかな誤記は断りなく訂正したが、講座の後に得られた新たな知見・論点は加えず、当時の資料の再現に努めた。史料の引用にあたり、漢字と仮名、片仮名と平仮名、送り仮名・句読点・濁点等については読みやすさに考慮し変更したところがある。

日本政治思想史講義（目次）

（12までは1990年北京にて作成）

1　日本思想史学の歴史（明治〜）と思想史の方法
2　維新・啓蒙期の思想状況（1）
　「維新革命の性質」と“さまざまの維新”　「文明開化」の光と影
3　維新・啓蒙期の思想状況（2）
　「国家」Nation State と「文明」Civilization の創出　政治指導者と知識人
4　福澤諭吉の思想（1）
　「一身独立して一国独立す」　「日本文明の由来」と「人民独立の気風」
5　福澤諭吉の思想（2）
　「政権と私権」　「民権と人権」　「国権論」と「脱亜入欧」
6　自由民権期の思想状況
　「士族民権」「豪農民権」「下流民権」　“武士のエトス”と「滅私奉公」
7　中江兆民の思想（1）
　「洋学紳士君」と「東洋豪傑君」　「恩賜的民権と恢復的民権」、「憲法点閲」
8　中江兆民の思想（2）
　“res publica”と「自治の俗」　「有限委任の法」と「社会契約」
9　明治国家建設者の思想——井上毅——
　明治十四年政変　大日本帝国憲法と教育勅語　「天皇制国家」の基本矛盾
10　明治二十年代の思想状況
　「破壊から改良へ」　「平民主義」と「国民主義」・「国粋保存旨義」
11　徳富蘇峰と民友社の思想
　「平民的欧化主義」と「田舎紳士」論　「中等階級の堕落」と「帝国主義」
12　陸羯南・志賀重昂と政教社の思想
　明治の健康なナショナリズム　「実業の精神」と「自由主義」論
13　内村鑑三の思想——キリスト教と愛国心　→ 欠
　「余は如何にして基督信徒なりしか」　「時勢の観察」終末と再臨
14　明治後期の思想状況
　“解体”（disintegration）の諸相、「社会」と「自我」の隆起
15　高山樗牛の思想
　「文明批評家」　「日本主義」　「美的生活」　「日蓮上人と日本国」
16　明治社会主義の思想（1）——幸徳秋水・堺利彦・木下尚江——
　「志士仁人」の社会主義　「直接行動論」と「大逆事件」
17　明治社会主義の思想（2）——片山潜・田添鉄二——
　「労働」と「自治」の社会主義　「労働倶楽部」論・「都市社会主義」　↓ 以下欠
18　大正期の思想状況
　人格主義・文化主義・理想主義と国家思想　「マルクス主義の台風」
19　吉野作造と「民本主義」論争
　「国家威力と主権」　「民衆的監督」　「社会の発見」　「政治学の革新」

20　大杉栄のアナルコ・サンディカリズム
「自我の拡充」と「征服の事実」　「美は乱調にあり」　ロシア革命批判
21「文明批評家長谷川如是閑」
「文明批評」と「現代国家批判」　「日本ファシズム批判」　「日本的性格」
22　昭和マルクス主義の思想——福本和夫・河上肇・三木清・山田盛太郎
「方法」の純化　求道と殉教　構想力の論理　日本資本主義分析
23　和辻哲郎——「偶像再興」の思想史的役割
ニーチェ研究　『偶像再興』と日本古代文化　尊皇思想の伝統　『風土』
24　昭和ファシズム期の思想状況
国体明徴　自由主義排撃　政党政治の堕落　農本主義　アジア主義
25　北一輝——「純正社会主義」と超国家主義
公民国家論と国体論批判　支那革命史　日本改造法案　2・26事件
26「戦後」の思想状況
焼け跡闇市状況と占領民主主義　戦争責任論　実存と革命　主体性論争
27　戦後社会科学の思想
民科・青年文化会議・思想の科学　マルクスとウェーバー　市民社会と自由
28　一九六〇年前後の思想状況
「戦後は終わった」　市民とマイホーム　安保闘争と所得倍増　情念・土着
29「高度成長」と政治思想
反公害と住民運動　日本株式会社　大衆社会・情報化社会　経験の喪失？
30　現代の精神史的状況

—2—

第1回　日本思想史学の歴史と思想史の方法

参照：丸山眞男「近代日本における思想史的方法の形成」

（丸山・福田編『政治思想における西欧と日本（下）』1961所収）

(1)〈文明論的思想史〉　（明治初年〜10年代）

福澤諭吉『文明論之概略』（明治8）　［「開国」と「啓蒙」］

田口卯吉『日本開化小史』（明治10）

藤田茂吉『文明東漸史』（明治17）

(2)〈同時代的思想史〉　（明治20年代）

竹越三叉『新日本史』（明治25）　［「平民主義」と「国民主義」］

山路愛山『現代日本教会史論』（明治39）

徳富蘇峰『吉田松蔭』（明治26）（cf.『新日本之青年』明治19）

陸羯南『近時政論考』（明治24）

三宅雪嶺『同時代史』（昭和1〜20）（cf.『真善美日本人』明治24）

(3)〈国民道徳論的思想史〉　（明治30年代〜明治末年）

井上哲次郎『日本朱子学派の哲学』（明治38）　［「日本主義」］

『日本古学派の哲学』（明治35）

『日本陽明学派の哲学』（明治33）

（cf.『勅語衍義』明治24、『教育と宗教の衝突』明治27）

高山樗牛「明治思想の変遷」（明治32）

木村鷹太郎（明治30、大日本協会創設、機関誌『日本主義』。他に『日本国教論』『日本太古史』等）

(4A)〈文化史的思想史〉　（大正〜昭和初期）

和辻哲郎『日本古代文化』（大正9）　［大正文化主義・教養主義］

『日本精神史研究』（昭和1）

（cf.『ニーチェ研究』大正2、『ゼエレン・キエルケゴオル』大正3、『偶像再興』大正7、『古寺巡礼』大正8）

村岡典嗣『本居宣長』（明治44）

『日本思想史研究』（全4冊、昭和5）

(4B)〈生活史的思想史〉　（大正〜昭和初期）

津田左右吉『文学に現はれたる我が国民思想の研究』（大正5〜）

（cf.『神代史の研究』大正13）

長谷川如是閑　柳田國男　［大正デモクラシー］

(5A)〈唯物論的思想史〉　（昭和初〜10年代）

『唯物論全書』　［昭和マルクス主義］

鳥井博郎　永田広志　羽仁五郎　服部之総　戸坂潤

(5B)〈日本精神論的思想史〉　（昭和初〜10年代）

平泉澄　蓑田胸喜　鹿子木員信　河野省三　清原貞雄

［昭和ファシズム］

＊　＊　＊

(6)「**民主化**」のための思想史　(昭和20年代～35年)
(7A)「**近代化論**」の一環としての思想史　(昭和35～45年)
(7B)「**近代化論批判**」→「民衆思想史」論　(昭和40～50年)
(8A)「**日本人論**」「日本文化論」ブーム(「日本ナルシシズム」の再来)　(昭和45～)
(8B) 都市化と日本型「**市民社会**」成熟の中で　(昭和45～)

◎いくつかの方法的軸

cf. 丸山眞男「思想史の考え方について――類型・範囲・対象」
(初出1961年、『忠誠と反逆』1992年所収)

A　伝統と近代(持続と変革)　[過去と未来]　〈時間軸〉
歴史意識、ユートピア表象……

B　西欧(世界)と日本　[外と内]　〈空間軸〉
欧化(拝外)↔国粋(排外)　風土と地理的位置、文化接触

C　思想と生活(表層と基層)　[上と下]　〈構造軸〉
上部構造と土台、理念と利害状況
知識人と大衆、目的意識性と自然生長性

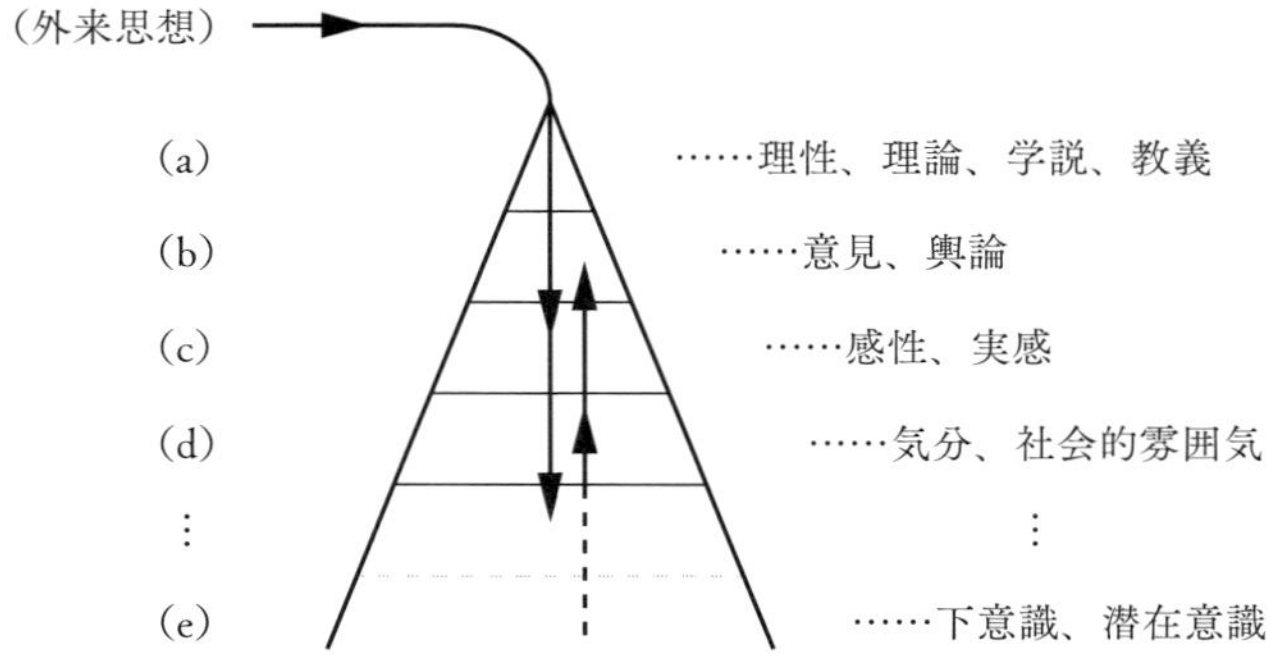

第2回　維新・啓蒙期の思想状況（1）

◎「明治維新」観小史

cf. 田中彰『明治維新観の研究』（北海道大学図書刊行会、1987年）

(1)「維新革命」史観

竹越三叉・徳富蘇峰　etc.：「第二の維新」。

⟶『自由党史』（明治43、板垣退助監修、岩波文庫所収）

……「未完の革命」として"思い入れ"の系譜。⟶「大正維新」・「昭和維新」

(2)「王政復古」史観

明治政府による『復古記』→『維新史』の試み。

（cf.『防長回天史』　末松謙澄・山路愛山・堺利彦etc.）

⟶昭和ファシズム期（cf. ex. 和辻哲郎『尊皇思想とその伝統』昭和18 etc.）

(3)「民本主義」史観

吉野作造と「明治文化研究会」（⟶『明治文化全集』）

「永い間の封建制度に圧せられ、天下の大政に容喙することを一大罪悪と教へ込まれて来た日本国民が、近代に至り如何にして突如、政治を以て、我等自身の仕事なりと確信するに至つたかを闡明せん……」

（吉野「我国近代史に於ける政治意識の発生」昭和2）

(4)「講座派」史観

『日本資本主義発達史講座』（1929〜）：野呂栄太郎、山田盛太郎etc.

「労農派」（櫛田民蔵、猪俣津南雄etc.）と「日本資本主義論争」。

ie. 明治維新は、「**ブルジョア革命**」か、「天皇制**絶対主義**」の樹立か。

⟶「一段階革命」か、「**二段階革命**」か。⟶「32年テーゼ」。

cf. 堺利彦「ブルジョアの維新」（1921・1『解放』「明治維新の新研究」号）

6つの「維新史解釈」を挙げる。　①「王政復古」と見る。②「諸雄藩、とくに『薩長』による政治的改革」と見る。③「『下級士族』内の優秀なる人材の運動」と見る。④「『外力』に対抗して発した『国民的』勃興運動」と見る。⑤「封建制度の財政窮乏の行詰りの打開」と見る。⑥「ブルジョア革命、または資本家的生産関係の支配に向つての社会変革」と見る。

(5)「戦後民主主義」史観

「前近代的」な「封建遺制」打破という課題意識と、「天皇制」論争

(6)「近代化」史観

「近代化」に「成功した日本」の歴史的条件を探って、「前近代」に既に「世俗化」や「合理化」の進展、また「教育の普及」等があった。etc.

(7)「民衆史」史観

維新が民衆にとって持った「解放」面と「抑圧」面。

［以上の (4) 〜 (7) は、それぞれ別の文脈においてであるが、維新の前後の"連続性"を強調する一面を持つ点で、奇妙に共通している。］

(8)"日本ナルシシズム"史観

維新を美化し、リーダーたち（esp. 軍人や政治家）を英雄化する傾向、そして天皇制を神格化する傾向も顕著。

◎**竹越三叉『新日本史』**(明治24～25年。『明治文學全集77　明治史論集(1)』所収)

◇「三十年間の大変(化)」から説き起こす。

——安政大地震で死んだ藤田東湖や、安政の大獄で切腹した吉田松陰、また桜田門外の変で暗殺された井伊直弼などが、もしあの世から蘇って明治25年の東京に現われたら、さぞかし吃驚仰天するだろう。目に見える事物、世相から始まって、制度、社会関係、そして『人心』にいたる巨大な変化!」

◇その変化をもたらした「動機」は何か。

——「**勤王論**」?　それとも、「外交の一挙」(→「**海防論**」)?

- 前者は、変革の際の「譜牒」に過ぎず、また変革によってもたらされた「結果」に過ぎない。また後者は、変革のキッカケを与えたショックにすぎない。
- 明治維新は、そうした"後ろから"や"上から"の変革でも、"外から"の変革でもなく、"下から""内から"の「**革命**」と見るべきなのである。

◇では、その「革命」の「性質」は、いかなるものであったのか。

——「三種の革命」あり。(a)「楽園は過去にあり」とする「**復古的革命**」。(b)「政治的自由の天国、其国民の胸中に植られ、光明は唯前途に存する」とみる「**理想的革命**」。そして、(c)「唯だ現在の社会に不満に、現在身に降り積もりたる痛苦に堪へずして発し」たところの「**乱世的革命**(アナルキカル・レボリュウーション)」。

——日本の明治維新は(c)だった、と。

◇徳川幕藩体制における**天皇**の地位の特異性(cf. 藤田省三『維新の精神』1967年)

——「権威」として担がれながら、実質では「虐待」される。⟶幕末の危機状況の中で、「忘れられて」もおらず、幕府と「共倒れ」もしない存在として、「倒幕」のシンボルにあらためて担ぎ出されることが、可能であった!

(但し、そこには「玉を奪ふ」「玉を動かす」等と形容される、木戸孝允、大久保利通ら「ステーツマン」達のリアリズムが働いていたことも、見落としてはならない。)

- 同時に、それを裏から可能にしたのは、"預言的リーダーシップ"(←(b))の不在。
  ⟶理念(Idee)への献身の代替物としての、パーソナルな忠誠。「闔(コウ)国」→「皇国」

◇「一君万民」観念の形成→「臣民」という範疇の創出。——それが三叉の言う「**日本国家の現出**」の形態。——"ナショナリズム革命"の日本的形態!

- 前提としての幕藩体制の"解体"(→流動化)の進行。
  「土崩瓦壊」→「**横議横行**」(脱藩の「浪士」と、脱村の「遊民」。新選組や平手造酒。「おかげ参り」と「ええじゃないか」。)
- 'Nation State' 形成の論理。——頂点への集中と、底辺への拡大。集権化と平等化。
  「国家理性」(raison d'Etat)の成立。

◎**"さまざまの維新"——「開国」のアナーキー状況の中で**

(cf. 丸山眞男「開国」1959年。前掲『忠誠と反逆』再録)

[1]〈**民衆意識・世相・風俗レベル**〉——「文明開化」のポジとネガ。

「解放」と「解体」(→頽廃)の諸相。

(イ)「**自由**」という言葉の大流行。

cf. 木村毅「自由は、いつ日本に入って来たか」(『文明開化』日本歴史新書、至文堂)

小関三英と「フレーヘード」。また、「那波列翁(ナポレオン)を起してフレーヘー

ドを唱へねば、我が腹悶医やし難し」（吉田松陰）

- 精神的「開国」状況。ex. 未知の可能性を求め、笈を負うて上京して来る青年達。
- 或る新聞広告。（宮武外骨『文明開化広告篇』所収。山形「此花新聞」明治 15.5）
「山形県最上郡柳田村○○。1. 私は娘、年は十六歳にして、色白く髪は黒く候こと。1. いまだ男に肌ふれしことなく。1. 中肉にて、在郷にては無類と申す評判。1. 学識才智等も日本婦人にてはかなりあり。右に似寄りの婿これあり候はば、諸君御世話くだされたく願上げ奉り候なり。」

（ロ）「文明開化本」の流行（『明治文化全集　文明開化篇』日本評論社所収）
「新知識」を振り回す「開化先生」が、「旧弊君」を嘲笑うといった趣向の、『開化問答』の類。（cf.「ザンギリ頭を叩いてみれば、文明開化の音がする。チョンマゲ頭を叩いてみれば、旧弊固陋の音がする。」）

- 加藤祐一『文明開化』（上掲書所収）：「とにかく奇怪なことなどを説かれて驚かさる人は、……文明開化の人とはいはれぬ。何事にもせよ、我心に得心せぬ事は、よくよく其理を推究めて、なるほど左様あるべき道理ちゃとみづから弁別がついてから、信ずべきは信じ、信ずべからざるは信ぜぬが良いのちゃ……」
- 「懐疑の時代」（三叉）における「合理」精神。（民衆レベルの啓蒙主義）

（ハ）仮名垣魯文『安愚楽鍋』が描く、牛鍋屋（「開花鍋」）の大繁盛。ステッキ、蝙蝠傘、金鎖の懐中時計を持った紳士たち。「書生々々と軽蔑するな、末は太政官のお役人」。「酔うては枕す美人の膝、醒めて握る天下の権を」と歌う書生。

（ニ）他方、島崎藤村『夜明け前』の主人公、青山半蔵のように、「草莽の国学」的な「復古」（＝「祭政一致」）の理想と、維新後の現実のギャップ（＝「裏切られた革命」！）の中で、狂気に陥ってゆく者もある。

（ホ）「御一新の世」が、かえって「圧政」の強化と感ぜられて、徴兵令や義務教育令に反対する一揆（「血税一揆」！）を起こす農民もある。
「上からは明治だなどと言うけれど、治まるめい（明）と下からは読む。」

（ヘ）成島柳北『柳橋新誌』（1874年）や吉川英治『松のや露八』（1935年）が描く転倒した世界も現出する。

- 遊女に身を落とした嘗ての大身の武士の妻。それを相手に豪遊しているのは、田舎侍から成り上がった、vulgar な新政府の官吏である。
- かつて幕臣時代には共に「佐幕派」として運動した「同志」が、今や新政府の役人として羽振りを効かせて宴席の主座にいる。その前で幇間（たいこもち）として馬鹿踊りを踊ってみせる松のや露八

（ト）柴五郎『ある明治人の記録』（中公新書）における敗残の世界。
会津藩士⟶「朝敵」・「賊軍」⟶下北半島への「棄民」。
⟶民権運動（cf. 東海散士「柴四郎」『佳人之奇遇』）
⟶ナショナリズム（西南戦争→日清戦争）。

第3回　維新啓蒙期の思想状況（2）

［2］〈**為政者レベル**〉——絶対主義的な近代国家形成へ向けてのステーツマンの論理。

◇基本的には、大久保利通「行政改革建言書」（明治9）で集約的に述べられるコース。
「王政ニ帰一シ、封建ヲ変シテ郡県トナシ、四民同等ノ権ニ復セント、……人民ヲ開明ノ域ニ進メ、国権ヲ振興セシメン……
……**然ルニ、数百年ノ因習ニ浴シ来ル無気無力ノ人民ヲ誘導スルニハ、政府之ガ嚆矢ト成ラザルヲ得ズ**。故ニ……百官百司ノ人物ヲ精選シ、十分ノ改革ヲ……」

• 要するに、“上から”の「誘導」による、「富国強兵」化路線。
⟹　‘Nation State’と「資本主義」文明の創出。

◇しかしそうした「絶対主義」路線が確立するのは、「明治六年政変」によって大久保が江藤新平からヘゲモニーを奪い返して以後のことであって（cf. 毛利敏彦『明治六年政変』中公新書）、それまでは政府の政策自身が大きな振幅をみせていた。
開明路線　⇔　復古路線　　「公議輿論」⇔「有司専制」

• 多分に「闇夜の手探り」的な試行錯誤でもって「法律革命の下降」が行なわれるとき（「御布告と、日々新聞は読むべしと、人には告げよ、海人の釣り舟」）、解体のアナーキーと「文明開化」状況は、さらに促進されることになる。

• 三叉によれば、「**文明開化の大運動**」は「三種の勢力」により推進され、その一つの勢力として、政府の施策のあり方が挙げられるという。
（他の二つは、福澤諭吉を先頭とする「**急進的懐疑家**」の勢力、および、「新聞紙」を始めとする**民間ジャーナリズム**の勢力）
「**政府は民間に劣らざる社会改革家にして、其施政の急進なる、人民をして還つて其施政によつて社会改革の方向を知らしめたる**程なりき。」

◇たとえば「徴兵令諭告」（明治6）は、旧時代の兵士であった「武士」を「抗顔坐食」していたと非難し、新時代の「国民」の「自由」「平等」「人権」を強調した上で、「国家の災害を防ぐは**即ち自己**の災害を防ぐの基」という理由で「徴兵」の必要を説く。（「天皇」への忠誠や、「国体護持」のため、等は一切出てこない！）

• また、「**学制**」発布の際の「学制頒布に付布告」（明治5）も、「学問は身を立つるの財本（モトデ）」と説いた上で、「邑に不学の戸なく、家に不学の人なからしめん」と続けるのである。cf. 明治19年の「大学令」第一条「**国家須要なる学術の理論……**」

• いずれも個人主義的な功利主義（ベンサム的「快楽計算」）の契機に訴えかけようとしていたとも言える。（その他、「啓蒙主義的」法令として、「断髪令」、「立小便禁止令」、「男女混浴禁止令」etc.）

◇しかしこうした明治政府による人民に対する啓蒙enlightenmentには、もう一つ別の側面があった。すなわち、日本人民に対して「**天皇」の存在と有難さ**を啓蒙するという努力の一面である。

• 逆に言えば、この頃までの底辺の人民にとっては、「天皇」は無縁の、殆ど未知の存在だったらしい。幕末以来の「尊王攘夷」運動は、下級武士や豪農層のものだった。底辺の百姓町人は、「公方（クボウ）さま」（将軍）や「お殿様」（藩主）の「御威

—11—

光」は知っていても、「天長さま」の有難さは知らない。そこで維新政府は躍起になる。

- 「九州鎮撫総督の諭書」（明治1）

  「此日本と云ふ国には、天照皇太神皇様から御継ぎなされた**天子様と云ふがござつて**……此日本国の御主人様ちゃ。丁度、天に御日さまが二つないと同じ事ちゃ。……何と恐れ入つた事ちゃないか。」

- 「神様の御位、正一位など国々にあるも、皆、天子様よりおゆるし遊ばされ候わけにて、（天子様は）誠に**神様より尊く**……」（「奥羽人民告諭」明治2）

◯「**東京遷都**」も、この“天皇啓蒙”のための大デモンストレーションに利用された。天皇が二千余人を従えて、京都から東京まで、二十四日間を費やして移動。今のお金に換算すれば、百億円にも達しようかという、大引っ越し旅行であった。

道々で、孝子・節婦・高齢者を顕彰し、戊辰の兵火や水害の厄に遭った者を見舞い、農民・漁民の労働現場に臨んで励ます、ということが精力的に行なわれた。

また、その途次の行在所となったのは、該地方の名家であった。

- これの発案は、前年の大久保利通「遷都建議の上書」である。新時代の天皇は、従来のように公家や女官に囲まれて、御簾の中に籠っていてはいけない。広く「民の父母」として、「**宇内の大勢を洞察したまひ、数百年来一塊したる因循の腐臭を一新し、……国内同心合体、一天の主と申し奉るものは斯く迄に有り難きもの下蒼生といへるものは斯く迄に頼もしきものと上下一貫、天下万民、感動涕泣し候程の御実行奉り候**……」

◇この動きと、前述の政府主導による「急進的」な「文明開化」の側面が、ダブって登場する局面もある。木戸孝允が発行させた『新聞雑誌』（明治4～7）における**皇室記事**などが、さだめしそれである。

- 天皇が「洋式」の服を着られたとか、牛乳を飲まれたとか、「**聖上御断髪遊ばされたよし**」とか、華族一同にむかって妻子同伴の「洋行」を奨められたとか、etc. etc. 皇室が先頭に立って「文明開化」に向かって突き進んでいると報じつつ、同時に、国民に皇室の“私生活”の片鱗を覗かせることで、天皇制への親近感を持たせる効果があったようである。（cf. 第二次大戦後の大衆社会状況下での週刊誌の皇室記事）
- この動向は、明治4～8年頃の「文明開化」全盛期（江藤新平の時代）が中心だったが、そうした“天皇啓蒙”の運動が再び大々的に展開されたのが、西南戦争（日本最後の？「内乱」civil war！）の直後の時期だった。日本国内各地に、天皇が駕籠や馬に乗って長途の「**行幸**」を試み、ナショナルな亀裂の傷跡をエモーショナルに修復し、「国内同心合体」の実を取り戻そうとする。
- それは第二次大戦後の昭和天皇の巡幸でも繰り返される。（また、「国民体育大会」＝「国体」！の開会式出席、植樹祭、等々で。）
- しかしこの二重の意味での“天皇啓蒙”の試みも、「明治十四年政変」の頃までにほぼ役割を終え、以後は「神聖にして侵すべからざる」存在として、神格化への道をたどることになる。

［3］〈**知識人レベル**〉――「啓蒙」の論理と“下から”の「文明」化構想

◇「**明六社**」の画期性としての自発的「結社」の思想。

'community' ⟶ 'association'

（cf.「蛮社」の獄。慶應義塾「社中」）

⟶新しい「公」。“**自由な知識人**”の登場。

cf. David Riesman, *The Lonely Crowd.*

'traditional type'⟶'inner-directed type'⟶'other-directed type'

• 『明六雑誌』毎号3000部。——**民間ジャーナリズム**の形成。

⟶'reading public'の成立。

• 「演舌（説）」の開始。又、『会議弁』（福澤）

⟶'free discussion'の意義。

• **多様な自発的集団**の結成へ。（→民権結社）

⟶'open society'としての市民社会。

◇他面、社会的・精神的「開国」＝「解放」により生じたネガティヴなアナーキー状況もある。「情欲」やエゴイスティックな利益追求の「解放」という一面。

（「妾を買ひ、妻を鬻ぐも又自由」！）

⟶“欲望自然主義”の肯定と克服の問題。

cf. Bentham的「快楽計算」の功利主義。（陸奥宗光訳『利学正宗』）

• 津田真道などは「情欲」肯定を端的に打ち出す。

（「人ノ情欲ハ天性ノ自然ニ出ヅ」『明六雑誌』第34号「情欲論」）

• 西周は「**自愛自立ノ心**」が人間の「自主自立ノ権」の根源をなすと説いたが（『百一新論』明治7）、ここではエゴイズムに発する欲望肯定が「自立」（autonomy, independence）のための基礎付けへと転じられようとしている。（cf.「人世三宝説」『明六雑誌』第38〜42「健康（マメ）、知識（チエ）、富有（トミ）」）

◇加藤弘之も「天賦」の「自由権」の基礎となる「**不羈自立ノ情**」について言い、さらに「国学者流」の論を批判して次のように述べる。（『国体新論』明治8）

「天皇ノ御心ヲ以テ心トセヨトハ何事ゾヤ。是レ即チ例ノ卑屈心ヲ吐露シタル愚論ナリ。欧州ニテ此ノ如キ卑屈心アル人民ヲ称シテ**心ノ奴隷**ト云フ。吾輩人民モ亦天皇ト同ジク人類ナレバ各一己ノ心ヲ備ヘ**自由ノ精神**ヲ有スル者ナリ。……吾輩人民若シ自己ノ心ヲ放擲シテ只管　天皇ノ御心ヲ以テ心トスルニ至ラバ、豈殆ド牛馬ト異ナル所アルヲ得ンヤ。……人民各自由ノ精神ヲ備ヘテコソ実際上ノ自由権ヲモ握リ得ベク、随テ国家モ安寧ヲ得、国力モ強盛ヲ致スベキニ、若シ我邦人民此精神ヲ棄テ只管　天皇ノ御心ニノミ従ヒ、随テ実際上ニ自由権ヲ失フヲ甘ンズルニ至ラバ、我国ノ独立不羈ハ殆ド難キコトナリ。」

• 中村正直（敬宇）は「人民ノ性質ヲ改造スル説」（明六社での演説。『明六雑誌』第30号）で、「御一新」というが従来のは「政体ノ一新」にすぎず、「人民ノ一新」は未だ成っていないとして、次のように言う。

「……人民ハ矢張旧（モト）ノ人民ナリ。**奴隷根情ノ人民**ナリ、下ニ驕リ上ニ媚ル人民ナリ、……労苦ヲ厭ヒ艱難ニ堪ザル人民ナリ、……浮薄軽躁胸中主ナキ人民ナリ、自立ノ志ナクシテ人ニ依頼スルヲ好ム人民ナリ、……約諾ヲ破リ信義ヲ重ンゼザル人民ナリ、友愛ノ情ニ薄ク合同一致シガタキ人民ナリ、……」

• “下から”の文明化・近代化のためには、新しい“**主体的**”**人民の創出**が不可欠というのが、彼らの共通認識。

（“Self-help”の人民。cf. 中村訳『西国立志篇』、スマイルス原著）

第4・5回　福澤諭吉の思想

- 「学者職分論争」で他の明六社同人と分かれる。あくまで“下から”の「文明」形成のためには、「私立の人民」のために働く「**私立の学者**」が必要と言う。「在野」「民間」優位の思想。
  ──→ついに明治政府には仕えず、「慶應義塾」を中心とした教育活動と、『時事新報』を中心とした言論活動に全力をつくす。

  1834（天保5）　豊前中津藩の下級武士の末子に生れる。

  　　　　　　　「私の為めに門閥制度は親の敵（かたき）でござる」（『福翁自伝』）

  1854（安政1）　長崎に出て蘭学を学び、翌年、大坂の緒方洪庵の適塾に入る。

  1858（安政5）　江戸鉄砲洲で闘学塾（→英学）を開く。

  1860（万延1）　咸臨丸で渡米。翌年、渡欧。67年、再渡米。

  1866～1869（慶応2～明治2）**『西洋事情』**

  1872～1876（明治5～9）**『学問のすゝめ』**　　1875（明治8）**『文明論之概略』**

I　文明社会の建設とネーションの形成──「一身独立して一国独立す」

- 「政府にて一事を起せば、**文明の形**は次第に具はるに似たれども、人民には正しく一段の気力を失ひ、**文明の精神**は次第に衰ふるのみ。」　　（『学問のすゝめ』第五篇）
  （「文明の形」＝学校・工業・軍事力 etc.
  「文明の精神」＝「自由独立の精神」・「人民独立の気力」）
- しかも、“上から”の「開化」は、封建時代よりも却って悪いことがある。
  「古の政府は力を用ひ、今の政府は力と智を用ゆ。」

  したがって、古の民は政府の「力」に屈するだけだったのに対し、

  「今の政府は其の心を奪ふ。」
- 言い換えれば、「古の民は政府を恐れ、今の民は政府を拝む。」
  つまり、上からの恩恵に対して、「其賜に依頼するの心」が生じ、それが常備軍や警察機構、官僚機構の整備に伴う「畏怖心」の増大と相俟って、「**卑屈心**」を増す。

◇それを逆転させて、「人民独立の気風」と「国民抵抗の精神」（『明治十年丁丑公論』）に支えられた「文明」を創出せねばならぬ。
「**文明の事を行ふ者は私立の人民**にして、其**文明を護する者は政府**なり。」
- その点からすれば、「**日本には唯政府ありて未だ国民あらず**と云ふも可なり。」
  （以上、『学問のすゝめ』第四篇）

むしろ一般的に言って、

「**政治は独り文明の源にあらず**、文明に従ひて其進退を為し、……**文明中の一局を働くものなり**。」　　（『文明論之概略』）
- 福澤は、大久保のごとき“国家のステーツマン”たるよりも、“**文明＝市民社会のステーツマン**”（藤田）たる道を選んだといってもよい。

◇これが同時に、福澤にとっての**ナショナリズムの論理**と結びつく。「一身独立して一国独立す」という命題の成立する所以である。　　（『学問のすゝめ』第三篇）
すなわち、ネーションの独立を可能にするものは、「**自由独立の気風を全国に充満せ**

しめ、国中の人々貴賤上下の別なく、其国を自分の身の上に引受け」ることである。

- 『学問のすゝめ』冒頭の「天は人の上に人を造らず、人の下に人を造らず」も、この文脈の中で見る必要がある。（文言自体は、アメリカ各州の「人権宣言」が典拠と言われる。'God' を「天」と意訳。）

II 「独立自由」の哲学と「権力偏重の社会」からの解放

◇「独立とは、**自分にて自分の身を支配し、他に依りすがる心なき**を云ふ。」

（『学問のすゝめ』第三篇）

- 「フリードム」あるいは「リベルチ」も、「**自主任意**」の意で「我儘放蕩」とは違う。（『西洋事情』）
- いわゆる「〜からの自由」という 'negative freedom'（拘束の欠如態）にとどまらぬ、「〜への自由」の positive な自己規律（Autonomie）、自己支配（self-control）の主体性のこと。

◇彼の文明史の発展段階観（**「野蛮」→「半開」→「文明」**）を規定しているのも、この「自由」観。

「野蛮……天然の力を恐れ、人為の恩威に依頼し、偶然の禍福を待つのみにて、身躬から工夫を運らす者なし……」

「文明……**旧慣に惑溺せず、身躬から其身を支配して、他の恩威に依頼せず**……」

（『文明論之概略』第二章）

- 二重の意味での依存（dependence）状態からの脱皮が「文明」化。
  （イ）対自然の関係、（ロ）対社会的関係、の両面において、(a) 恩恵に依りすがり、あてにし、(b) 脅威に怖れおののき、這いつくばる、という事態からの脱却。
- 自分で自分の運命を主体的にコントロールし、切り開いてゆける領域としての「自由」の拡大こそが、「文明」への道。

◇「**（西洋文明にあって東洋文明になきものは、）有形において数理学、無形においては独立心。**」

（『福翁自伝』）

- 丸山眞男「福沢における『**実学**』の転回」（『東洋文化研究』3号、1947年）が言うように、「近代自然科学を、その成果よりは、むしろそれを産み出す精神から捉え」ようとする志向。
- それは、たんなる「科学主義」（「実証主義」や「技術主義」）、あるいは「実用主義」としての「実学」ではない。
  「人智を以て天然の力を犯し、次第に其境に侵入して進化の秘訣を発し、其働を束縛して自由ならしめず」（『概略』第七章）という「**文明の自由**」のための道具に他ならない。

◎「**日本文明の由来**」（『概略』第九章）における「**権力の偏重**」の批判。

（cf. 羽仁五郎『白石・諭吉』）

- 「文明の自由は、……**諸々の権義**を許し、**諸々の利益**を得せしめ、**諸々の意見**を容れ**諸々の力**を逞しふせしめ、彼我平均の間に存するのみ。」（第八章）また、「**自**

由の気風はただ多事争論の間にあり。」（第二章）

- しかるに、そうした「自由」を欠いて、「権力の偏重」現象によって覆い尽くされているのが、「日本文明」の歴史である。すなわち、およそ対等の関係において自由に自己を主張し合うということがなく、力関係の天秤が常に一方に傾いているのが、伝統的な日本社会である。
- 「其趣を形容して云へば、日本国中に千百の天秤を掛け、其天秤、大となく小となく**悉く皆一方に偏して**、平均を失ふが如く、或は又、三角四面の結晶物を砕て、千分と為し、万分と為し、遂に細粉と為すも、其一分子は尚三角四面の本色を失はず、又この細粉を合して一小片と為し、又合して一塊と為すも、其物は依然として三角四面の形を保つが如し。」
- 「権力の偏重」が、あらゆる「人間交際」（"society"の訳語）の局面に「浸潤」しているのである。男女の交際、親子・兄弟・長幼の序、師弟・主従の関係、貧富・貴賤、新参古参、（寺の）本山末寺、（官吏の）上役下役、etc.

◇しかも、それらは相互に「**強圧抑制の循環**」を為していて、どこにも「独立自由」の精神の存在を許さない。

「……此に向つて屈すれば、彼に向って矜るべし。……前の恥辱は後の愉快に由て償ひ、以て其不満足を平均し……」

- 結局、「其一体の抑圧を蒙る者は、無告の小民なり。」
- そして、この「循環」のシステムを「維持せんがためには、……**一種無形最上の権威**なかる可からず。」──→"天皇制"！
- しかし、その「皇室」の権威も「実威」でなく「虚威」であって、したがって、日本社会のどこにも「**独一個人の気象**（インヂヴヰヂュアリチ）**なし**」という構造になっている。

（──→丸山「無責任の体系」！『現代政治の思想と行動』所収「軍国支配者の精神形態」）

◇だから、そこには、いわゆる"出世民主主義"（神島二郎）、あるいは"成り上がり民主主義"は存在しえても、それは決して「自由」で「平等」な個人の存在を意味しない。

- もとより「戦国時代」などには、「偶々民間に才徳を有する者」あれば、成り上がって「昨日の平民、今日は将相と為りし」例も少なくない。

しかし、それは「一見すれば彼の上下の隔壁もなきが如くなれども」、その人物は、昨日の「其身を脱して他に遁れたるのみ。」

「之を譬へば、土地の卑湿を避けて高燥の地に移りたるが如し。一身のためには都合宜しかる可しと雖も、元と其湿地に自から土を盛りて高燥の地位を作りたるに非ず。故に湿地は旧の湿地にて……」

- 木下藤吉郎は太閤秀吉にまで出世したが、「藤吉は唯百姓の仲間を脱走して武家の党に与したるなり。……**藤吉一人の立身**なり、**百姓一般の地位を高くしたるに非ず。**」
- ヨーロッパ中世の「**独立市邑**（フリイ・シチ）」の市民なら、これを仲間にたいする裏切りと見て、日本の大衆のように英雄扱いはしないだろう。

彼らは「ロカルインテレスト」と「カラッスインテレスト」の獲得による「自立」を目指す。

- ところが日本人民の歴史においては、「**開闢の初より今日に至るまで、全日本国中に**

於て、独立市民等の事は夢中の幻に妄想したることもある可からず。」

◎こうした福澤の、社会関係レベルにおける「権力の偏重」批判は、**思考様式レベルにおける「惑溺」批判**と、照応している。

◇「**惑溺**」とは、特定の物事あるいは部分に"一辺倒"になり、一元的な価値を絶対化して、それに依りすがってゆこうとする精神。

- 言い換えれば、心情や思考における「**偏重**」現象。すなわち、思考と価値判断における「自由」と「独立」、したがって"主体性"が欠如した状態。
- 「すべて**人類の働きは愈単一**なれば、**其心愈専ならざるを得ず。其心愈専**なれば、其**権力愈偏せざるを得ず。**」（『概略』第二章）

◇"主体性"とは、多様な可能性の中から自分の決断によって一つのものを選択してゆくことを基本とする。

- したがって、あらかじめ与えられた絶対的な価値基準に盲目的に従う態度からは、"主体的"な判断は出てこない。「凝り固まった」精神には、「現実」が見えず、「自由」な精神の働きができないのである。
  ⟶「公式主義」、「教条主義」、"Dogmatism"。公式への凭れかかり。
- 他方、目の前の状況や「現実」にのみ眼をうばわれて、「なりゆき」まかせで状況に追随し、流されていく態度も、没主体的な「惑溺」の一形態である。
  ⟶「日和見主義」、「機会主義」、"Opportunism"、状況への凭れかかり。

◇丸山眞男「福沢諭吉の哲学」（1947年）中の対照表（『現代日本思想大系34』収録）

［精神］ 事物への「惑溺」⇒　主体的「独立」	［社会］ 「権力の偏重」⇒　多元的「自由」
• パースペクティヴの固定性⇒　流動性	• 社会関係の 固定単一性⇒　複雑化
• 「判断の絶対化 ⇒　相対化による 自己超越	• 中央権力への価値集中（国家） ⇒諸社会力への価値分散（市民社会）
• 一値論理による 極端主義 ⇒　多値論理による 寛容	• 制度の虚飾性（自己目的化） ⇒実用性（道具化）
• 習慣道徳中心⇒　知性中心	• 単一イデオロギーの 支配 ⇒種々のイデオロギーの 併存
• 同一行動様式の 再生産 ⇒　試行錯誤による 不断の前進	• 画一的統制　⇒　対立による 統一

◇「……おいおい人事世務が繁多になる。……綿密になる。……喧しくなる。……間違も進歩する。……捏ねくり廻し、世の中をでんぐり返す工夫をする。……日本世界をもつとわいわいとアヂテーションさせて、そうやって進歩するやうにいたしたい。……」

（「**間違の進歩**」晩年、慶應義塾生に述べた演説）

- また、福澤における「天の邪鬼」の精神。（cf.「法螺は吹く沢、嘘は言う吉」！）時流に敢えて逆らう「**抵抗の精神**」や「痩せ我慢の説」を説くのも、それに関わる。
- 逆に言えば、「日本国の人心には、ややもすれば一方に凝るの弊あり。」
- そうした価値判断の一元的集中化・絶対化傾向にたいして、たえずそれを多様化・相対化・流動化しようとしたのが、福澤の意識的な戦略だった。いわば彼は、「社会と精神のしこりを揉み散らす……マッサージ師のような役割をみずからに課した」（丸山）のである。

  ──→福澤における“レトリックの政治学”？

III　“自由主義的”政治観、「政権」と「私権」

◇「政治」万能主義も「惑溺」の一つ。

「君主専制家にもせよ、共和政治家にもせよ、皇統連綿を唱ふる旧神道の神主より、仏蘭西流のレッド・レパブリカンに至るまで、其主張する所の説こそ異なれ、一国の政府を極めて有力なるものと思ひ、政府を改革すれば国の有様は思いのまゝに進歩するものと心得、事物を信ずるの度に過るは、此も彼も同一様にして、何れも**政府は唯人事の一小部分たり**との義を知らざる者なり。今の内閣の小児共が守旧抔と唱へて世の中を制せんとし、在野の青書生等が民権とか何とか云立てゝ騒ぐこそ可笑しけれ。」

（「覚書」明治9〜10）

- “市民社会”レベルでの「文明」化が先決。

  「先づ**人心**を改革して次で**政令**に及ぼし、終に**有形**の物に至るべし。」（『概略』）
- 明治維新も「智力と専制との戦争」だったのであり、「其目的は復古にも非ず、又攘夷にも非ず、復古攘夷の説を先鋒に用ひて旧来の門閥専制を征伐したるなり。」（同）

  「政府は人事変革の原因に非ずして、人心変革の結果なり。」（「学者安心論」明治9）

◇また、「文明」化の極のユートピアにおいては「政府」は死滅する。

「文明の要は、唯この天然に稟け得たる身心の働きを用ひ尽して遺す所なきにあるのみ。」

（『概略』第二章）

人間個々人がもつ可能性を最大限発揮させるところに、文明の理想がある。「政治」はそのための条件づくりをするにすぎない。したがって、

「或は文明の極度に至らば、何等の政府も全く無用の長物に属すべし。」（同）

そこでは、「真成の自治」が成立し、「競争」の代わりに「情愛」が支配して、「世界は即ち一大家」となる筈だとも言う。（『福翁百話』）

- しかし「生存競争」がある間は「政府」も必要。

  だがそれは、“必要悪”（necessary evil）としての存在。

◇**“夜警国家”的政府観。**

「財産、生命、栄誉を全ふするは人の権理なり。……之を人権と云ふ。……此人権を

保護せんとするに、……人々個々の力に及び難し。是に於てか政府なるものを作て、一国人民の人権を保護す。……**政治は人権を全ふせしめる所以の方便なり。**」

（「時事大勢論」明治19）

- 「一国の政府たるものは、兵馬の権柄を握て和議の機を制し、其議定したる法律を執行して国内の治安を保ち、万般の害悪を防で民利を保護するに止り、……即ち政府の事は都て**消極の妨害**を専一として積極の興利に在らず。」（「安寧策」明治22）
- 「本来、**政府の性は善ならず**して、注意すべきは只その悪さ加減の如何に在る。」

（「政府の更迭自から利益なきに非ず」明治26）

◇「**ヂッフェレンチエーション**は文明の要訣なり。政府は手を引きて私の世界に事を分たざるべからず。」（「覚書」）

- 「**政権**」と「**私権**」の分離。（「私権論」明治20）
- 「**国権**」・「**政権**（ガーウルメント）」・「**治権**（アドミニストレーション）」の分離。三権分立や地方分権。（「分権論」明治19）

◇「今の民撰議院論は、人民の領分を広めんとするに非ずして、政府の権を分ちて共に弄ばんと欲するに過ぎず。」（「覚書」）

- 「今日まで聞き得たる論旨にては、**民権論は単に参政権の一方に偏し**て、日本の平民、官途以外の種族が、古来奪ひ去られたる**人権の回復論は**甚だ稀なるが如し。」

（「社会の形勢学者の方向」明治20）

cf.「よしや武士（ぶし）」（明治13頃、高知でつくられた都々逸）

「よしや南海苦熱の地でも　粋な自由の風がふく
よしや此の身はどう為り果てよが　国に自由が残るなら
よしやアジアの癖じゃと言へど　卑屈さんすなこちの人
よしや**シビルはまだ不自由でも　ポリチカルさへ自由なら**
よしやカードは禁ぜられても　マグナカルタで遊びたい」

◇しかし、他面で、政府が「人権」や「民利」を「保護」し、「社会の安寧」を守るという機能を十全に果たすためには、「**其中央の一点に権力なかるべからず。**」

（「施政邇言」）

すなわち、政権を「一所に統轄する」リーダーシップの確立した「**有力政府**」でなければならない。（「時事小言」）

- そのことは、機能的な「分権化」の主張と矛盾しない。分化した機能を有効的に果たすためには、統合性と能率性が必要。

◇ところが明治政府は、「**情実政府**」であることによって、「多頭一身の怪物」（兆民）と化して、割拠性と非能率に悩まされている。

- 私的情実によって動く「閥」的結合体の非統合性。
「法治」でなく「人治」になることによる非能率。

◇しかも、この政府は、「**自家の権力は甚だ堅固ならず**して却て**人民に向て其私権を犯す。**」（「安寧策」）

- 福澤の見るところ、維新以来の明治政府は、不断にその内部の多元性と脆弱性に悩まされながら、しかも市民社会に対しては、不当にその権限を踰越して警察国家的干渉を加える（→「**多情の老婆政府**」！）という、二重の誤謬を犯しつづけてきた

のである。

◇だが民権運動の方も、私怨や官途への羨望が政治行動の動機となり、「政敵と人敵との区別甚だ分明ならず。」（「藩閥寡人政府論」）

- そこでも運動のリーダーシップが一元化されないで、私的情実による「閥」的な「**政治家の政党**」になってしまい、「主義」による「**国民の政党**」が成立しない。（「政治家の愛嬌」明治24）
- M. ウェーバーも言うように、近代国家のがわの官僚制的「合理化」の進展は、近代政党における規律ある「合理的」組織形成と見合っている。

◇近代国家と近代市民社会における「自由と統合」、底辺への拡大と頂点への集中、自治と集権、多元化と機能的リーダーシップ……
⟶「議会制」と「政党内閣制」への福澤の期待。

IV 後期の福澤における思想の変化――「国権論」の優越と「官民調和論」以後

◇**国際政治観の変化**。

- 『学問のすゝめ』の頃までは、啓蒙主義的「自然法」思想に基づく「**国家平等**」観。「人は同等なる事」（第二篇）、「国は同等なる事」（第三篇）。
- 「天理人道」に基づく「**万国公法**」の支配。
「若し此**一国の自由**を妨げんとする者あらば、世界万国を敵とするも恐るゝに足らず。此**一身の自由**を妨げんとする者あらば、政府の官吏も憚るゝに足らず。」

「理のためにはアフリカの黒奴にも恐入り。道のためには英吉利、亜米利加の軍艦をも恐れず。」

◇しかし、やがて、**国際社会における「道理」の支配の否定へ**。
「和親条約と云ひ万国公法と云ひ、甚だ美なるが如くなれども、唯外面の儀式名目のみにして、交際の実は権威を争ひ利益を貪るに過ぎず。……**百巻の万国公法は数門の大砲に若かず**、幾冊の和親条約は一筐の弾薬に若かず。大砲弾薬は、以て有る道理を主張するの備に非ずして、無き道理を造るの器械なり。」（『通俗国権論』）

- 個人間の規範とは異なった「国家理性」（マイネッケ）の存在の主張。

◇『概略』最終章「自国の独立を論ず」における転換。
「**一国に私する**」ところの「**偏頗心**」でもって対応しなければ、「争利」（掠奪的貿易）と「殺人」（戦争）で成り立っている国際政治のなかで、「一国独立」を保てない、と。

- ヨーロッパ**帝国主義時代**の開幕。J. A. Hobson, 1884〜1900（明治17〜33）をその最盛期と。
「……ペルシャは如何ん。印度は如何ん。シャムは如何ん。呂宋、呱哇は如何ん。サンドウキチ島は……。支那の如きは……。」（『概略』第十章）

◇"マキャベリズム"へ。
「他人暴なれば我亦暴なり。他人権謀術数を用ひれば我亦これを用ゆ。……復た正論を顧るに遑あらず。……**我輩は権道**に従ふ者なり。」（『時事小言』明治14）

- 但し、cf.「マキャベリは悪い行動を勧めた場合、彼はそれらの行動から悪いという賓辞を取り去ろうとは決して思わず、また決してそれを偽善的に取り繕いをしよう

とはしなかった。」（マイネッケ『近代史における国家理性の理念』1924）福澤も然り。

◇**「日本人民」観の変化**

- 「日本国会縁起」（明治22）で**「日本国民の性質」**を論じて、日本人は「数百千年」の伝統・習慣によって、悪く言えば**「卑屈」**、しかし良く言えば**「順良」**の性質を維持して来ている。しかも**「軽躁」**（はしゃぎ“すぎ”）なほど**「活発」**で、他の「順良」な国民に見られがちな**「愚鈍」**さを伴っていない。だから、この「遺伝先天の性質」に期待して、日本国民の前途を「楽観」する、と。
- これは、まさに、「人民独立の気風を全国に充満せしめ」ることを最重要の課題とした、初期福澤の基本戦略の放棄を意味する。

（この面でも後期の彼は、「正道」を棄てて「権道」に走ったのである。）

◇**「帝室論」**（明治15）において、**国民の「情」の統合**のために「皇室」の積極的な存在理由を認めるに至ったのも、この変化にかかわる。

- cf. Walter Bagehot, *English Constitution*　国制を形づくる“Efficient Part”（**「実効的部分」**→議院内閣制）と“Dignified Part”（**「尊厳的部分」**→王室）

◇また、「国民の情」に対しては、むしろ「心情の偏重」**「惑溺」**を、対外的ナショナリズムの面では、**「奨励」**するにさえ至る。

- 前述の「偏頗心」、「私情」としての「報国心」の喚起。ときには、「敵愾心」さえ煽る。
- それは、“下から”の「国民国家」Nation State形成の論理から、“対外的”な「主権国家」Sovereign State形成の論理へ、力点が移ったのだと言ってもよい。

◇福澤の認識においては、明治15年頃から、時代の基本課題は「掃除破壊」から「建置経営」へと移った、と見えていたらしい。　　　　（同年**「掃除破壊と建置経営」**）

- だとすると、「旧習の惑溺を一掃」する「掃除破壊」によって「人民独立の気風」を樹立し、“下から”の「文明」化を担う「自由」な主体を創出するという、当初の基本構想にも或る根本的な変質が生じることになる。

◇しかし、最晩年に至っても、「地方に良民のみあるも全国の力を増すに足らず。良民とは所謂結構人の事なり。亜米利加の盛なるは結構人の多きが為に非ず、甲斐々々しき活物の多きが為なり」（「覚書」明治9頃）という彼の基本的な考えは維持され、「成たけ議論を多くするが宜い、決して大人君子が一声を発したからと云つて草木の靡く如く承知するでない」「日本世界をもつとわいわいとアヂテーションさせて、さうして進歩する様に致したいと思う、それが私の……死ぬ迄の道楽」と語り（前引「間違の進歩」明治31）、「独立自尊」の旗を掲げる福澤の姿があった。

- 「天皇制国家」の確立以後、とくに明治末年になると、「時代閉塞の現状」（啄木）の中で“疎外”感をもてあます“ロマン主義的”「自我」が成立し、彼らは「絶対の探求」を開始するとともに、むしろ心情的に美的なものの中に主体を没して燃焼させる、一種の「惑溺」に憧れるようにもなる。（「反逆のロマンチシズム」もそこから生まれる。）
- それに対して、福澤の“啓蒙主義的”な主体的精神は、「カラリとした」「殺風景な精神」を誇りにし、「文明開化」状況が持っていたアナーキーな多様性・流動性をさらに推し進める中から、新たな「合理的」主体を産み出すことを自覚的な戦略としたところに、その本領があった。

第6回　自由民権運動期の思想状況

◎時期区分——担い手と基本的対抗関係

① 明治7 「民撰議院設立建白書」〜明治10　西南戦争
　“士族民権”中心。counter-revolution的性格（士族反乱）『評論新聞』etc.

•「幽鬱民権」「快活民権」「翻訳民権」「折衷民権」（羯南『近時政論考』）

② 明治10「愛国社」再興。「国会期成同盟」。「請願」「建白」運動。
　“豪農民権”の合流（最盛期）　〜“明治十四年政変”。

•「新自由論派」の登場（東洋自由新聞・政理叢談）（羯南）

③ 明治15〜20（分裂期）「自由党」と「改進党」、「偽党撲滅、海坊主退治」
　——→自由党「解党」
　「下流」民権（貧農民権）の登場。「松方デフレ」。「国民党」　秩父事件。

•「自由論派」「改進論派」「帝政論派」「経済論派」「法学論派」（同）

④ 明治20〜21「大同団結運動」「三大事件建白」（条約改正・地租軽減・言論自由）
　「保安条例」——→国会準備

•「大同論派」「国民論派」「保守論派」「自治論派」「皇典論派」の登場（同）

◇［担い手の問題］
没落（new poor）あるいは上昇（new rich）を経験しつつある“動的中間層”が中心。
　cf.「中等社会」論（永田一二、植木枝盛、etc.）　又、「酒屋会議」「車界党」

•士族、豪農と貧農の他に、都市知識人。いわば上向的に“浮浪化”した層。
　cf.「自由に浮動するインテリゲンチャ」（カール・マンハイム）
　　「書生」、「記者」、「代言人」。
　　地方都市、農村にも“知識青年”たちの「結社」が出現。

•さまざまの「不平」の合流であると同時に、「立志」の「自由」の追求。
　cf.「自治自修」（「立志社」設立趣意書）
　　知性と「気力」の担い手を作り出す“学習結社”としての側面。

◇「民権結社」の機能（色川大吉『自由民権』岩波新書）

（イ）“voluntary association”　（ロ）「全生活結社」

（1）学習運動［学］	（2）相互扶助［助］	（3）勧業・勧農［働］
（4）政治活動［戦］	（5）愉楽・享受［楽］	（6）交流懇親［開］

• 五日市町、深沢家の土蔵の中から、私擬憲法草案とならんで、多数のボアソナードの訳書等、法律書、経済書等が出てくる。（その一つに署名あり。「自由県　不羈郡浩然之気村　ジャパン国法学大博士　タクロン・チーバー［千葉卓三郎］」）

◇［基本的対抗関係］

•「官治」⇔「民権自由」	•「迷蒙卑屈」⇔「知識元気」
•「有司専制」⇔「公議輿論」	• 画一化・集権化⇔「自治」
•「擅政」⇔「法治」	• 上からの「開化」⇔「封建」？

◎「国権論」・「士族」意識・「封建的」精神

◇ナショナリズム

「尊王」・「攘夷」・「公議公論」
∀　∀　（cf. 尾佐竹猛『維新前後に於ける立憲思想の研究』）
「尊王」・「国権」・「民権」
（頭山統一『玄洋社の研究』）

•「**民撰議院設立建白書**」の基調をなすのは「上下親近」の国民統合論
……中間の「有司専制」を排して、「帝室」と「人民」を直結させる。

「臣等伏して方今政権の帰する所を察するに、上帝室に在らず、下人民に在らず、而も独り有司に帰す。……斯議院を立る、天下の公論を伸張し、人民の通議権理を立て、天下の元気を鼓舞し、以て上下親近し、君臣相愛し、我帝国を維持振起し、幸福安全を保護せんことを欲してなり。……」

•「**愛国社合議書**」（明治8・2・22）
「我輩此社を結ぶの主意は、愛国の至情自ら止む能はざるを以てなり。夫れ国を愛する者は、須らく先づ其身を愛すべし。人々各其身を愛するの通義を推せば、互に相交際親睦せざる可からず。其相交際親睦するには、必ず先づ同志相集合し、会議を開かざるを得ず。仍ち今此会議を開き、互に相研究協議し、以て各其自主の権利を伸張し、人間本分の義務を尽し、小にしては一身一家を保全し、大にして

は天下国家を維持するの道より、終に以て天皇陛下の尊栄福祉を増し、我帝国をして欧米諸国と対峙屹立せしめんと欲す……」

（以上、引用は『自由党史』岩波文庫）

◇「民権かぞへ歌」（植木枝盛作）

一ットセー	人の上には人ぞなき	権利にかはりがないからは	コノ人ぢゃも
二〃	二ッとはない我が命	すてしも自由のためならば	〃いとやせぬ
三〃	民権自由の世の中に	まだ目のさめない人がある	〃あはれさよ
六〃	昔おもえば亜米利加の	独立なしたるむしろ旗	〃いさましや
十三〃	栄え行く世のその基は	民の自由にあるぞいな	〃しれたこと
十六〃	牢屋の中のうきかんく	惚れた自由の為めならば	〃いとやせぬ
十七〃	質にもおかない我が権利	うけだす道理があるものか	〃しれたこと
十九〃	国にむくゆる心根は	岩より鉄よりまだかたい	〃動きゃせぬ
二十〃	日本は亜細亜の灯明台	消えては東洋が闇となる	〃照らさんせ

•「ダイナマイト節」（明治16）（添田知道『演歌の明治大正史』）

民権論者の涙の雨で
みがき上げたる大和肝（やまとぎも）
　　コクリミンプクゾウシンシテ　ミンリョクキュウヨウセ
若しも成らなきゃ　ダイナマイトどん
治外法権　撤去の夢を　四千余万の同胞（そなた）のためにゃ
見るもうれしいホルトガル　赤い囚衣（しきせ）も苦にゃならぬ
　　（リフレイン）　　　　　　（リフレイン）

•「オッペケペー節」（明治21、川上音二郎）

権利幸福きらいな人に　自由湯をば飲ましたい　オッペケペッポーペッポッポー
かたい裃かどとれて　マンテルズボンに人力車　いきな束髪ボンネット
貴女に紳士の扮装（いでたち）で　うはべの飾りはよけれども　政治の思想が欠乏だ
天地の真理がわからない　心に自由の種をまけ　オッペケペッポーペッポッポー
洋語をならふて開化ぶり　パン喰ふばかりが改良でない　自由の権利を拡張し
国威を張るのが急務だよ　智識と智識の競べ合ひ　キョロキョロ致しちゃ居られない
究理と発明の先がけで　異国に劣らずヤッツケロ　神国めいぎだ　日本（ニッポン）ポー

•「まめうた」（「自由豆（じゆうとう）」と名付けた豆を売りながら壮士が歌ったもの）

始めたよ　始めたよ　壮士が運動はじめたよ豆で　国家に尽くさんと
文明開化の実をとりて　自由豆をば製造し　卑屈野蛮の目をさまし
自由豆の味はひで　政治の思想をひき起し　立憲国の名義をば　広く世界に輝かせ

コラサノサ　尽せや尽せ国の為　尽さにゃ其時ヤッツケロー

◇但し、板垣退助立案、植木枝盛記述『通俗無上政法論』(絵入自由出版社、明治16、『明治文化全集　政治篇』所収）などはユートピア的インターナショナリズムも提示。
(「**万国共議政府**を設け**宇内無上憲法**を立つ可き……」)

• 明治14年、宮地茂平（のちの「大阪壮士倶楽部」の中心）らは、ハーバート・スペンサー『社会平権論』(“Social Statics”松島剛訳）中の「国家を無視するの権理」に基づいて、「地球上自由生」と名乗って「**日本政府脱管届**」を出し、明治政府は逆に「改定律令」によって懲役百日の刑を課した。(cf. 松本健一『幻影の政府』)

「私共儀、……日本政府ノ管下ニアルヲ好マズ、今後、法律ノ保護ヲ受ケズ、法律ノ権利ヲ取ラズ、法律ノ義務ヲ尽サズ、断然脱管致度、……」

◇宮崎八郎「読民約論」(明治7年作、『評論新聞』明治19年掲載）

「天下朦朧皆夢魂　危言独欲貫乾坤　誰知凄月悲風底　泣読蘆騒民約論」

• 陸羯南『近時政論考』:「**慷慨民権**」「**幽欝民権**」⇔「快活民権」「翻訳民権」。
中江兆民『三酔人経綸問答』:「東洋豪傑君」の「**馬革旨義**」
cf. 宮崎八郎「立志之歌」(明治2頃？)
「壮図大於天　唯応巍々蓋一世　芳名明於日　只応赫々伝千載
男児従来貴志気　須養抜山倒海勢　君不見歴山（アレキサンダー）王鉄木真（テムジン）
彼何人兮我何人　有為之志剛且堅　豈無方策奏奇勲　包屍馬革因其分
生歟死歟不顧身　天下紛々何足畏　虎闘狼嚙総快事　与君同志君勤之
誓以丹心立大義　嗚呼立志之歌歌一齣　猛風暴雨満天下」

◇「何ゾ封建世ノ精神ヲ愛セザル」(『愛国新誌』第14〜15号、明治13・11・20〜28)
「……**士ノ精神**ヲ愛セサルハ何ソヤ。……曰ク、士ハ国家ノ居候也、曰ク、士ハ良民ニ非ザル也、却テ良民ノ邪魔物也、曰ク、不平士族ノ害ヤ多シ、曰ク、頑固士族ハ開化ノ妨碍ナリト。……夫レ良民トハ何ノ謂ゾヤ。非ヲ鑿テ飲ミ、田ヲ耕シテ喰ヒ、知ラズ識ラズ帝ノ則ニ従フ、是レ之ヲ良民ト為ス乎。尭舜ノ世ナレハ知ラヌコトナレトモ、今日ノ世ノ中ニ於テハ寧ロ無神経ノ統属ト称スベキノミ。曷ンゾ良民タランヤ。**良民ハ知識アリ、元気アリ、独立自主ノ精神アリ、愛国忠誠ノ心情アリ**、持ツ可キ権利ヲ持チ、尽ス可キ義務ヲ尽シテ、天地ニ愧ヅルナキ者ヲコソ称スベケレ。今ノ士族ハ固ヨリ完全ナル者ニアラズト雖モ、然モ之ヲ**平民ニ較スレバ**寧ロ良民ニ近キ所多シ。而シテ平民ノ如キハ、我身一人一家ノ産業コソ自営スル者ナレドモ、国家公共ノ事ハ即チ自ラ治理スルノ心ニ乏ク、智識モ元気モ士ニ較シテ決シテ優ルコトナク、進テ取ルベキ権利ヲ取ル能ハズ、伸ブベキ自由ヲ伸ブル能ハズ、憐レ至極ナル人民タルノミ。但シ良民ト云ハゞ云へ、ソレハ**専制政府ノ御気ニ入リナルお人柄ト云フベキ良民**ナリ。……士ハ……国家公共ノ事物ヲ心頭ニ掛クルコト平

民ヨリモ甚シク、若クハ政府ノ施治ヲ考ヘ、法律ノ是非ヲ究メ、国家ノ形勢如何ヲ思フテ、或ハ**憤慨シ**、或ハ**憤激シ**、或ハ**不平ヲ起シ**、悪シト見ルコトアラバ之ヲ**怒リ**、気ノ毒ナリト知ルコトアラバ之ヲ**憐ミ**、弱キニ就キテハ**救ケントシ**、暴ト見ルコトアルニ当ツテハ**抗セントモスル**ニヨリ、……**政府ニ反シ乱ヲ作ス**コトモアリタルナリ。即チ之ヲ一言セバ、**国民ノ国民タル活気アリ**テ然リシモノナリ。而シテ平民ハ昔日ヨリ少シモ国事ニ関与セザリシモノニシテ、又智識モ元気モ弁別モ少キ故ニ、**己レ等一個一身ノ上ニ関リタル**地租等ノ事ニ就テハ時ニ**一揆ヲ起シ**モスレドモ、全国ノ大政上ニ就キテ政府ニ叛シ大乱ヲ起ス程ノ事ヲバ為シ出サヾルナリ。……愛スベキノ士ノ精神ヲ愛シ、之ヲ保存スルコトヲ力ムベキナリ。是此ニ無双ノ珍且美ナル的物ハ、今ニシテ之ヲ保存セズンバ、後来復タ得ベキニアラザルナリ。思ヘヨヤ思ヘヨヤ。」

◇「人民ノ国家ニ対スル精神ヲ論ズ」（植木枝盛『愛国新誌』第13号、明治13・11・12）
「……**人民タル者ノ精神ノ主部ニ君ト云フモノアツテ未ダ国ト云フ者ナク、又己レト云フモノナク**、君ニ奉公ヲ為ルト云ヒ、君ニ忠義ヲ尽スト云ヒ、尊王ト云ヒ、勤王ト云ヒ、君ニ従ヒ君ヲ諫ムルト云ヒ、君ノ御用ヲ勤ムルト云ヒ、君ノ為ニ死スルト云ヒ、……是レ人民ノ国家ニ対スル**第一段ノ精神**ナリ。

……這度ハ精神ノ主部ニ国ト云フモノヲ印シ、昔日ノ尽忠ハ今日ニ至テ報国トナリ愛国トナリ、**君ノ為ニト云ヒシモノハ国ノ為ニトナリ**、君ニ従フト云ヒシモノハ国法ニ従フト云ヒ、君ノ為ニ尽スト云ヒシモノハ国家ノ義務ナドヽ云フニ至リ、……是レ人民ノ国家ニ対スル**第二段ノ精神**ナリ。

……而シテ更ニ文化ノ進ムニ至テヤ、人民タル者ハ全然人民ト云フノ地位ニ居シテ、吾々人民ハ如何、吾々人民タル者ハ如何ト云ヒ、**政府ハ政府タルノ職分ヲ為セ、人民ハ人民タルノ権利ヲ行ハン**ノミト。要スルニ治者ト被治者トノ分界ヲ画別シ、人民ニ治者交（マジ）リノ気取リヲ帯ブルコトナク、吾々**人民ト云フノ気象**ヲ保チ、**精神ノ主部ニ己レ人民ト云フモノヲ置ク**ニ至ル。是レ人民ノ国家ニ対スル**第三段ノ精神**ナリ。」　　（以上、『明治文化全集　自由民権篇（続）』所収）

◇結局、“市民社会”の未成熟、したがって市民社会内部からの自律的秩序形成の論理としての、人権→政治的自由の論理形成が未成熟のまま、「名望家→勢力家→人民」の共同体秩序を利用した「**豪農民権**」が主流とならざるをえなかった。しかし、そこに“自主的Gemeinde”の基盤に立つ一定の「自治」と「抵抗」が成り立ちえたことも確かである。

- また、そこに「士族民権」が合流することによって、「被治者」根性に馴らされた「平民」には欠落していた「独立自由」の主体的精神が注入されたことも確かである。

cf.「**本来忠節も存せざる者は、終に逆意これなく候。**」（山本常朝『葉隠』）
　また、「**忠義の逆焔**」（吉田松陰）。
（丸山眞男「忠誠と反逆」『近代日本思想史講座6』1960年）

第7回　中江兆民の思想（1）

◎［略歴］

(1) 1847（弘化4）　土佐国高知城下山田町に生る。父は足軽（下横目役）。
1865（慶應1）　土佐藩留学生として長崎派遣。仏学を学ぶ。坂本龍馬を知る。翌年江戸へ出、引続き仏学仏語を学び、仏公使ローシュの通訳も。

(2) 1871（明治4）　大久保利通に訴えてフランス留学へ。米大陸経由でリヨン→パリ。西園寺公望、光妙寺三郎らと交わり、エミール・アコラスを知る。
1874（明治7）　帰国。家塾仏蘭西学舎（のち仏学塾と改称）を開く。以後、東京外国語学校長、次で元老院権少書記官に就任するが、何れも短期で辞す。

(3) 1881（明治14）**『東洋自由新聞』**創刊、主筆となる。社長西園寺が勅命で辞めさせられ、40日余で廃刊　翌年『政理叢談』を仏学塾より発刊、**「民約訳解」**を連載。以後、著訳出版会社等を設立、『非開化論』、『維氏美学』、『理学沿革史』『理学鉤玄』等を刊行。

(4) 1886（明治19）　10月　全国有志大懇親会。12月『革命前法朗西二世紀事』
1887（明治20）　5月**『三酔人経綸問答』**。12月「三大事件封事」執筆。25日　保安条例公布。1888（明治21）　1月**『東雲新聞』**大阪で発刊、主筆。11月『国会論』
1890（明治23）　1月「憲法点閲」論。4月**『選挙人目ざまし』**。7月1日　第一回衆議院議員総選挙、大阪第四区で当選。9月．立憲自由党結成。

(5) 1891（明治24）　2月21日「無血虫の陳列場」、議員辞職届。4月『北門新報』（北海道小樽）創刊、主筆。7月、同地へ向う。
1892（明治25）　8月、札幌で紙問屋開業。以後、山林、鉄道、「中央清潔会社」等。

(6) 1900（明治33）　8月、立憲政友会成立にあたり幸徳秋水に「祭自由党文」を書かす。10月『毎夕新聞』主筆。12月、近衛篤麿らと国民同盟会結成。
1901（明治34）　4月、喉頭癌、余命一年半と診断。9月**『一年有半』**。10月『続一年有半』。12月13日、死去。（55歳）

◎**「三酔人」の世界**

理論的イマジネーション（歴史的・比較体制的）
体制の構想（「政理」）と政策の構想（「政術」）

☆**洋学紳士君**（「民主家」「理学士」）
理想主義者・進歩主義者・民主主義者・平和主義者
①**「進化の理」**「動物的」・「人事的」「政事的」
「無制度の世」→「君相専擅の制」→「立憲の制」→「民主の制」
（「飯袋子」）（「自主の権」「独立の人身」）
「進化神」と政治家（路上の岩石、荊棘）
②**「自由平等の大義」**「自由の元気」とその制度化（エネルギー、「酵母」）
貴族制批判（→天皇制批判）人間としての品位、人民としてのプライド
「自己尊貴」
「同一肉塊」「無礼の甚だしき」「噴飯に堪えざるなり」、「無形の繡彫」

③「**万国平和**」　国内体制 esp. 民主制との不可分
個人道徳と国家道徳、対内道徳と対外道徳のギャップ
十九世紀帝国主義の現状　帝王外交レベルと国民外交レベル
④「**無形の理義**」　非武装無抵抗、「道徳の園」「学術の圃」
模範国　「道徳の実験室」　ユートピア
──→「迂闊な迄に理想を守る、操守ある理想家」(『一年有半』)

☆**東洋豪傑君**（「侵伐家」・「政術家」）
リアリスト・策略家・侵略主義者（但し、モダンな一面も）
①「**事の実際**」　人間性（本能）と国家の現実（→C・シュミット的“実存”）
「理」よりも「動物の至情」「各国文明の検温器」としての軍事力
②**大陸侵略策**　「遅れて文明の途に上る国」が「欧米文明の効力を買取るため」
「一挙両得の奇策」　理想化された西郷のイメージも
③「**恋旧元素**」「**好新元素**」　政治的人間類型、政治習俗、政治心理への洞察
「年令」（世代）と「州俗」（地域・地理的条件・交通形態）
「馬革旨義」　但し、「生肉」と「癌腫」「割きさるのみ」！
④「**政術**」（「非常の計」）と「**機**」（「危機」⇔「好機」）
但し、「権略事に施すべし。人に施すべからず。」(『一年有半』)
ヨーロッパ帝国主義の現状における「機」
［独仏］→［露英］→［世界］→［東アジア］の連動

☆**南海先生**（「酔人」「指南車」）
傍観者・媒介的総合者
①「**時と地**」（進化神にとっての）or「現在」（未来or過去志向にたいする）
「民衆の意向」＝理念の現実化のための条件
思想＝「種子」と、「田地」としての「人民の脳髄」
「**民志**を啓牖し、**風俗**を移易し、所謂**輿論**なる者を醸成して」(『革命前法朗西二世紀事』)
②「**恩賜的民権**」から「**恢復的民権**」へ　「民権ハ原権ナリ」（「原政」）
「憲法点閲」論　主権と憲法制定権力（制憲権）　憲法と国会の優先順位
人民主権と「自治の俗」(『選挙人目ざまし』)　「直接委任」（代理）と「間接委任」（代表）
③国際政治における「**過慮**」「**神経病**」と「**民兵**」論
「青色の眼鏡……」「雪球……」
イメージの一人歩き、自己増殖（→「冷戦」の論理）
「**土着兵**」論　防衛中心のゲリラ戦（→ヴェトナム戦争）
「**国人皆兵**」　民衆の自己武装権
（「刀狩り」以来の、国家による暴力装置の独占と「人民主権」）
④「南海先生誤麻化せり」？　立憲君主制、穏健な改良主義路線？
but,「兆民先生」はゴマ化さない！

第8回　中江兆民の思想（2）

明治20　「大同団結運動」への全力投入。→保安条例。→『東雲新聞』主筆。
→衆議院議員（明治23）

「大人気無きと云ふ事程社会を歩ませるに大切な物は無い。……四五十以上の者は務めて大人気無き言為を遣らかすが佳い。」
（「因循は老練に似て非なる者」明治21・3・23）

「饒舌（しゃべ）れば饒舌る丈けの効あり、搔廻（かきま）わせば搔廻す丈けの験有り。」
（「放言」明治21・3・17）

◎「自由民権」の「哲学」

◇「**民権**是れ至**理**也、**自由平等**是れ**大義**也。……百の**帝国主義**有りと雖も此理義を滅没することは終に得可らず。**帝王**尊しと誰も此理義を敬重して茲に以て其尊を保つを得可し。」

- 「……此理や漢土に在ても孟軻、柳宗元早く之を覷破せり。欧米の専有に非ざる也。」
- 「**官とは何ぞや**。本是れ人民の為めに設くるものに非ずや。今や乃ち官吏の為めに設くるもの丶如し。謬れるの甚しと謂ふ可し。人民出願し及び請求すること有るに方り、之を却下する時は宛も過挙有るものを懲すが如く、之を許可する時は宛も恩恵を与ふるもの丶如し。何ぞ其れ理に悖るの甚しきや。彼ら元来誰れに頼りて衣食する乎。人民より出る租税に頼るに非ず乎。……凡そ官の物……皆人民の嚢中より生ぜしに非ざる莫し。即ち是れ**人民は官吏たる者の第一の主人**也。敬せざるを得可けんや。」
- 「**王公将**相無くして**民**有る者之れ有り。民無くして王公将相有る者未だ之れ有らざる也。此理蓋し深く之を考ふ可し。」　（以上、『一年有半』）

◇この「陳腐」なる「理」を、**民衆自身**が自覚すること、民衆自身が「考へる」ことのすすめ。（福澤的な「学問のすゝめ」よりも）

＊cf.「考へざる可らず」（『毎夕新聞』明治33？）

「吾人が斯く云へば、世の通人的政治家は、必ず得々として言はん。其れは十五年以前の**陳腐なる民権論**なりと。欧米強国には盛んに帝国主義の行はれつゝある今日、猶ほ民権論を担ぎ出すとは、世界の風潮に通ぜざる、流行遅れの理論なりと。然り是れ民権論なり、然り**是れ理論としては陳腐なるも、実行としては新鮮**なり。箇程の明瞭なる理論は、欧米強国には数十百年の昔より已に実行せられて、乃ち彼国に於ては陳腐となり了はりたるも、我国に於ては、僅に理論として民間より萌出せしも、藩閥元老と利己的政党家に揉み潰されて、理論のまゝに消滅せしが故に、言辞としては極めて陳腐なるも、実行としては新鮮なり。夫れ其実行として新鮮なるものが理論として陳腐なるは、果して誰れの罪なる乎。藩閥元老と利己的政党家の罪たるは論無きも、**国民たるものゝ無気力**の致す所ろにして、而して其無気力なるは、他なし、何事も考へずして、唯昏々瞢々、日一日に過ぎ行きて、政事界を挙げて藩閥元老と利己的政党家に一任して、己れは曾て関与せざるが故也。……

……昔日の百姓町人は肉体的に切棄にされしも、今の百姓町人は財布的切棄にさ

れつゝある也。……民権は陳腐也、財布の切棄は陳腐也、官吏の勝手気儘は陳腐也。而して椅子の分捕は新鮮也、政党の内揉めは新鮮也。今の政党家皆云ふ、民権は陳腐なり、人民の輿論に非ず、帝国主義は新鮮なり、人民の輿論なりと。人民たる者果して、椅子の分捕を輿論と為せる乎。今の政党家は**人民の財布の盗賊**にして、**又輿論の盗賊**なり。既に財布を盗まれ、又輿論を盗まる。猶ほ是れにても考へざる乎。」

◇「我邦人は利害に明にして**理義**に暗らし。事に従ふことを好みて考ふることを好まず。……我邦には、口の人、手の人多くして、脳の人寡し。明治中興の初より、口の人と手の人と相共に蠢動して、其所謂進取の業を開帳し来れること玆に三十余年にして、首尾能く今日の腐敗墮落の一社会を建成せり。……」

- 「**我日本、古より今に至る迄、哲学無し**。本居篤胤の徒は、古陵を探り、古辞を修むる一種の考古家に過ぎず、天地性命の理に至ては瞢焉（ぼうえん）たり。仁斎徂徠の徒、経説に就き新意を出せしことあるも、要、経学者たるのみ。唯仏教僧中創意を発して開山作仏の功を遂げたるもの無きに非ざるも、是れ終に宗教家範囲の事にて、純然たる哲学に非ず。近日は加藤某、井上某、自ら標榜して哲学家と為し、世人も又或は之を許すと雖も、其実は己れが学習せし所の泰西某々の論説を其儘に輸入し、所謂崑崙に箇の棗（なつめ）を呑めるもの、哲学者と称するに足らず。夫れ哲学の効未だ必ずしも人耳目に較著なるものに非ず、即ち貿易の順逆、金融の緩慢、工商業の振不振等、哲学に於て何の関係無きに似たるも、抑も国に哲学無き、恰も床の間に懸物無きが如く、**其国の品位**を劣にするは免る可らず。カントやデカルトや実に独仏の誇也、二国床の間の懸物也。二国人民の品位に於て自ら関係無きを得ず。是れ閑是非にして閑是非に非ず。**哲学無き人民は、何事を為すも深遠の意無くして**、浅薄を免れず。

  我邦人之を海外諸国に視るに、極めて事理に明に、善く時の必要に従ひ推移して、絶て頑固の態無し。是れ我歴史に西洋諸国の如く悲惨にして愚冥なる宗教の争ひ無き所以也。明治中興の業、殆ど刃に衄（ちぬ）らずして成り、三百諸侯先を争ふて土地政権を納上し遅疑せざる所以也。旧来の風習を一変して之を洋風に改めて、絶て顧籍せざる所以也。而して其浮躁軽薄の大病根も、亦正に此に在り。其薄志弱行の大病根も、亦正に此に在り。**其独造の哲学無く、政治に於て主義無く、党争に於て継続無き**、其因実に此に在り。此れ一種小怜悧、小巧智にして、而して偉業を建立するに不適当なる所以也。極めて常識に富める民也。常識以上に挺出することは到底望む可らざる也。亟（すみや）かに教育の根本を改革して、**死学者よりも活人民を打出する**に務むるを要するは、此れが為めのみ。」　　　　（以上、『一年有半』）

◎「自由民権」の「哲学」（その2）

◇「民主の制」実現の根幹は「**自治の俗**」の形成。〔「洋学紳士君」のような「**政理**」レベルの追求でも、「東洋豪傑君」流の「**政術**」レベルの追求でもなく、「時と地」を重んずる「南海先生」的な「**政俗**」レベルの追求。〕

- 「法朗西言の列彪弗利（レピュブリック）は即ち羅馬言の**列士**（レス）**彪弗利**（ピュブリカ）二語の相ひ合せしもの。蓋し列士は事を言ふなり、務なり。彪弗利は公を

言ふなり。列士彪弗利は即ち公務の義、猶ほ衆民の事と言はんが如し。一転して邦の義を成す。又政の義を成す。中世以来、更に転じて**民みずから治を為すの義**を成す。当今刊行する所の諸書、往々訳して、共和となす。然れども**共和の字面は本と此の語と交渉なし。**」（『民約訳解』巻之二、第六章）

• 「今日の英国民が棲息して以て其富強の栄を致す所の蔭涼樹たる**自由制度**は、固より浩瀚なる歴史を負ふに論無きも、其進むや次を以てし、其闢くるや序を逐ひ、世代と共に推移し、時事と倶に変遷し、**理論によりて湧出したるよりは寧ろ習俗によりて醸熟し**たるが故に……。

……彼れら英国人民は……其れ**自治の俗**に習ひ、務めて政府に依頼せざることを求むるよりして、凡そ社会的生活に必要なる事は、独り之を**立法者に希望せずして、自ら之を建立する**を常とす。彼れ思へらく、己れに適する事物を知るは己れに如（し）くは莫しと。彼れ又思へらく、良好の論説を実地に施行せんと欲せば結社の権を利用するより善きは莫しと。是に於て一論説既に成熟して実地に施す可きを認め、若くは一法律既に緊要にして設立す可きを感ずるときは、彼れ直に相寄りて一党を組織し、演説に、雑誌に、新聞に、奮励唱説して之を国中に伝播し、**輿論の力**もて議院を震撼し、必ず其志す所を遂げて後ち已むこと、往々にして然り。彼れ、其れ巧に党力を利用し、此れに由て最初には僅に茫漠たりし一願望も、漸次に分明なる体裁を取り来り、最初には各地に散在したりし志士も、漸次に鞏固なる団体を成し来り、綱領是に於て乎出で、条目是に於て乎挙がり、集会興り、演説振ひ、**一箇の論旨終に全国を渦巻き尽す**に至る。……然後嶢然としてウエストミンスターの会場に闖入して茲に乃ち法律と成れり。」（『選挙人目ざまし』）

• そうしたイギリスと対照的なのがフランスの歴史である。

「仏蘭西国是れ蓋し**自由平等の瘋癲病院**と謂ふ可し。……仏国の禍乱は常に欧州大陸諸国治平の種子なり。巴理（パリ）、里昂（リヨン）の街上にて賤民群を為し、自由と呼び、麵包（パン）と呼び、憲法再閲と呼び、宰相放逐と呼び、血流れ肉飛び、学者政治家が古を徴し今を察し苦心焦慮して得来りたる改革案も、賤民の叫声中に圧倒し去らるゝの候、其候は正に是れ他の大陸諸国の帝王宰相が醒一醒し、覚一覚して、或は新に憲法を発布し、或は旧来の憲法中一、二箇条を添削し、以て自国の小康を図るに決するの前日なり。……

……蓋し政治的動物として言へば、仏蘭西人民は**眠ることと狂ふことを好みて、働らくことを好まざる**が故なり。彼れ、其れ眠りて働らかざるが故に、其末や狂ふの必要を見るに至る。……**二六時中行住坐臥政治的に精々働らくことの必要**……」

（同上）

◇但し、初期（明治14頃）の兆民は、「政理」「**至理**」の追求をむしろ課題としていた。

「凡ソ古今人民ノ能ク大業ヲ創建セシ所以ノ者ハ、**詭激ノ言**ヲ騰グルニ在ラズシテ、**精密ノ論**ヲ立テシニ在リ。**矯妄ノ行**ヲ抗グルニ在ラズシテ、**堅確ノ志**ヲ体セシニ在リ。夫レ議論精密ナラザラトキハ理ヲ見ルコト明ナラズシテ、事ニ臨ムニ及ビテ乖謬ヲ致スヲ免レズ、志操堅確ナラザルトキハ、不幸ニシテ事理ニ逢着スルヲ以テ**事業ニ施ス**可ラズ。……蓋シ言ノ激ナル者ト行ノ矯妄ナル者トハ、以テ快ヲ一時ニ取

ル可クシテ、以テ遠大ノ益ヲ図ル可ラズ。……

吾輩ノ事ヲ論ズル、辞気諄々トシテ老人ノ談話ニ類スル有り。……吾輩初ヨリ与ニ敵ヲ為サント欲スル者有ルニ非ズシテ、**唯至理ニ逢着スルコトヲ是レ求ム。**

然リト雖モ自由ノ権未ダ興ラザルノ邦ニ於テ自由ノ権ヲ興サント欲シ、憲令未ダ定ラザルノ国ニ於テ憲令ヲ定メント欲ス。天下ノ事之ヨリ艱キハ莫ク、之ヨリ難キハ莫シ。事難ケレバ則チ勢ノ変転スル、或ハ逆シテ料度ス可ラザル者有り。且ツヤ寛猛各々其時有り、疾徐各々其機有り。吾輩衆君子ト幸ニシテ至理ニ遭遇スルコトヲ得、之ヲ講ズルコト既ニ明ニシテ、**時至リ機熟シ**、我ガ三千五百万ノ兄弟皆尽ク自由ノ権ニ拠ルニ堪ユルニ至リ、是ノ時ニ於テ若シ万分ノ**一荊棘ノ道ヲ遮ル**有リ、吾輩三千五百万人民ヲ防遏シテ自由ノ途ニ闖入スルコトヲ得ザラシムルトキハ、吾輩モ……**大喝一声手ニ唾シテ起チ**蹴破シテ過グル有ランノミ。……」

(『東洋自由新聞』第二号、社説。明治14・3・23)


• 明治19年に至り、その「転機」到来、と兆民は見た。「危機」⇔「好機」！

〔民権運動“最後の”盛り上がりとしての「大同団結」運動の興起。同時に、大日本帝国憲法成立＝「天皇制国家」確立の“前夜”。〕

cf. 後年（明治24）における次の発言。

「抑も我日本国は矢張り日本国なり。**漸く専制の域を出でゝ僅に立憲の域に進みつゝ有る、過渡中の社会なり。**……今日の立憲自由党は正に**此過渡の社会を推して再変三変の形勢に進ましむる**の任を有する一政党なり。……」

(「立憲自由党の急務」『立憲自由新聞』明治24・1・1)

◎**「自由民権」の運動論・組織論**

• いくつものレベルで、**「民主」化のための運動論・組織論**を構想。
(cf. 寺尾方孝「中江兆民における『平民主義』の構想」『法学志林』74の1–4、75の1)

1　**国民主権と天皇制**の関係において、“憲法制定権力”を「民権」の側に「恢復」させようとする、兆民の「**憲法点閲**」構想については、前述した。

2　**議会と政府**との関係において、「**民党**」を「大同団結」させようとする彼の努力についても、既述した。

3　**議会**（⇔政府）**と民衆**の関係。「**輿論**」の包囲によるバックアップの提唱。

• ex.「国会議士の後盾」（明治22・3・19『東雲新聞』）
「国会の中へ成丈け学識有り節義有る人物を多く詰込むことは、固より肝要にて言ふ迄も無き事なり。然ども**国会外に於て常に新鮮なる政治的の空気を蓄へて、国会其物を滋養し**、国会其物をして**外間の時勢人情と倶に進歩して**、調子の不整を致さざる様計画することも亦肝要の事なり。……
……然ば即ち国会外に於て、議士の後盾を作るの手段は如何。曰く、学識節義並に代議士と為りて余有る可き人物を外間に置き、**全国を挙げて未選代議士の国会と**

云はんが如き者と為し、言議に筆墨に力の有らん限り唱説し、**輿論の波瀾をして到る処に洶湧して片時も止まざらしめ**、行政官をして国会議堂の四壁の外、更に全国の輿論なる者有りて国会の輿論と相映射し、所謂両鏡相対無繊翳の真状を見せしめば、彼れ行政官も必ず自ら省する所有らん。……」

- また「鑛物政府」（明治21・5・15『東雲新聞』「放言」）

「……されば其鑛物を溶して夫れぞれの分子を剖解せんとするには、彼の**輿論と号する猛火を煽りたてゝ**事を為る外に名案とては決して無きなり。然るに……彼の鑛物政府……輿論の火力に敵するが為に、一生懸命相共にカヂリ付いて離れぬ算段を為し、又極々窮蹙したる節は、彼の**輿論の火に薪木を持ち込む人足を捕へたり、逐ひ払ふたり**、……然ればどふ為るが佳い乎、矢張り輿論の火を煮き立てるに在るのみ。**鑛物の凝集力と火の溶解力と根くらべを為さしむる**にあるのみ。……」

4　そのような議会と民衆の関係は、ヨリ根本的には、**選挙人**である民衆と被選挙人である**代議士**との関係についての、ルソー的な問題提起にかかわる。『選挙人目ざまし』で尖鋭に提起された論点である。（これには、いわば“種本”があったことが指摘されている。Edouard Philipon: *Le Mandat Impératif en France et à l'étranger*, Paris, 1882.）

「**代議制民主主義**」をして、「四年に一度」の「選挙的の盲目判を押して」、あとは「長眠」する、「四年目に一日の自由人にて共間は常に奴隷」たる地位に人民を落としめる制度に終わらせないためには、いかなる仕掛けが必要か、ということである。兆民はそれを、**「有限委任」か「無限委任」か**という、“選挙”ないし“代表”選出の本質理解の問題として提起する。

- 「**有限委任**とは、選挙人が代議士を選ぶに就て、『斯々の事項に関しては云々す可し』と予め**時事の綱要**を定めて、之を代議士に命ずるなり。故に此法に於ては、代議士は云はゞ選挙人の脳髄にて思考したる条件を、自己の**唇舌**にて論述するなり。……選挙人は**号令者**にて代議士は受令者なり。選挙人は**将校**にて代議士は**伝令使**なり。……

無限委任の法に由れば、選挙人は**信用者**にて代議士は受信者なり。選挙人は**君主**にて代議士は**宰相**なり。選挙人の能は代議士の人物思想を見抜きて**之を信ずる**上に発するなり。代議士の才は自ら奮励勉勤して此信用を無にせざる上に発するなり。有限委任法の主意は、選挙人即ち**国会外多数人民の権を重くして**、代議士即ち国会中少数人民の権を軽くするに在り。多数選挙人をして成る丈け政事に参預せしむるに在り。**少数被選人をして成る丈け自ら恣（ほしいまま）にせしめざるに在り**。

無限委任の主意は、選挙人中の明眼者をして成丈け活発に其明を用ひしむるに在り。**被選人中の大才子をして成丈け自由に其才を振はしむるに在り**。……」

- つまり、「選挙」のあと、人民は政治を、「学識」「経験」ある者に「**一任**」しっ放しで良いのか。本来“主権者”であるべき人民（ルソー）は、選挙後も「終始」代議士にたいして「**監察者**」たりつづける必要はないのか。そのための制度的仕組みはどうあるべきか——という問題である。
- 「行政官をして併せて議政の権を握らしむる、是れ専政家の言なり。国会をして議政の権を専有せしむ、是れ無限委任論者の言なり。**国民をして議政の権を監督せしむ**、是れ有限委任論者の言なり。要するに有限委任論は**平民主義**〔おそらく兆民におけ

る"democracy"の訳語〕に於て最とも適合せる者なり。」

◇兆民は「**選挙人の会合所**」（or「**選挙会**」）を各選挙区に何箇所かずつ作ることを提案する。そこで実際の集会を何回か持って、それぞれ「**綱要**」を討議のうえ作成し、それを示して立候補者たちに意見を言わせる。そして意見が合致する候補者と「**契約**」を結ぶ。代議士はそれに**拘束**され、「綱要」と違った行動を議会で取る場合は、辞任するか、選挙区にただちに取って返し、「選挙会」で協議して説得し、賛同を得なければならない――というものである。

- 「選挙会」に集まる何百人かのうちには、忙しすぎる人間や政治嫌いの者もいるだろうが、なかには「法律」や「経済」や「外交」や「教育」やのそれぞれにつき、実務の経験をもつもの、本を良く読んでいるものが、必ず何人かはいるだろう。
  彼らが「各々意見を持込む可し、……人々皆意見を吐き、意見を聴き、意見を較らべ、意見を闘はせ、分析し、湊合し、増加し、省減し、変更し、記載し、塗抹し、又記載し、又塗抹し、五日を経過し、十日を経過し、一月を経過する中には、其間に二十箇条、三十箇条、又は四、五十箇条の立派なる条目必ず湧出するを見るべし。」
- 「政治と云へば仰山なるも、詮じ来れば一国の世帯向なり。台所用なり。」したがって、法律書や統計年鑑や各種の翻訳書や、新聞雑誌やが役に立ち、いろんな職業の人間の知識が生かせるのみならず、「最も公等の相談相手と成る可きは公等自身の経験なり。」財政については自分の財布（「金箱」）が相談相手だし、教育については自分の子供のことを考えれば良い、etc.……
- そして、この過程を通してはじめて、多数人民も「**政事に習熟するを得べし。**」「是公等一蹶して**生産的動物より政治的動物と成り**たるなり。」
- なお、「選挙人」と「候補者」との間に交わされる「契約」の例として、兆民はフィリポンに拠って、1869年の選挙のさいに「極左党候補者レオン・ガンベッター」が「セーンヌ州第一選挙区選挙人諸君」と「政治の綱要二十箇条」について交わした「契約」を挙げるが、これは「ベルヴィル方式」とも呼ばれ、フランス憲政史上著名なものである。

○こうした「命令的委任（mandat imperatif)」の観念は歴史的には中世等族会議に由来するものであって、近代議会制ではむしろ、代議士の選挙民からの独立性を説く「国民代表（national representative)」の観念が強調された（ex. Edmund Burke)。この時期の日本でも、小野梓『国憲汎論』（明治15～18）や高田早苗「国会問答」（『読売新聞』明治20・10・1～21・7・22）などは、その立場に立っている。

それにたいして兆民は、ルソー的な「人民主権」にヨリ近いあり方として、あえて「命令的委任＝有限委任」の意義を再評価する立場をとったのである。

5　「**政党**」のあり方についても、同様の観点から組織論や運動論が展開されるが、委細は略す。（cf. 寺尾論文）ただ二つだけ文章を引いておく。一つは「種々の党派」すなわち複数政党の存在理由について。　　　　（『平民の目ざまし』明治20・8）

「何事に就ても道理は唯一箇（ひとつ）なれども、夫れが中々急に見出し難きが故に、甲乙丙丁と**種々の党派が競ふて張り合ひ、言ひ合ふて**互に穿鑿するときは、**其中央（なか）から彼の道理が追々と頭を昂げて**人々の目に留まる様に成る事も有る可し。左は無して一人の**智慧者**が何か一言を吐く度毎に**大勢の人が皆同意して少しも**

言ひ合ふ事が無きに於ては、真個（まこと）の道理は出てくる手掛りが無きなり。」

- したがって「真正の政党」は「**旨義の争**」を中心にするとき存在理由をもつ。そのためには各党が「**一国治術の雛形**」（＝政策）をそれぞれ作り出して明瞭に「各党の看板」として掲げて競争すべきである。（さもなくば「嫉妬的の争」に巻き込まれてしまう。）

「兎にも角にも今日各地の政党を構成する人達は、銘々講究の功を収めて政治の諸目に係りて一定の旨義を作り出し、猶ほ其上に広く天下人士と交通し、右の旨義を討論してスチーユアール［スチュアート］・ミルの所謂『**真理は両説の触激に由りて其光を発するなり**』との格言に基き、筆鋒を交へ、口角を闘はし、論戦の火花を散らして、其効果に由り、粲然たる儼然たる一国治道の雛形を作り、何時にても輪奐たる大廈高屋の建築せらるゝ様計画するこそ、今日の急務と謂ふ可し。**漠然たる自由平等の四字を看板に大書して庫中の貨物を掲示せざる間は**、肆の蕃昌は到底覚束無きなり。」　（「政党論」『東雲新聞』明治21・6・14～17）

6　「政党」と国民「生活」との関係づけを論ずる「**懇親会**」論（『東雲新聞』明治21・9・27、9・28）

「懇親会、是れは家族的生活の中より生ずる思想の炭酸瓦斯を撲滅するに於て極て適当なるものなり。毎日毎年同じ山水を眺め、同じ街衢を歩し、同じ顔面に対し、同じ事業を営むときは胸腔中に溜り来れる思想的炭酸瓦斯……家族的生活は利己の生活なり、社会的生活は公平の生活なり。彼の懇親会は、社会的生活の情念を養ふに於て最も適当なるものなり。……各地方の有志者が久しく郷土に居て……黴斑を生じたるをば、此寄合ひ場に集合して相ひ**互に交際談話して再び心思の鮮活を得ること**、是れぞ懇親会の効用なり。

……且つや政治学は書物の学問のみに非ずして又人事の学問なり。

……懇親会は**思想の洗濯所にして又人事学の輪読場なり**。」

第9回　明治国家建設者の思想——井上毅を中心に

◎人物像（天皇制国家の制作者？）

◇中江兆民の評価

「○我邦人は利害に明にして理義に暗し。事に従ふことを好みて考ふることを好まず。（前掲）……今後に要する所は、豪傑的偉人よりも哲学的偉人を得るに在り。○近時我邦政事家井上毅君較（や）や考ふることを知れり。今や即（すなわち）亡（な）し。……」（『一年有半』）

「○失れ其能く創見する所有るを得るは何ぞ。其人学術衆に抜く有るに由ると雖も、抑も亦真面目なるに由らずんばあらず。……是れ小才識小学術有りて、俗に所謂横着なる、俗に所謂ヅウヅウしき小人輩の企及す可き所ならん哉。今や我邦中産以上の人物は、皆横着の標本也、ヅウヅウしき小人の模範也。余近時に於て**真面目なる人物、横着ならざる人物、ヅウヅウしからざる人物**唯両人を見たり。曰く井上毅、曰く白根専一。今や即ち亡し。……」（同）

cf.「○大勲位［伊藤博文］は誠に翩々（へんぺん）たる好才子也。其漢学は悪詩を作る丈けの資本有り、其洋学は目録を暗記する丈けの下地有り。是れ既に大に他の元老を凌轢して後に無語ならしむるに足る。加之（しかのみならず）口弁ありて一時を糊塗するに余有り。然ども是れ要するに記室の才也、翰林の能也、宰相者の資に非ず。故に法律制度に関しては、前後常に若干の功有り。総理大臣と為るに及んでは唯だ失敗有るのみにて一の成績無し。其器に非ざるを知る可し。故に侯の総理と為りて企図する所を観るに、宛然**下手の釣魚者**也。船より竿より餌より糸より、百事具備するを待ちて始めて手を下すも、魚は一も得ること能はず。有名なる行政刷新、財政整理、皆な下手の魚釣に非ずや。一言之を断ずれば、野心余り有りて胆識足らず。内閣書記官長に止まらしめば、正に其所を得たらん也。

○早稲田伯［大隈重信］、壮快愛す可し。然れども亦宰相の材に非ず。目前の智富みて後日の慮に乏し。故に百敗ありて一成なし。野に在て**相場師**たらしめば、正に其材を竭（つく）すことを得可し。蓋し糸平、阿部彦の雄是れのみ。

○**山縣**［有朋］は**小黠**（かつ）、**松方**［正義］は**至愚**、**西郷**［従道］は**怯懦**（きょうだ）、余の元老は筆を汚すに足る者莫し。伊藤以下皆死し去ること一日早ければ、一日国家の益と成る可し。」（同）

◇1843（天保14）　熊本細川藩家老長岡監物の家臣（陪臣）の三男に生る。幼にして俊秀、藩校時習館生に抜擢される。1867（慶應3)、藩命で江戸、次いで長崎に遊学し、フランス学を学ぶ。1869（明治2)、大学南校舎長。1871（明治4)、司法省出仕。

1872（明治5）　ヨーロッパ法制視察（沼間守一、川路利良らと同行）。翌年帰国後、プロシャ憲法の初の邦訳を含む『王国建国法』を公刊し、やがて大久保利通、岩倉具視、伊藤博文等に知られ、彼らのブレーン的存在になる。1878（明治11)、内務大書記官、翌年、太政大書記官となり法制部勤務。

1879（明治12）元田永孚らの「教学大旨」に反対する伊藤の「教育議」を執筆。1881

（明治14）、憲法意見を提出するとともに、“明治十四年政変”の仕掛け人、黒幕として動く。以後、内閣書記官長、制度取調御用係、外務省御用係等を兼ね、政府の政策立案、制度形成の殆どにかかわるとともに、主として憲法起草に当った。

1888（明治21）　法制局長官、兼枢密院書記官長。1890（明治23）、兼臨時帝国議会事務局総裁。1893（明治26）、第二次伊藤内閣の文相として入閣、実業教育の振興などに努める。

1895（明治28）　3月、死去。52歳。「国家多事の日に際し蒲団の上に死ぬ。かかる不埒者は黒葬礼こそ相当なり。」（死の前日、訪れた徳富蘇峰に向って）

◇**“芸術作品としての国家”**（ブルクハルト『イタリア・ルネッサンスの文化』）

“近代天皇制国家”もその側面あり。（cf. 藤田省三『天皇制国家の支配原理』）

- その“制作者”の像。cf. Machiavelli, “Discorsi” が描く Numa Pompilius の像。
  また、Hanna Arendt, *On Revolution* が言う “Constituting Act”.
- さらに、荻生徂徠『太平策』の「制度の立替」論
  制度を立て替へると云は、**風俗をなほさん為**なり。風俗は世界一まいなる故、大海を手にてふせぐが如く、力わざにて直しがたし。これを直すに術あり。是を聖人の大道術と云ふ。……風俗はならはしなり。学問の道も習し也。……習はし熟して、くせにしなすことなり。……只今までの風俗を移すことは、**世界の人を新に生み直すが如く**なるゆへ、是に過たる大儀はなきなり。故に大道術ならでは是を直すことはならぬなり。其大道術と云は、観念にも非ず、まちなひにも非ず、神道にも非ず、奇特にも非ず、わざなり。**わざの仕かけによりて、自然と移りゆくことなり。**
  （まして“制度の創出”——アーレント “Constituting Act” “Foundation” は！）
- ルソー「立法者」（legislateur）論。「人民が人民になる」ために必要な「習俗 mœurs」（モンテスキュー）ないし「ヴィルトウ virtū（徳性、気概、気風、力能）」（マキアヴェリ）の形成。⟶井上：「人心」・「時勢」の重視。（後述）

○藤田『天皇制国家の支配原理』のいう、2つの面における「国家」の「制作」。

——「権力 Macht 国家」と「共同態 Gemeinschaft 国家」。——「郷党社会」（伊藤）or「地方自治制」（山縣）を憲法体制とリンク。→憲法発布と同時に教育勅語渙発を——官僚制的行政秩序の下降と自然村的秩序原理の吸収・活用。

——「君権の装置」（Apparat）としての国家機構と、「国家の（精神的）機軸」（伊藤）としての“天皇制”。

＊明治21.6、枢密院帝国憲法草案審議における伊藤博文の発言。（清水伸『帝国憲法制定会議』。cf. 丸山眞男『日本の思想』Ｉの二）

「**憲法政治**ハ東洋諸国ニ於テ曾て歴史ニ徴証スヘキモノナキ所ニシテ、之ヲ我日本ニ施行スル事ハ全ク新創タルヲ免レス。故ニ実施ノ後、其結果国家ノ為ニ有益ナル歟、或ハ反対ニ出ツル歟、予メ期スヘカラス。然リト雖モ二十年前既ニ封建政治ヲ廃シ各国ト交通ヲ開キタル以上ハ、其結果トシテ国家ノ進歩ヲ謀ルニ此レヲ舎テ、他ニ経理ノ良途ナキヲ奈何セン。……欧州ニ於テハ当世紀ニ及ンテ憲法政治ヲ行ハサルモノアラスト雖、是レ即チ歴史上ノ沿革ニ成立スルモノニシテ、其萌芽遠ク往昔ニ発セサルハナシ。反之我国ニ在テハ事全ク新面目ニ属ス。故ニ今憲法ノ制定セ

ラル丶ニ方テハ先ツ**我国ノ機軸**ヲ求メ、我国ノ機軸ハ何ナリヤト云フ事ヲ確定セサルヘカラス。機軸ナクシテ政治ヲ人民ノ妄議ニ任ス時ハ、政其統紀ヲ失ヒ、国家亦タ随テ廃亡ス。……抑、欧州ニ於テハ憲法政治ノ萌セル事千余年、独リ人民ノ此制度ニ**習熟**セルノミナラス、又宗教ナル者アリテ之カ機軸ヲ為シ、深ク人心ニ浸潤シテ、人心此ニ帰一セリ。然ルニ我国ニ在テハ宗教ナル者其力微弱ニシテ、一モ国家ノ機軸タルヘキモノナシ。仏教ハ一タヒ隆盛ノ勢ヲ張り、上下ノ人心ヲ繫キタルモ、今日ニ至テハ已ニ衰替ニ傾キタリ。神道ハ祖宗ノ遺訓ニ基キ之ヲ祖述スト雖、宗教トシテ人心ヲ帰向セシムルノ力ニ乏シ。……

……**我国ニ在テ機軸トスヘキハ、独リ皇室アルノミ**。是ヲ以テ此憲法草案ニ於テハ専ラ意ヲ此点ニ用ヒ君権ヲ尊重シテ成ルヘク之ヲ束縛セサラン事ヲ勉メリ。……乃チ此草案ニ於テハ君権ヲ機軸トシ、偏ニ之ヲ毀損セサランコトヲ期シ、敢テ彼ノ欧州ノ主権分割ノ精神ニ拠ラス。固ヨリ欧州数国ノ制度ニ於テ君権民権共同スルト其揆ヲ異ニセリ。是レ起案ノ大綱トス。」

◎明治十四年政変の工作

(イ) 明治政府最大の危機?

①**民権運動(国会開設運動)**の盛り上がり。(「国会期成同盟」を中心とする請願運動の全国化)

②**憲法問題をめぐる閣内対立**。(筆頭参議大隈重信が、明治15年に英国モデルの憲法発布、翌16年に議院内閣制・政党内閣制と結びついた国会開設、という構想を持っているのを知って驚いた岩倉具視・伊藤博文が、大隈排除に動き出す。)

③**北海道開拓使官有物払下げ事件**。(薩派の黒田清隆開拓使長官と同じ薩摩出の政商五代友厚の結託による汚職が郵便報知新聞等によって暴露さる。)

④宮廷の侍補グループ(佐々木高行ら)の「天皇親裁」運動にからむ策謀。(これについては略)

(ロ) その危機を、ヘゲモニー奪取の好機に転じて、伊藤らにクーデタを敢行させた「黒幕」が井上毅。

——根本にあるのは、「模範国と準拠理論」(山室信一『法制官僚の時代』木鐸社、1984)をめぐる、知識人(→官僚→政治家)グループの対抗関係。

a　フランス派:中江兆民・河津祐之・大井憲太郎・ボアソナード・(江藤新平)

——「元老院国憲按」(第一次草案・明9・10、第二次草案・明11・6)

——仏学塾・嚶鳴社・講法学舎・法律学舎・司法省法学校

——東京法学校・明治法律学校「仏学会」・東京仏学校

b　イギリス派:福澤諭吉・馬場辰猪・小野梓・矢野文雄・大隈重信

——「交詢社私擬憲法案」大隈「憲法意見」

——共存同衆・交詢社・九皐社・東京大学法学部

——専修学校・東京専門学校・英吉利法律学校・東京英語学校

c　ドイツ派:井上毅・伊藤博文・ロェスラー・伊東巳代治・平田東助

——「大日本帝国憲法」
——紫溟会・独逸学協会
——独逸学協会学校・帝国大学法科大学

- 明治14・7・12　井上の伊藤（大隈の憲法意見密奏に憤って辞表提出蟄居中）宛て書簡
「現今ノ景況ヲ熟察仕リ候ニ、**昨年国会請願ノ徒**、今日音ヲ入レ候ハ決シテ静粛ニ帰シ候ニ無之。即チ各地方ノ報告ニ拠ルニ、皆憲法考究ト一変イタシ候ニ有之。其憲法考究ハ即チ**福澤ノ私擬憲法**ヲ根ニイタシ候外無之。故ニ福澤ノ交詢社ハ即チ今日全国ノ多数ヲ牢絡シ政党ヲ約束スル最大ノ器械ニ有之。其勢力ハ無形ノ間ニ行ハレ、冥々ノ中ニ人ノ脳漿ヲ泡醸セシム。其主唱者ハ十万ノ精兵ヲ引テ無人ノ野ニ行クニ均シ。政府タルモノ果シテ其説ヲ採用シ、其主義ニ俯就スルノ廟算ナラバ、放ツテ彼レガ為ス所ニ任ジ、猶進ンデ彼レヲ使用シ、彼レノ党類ヲシテ政府ト同一ノ政党タラシムルコト可ナリ。若シマタ是レニ反シテ、政府ハ**英国風ノ無名有実ノ民主政**ヲ排斥シテ**普魯西風ノ君主政ヲ維持ス**ルノ廟算ナラバ、八年ノ聖詔ヲ実行シ、**政府主義ノ憲法**ヲ設ケテ以テ横流中ノ塁壁ヲ固クシ、人心ノ標準ヲ示ス事一日モ緩クスベカラザル歟ト存候」
- 福澤の背後にあると井上が意識していたのは**小野梓**の存在。「国憲論綱」。
（『共存雑誌』明治12～13掲載）
- また、明治8～9年、**中江兆民**が書記官として刻苦して準備し、ボアソナードも関与した「元老院国憲按」は、既に伊藤博文らの圧力で廃棄の運命にあっていた。
（cf. 井田進也『中江兆民のフランス』岩波書店1987所収、「「立法者」中江兆民」）

（ハ）クーデターと構想

①北海道官有物払下一件に関しては、払下中止。
「平日は政府たるものは一度発令したる事は、非を遂ぐるも、かへつて強きを示すに布き廉もあるべし。……但し今日は別に一種の大局に際し、政略上に於て小（事）に屈して大（事）を伸ぶるを必要とす。その故は、**この事［官有物一件］政府に於ては大事の前の小事なれども人民に於ては最大無双の好論柄**（トピック）**たり**。……この件の争ふ所は財利の事なり。**政府は政体上［憲法制定の件］に於ては……一歩も譲らざらんとす**。然るに財利上に**一の争点を増すは、得策に非ず**。」（伊藤宛、9月23日）
副次的な「争点」（issue）を消滅させ、民権運動に向う「人心」を宥和させる。

②そして主争点である憲法問題に関しては、10年後に国会を開設する旨の「詔勅」を渙発して、ヘゲモニー（“制憲権”）を確保する（→「欽定憲法」）とともに、民権側の「人心」を分断させ、穏健派を取り込み、急進派は弾圧する。
「コノ人心動揺ノ際、コノ勅諭アルニ非ザレバ、挽回覚束ナシ。更ニ明言スレバ、**人心ノ多数ヲ政府ニ牢絡スル**コト覚束ナシ。コノ勅諭ハ、タトヒ**急進党**ヲ鎮定セシムルコト能ハズトモ、優ニ**中立党**ヲ順服セシムベシ。……今コノ挙アラザレバ、彼等モ変ジテ急進党トナルコト疑ナシ。コノ勅諭ニヨツテ、**政党ヲ判然セシメ、反対党ハ明カニ抵抗ヲ顕ハスニ至ルベシ**。コレ極メテ得策ナリ。」（岩倉宛、10月7日）

「若シナホ、コトサラニ躁急ヲ争ヒ事変ヲ煽シ、**国安ヲ害スル者アラバ、処スルニ国典ヲ以テスベシ。**特ニココニ言明シ、爾（ナンジ）有衆ニ諭ス。」（10月12日渙発の憲法欽定・国会開設の詔勅の末尾）

③大隈重信の参議罷免。小野梓・矢野文雄・尾崎行雄・犬養毅・河野敏鎌・前島密ら大隈派官僚も連袂辞任。（→改進党結成および東京専門学校設立へ。）

◎大日本帝国憲法の制定

（イ）前提としての「内閣制」（明治18）以下、諸「官制」の整備（「各省官制」「会計検査院官制」「裁判所官制」「官等俸給令」明治19、etc.）においても井上が中心となる。（なお、「**官吏服務規律**」（明治20）第一条「天皇陛下及天皇陛下ノ政府ニ対シ忠誠勤勉ヲ主トシ……」。いわゆる「天皇の官吏」。）

（ロ）「国体」とその「機軸」の論。（既述）大日本帝国憲法第一条.「大日本帝国ハ万世一系ノ天皇之ヲ統治ス。」

井上の準備した草案では、上の「統治ス」が「治ス」となっていた。「シラス」と読ませようとしたらしい。『憲法義解（ぎげ）』（伊藤博文著、国家学会刊。但し実際の筆者は井上）の同条の「解」では、「ウシハク（領）」と「シラス（治）」の両概念の違いを強調。（cf.『梧陰存稿』に小中村（池辺）義象が寄せた序。憲法起草時に房総に休養旅行に出掛けた際、小中村に「統治」を意味する大和言葉について頻りに問うた、云々。）cf. 成沢光『政治の言葉』平凡社選書。

- ウシハクは、元来、ウシ＝ヌシ（主）＋ハク（履く・穿く・佩く……）。**事実的領有**・占有・使用……。'occupy' に相当、と井上。
それに対して'govern'に相当するシラスは、西洋では"舵取り"の意を語源とし、中国の「御す」や「牧す」にあたる、という。（cf. 成沢：「カトル」の語。）そして「治ラス」＝「知らす」には、被治者が治者の**精神的権威**を承認して服従する意があり、そこから井上は、わが国における国家成立の原理は、西洋の学説の言うような君民の約束ではなく、「君徳」であると考えた。
- cf. 日本書紀一書のいわゆる**天壌無窮の神勅**.「天照大神……皇孫（すめみま）に勅（みことのり）して曰はく、豊葦原千五百秋之瑞穂国は、是れ吾が子孫の王（きみ）たる可き地（くに）なり。宜しく爾（いまし）皇孫就（ゆ）きて**治**（しら）**せ**。行矣（さきくませ）。宝祚（あまつひつぎ）の隆（さか）えまさむこと、当（まさ）に天壌（あめつち）と窮（きはまり）無かるべし、と」（但し、この側面は井上＝伊藤の段階では、ほとんど表に出てこない）。

（ハ）"**立憲主義**"の一定の貫徹。

⟶「**君主循法主義**」。オキテ（置き手）、チカヒ（血交ひ）の論。

- 十四年政変の少し前、元田永孚が聖徳太子の十七条憲法にならって我国体に則った憲法を作るべきだと論じたのに対し、井上は批判して、十七条憲法は名は「憲法」と言っても、一種の官吏の服務規律にすぎず、それにたいして西洋の憲法は「**君民ノ共議**ニナルモノ」で、「国憲ヲ守ルハ必ズ**君民同治ノ法**ニ依」り、「全国人民ノ代

議人ト共議セズシテ国憲ヲ創定スルノ理ナシ」と言った。そして、「**君権ヲ限ル**」こと、「**立法ノ権ヲ人民ニ分ツ**」こと、「行政宰相ノ責任ヲ定」めること等を含まない憲法制定は意味がない、と断じた。

この前段の、制憲過程に「憲法制定国民会議」的なものを参与させるという主張は、彼が十四年政変で欽定憲法路線を選び取っていく中で消えて行くが、「君権」も「法」の下に立つという立憲主義は堅持されているのである。

- 『**義解**』が、帝国議会の「**協賛**」を'consent'（同意、承認）の概念で説明して、後の昭和ファシズム期の「**翼賛**」に通ずる要素を示さないのも、その点に関わる。

◎教育勅語制定への関与

（イ）天皇制国家の国民統合のあり方として、たんに「憲法」による機構的・制度的統合だけでなく、“**共同体**”**の秩序原理**をすくいあげて体制統合の支えにすべきだという主張が、「**地方**」や「**道徳**」の役割を重視する人々の間から起こってくる。それが「教育勅語」制定に結実。

井上は、一方の“**権力的**”**統合路線**（「地方自治制」を推進した山縣有朋ら）と、他方の“**道徳的**”**統合路線**（「国教」制定を画策した元田永孚ら）の間にあって、“**立憲的**”**統合路線**を貫こうと模索した。

- しかし彼の「人心」重視の発想からしても、習俗レベルを規定している“共同体的”秩序原理を無視しえない。

そこで「教育勅語」作成にあたって、元田と対立しながら協働する、という彼のスタンスが生れる。したがって「道徳」レベルでの規範提示といっても、あらゆる「宗旨」とすべての「哲学的理論」を超越し、いかなる「政事性」をも拒否して、“簡約化”（原始化）と“超越化”（藤田省三、前掲書）をくぐったものにしなければならない。

結局、断片化された儒教の「日用彝倫」道徳を利用しながら、それを「忠君」観念の拡大・転用によって、擬似“国民国家”のエートス形成にリンクさせる、というのが彼の目指したところであった。

（ロ）しかしこうした井上の、“法的権力機構としての”国家と“道徳的秩序原理としての”共同体との“相互補完”の構想は、やがて「**天皇制国家**」**の**“**基本矛盾**”となっていく。

一方、「立憲主義」の方向で、「衆議院」が井上の構想を踏みこえて力を持つに至り、結局「政党内閣制」に曲がりなりにも到達するのが、「政友会」結成──→「**大正デモクラシー**」**の道**。

他方、「天皇大権」が、その「立憲的」制約を脱して、これも井上の意図を裏切って一人歩きしてゆき、esp.「統帥権」を盾にする軍部の「独断専行」を通じて「**昭和ファシズム**」**への道が**──。

—40—

第10回　明治二十年代の思想状況

(1) 基本的な**体制選択**（枠組みと方向の決定）**は終わった時代**。
　──→“政治”の時代から、“社会”と“文化”のレベルでの「建設」の時代へ。
　（＝ナショナリズムの“下降”。）

- **第二の「創業の時代」**

「当代ノ日本ハ創業ノ日本ナリ。然レバ其経営スル処転タ錯綜湊合セリト雖モ、今ヤ眼前ニ切迫スル最重最大ノ問題ハ、蓋シ日本人民ノ意匠ト日本国土ニ存在スル万般ノ囲外物トニ恰好スル**宗教、教育、美術、政治、生産ノ制度ヲ撰択シ**、以テ日本人民ガ現在未来ノ嚮背ヲ裁断スルニ在ル哉。吁嗟斯ノ千載一遇ノ時機ニ際シ、白眼以テ世上ヲ冷視スルハ、是レ豈ニ日本男児ノ本色ナランヤ。」

（『日本人』創刊号、明治21・4、扉裏、創刊の辞）

「蓋し爾『日本人』が畢生懐抱する処の大精神は、実に鞏固確乎たる**大日本の国礎を建築せん**とする者なり。……彼の国内宗教の嫉妬の如き、政党の軋轢の如きは真個に雲烟過眼ならん。……蓋し汝は**保守主義**を懐抱する者に非ず。何となれば、爾は日本の国礎をして愈鞏固に愈宏大ならしめんことを目的とする者なればなり。蓋し爾は過激極端の主義を蘊蓄する者に非ず。何となれば、過激極端の言論と作業とは動もすれば日本の国礎を揺動して撩倒せしむるの恐れあればなり。之を要するに汝は**革命者**に非ずして**改革者**たらざる可からず。**顚覆者に非ずして修繕者**たらざる可からず。」　（同号巻頭、志賀重昂「「日本人」の上途を餞す」）

- 「所謂る**破壊的の時代**漸く去りて**建設的の時代**将に来らんとし、**東洋的の現象**漸く去りて**泰西的の現象**将に来らんとし、**旧日本の故老**は去日の車に乗じて漸く舞台を退き、**新日本の青年**は来日の馬に駕して漸く舞台に進まんとす。実に明治二十年の今日は、我が社会が冥々の裏に一変せんとするものなりと云はざる可らず。来れ、来れ。改革の健児、改革の健児。**改革の目的は、社会の秩序を顚覆するに非ず、之を整頓するにあるなり。**」

（『国民之友』創刊号、明治20・2、徳富蘇峰「嵯呼国民之友生れたり」）

- 「……第十九世紀ノ文明ハ、人類ガ造化ニ勝チ、自由ガ専制ニ勝チ、真理ガ習慣ニ勝チタルノ事実ニシテ、……吾人カ諸君ト共ニ此ノ第十九世紀宇内文明ノ大気運ニ頼テ我国ノ時勢ヲ一変シ、以テ**知識世界第二革命**ヲ成就セント欲ス。」

（蘇峰『新日本之青年』明治20・3）

○「生活」志向の世代と“内向”の世代の登場。

- 緒方直清「青年学生」（『国民之友』第29号、『新日本之青年』付載）

「……我邦青年ノ情勢ニ就テ観察スルニ、殆ド一変セントスル者ノ如シ。曰ク、**東洋英雄流ノ放恣粗豪ノ風**漸ク熄ンデ、**齷齪苟且ノ風**将サニ生ゼントスル、是レナリ。……何レノ学校ニ於テモ、……彼ノ漢学塾ノ名物タリシ**乱暴書生**ナル者ヲ見ルコト殆ド稀レナリ。概シテ現今ノ学生ハ、往々喧マシキ理屈ヲ云フニモ拘ハラズ、読書ニモ勉強シ、学科ニモ欠席セズ、……。

　……第一ハ其目的トスル所、**浮世ヲ旨（ウマ）ク渡ル**ニ在リテ、遂ニ怜悧慧巧ノ人ヲ生ゼントスルガ如シ。……第二ハ**冷淡無頓着**ノ人ヲ生ズルガ如シ。……青年ノ

自カラ有ス可キ活火ヲ有セザル……成人（オトナ）ラシキ青年ヲ見ルコト多ク、造リ飾リタル青年ヲ見ルコト多クシテ、未ダ青年ラシキ青年ヲ見ル能ハズ。……**理想**的ノ標準トモ謂フ可キ確然タルモノ存セザルヲ疑フナリ。」

- 一方で、「他人ニ依頼シテ生活センコトヲ思フ」「**叩頭**」型の青年の登場。

（「立志＝自助」⇒「立身出世」志向）

他方で、「懐疑的」「批評的」な「冷笑者流」の青年の登場。

（──→二葉亭『浮雲』の内海文三的な「優柔不断」のインテリゲンチャ像も……。）

それらを前にして、蘇峰が『新日本之青年』で対置したのは、「職分的ノ観念」を持ち「責任的ノ動物ナルコトヲ自覚」した「泰西自活的ノ人」に見られる、「**力作型**」の「生活」者像。　（ピューリタン革命期の'gentry'がモデル）

○知識人のタイプとしても、「志士型」や「官僚型」に代わって、「**実学型インテリゲンチア**」（松田道雄の用語。『日本知識人の思想』）が優越してくる。

（内海文三的「文士型」の本格的登場は明治三十年代以降。）

それは知識人における「**専門**」**分化**の進展ということでもあって、まず、学者、技術者、官僚、ジャーナリスト、芸術家、宗教家、等々が「職業」として分化した上で、さらに分野別に別れてゆくわけだが、しかしそれらがなお、“ナショナリズム”で括られるところに、この時期の特質があった。

（ヨリ社会的に“分散”し“下降”したレベルでの、ネーション形成のための努力。）

- 「自由民権論的主張は半ば譲歩し、半ば凱歌を奏して、終に帝国憲法発布、帝国議会の召集なぞとなり、ひとまづ落ち着くべき処へ落ち着いたのであるが、かうした一段落へ来るに先だつて、二十年頃から既に、政治上の革新運動は漸くその理想家的狂熱を冷却され出してゐた。換言すれば**政治改造**といふことがもはや新日本建設の為めの最大急務であるやうには考へられなくなり、従つて少壮政治家政論家が時代の先覚者として、国民的活動を率ゐて行くといふやうな傾向がなくなつて来た。そして、何よりも先づ政治家政論家であるところの人々の代りに、今や何よりも先づ**宗教**、**道徳**、**芸術**なぞの如く、かなり厳密な意味での内的文化に従事するところの人々が、**新日本建設の指導的人物**として、時代の先覚者として見られるやうになつてきた。」　（生田長江「明治文学概説」大正15）
- そのナショナリズムの“下降・分散”は、同時にこの国なりの“市民社会”形成に伴う“分業化”・「専門化」の論理の始動と結びついていた。

ex. 明治21年、志賀重昂が相州藤沢の実業家たちに演説した「**実業の精神**」論。

「凡そ実業の精神は『奇妙』と『壮快』と云へる観念を脱却するにあり。殖産興業は奇妙を要せずして**尋常一様**を要す。壮快なるを望まずして**順序方法**を望む。……之を要するに、**順序・沈着・結合・専務**の四神髄を需要す。」　（『日本人』第7号）

- この論理は、日清戦争終結直後に書かれた**久米邦武**（『米欧回覧実記』「神道は祭天の古俗」等の著者）の一文において、さらに鮮明な表現を与えられる。

（「学界の大革新」『太陽』博文館、明治28・1、創刊号、巻頭論説）

「今度の戦は、我**分業専修の練兵**を以て彼の不分業の軍を敗りたる……是はたゞ兵のみに非ず、総て社会は智能の発達するに従ひ、何事も分業専科となり、科に科を分つて進むものぞかし。」

その「分業世界」発達の鍵は、それを「障礙する階級制」を打破し「自由の世界に

なす」、「革新」の成否にある。我が明治維新の意義はそこにあり、そこに生まれた「利益競争の社会」「生存競争の忙劇場」こそが、「道徳政治」に代る「法律政治」、また「家長政治」に代る「立憲政治」とならんで、「文明の責任」を果たすために不可避の道程なのだ、と言う。（したがって、当時、戦勝気分とともに現われてきた"日本的なるもの"の賛美の風潮――「日本は清浄の国なり、廉潔の民なり、愛国の心厚く、義侠に富み、武勇にして物の情（あはれ）を知るなどゝ、かかる自称の誉詞は、慢心の発露」でしかないのである。）

(2)

（イ）"歴史主義"と"ロマン主義"の登場。（"啓蒙合理主義"に対する"反動"としての。）
　　cf.「青年論」と「世代論」の登場。（維新に"遅れて来た青年"の世代。）

（ロ）"進歩主義"と"保守主義"の対立も明確化。

（ハ）「欧化」と「国粋」の自覚化。
⇔ネイションの担い手としての「平民」と「国民」という範疇自体がクローズアップされ、それぞれの意味での主体形成が意図される。

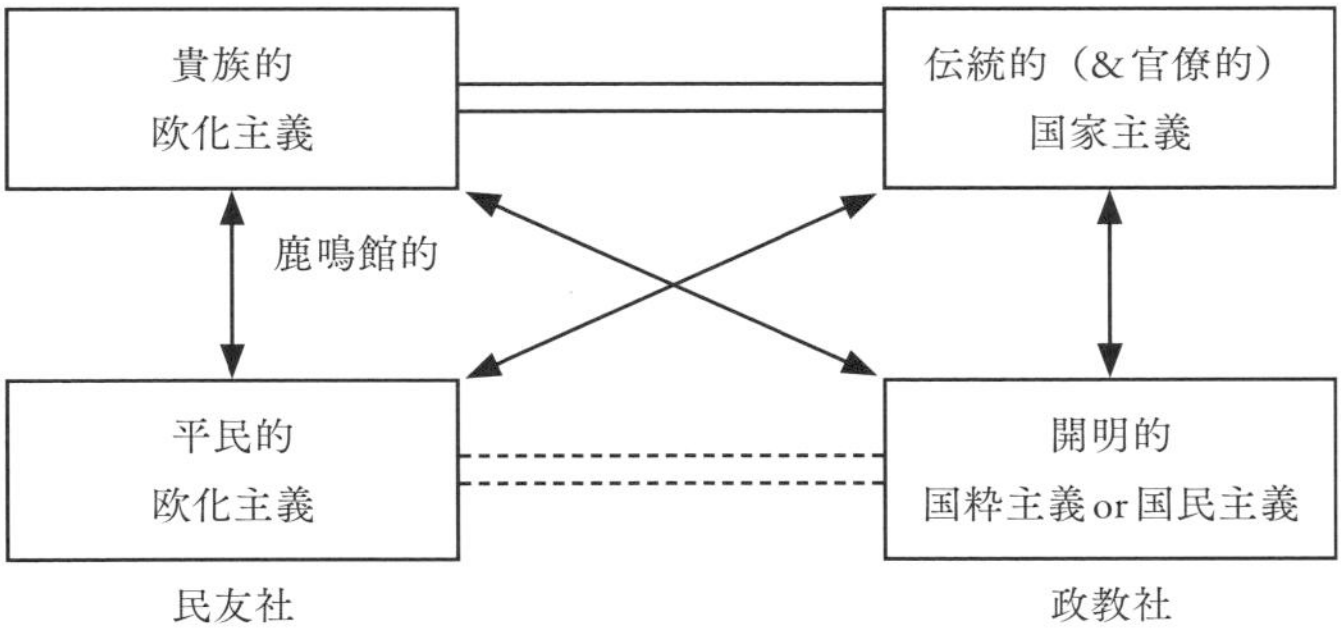

第11回　徳富蘇峰（1863〜1957）の思想

①「平民主義」の立場

（イ）［対「政府」］　在野の国民運動をリードする言論活動

⟶「改革政治家」論。（『明治二十三年以後の政治家の資格を論ず』明治17・1）

「貴族的欧化」を批判する**「茅屋の人民」**の立場

「泰西の社会は平民的にして其の文明も亦た平民的の需用より生じ来れるものなることは、固より吾人の解説を要せずと雖も、此の文明を我邦に輸入するや、不幸にして貴族的の管中より為したるが故に、端なく貴族的の臭味を帯び、泰西文明の恩沢は、

僅に一種の階級に止り、他の大多数の人に於ては、何の痛痒もなく、何の関係もなく、殆ど無頓着の有様なりと云はざる可らず。衣服の改良何かある。食物の改良何かある。家屋の改良何かある。交際の改良何かある。金「モル」の大礼服は馬上の武士を装うて意気揚々たれども、普通の人民は「スコット」地の洋服すら穿つこと能はず。貴紳の踏舞には柳絮の春風に舞ふが如く、胡蝶の花間に飛ぶが如く、得意の才子佳人達は冬夜の暁け過きを恨む可しと雖も、普通の人民は日曜日に於てすら妻子と笑ひ語りて其の楽を共にする能はず。煉瓦の高楼は雲に聳へ、暖炉の蒸気体に快くして、骨を刺すの苦寒尚ほ春かと疑はれ、電気灯の光は晃々として暗夜尚ほ昼を欺き、羊肉肥て案に堆（うづたか）く、葡萄酒酌んで盃に凸（たか）きの時に於ては亦た人生憂苦の何物たることを忘却す可しと雖も、我が普通の人民は、寂寥たる孤村、茅屋の裡（うち）、破窓の下、紙灯影薄く、炉火炭冷に、二三の父老相対して濁酒を傾るに過ぎず。」　　　　　（前掲「嗟呼国民之友生れたり」）

（ロ）**［対「国粋」］**　あくまで「**泰西的平民主義**」による「**改革**」を。

「吾人は日本人民の品格を高ふし、其の能力を増し、其の知識を大にし、其の心志を活発にし、彼等をして文明世界に釣り合ふたる、文明の人たらしむるの外、我が日本国を維持するの策なきを信ず。故に吾人は苟も我が社会多数人民に需用なきものは、如何に**固有の習慣**と雖も、遠慮なく此れを抛ち苟も我が社会多数人民に需用あるものは、如何に他国の風俗と雖も、遠慮なく此れを攫み、我が日本をして世界の日本たらしめ、我が日本の人民をして世界の人民たらしめんと欲す。

……貴族的急進派の躓きたるは、更に悲む可きことにあらず。然れども**保守的反動**の大勢の起らんとするは、更に悦ぶ可きことにあらず。……」

（「保守的反動の大勢」『国民之友』第10号）

（ハ）**［対「民権」］**「**士族**」的政治主義を批判し、「**生産的**」立場を標榜。

「彼の士族なる者は封建以来一国の運動力にして、斯の運動力なる者は所謂『士族根性』より湧き来るものにして、即ち此の**『士族根性』が自由論の仮面を蒙りて**出で来りたるのみ。

……士族なる政治要素は進歩的よりも、寧ろ**保守的**の要素に、其の運動力は原動力よりも、寧ろ**反動力**に、其作用は建設的よりも、**破壊的**なれば……

……一国の進歩の為めには、士族てふ一種の政治要素の速かに分解消散せんことを願はざるを得ず。……」

（「隠密なる政治上の変遷（第一）士族の最後」『国民之友』第15号）

＊これに対する中江兆民の批評（「月旦　国民之友第一五号」『東雲新聞』明治21・2・8）

「……但、此事［士族の役割とその終焉］たる、我邦政事世界の極て痛心す可く極て憂慮す可く、実に有識の士の脳を攪し腸を破する題目たり。而して記者の口吻何と無く**冷笑嘲諧の気**を帯ぶるは何ぞや。……其筆尖より発する所は人を怡ばしむる者有り、人をして泣かしむる者無きは何ぞや。有名無形の進化神に一任して己は唯静恬なる傍観者の地に立つの故に非ずや。進化神は吾人の脳中に宿するに非ずや。記者の感情に富む、才気に優なる、華藻に艶なる、何ぞ憤ふらざるや、泣かざるや。**世**

の中に憤ふると泣くと程、進歩に益するものは有らずかし……。」

② ［思想形成過程］

1．「肥後実学党」　横井小楠　徳富一敬（淇水）　竹崎茶堂
2．「熊本バンド」　熊本洋学校　花岡山盟約　同志社　新島襄　ラーネッド
3．ジャーナリスト志向　福地桜痴　福澤諭吉　田口卯吉
4．「民権」との関わり　熊本相愛社　大江義塾　馬場辰猪　板垣退助
5．泰西思想の学習　自由主義・社会進化論　スペンサー　コブデン・ブライト
　ミルトンとハムデン（ピューリタン革命・「田舎紳士」・ペンと剣）

③ ［思想の特質と問題点］

（A）「世界の大勢」――「進歩主義」的思考様式の問題性

「十九世紀宇内文明ノ大気運ニ頼テ、我国ノ時勢ヲ一変シ、以テ知識世界第二革命ヲ成就セン……」　（前引『新日本之青年』）

人類 ＞ 造化	［対自然関係］	（人間対自然）
自由 ＞ 専制	［社会的関係］	（人間対人間）
真理 ＞ 習慣	［思考様式］	（人間内部）

また、『将来之日本』（明治19）における「進歩」の図式。

「生産機関」 ＞ 「武備機関」		［経済社会］
「平民社会」 ＞ 「貴族社会」		［政治社会］
「平和世界」 ＞ 「腕力世界」		［国際社会］

（イ）経済史観と道徳主義の予定調和的結合。
（ロ）単線的二段階論によるオプティミズム。
（ハ）主体的作為の契機の希薄、また矛盾や否定を通じての飛躍という観点の欠如。
　→cf.「なりゆき」と「いきほひ」に依存する“歴史意識の「古層」”（丸山）

- したがって、このoptimisticな「世界の大勢」への見通しが崩れてくると、思想全体に「転向」が起こることになる。

（B）「田舎紳士」論――「平民主義」（＝生産主義・平和主義）の担い手――の問題性。

- 前掲「隠密なる政治上の変遷」の「（第二）田舎紳士」（『国民之友』明治21・2・17）
「……英国にて所謂「コンツリー、ゼンツルメン［country gentlemen］」にして、即ち地方に土着したるの紳士なり。……村民よりは愛せられ、親まれ、敬せられ、彼等は村内の総理大臣とも云ふ可く、……

　……所謂「士族根性」なるものは、一人一個の上に在らずして、公共の上に在り。即ち主人の為め、一藩の為め、士族仲間の為め、先祖代々の為め、其士族たるの面目を失はざる為めを以て、其の運動の大頭脳と為せり。……

　此れに反し純乎たる工商人は、其思想する所、唯一身一家に止り、……社会公共

の事に到りては其の感覚の遅鈍なる、其の思想の貧乏なる、……

……**天下国家の事を思ふて一身一家を忘るゝに至らず、一身一家の事を思ふて天下国家を忘るゝに至らざる**、新日本の新人民なるものは、乃ち之を我が田舎紳士に求めざるを得ず。……」

「我が邦に於て従来**中等民族**無し。而して是れあるは実に今日に始まる。……夫れ中等民族とは何物ぞや。**独立自治の平民**なり。故に彼等は自治自活の社会に非ざれば決して生長する能はず。……**抽象的の政論**天下に雷鳴する間は、士族即ち政治世界の主人公たりしなるべし。然れども**実際的の政論**社会を風靡するの日に於ては、平民即ち政治世界の主人公とならんとするの前兆と云はざる可からず。……今や士族の旧要素は既に分解せんとし、平民殊に農工商の中等民族の新要素は将に抱合せんとす……」　　　　（同「(第五）中等民族将に生長せんとす」明治21・4・6）

◇当時、地方豪農の一部に生じた「**企業熱**」に伴う、「地方実業家」（羯南も注目）ないし**地方ブルジョアジー**形成の動きが、この論の背景にある。

（cf. 徳冨蘆花『竹崎順子』における叔父竹崎茶堂の像）

- ところが、日本最初の資本主義恐慌といわれる「**明治23年恐慌**」によって、この層が壊滅する。（農民層の分解→労働力の創出。他方、寄生地主化）
- この事態が蘇峰には、「**中等階級の堕落**」（明治25・11）と映ずる。

「……田舎紳士……彼等は即ち中等階級也。今や勢力ある此の階級、国民の脊髄骨とも云ふ可き此の階級は、如何なる情態に立ち到りつゝある耶。……

……彼等の或者は町村の役員となり、為めに郡吏県吏と直接の交渉を為す。居は志を移す。彼等は直ちに**官化**せらる。彼等の或者は県会議員となり、常置委員となり、其の一年の一半若しくは幾分をば、地方の小都会に経過す。而して彼等は直ちに市化す。市化とは**軟化**するを云ふ。彼等の或者は国会議員となり、若しくは請願委員となり、若しくは総代となり、他より推薦せられ、若しくは自から率先して、東京に出て来る。而して彼等は直ちに都化せらる。……

……此の如く彼等は独り生活の度を高くしたるに止まらず、驕奢となり、放縦となり、淫蕩となり、文弱となり、腐敗となり、総て此等に伴ふの悪徳を養ひ来れり。……其の或者は一攫千金若しくは万金の**投機商**となれり。其の或者は一種の**小御用商人**となり、即ち大倉喜八、藤田伝三輩の百分一、乃至十分一の模型を以て作為したる地方的紳商となれり。其の或る者は**郡書記**となり、**収税吏**となり、**警部**となり、**巡査**となれり。其の或者は其の四隣の小作人を対手に高利貸を営み、近傍細民の膏血を絞りて、自家の滋養分に供せり。其の或る者は若し商売とせば、総ての商売中にて最も賤悪す可き**政治商売**に身を寄せ、**奔走費運動費の寄生虫**となれり。其他或者は**三百代言となり、或者は新聞記者となり、或者は壮士**となる。其の人物の性質によりて其の趣向同じからずと雖も、其の**中等階級の特質なる剛健、勤倹、純粋、簡質の徳を失墜したる**に到ては、即ち其の揆を一にせずんばあらず。……

……彼等にして真に中等階級の再生復活を試みんとする者あらば、吾人は彼等に向ひて**平民的道徳**を勧奨する……良心を手腕に運用する也、高天厚地自主独立の清き生活をなす也。……彼等は**新知識を応用して、新収入を作る**の覚悟あるを要す。或は養蚕なり、製糸なり、製茶なり、養豚、養鶏、牧牛の如き、菓木を栽し、野蔬

を培し、撰種に注意し、肥料を改良し、用水、下水の通融を計り、山林の手入をなし、或は土地の情態によりては、半農半商となるも可なり、半農半漁となるも可なり、或は織機、或は手工、各々其の宜しきに順ふ可し。……」

◇但し蘇峰は一時、「**平民主義第二着の勝利**」を論ずる。（明治24・12）

「**富を以て武力を制したる**は、平民主義が、世界に於ける第一着の勝利なり。**労作を以て富を制せんとする**は、平民主義が、世界に於ける第二着の勝利なる可し。第一着の勝利は、既に十九世紀に於て、半ば其効果を収めたり。第二着の勝利に至りては、其効果の見る可きもの多からずと雖も、亦将に、漸く其徴を現はさんとす。思ふに是れ、**十九世紀の尾、二十世紀の頭に於ける、社会の一大変**と云ふ可き乎。」

- 蘇峰が『国民之友』を発刊した当時は、ゴドキン（Edwin Lawrence Godkin, 1831–1902）がニューヨークで出していた雑誌*Nation*をモデルとしていた。同誌は当時のヨーロッパで強まりつつあった集産主義（Collectivism）や干渉主義、あるいは帝国主義に反対して、自由放任主義や自由貿易主義の論陣を張っていた。
  ところが明治23年頃から蘇峰は、ディルク（Sir Charles Wentworth Dilke, 1843–1911）が編集していた*Fortnightly Review*の影響をうけ、社会主義や労働運動にたいする理解を示すようになるのである。ディルクは英国自由党の急進派の指導者ジョゼフ・チェンバレン（Joseph Chamberlain）のスポークスマン的存在であった。

  「古は少数の強者、弱者を圧倒せり。現在は**多数の弱者、少数の強者**に抵抗し、之と並行を得、若しくは之を圧倒せんとする者あり。」

  （「**平民的運動の新現象**」明治23・1）

  そして、「第二着の勝利」では、ドック・ストライキ以後の「**職工同盟**（ツレードユニオン）」の発展に着目し、「**市邑的社会主義**〔Municipal Socialism チェンバレンがバーミンガム市長時代に試みたもの〕、**国家的社会主義**の実行」について言及している。
- これは蘇峰の「平民主義」の担い手として期待された社会的存在が、「田舎紳士」（→地方ブルジョアジー）からプロレタリアート的なものへ移行することを意味する。
  しかし、そのような「世界の大勢」に見合う社会的実体は、当時の日本には未だ形成されていないわけである
  （後に「明治社会主義者」達によって、『国民之友』は社会主義や労働運動を日本に紹介する先駆的役割を果たしたとして、感謝されるけれども）。
  したがって、やがてディルクやチェンバレンが、J. SeeleyやJ. Froudeらともども、「**帝国主義**」の主張を顕わにしてくるにともなって、蘇峰の「平民主義＝平和主義」も急旋回を遂げることになる。

◇もうひとつ、蘇峰が「新時代」の「改革」の担い手として期待した**「青年」層**にも変化が現われる。

「静に社会の大勢を観ずれば、実に由々敷一大事ぞ出来したりける。何ぞ一大事とは。嗟呼狼狽する勿れ、汝の味方として末永く頼母しく思ひたる明治の青年は、今や汝の敵とならんとす。敵となれり。吾人は其の全体と云はず、然れども少なくとも其の健全なる、勇快なる、清俊なる、剛強なる部分に於て。」

（「**明治の青年と保守党**」明治24・5）

彼等は「**反動的革新**」の方に、「一片の侠骨らしきもの」と「忠誠篤実」を見出だし、むしろそちらに“理想主義的”情熱の対象を求めようとしているかにも見えるのである。(「天王寺畔に在る**西野文太郎**〔森有礼の暗殺者〕、**来島恒喜**〔大隈重信に爆裂弾を投じた男〕の墳墓は、彼等の為めには、基督教徒のエルサレムなり、回々教徒のメッカなり」!)

④ **[徳富蘇峰の変説=「変節」=“転向”]**

◇かくて、明治26年頃から、蘇峰の「平民主義=平和主義」は明白に放棄され、**「大日本膨脹論」**(明治27・12、同題論説集、刊行)と**「尊王新論」**(明治26・6『国民之友』第192号)の立場が打ち出される。

- 前者は、ディルクの*Problems of Greater Britain*(1890)などの示唆によって、**「大なる日本**(グレイター ジャパン)**」**(同題論説、明治26・1)の建設を提唱したもので、「東洋のバルカン半島」となろうとしている**朝鮮半島**への勢力進出を説き、折からの**「対外硬派」**の条約励行運動で指導的役割を果たし、さらに東学党の乱が起こると**日清開戦**を逸早く主張する(「日本国民の膨脹性」明治26・7)など、めざましいものがあった。
- その根底にあったのは、「如何にして**資本と資本**との衝突を防ぐべき乎、……如何にして**社会と個人**とを調和せしむべき乎……」(「海国人民の思想」、明治26・5)という問題意識であって、独逸流の「国家社会主義」による**「社会的立法」**(「社会的立法の時代」、明治25・6)とならんで、海外への**「国民拡張**(ナショナル エキステンション)**」**による人口問題の解決という視点であった。

(cf. ジョン・D・ピアーソン「『国民之友』に現われた民友社の社会・経済思想」、同志社大学人文科学研究所編『民友社の研究』所収)

- そして日清戦争を経て彼の「**日本帝国の帝国主義**」への確信は強められ、とりわけ「三国干渉」によって「道理が不道理に見事に打負けたる実物教育」を見せつけられたことで、彼は「**力の福音に帰依**」することを告白するにいたる。(「腕力世界」の論理に屈伏したわけだが、それこそが新たな「世界の大勢」でもあったのだ!)

(『時務一家言』「緒言」大正2)

◇他方、「尊王新論」。

「**皇室**をして政治の上に超然たらしめ、**社交上**の中心点たらしめよ。別言すれば、一方に於ては、**責任内閣の制**を確立し、所謂る天皇神聖にして侵すべからざるの義を全ふし、他方に於ては、**皇室自から社会主義の実行者となり**、民の父母たる実を挙げしめよ。更らに一層手近く言へば、皇室をして我が**最下層にある窮民の友たらしめよ**。……養育院の如き、孤児院の如き、感化院の如き、盲唖院の如き、施療院の如き、社会の陥欠者、不具者に対する恩恵より先着せられんことを……」

- こうして、日露戦争後になると、「アジアの盟主」として西欧帝国主義と対決しつつ、「世界の中の日本」の「国民的使命」を問いなおす中で、「**皇室中心主義**」があらためて掲げられることになる。国内の階級的分裂を阻止するとともに、「東西文明の融合」という世界史的使命を果たすための、国民統合のシンボル、精神的紐帯の役割が担わされるのである。

第12回　陸羯南の思想――「明治の健康なナショナリズム」の一典型

1857（安政4）	**弘前藩士**中田謙斎（近侍茶道役・30石）の長男に生まる。
1871（明治4）	漢学塾思斉堂に入門。「風濤自鞣羯南来」を含む詩を作る（号の由来）。
1873（明治6）	私立東奥義塾（藩校稽古館の後身）に入学。
1874（明治7）	仙台の宮城師範学校（官立・官費制）に入学。
1876（明治9）	校長と衝突して退学・上京、**司法省法学校**（仏語による教授。8年・官費制）に入学。
1879（明治12）	賄征伐事件で原敬・福本日南らと退校処分。帰省し陸氏を嗣ぎ（徴兵逃れのため）、**青森新聞社**に入る（22歳）。
1880（明治13）	青森県各郡有志の国会開設建白書を起草する。新聞記事が讒謗律に触れ、編集名義人として罰金10円。退社し、北海道**紋別製糖所**に入る。
1881（明治14）	退職して上京、翻訳で生計を立てる。
1883（明治16）	**太政官文書局**に勤務。翌年、**制度取調局**（長官伊藤博文、局長井上毅）に転じ、9カ月で文書局に復す。
1885（明治18）	**内閣官報局**（局長高橋健三）編輯課長となる。
1888（明治21）	依願退官し、新聞『**東京電報**』を創刊。（31歳）
1889（明治22）	2・11、同紙を改組し、新聞『**日本**』創刊。5月、大隈条約改正案を『タイムス』によって暴露し、条約改正反対運動の口火を切る。
1891（明治24）	『**近時政論考**』、『行政時言』刊。
1893（明治26）	『**原政及国際論**』。10月より、いわゆる対外硬派の政党と呼応して、現行条約励行論を唱道。翌年6月まで計8回、50日余の発行停止処分を受く。
1896（明治29）	進歩党と提携した第2次松方内閣成立、高橋健三が内閣書記官長、神鞭知常が法制局長官。
1898（明治31）	憲政党を基礎とする大隈内閣を支援。東亜同文会結成に参加。
1900（明治33）	近衛篤麿を中心とした国民同盟会結成に参加。富井政章・戸水寛人ら6博士の対露強硬意見書（山縣首相に提出）の草案起草に関与。
1901（明治34）	近衛篤麿に随行して清国・韓国を視察。
1903（明治36）	6月、米国経由で欧露漫遊に出発。
1904（明治37）	1月24日（日露開戦の1週間前）、帰国。9月より肺結核で病臥。
1906（明治39）	6月、病のため日本新聞社を伊藤欽亮に譲り渡す。
1907（明治40）	1月、同社を同盟退社した三宅雪嶺らが雑誌『日本人』を改題発刊した『**日本及日本人**』に、社員の一人として名を連ねる。9月、病歿。50歳。

○「国民主義」と「自由主義」

- 「吾輩が斯に用ふる『国民主義』とは英語の所謂「**ナシヨナリチー**」を主張する思想を指す。従来「ナシヨナリチー」なる原語は国体、国情、国粋、国風等の国語に訳されたれども、此等の国語は従来固有の意義ありて、原語の意味を尽くす能はず。原来「ナシヨナリチー」とは**国民**（ネーシヨン）なるものを基として他国民に対する**独立特殊**の性格を包括したるものなれば、暫く之を国民主義と訳せり。」
（「日本文明進歩の岐路」『東京電報』明治21・6・9）

- 「国民的精神、此の言葉を絶叫するや、世人は視て以て夫の**鎖国的精神**または夫の**攘夷的精神**の再来なりと為せり。偏見にして固陋なる者は旧精神の再興として喜びて之を迎へ、浅識にして軽薄なる者は古精神の復活として嘲りて之を排したり。当時吾輩が**国民論派**（ナシヨナリズム）を唱道するや、浅識者軽薄子の嘲りを憂へずして、寧ろ夫の偏見者固陋徒の喜びを憂ふ。何となれば国民論派の大旨は寧ろ軽薄子の軽忽に認むる夫の博愛主義に近き所あるも、反りて固陋徒の抱懐する排外的思想には遠かるを以てなり。……国民と云へる感情は**合理の感情なり**。……我が国民論派の欧化主義に反動して起りたるは、猶ほ彼の［独逸］国民論派の仏国圧制に反動して起りたるが如きのみ。……**国民的政治**（ナシヨナルポリチック）とは**外に対して国民の特立**を意味し、而して**内に於ては国民の統一**を意味す。国民の統一とは凡そ本来に於て国民全体に属すべき者は必ず之を国民的（ナシヨナール）にするの謂なり。……去れば国民的政治とは此の点に於ては即ち世俗の所謂る**輿論政治**なりと云ふべし。……**自由主義**は個人の賦能を発達して国民実力の進歩を図るに必要なり。**平等主義**は国家の安寧を保持して国民多数の志望を充すに必要なり。故に国民論派は此の二原則を政事上の重要なる条件と見做す。敢て**天賦の権利たり**、又は**泰西の風儀**たるが故を以てするにあらざるなり。」　（『近時政論考』「第六 国民論派」）

- 「**明治維新**の大改革は啻に封建制の敗壊のみならず、又た啻に王権制の回復のみならず、此の改革は実に日本人民をして擅圧制の内より脱して自由制の下に移らしめたり。即ち維新の改革は日本に於ける**自由主義の発生**と云ふも不可あらず。……嗚呼自由主義、汝は**日本魂**の再振と共に日本帝国に発生せしにあらざる歟。……個人をして自由に其の賦能を啓発せしめ、国民をして自由に其の特性を発育せしめ、而して吾人の世界をして有形無形の大進歩を為さしめんと欲するは、近世に於ける自由主義の真相にあらざる歟。……近世に於ける自由主義は昔時の**性法［自然法］主義にあらず**。故に**抽象的自由**を希望するものにあらざるなり。又た昔時の**革命之義にあらず**。故に破壊的改革を企謀するものにあらざるなり。……自由主義と政体との関係は唯だ自由の担保（ガランチー）如何と云ふに在るのみ。是れ実に自由主義が熱心に**立憲政体**を希望する所以の理由なり。……夫れ自由の担保は行政権の制限にあり。共和政に於て大統領の任期に制限あるが如く、君主政に於て内閣に責任なきを得ず。自由主義は**責任内閣**を主張するものなり。……而して今日の自由主義は明治二十二年二月十一日発布の大日本帝国憲法の下に於て運動すべきの主義なり。」
（「自由主義如何」『近時政論考』補遺）

○フランス「自由主義」とドイツ国家学の影響

（cf. 宮村治雄「自由主義如何——陸羯南の政治思想」）

Leroy-Beaulieu, *L'État moderne et ses fonctions*, 1890.
（陸羯南訳？『近世国家論』1894. 合川正道訳？『近世国務論』2巻、1894）
Leroy-Beaulieu, *De la colonalisation chez les peuple modernes*, 1874.
Leroy-Beaulieu, *Traité de la science de finances*, 1877.
（田尻稲次郎訳『ボリュー氏財政論』1880・1882）
Joseph de Maistre, *Étude sur la souveraineté.*
（陸羯南訳『主権原論』1885）
Jacque Novicouw, *La Politique internationale*, Paris, Flex Alcan, 1886.
Claudio Janet, *Le socialisme d'Etat et la réforme sociale*, 1890.
Jules Ferry, *Le Tonkin et la mére patrie; Temoignage et documents*, 1890.
（陸羯南訳『フェリー氏東京殖民論』1891～2）
Emile de Lavereye, *Le gouvernement dans la démocratie*, 1891.

J. C. Bluntschli, Lehre vom modernen Staat, Bd. 3, *Politik als Wissenschaft*, 1876.
（La Politique, traduit par Armend de Riedmatten, 1879.）
J. C. Bluntschli, Lehre vom modernen Staat, Bd. 1, *Allgemeine Staatslehre*, 1875.
（Théorie générale de l'Etat, traduit par Armend de Riedmatten, 1880.）
J. C. Bluntschli, Lehre vom modernen Staat, Bd. 2, *Allgemeine Staatsrecht*, 1876.
（Le Droit publique général, traduit par Armend de Riedmatten, 1881.）
F. J. Stahl, *Geschichte der Rechtsphilosophie*, 1847.
（Histoire de le philisophie du droit, traduit par A. Chauffard, 1880.）
Herman Schulze, *Das Preußische Staatsrecht*, 1872.
（木下周一・荒川邦蔵訳『孛漏生国法論』1882～1884）
Lorenz von Stein, *Handbuch der Verwaltungslehre*, 1876.
（荒川邦蔵訳『国理論』、1882.）
H. R. H. F. von Gneist, *Gesetz unt Budget; Konstitutionelle Streit und der preußischen Ministerkris vom März*, 1879.
（中根重一訳『歳計予算論』、1888）
Paul Laband, *Das Budgetrecht*, 1871.
（内閣法制局訳『ラバント氏歳計予算論』、1990）

Pierre Favre, *Naissances de la science politique en France (1870–1914)*, 1989.
William Logue, *From Philisophy to Sociology; The Evolution of French Liberalism, 1870–1914*, Northern Illinois University Press, 1983.
Allan Mitchell, *The Divided Path; The German Influence on Social Reform in France after 1870*, The University of North Carolina Press, 1991.
Raoul Girardet, *L'idée coloniale en France de 1872 à 1962*, 1972.
Linda Clark, *Social Darwinism in France*, The University of Alabama Press, 1984.

○**“保守主義的”思考様式**の問題――その強みと陥穽

cf. カール・マンハイム『保守主義』

esp. Justus Möserの「原保守主義」(⇒Adam Müllerの「ロマン的保守主義」)

(イ) **具体的・歴史的思考**(⇔抽象的・自然法的思考)

伝統or歴史的連続性を踏まえた“現実主義”・漸進主義(ex.「生動する憲法」)

(⇔“飛躍”・断絶の契機)

(ロ) **国家と「社会」の二元論**

「国民の生活に二様の別あり。一を**文化上の生活**とし、一を**政治上の生活**とす。政治上の生活は其基礎、国家の上に在りて、文化上の生活は其基礎、社会の上に在り。何れの国民も此の二様の生活を有せざるなく、一は精神上の生活にして自由的の発達をなし、一は有形上の生活にして**法制的の組織**を生ず。」

(「文化及政治」明治23・2・12)

「此に於て時宜に最も必要なるは自由主義の唱道にして、即ち個人自営の能力を奨励するに傾くの理論を必要とす。元来夫の自由主義なるものは、国家が濫りに浸触したる領分を個人の手に恢復せんと謂ふに在り。詳言すれば、個人若しくは個人の**任意的合同**にて為し得べき事業は、成るべく之を国家の手より引放ちて、而して国家の事業を簡易にし、従つて個人の国家に対する負担を軽くする、是れ自由主義の精神なり。」

(「自由主義の必要」明治34・11・22)

「**人民自由の共同連合**を誘導すること**自治制の精神**なり。」

(「山県内閣の行政如何」明治23・2・7)

「一国民に国家と社会との区別あることは、猶ほ一家に家業と家族との別あるが如し。家族は彝倫を以て立ち、家業は多少の規約を以て成るが如く、国家は**法律上の機制**にして社会は**徳義上の存立**なり。」「政治法律の力は以て社会の徳義を保持するに足らざれども、**社会徳義の制裁力**は、以て政治法律の執行を誠実ならしむるものなり。」

(『行政時言』明治24・9)

「人生は**理**を以て処すべきものあり、**情**に由つて行ふべきものあり。……凡そ人事の交渉に二種あり。一を**政治的交渉**と云ひ一を**家族及社会的交渉**と云ふ。政治なるものは各人理を行ふ場所のなり。故にその交渉は**理の制裁**を主とせざる可からず。之に反して家族及社交なるものは**情誼**の串連する所なれば、其交渉は情を主とせざる可からず。古者情を主として政を行ひたるものあり。之を**族長政治、寡人政治、門閥政治**と云ふ。是れ老を老とし長を長とすべしと云へる人の徳性に基づき、唯**崇敬**の二字を以て人生の第一義とするに起るものとす。今者理を以て家族及社交の準縄とするものあり。之を**十九世紀無君無父の社会**と云ふ。是れ**権義**を主とする人の理性に基づく者にして、**平等**の二字を以て人生の第一義とするに由るものとす。吾輩は古昔に行はれたる族長政治、寡人政治、門閥政治を嫌悪すると同時に、又十九世紀無君無父の社会を厭ふ者なり。」(「家族的生活及び政治的生活」明治21・9・26)

(ハ) **“国家有機体論”**の問題

「蓋し国家に**器械的**(メカニーク)あり又た**機関的**(オルガニーク)あり。主権の下に三権力分立して相ひ**調和**するものは機関的組成なれども、三権力鼎立し互に侵圧

して主権たらんと欲するものは器械的組成なり。日本の立憲政体に於ける権力組成は所謂る機関的国家にして最も進歩せるものとす。」(『近時憲法考』元明治22・3・30)
「機関的の国に在ては、国家は明確に有機体なりと理解され、政府と人民との間柄は骨と肉の如く、中央団体と地方団体との関係は**頭脳と支［肢］体**の如く、即ち**調和一致の働き**をなす。之に反して器械的の国家に在りては、政府は大工の如く、人民は材木の如く、中央は主人の如く、地方は**臣僕**の如く、其間更らに**自動の生気**あることなく、中央の地方に於ける、政府の人民に於ける、其関係は只々命令と服従の二者あるのみ。……仏国は千七百年代の末葉に当り、夙に英国風の立憲制度に模倣せんと企てたれども、元来英国立憲制度の基礎は**機関的の組織、即ち地方自治**に在ることに注意せざりしかば、人民の政熱は忽ち直接に中央に逆上し、遂に非常なる革命変乱の一原因となれり。」　（「器械的国家及び機関的国家」明治21・11・11）

←シュルツェ『孛漏生国法論』
but,「機関的組織」→「立憲政体」→「地方自治」etc.
［「権力組成」の「有機性」⇔「自由」の保障］
「器械的組織」→「専制政体」
←シュタール『法理沿革史』　←バンジャマン・コンスタン

○**「国民主義」の担い手**の問題

• 「**国民**（全体）」概念のフィクション性とその超歴史的実体化
「一二氏族若くは一二階級の人物を以て政治上諸般の権力を握り、諸般の要路を占め、他の多数の人民を支配するものは、**貴族政治**の常態にして吾輩の尤も排斥する所なり。今や我国に於ては固より貴族政治の残影を留めずと雖も、藩閥政治等の語は尚ほ時ありて吾人の耳朶に触るゝは豈に聖世の遺憾に非ずや。国家統一の大義を忘れ、徒に人民各自の私益のみを主張することは**各人主義**の通弊にして、吾輩の尤も取らざる所なり。今や我国には固より極端なる**非国家説**を奉ずる者なしと雖も、時ありて建国の価値を疑ひ、却て自国なる感情の発達を憂慮する者あるは、果して建国の左道には非ざる乎。徒に**君権**の張大を主張し、苟も民意民力に基づく政治上の動力は凡て之を抑圧するが如きは、極端なる君権論者の僻説にして、吾輩の尤も厭ふ所なり。今や我に於ては固より君主専制を唱ふる者なしと雖も、時ありて似而非なる君主政論者の詭弁を逞しくするは、是れ皇道の公大を害するものなり。**近世国家の基礎は単に貴族の上にも在らず、又単に各人の上にも在らず、又単に君権の上にも置かず、而して自ら君民の合同を意味する『国民』の上に坐することなり。**」
（「国民的の観念」明治22・2・12）
「我が皇室の二千五百年間連綿として継続したる所以のものは、時の汙隆に拘らず**皇室が人民社会と相ひ衝突したることなき**の明証に非ずや。**日本の皇室は本来に於て国民的なり。**」　（「国政の要義」明治22・11・30）

• 実質的には、「**地方実業者の運動**」への期待と挫折。(cf. 蘇峰の「田舎紳士」論)
(「実業者の政治思想及び改題の主意」明治21・4・9、「政治運動の傾向、全国有志懇親会」明治21・6・3、「地方的の運動と藩閥との関係」明治21・6・6、etc.)

○**言論人**としての節操と一貫性

また、**政教社→大阪朝日新聞**という「自由主義」ジャーナリストの人脈。

「政治上の団結は皆な一二の新聞を有して其思想を発表するの具と為す、此の新聞を名けて**機関新聞**と云ふ。機関新聞にあらず、又た営利新聞にあらず、而して一定の識見を有して以て輿論を代表又は誘導する所の新聞あり、此の種の新聞を名けて**独立新聞**と云ふ、……」　（「新聞記者（二）」明治23・10・23）

「近二三年来の議院は毎会争ひて議案を提出し、各種の事業に向ひ国庫補助を求むる、恰も乞丐が残飯の報捨を人の門に請ふに似たり。……政府は徐（しず）かに各議員の内情を察して、其の地方的利益若しくは私営的利益に向ひ故（ことさら）に同意の色を示し、交換的に先づ政府の予算案を通過せしめ、やがて袖手して以て閉会の期を俟つ。……斯くて議院は全く政府の器械と為り、政党は此の器械を修繕するの請負師と為り、而して政府の曠職と国帑の濫費は何人の監督をも受くること無く、其の弊や憲法なかりし時代よりも甚だしきものあり。」

（「政治思想の堕落（無意識の憲法中止）」明治33・3・25）

第14回　明治後期の思想状況

○［基本状況］ナショナリズムの“暗転”と脱国家化——近代日本思想史の分水嶺？
——“解体”と“自我”および“社会”の析出

- **生田長江「明治文学概説」**（大正15）によれば、明治維新の大変革の「根本動機」は「狂熱的な対外的愛国心の覚醒」にあり、以来それは「あらゆる生活の最高原理として最終標準として日本人悉くの頭を支配」してきたが、日清戦後「三国干渉」後の「極度の愛国心的緊張」にあった「臥薪嘗胆の十年」を経て、日露戦争の勝利を博した結果、「恐るべき一般的反動」を招致することになったという。それは、
「(1) 日本の国際的地位がともかくも安固なものになって、半世紀に互る**憂国的緊張**も幾分の弛みと疲労とを来した為め、(2) **国家的興隆**が必ずしも直ちに国民個々の福利を意味しないことを、余りにもむごたらしく体験した為め、及び、(3) **産業界の近代的展開**にもとづく**自由競争**と**生活不安**とから、思ひ切つた**利己主義**へ駆り立てられた為め、明治四十年頃からの日本人は一体に、それまでの**国家至上主義**的思想に対して**反動**的な思想を抱き、甚だしく**個人主義的自我主義的**な考へ方感じ方をするやうになつた。」

- **土田杏村『日本支那現代思想研究』**（大正15）も、「西洋文明との接触」に発した近代日本の「ナショナル・ロマンチシズム」——すなわち、「外来の文明を出来るだけ早く消化し、国家的に大きく生長しやうとする要求」が、日清戦争によって「一つの外形を得た」形となり、「とにかく或る程度まで成功した事が証明せられると」、ここに一「段落」が与えられることになった、という。そしてそれまでの日本の思想界は、「日本の**国家的建設と国民の政治的権利**とに不離の関係を持つて発達したものであり、其れを離れた**思想的内省**はまだ甚だ乏しかつた」のであるが、このとき、「漸く其の国家的特色から離れ、純粋の思想として発達し得るやうになつたのである」。
「其れと同時に、**資本主義**による産業的発達も次第に進んだものとなつて来たので、其れに伴随し、思想の**社会的**特色も亦漸次に其の色を濃厚ならしめた。だから此れから以後の日本の思想界は、**国家**の専制的拘束力から先づ**個人を解放**せしめ、其の個人をして又再び国家とは違つた**社会の統制下**へ自らを所属させる方向へ進ましめたと言ふべきであり、今もなほ其の進みの途中に於てある。」

杏村は、「ナシヨナル・ロマンチシズム」が解体して、「主観的個人主義」と「社会的リアリズム」へ分極化してゆくのが明治後期から大正期にかけての思想史だと見る。

- その「自我主義」への先導役をはたした**高山樗牛**もその「美的生活」論への転回の2年前、まだ「日本主義」時代の明治32年に、「**新しき日本**」と題して次のように記す。
「……序幕の大立物たりし**元老**の漸く凋落し去らむとする日本也。政治界に、法律界に、文芸、宗教、其他諸々の方面に於て、**新日本の新空気中に生育せる新人物の、漸く其の覇権を握らむとする日本也**。**新民法の家族制度**を掃蕩せむとする日本也。**権利**てふ思想が旧来の**情誼的道徳**に代らむとする日本也。労働社会に**職工組合**の起らむとする日本也。……**西比利亜鉄道**の全通と**ニカラガ運河**の開鑿とに自分の利益を認めむ

とする日本也。極東問題を解決せむが為に、四国同盟に入らむことを望む日本也。国家の利益の為には、北米合衆国が為せる比律賓群島の非道なる掠奪をも是認せむとする日本也。」

そして“転回”後の「**感慨一束**」（明治35・8）

「個人は個人の存在を疑へ。其の何の為に既に生き、又何の為に将に生きむとするやに就いて真摯なる考察をめぐらせよ。是れ最も古き疑問にして又最も新しき必要也。社会も亦其の**存立の根拠**を疑へ。殊に**国家は其の憲法と法律と広大なる版図と強盛なる軍備とを擁して何の為に存在するか**、又存在せざるべからざるかを疑へ。……**当代文明の革新は社会の上下にゆき亙れる現世的国家主義の桎梏を打破するにあり。**」

- **石川啄木「時代閉塞の現状」**（明治43）

「蓋し、我々明治の青年が、全く其父兄の手によつて造り出された明治新社会の完成の為に有用な人物となるべく教育されて来た間に、別に青年自体の権利を識認し、自発的に**自己を主張**し始めたのは、誰も知る如く、日清戦争の結果によつて国民全体が其国民的自覚の勃興を示してから間もなくの事であつた。既に自然主義運動の先蹤として一部の間に認められてゐる如く、**樗牛の個人主義**が即ち其第一声であつた。」

- **山路愛山「現代日本教会史論」**（明治38）

「(1) **所謂国家教育主義の破産**。……日本の青年は**忠君愛国主義**を鼻声にて説教する坊主（学校教師）より有難き御法談を聴きたり。最初は謹厳なる態度を以て之を迎へたり。されど其数ば繰返さるゝに及んで彼等は遂に大欠伸を催せり。彼等はたとひ如何ほど道理ある主義にても、外部より強て注入せらるゝに堪へず。其気概あるものは遂に起て之に抗せり。帝国大学の秀才たりし高山林次郎が其学校を出づると共に美的生活論なるものを唱へ、登張竹風がニッチェを担ぎ出し、しきりに仁義道徳の縄墨主義なるを攻撃したるが如きは是れ学生の遂に所謂国家教育主義に謀叛するに至りしものなり。而して此放縦自恣なる傾向は日に長じ、月に進み、遂に日露戦争の最中に於て国民新聞記者［蘇峰］をして左の如く曰はしむるに至れり。

現代青年は**個人的自覚**を得たると共に国家的自覚若しくは其一部を失墜したるが如し。個人的自覚の物質的に偏したるものは所謂る**拝金者**となり、其比較的健全なるものは当今の所謂る**失望、苦悶、落胆、厭世の徒**となり、其比較的健全なるものは所謂る**人生問題の研究者**、若しくは空想迂僻の大天狗となる。

青年の或者は遼陽の大激戦よりも寧ろ壮士芝居の評判に多く心を動かしつゝあり。……実に最近数年間に於ける日本の精神界は或る一点より観察すれば**権威と本能、国家と個人との衝突**として見るべきものなりき。……

(2) **社会主義の勃興**。……物質的の満足を追究するに汲々たりし日本の青年は今や現時の社会的組織に於ては其希望の或は空しからんことを恐るゝに至れり。個人主義、自由主義を基礎とする現時の資本制度に在りては国民全体の富は日に進むと雖も、而も其分配に与るものは独り富人の階級に留まることを知れり。……

(3) **国際的関係の変動**。……日本は今や国際法学に所謂強国（パワース）の列に入れり。世界の総ての問題に関して発言すべき権利と責任とを有するに至れり。他の語を以て之を曰へば日本は今や**世界を支配する主人の側**に立てり。……」

＊参考附図「“明治ナショナリズム解体”によって生じた新しい意識の動き」は本文250頁に掲載したので、ここには、より一般化した略図のみを示す。

［より一般化して］

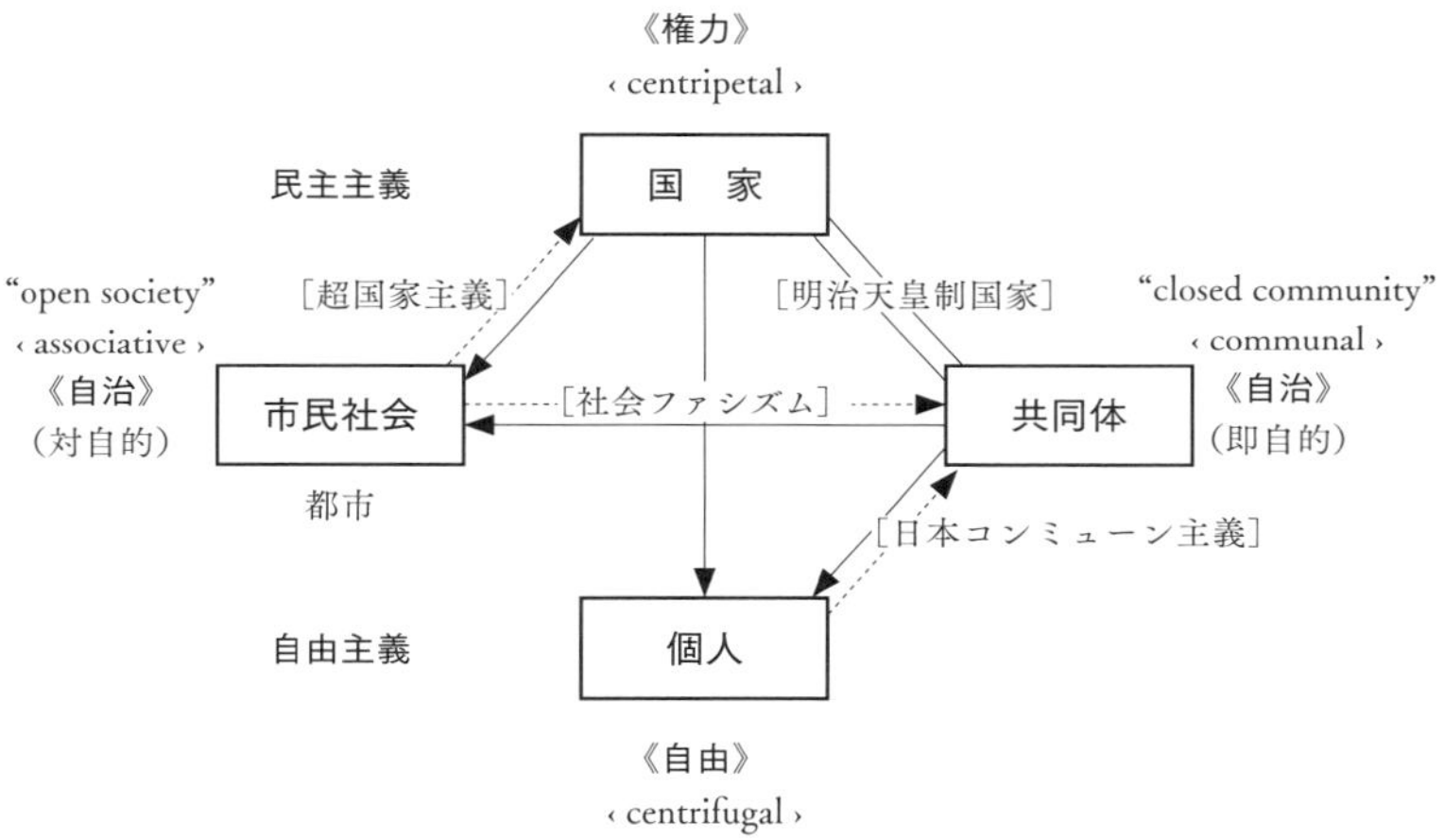

• **三宅雪嶺『明治思想小史』**（大正2）

「(1) 明治以前　(2) 尊王攘夷　(3) 維新の思想　(4) 征韓論と民選議院論　(5) 暴動と結党　(6) 政党の対立　(7) 外柔内硬の窮極　(8) 非外柔内硬　(9) 対外硬の実現　(10) 多年宿題の解決　(11) 新問題社会主義　(12) 不平の由来　(13) 無政府主義　(14) 自己実現と自暴自棄［以下略］」

また『想痕』（大正4）所収の諸篇、「事大主義は危険思想と孰れぞ」「奴隷根性と義務心」、「爵位禄利の伴はざる忠君愛国」、「慷慨衰へて煩悶興る」等、参照。

• **長谷川如是閑『ある心の自叙伝』**が指摘する、明治30年代知識青年の「三つの典型」

(1)「日本の時代の歴史に生きようとする――あるいは、封建制を清算した近代国家の歴史に生きようとする――近代的の**民主的国家主義**の典型に属する一群」。

(2)「すでに世界的に進行していた資本主義の末期の歴史に順応する、『政治的解放』につぐ『**社会的解放**』の要求に燃えている、前者の『国家的』なのに対して『**国際的**』の典型に属するそれ」。

(3) 前二者と異なり、「国家的」にも「社会的」にも「何らの積極性も行動性も」示さず、ただ「**個性の無力の叛逆**を煽」りつつ、「**茫漠たる懐疑性**に包まれて低迷する一群」。

○［担い手（階層と世代）］**都市インテリゲンチャの意識とポスト「立国」世代**。

但し、「民衆」の「実生活」とシェーレ。また「**高等遊民**」化の問題。

○［思考様式］“**内面的主体化**”志向と“**実証的対象化**”志向の成立。

○［秩序原理の問題］“**レーベン**”**問題**の興起。**「人生」「生命」「生存」「生活」**

私→公の再秩序化の問題。

［“individuation”の図式］（丸山眞男「個人析出のさまざまなパターン」1962年）

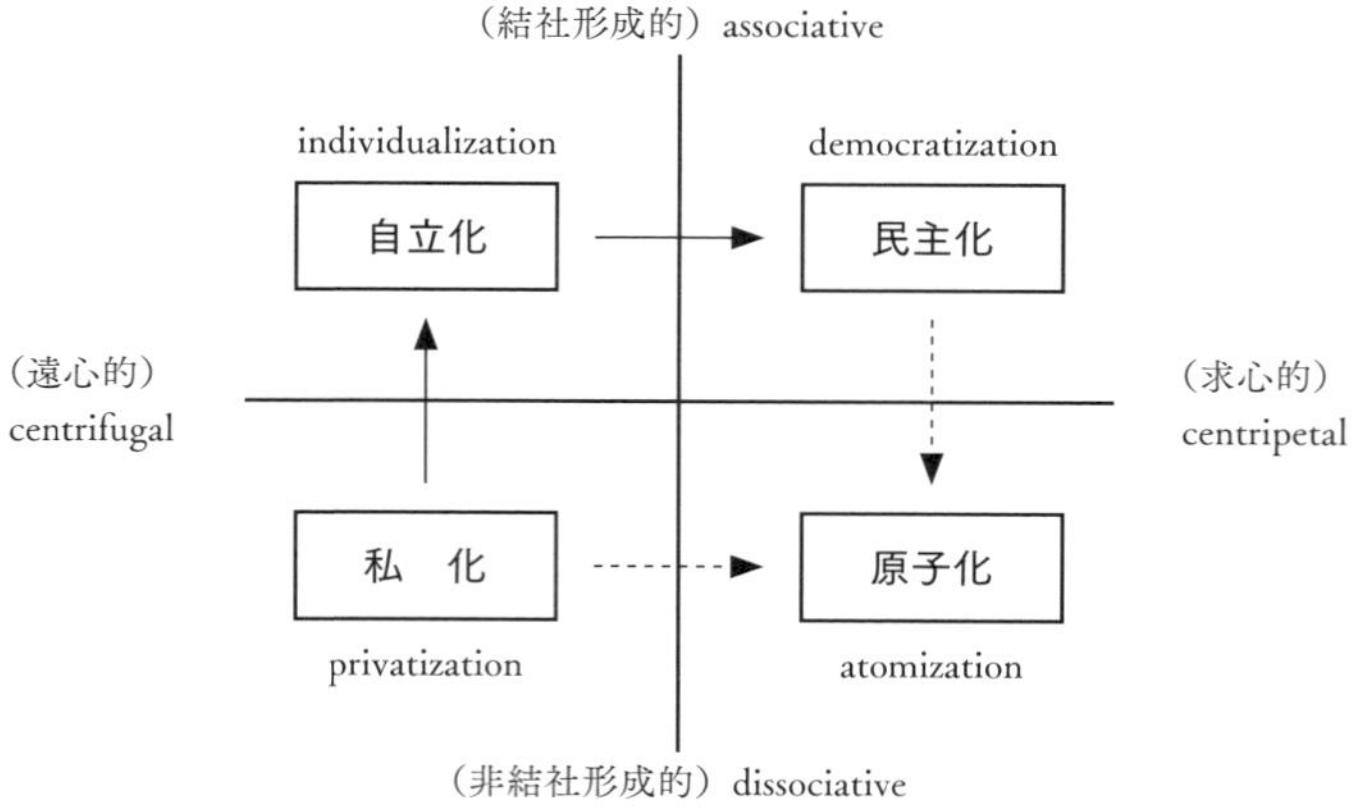

第15回　高山樗牛（明治4〜35）の思想変化

①「樗牛問題」——絶えざる「転向」と新しい「自我」

（1）倫理問題研究時代——憧憬の時代
（2）日本主義鼓吹時代——自信の時代
（3）美的生活論時代——煩悶の時代
（4）日蓮論時代——渇仰の時代

［姉崎嘲風による分類］

② 思想形成期（論壇登場以前）

（イ）「**制度通過型インテリ**」（藤田）の第一世代
明治17　福島中学校　　明治19　東京英語学校　　明治21　第二高等中学校（仙台）
明治26　帝国大学文科大学哲学科　　明治29　卒業（17名中5番）、第二高等学校教授
明治30　辞任。博文館『太陽』主幹
他面、福島民権、甲申事変、志賀重昂との出会い、等。

（ロ）sentimentalな自我の成立
「**淮亭郎**（ウェルテル）**の悲哀**」（翻訳、明治23「山形日報」）、「**人生終に如何**」（同年「文学会雑誌」）、「**傷心録**」［「現（うつつ）ならぬ現」「かぎりなき空のあなた」「傷心の魂鬼」「墓中の人」］、「厭世論」「戯曲に於ける悲哀の快感を論ず」（以上、明治26）、「**滝口入道**」（明治27「読売新聞」懸賞歴史小説第一席）、「**わがそでの記**」（明治30）。

「一夜、われあやしき思ひにうたれて、小夜更くるまで泣きくらしき。……如何なる星の下に生れけむ、われや世にも心よわき者なるかな。暗（やみ）にこがるゝわが胸は、風にも雨にも心して、果敢（はか）なき思ひをこらすなり。花や採るべく、月や望むべし。わが思ひには形なきを奈何にすべき。恋か、あらず。望みか、あらず。あはれ、『はいね』はわが為にそを語りき。……」

（ハ）アカデミックな倫理学研究
「**道徳の理想を論ず**」（明治28「哲学雑誌」。グリーン「自己の現化」）他。
- 「理想主義Idealismus」的発想と、「主観と客観」「理想と現実」等の二元論。

（ニ）「歴史的」「比較的」民族研究
「東西二文明の衝突」（明治28）、「島国的哲学思想を排す」（同年）、「東西思想の比較一斑」（明治29、以上いずれも「哲学雑誌」）
- ヘーゲル的三段階論的発想（「客観的・自然的」→「主観的・省察的」→「民族的・国家的」）と、“具体的普遍”としての「歴史」と「民族」の発見。
➡『中等倫理教科書』（明治30・3、井上哲次郎と共著）

③ **「日本主義を賛す」**（明治30・5『太陽』巻頭）

「日本主義とは何ぞや。**国民的特性**に本ける自主独立の精神に拠りて**建国当初の抱負**を発揮せむことを目的とする所の**道徳的原理**、即ち是れなり。……現今我邦に於ける一切の宗教を排撃するものなり。……我邦固有の神道は全然現世教たり。……若し夫れ其の社会的生活を尚び、国民的団結を重じ、**君民一家**、**忠孝無二の道徳**を維持するは、現世的国民として皇祖建国の鴻図を大成すべきの運命を担へる所以に非ずや。……蓋し**国家**は、**人類発達の必然なる形式**なり。……国家的道徳を外にして別に**人類的情誼**なるもの之れ有らざるなり。……所詮**国家は吾等の生活に於ける道徳の標準**たらざるべからず。……日本主義は、**光明を旨とし、生々を尚ぶ**。……日本主義は宗教にあらず、哲学にあらず、国民的実行道徳の原理なり。……」

（イ）宗教排撃、esp. キリスト教排撃.「現世的国家主義」の立場からの。

「昔者、猶太（ユダヤ）の遷民はパレスチナの名を聞きて涙を流せり。吾人は我**皇室及び国家**の名に対すれば、常に**言ふべからざる一種粛敬の情**を禁ずる能はず。……然るに近時我社会に**忠君を嘲り**、**愛国を罵り**、他の是を説くものを目して矯飾となし偽善となすものあり。……国民的良心の制裁を喚起すべき」（「国民道徳の危機」明治31・4）

- これは恐らく**内村鑑三**の「時勢の観察」（明治29・8）以来の論に対するリアクション。「今や日本国民は上は博文侯より下は博文館主人に至る迄皆な悉く八方美人とは化しぬ。……其一、公徳と私徳の分離……二、実益主義の国民……三、自賛的国民……。**国家の利益と称して私利を営む**実業家は、実業家に非ずして**虚業家**なり。**隣邦の独立を扶植すると称して干戈を動かし、功成りし後は自国の強大のみを計て終に孱弱（せんじゃく）国をして立つ能はざるに至らしめし**国民は、偽善者なり。……」
- 内村の自己批判（"Justification for the Korean War"（「日清戦争の義」）明治28・8を書いた自分の不明に対する）を籠めた、"天皇制的偽善"にたいする痛烈な告発。これが樗牛の「現世的国家主義」を凝固させるニガリの役？

（ロ）**井上哲次郎**（『勅語衍義』明治23.『**教育ト宗教ノ衝突**』明治26）地方教育界。「国民道徳運動」。「家族国家」観。（参照、石田雄『明治政治思想史研究』）

- また、「**大日本協会**」（井上、元良勇次郎、湯本武比古、木村鷹太郎、竹内楠三、機関誌『日本主義』）との連携。（cf. 前年における木村との論争。木村の「宗教」「形而上学」排撃と、日本「実際的民族」論を批判した。）
- 「明治思想の変遷」（明治31・4）における「日本主義」の位置付け。

 10年代までは「欧化主義」（それは「英吉利流の功利主義」・「仏蘭西流の自由主義」・「独逸流の国家主義」よりなる）が主流をなした明治思想は、20年代に入る頃、「**国粋保存主義**」に代表される「反動の気勢」によって反撃を受けるが、そこではなお「保存せらるべき国粋の何なるか」が十分には明らかではなかった。それを明らかにして30年代の「日本主義」の成立を可能にしたのが、「大日本**帝国憲法**の発布」および「**教育勅語**の渙発」と「**教育宗教衝突論**」、そして「**日清戦争**」という、20年代に起こった諸事件なのだという。すなわち、帝国憲法と教育勅語によって、「**忠君愛国、挙国一致**」の「国民道徳」によって支えられた「国家至上主義」が「国論」として定まり、ついで教育宗教衝突論争によって、「非現世的」な「世界主義」の立

場に立って「忠孝」を言わない「基督教徒の非国家主義」が、教育勅語の精神と相容れないことが明らかになり、最後に日清戦争が「血と涙とを以て」国民に「忠君愛国の真精神」を会得させ、「国民的意識に明白なる自覚を与へ」たという次第。

- 内村が「時勢の観察」で展開した論は、それら「日本主義」の論拠をすべて覆すもの。

（ハ）帝国主義・反社会主義・反デモクラシー

「我国体と新版図」（明治30・10）「人種競争として見たる極東問題」（明治31・1）「植民的国民としての日本人」（明治32・3）、「帝国主義と植民」（同）、等。

- 新植民地台湾にたいしては「アングロサクソン的帝国主義」で臨むべきであり、植民地と本国との関係は「同化」を目指したりすべきではなく、徹頭徹尾「本支主従の差別」を明確にした「権力関係」であるべきだとか、極東の緊迫は、アールヤ人種とチュラニアン人種（蒙古人種）の間の「人種競争」と見るべき世界史の、「最後の大格闘」の舞台の幕開けに他ならないとか、しかもその点日本民族は、神話時代以来「征服」や「侵略」の歴史に事欠かない「膨張的国民」なので、「第二十世紀」を望んで「覚えず骨鳴り肉躍らむとす」etc.
- また、このころから目立ち始めた「社会問題」にたいしては「罪は貧民にあり」（明治34・10）として生存競争の淘汰に任すべきだと言い（「社会問題に就きて」明治30・9）、隈板内閣の成立にたいしては、「民主思想の大誤謬」を糾弾する（「悔悟の時機来るや晩し」明治31・9）、etc.

「近時貧民の悪を為すもの、人動（やや）もすれば、社会の罪と言ふ。罪は貧民にあり。何ぞ社会にあらむ。彼れ悪を為すに先立ちて既に貧弱てふ大罪を犯したるに非ずや。」「貧富の懸隔を以て社会の体制上免るべからざる結果なりとすれば、是の如き自然且つ正当なる発達を沮遏することは、取りも直さず社会的体制の破壊を以て目せざるべからず。所謂社会主義の如きは天理人道に背戻せるものなり。」

「民主思想は、そが如何なる仮面を被り来るを問はず、須臾も我国体と相容れざる也。……我邦にありては、文明の進歩は民権の発達にあらずして、寧ろ臣民の義務を明確に理会するにあり。」

（ニ）「人生の必然形式」としての国家

「吾等が国家を先にするの理由は、即ち倫理学が国家を以て人生の必然形式なりとするの理由なり。もし理によりて究竟の見地を示さば、人生の目的は完全なる幸福に存し、完全なる幸福は人性の円満なる発達に外ならず。其の家族を作り、社会を組織し、更に之を統率するの国家を結成す、唯々是の目的地に到達するの方便に過ぎざるなり。然れども是の如き方便や、唯一の方便なり、必然の方便なり、国家を外にして人生無ければなり。」（「日本主義と哲学」明治30・6）

- こうした「国家至上主義」は、存在の「意味」と「人生の目的」を求める、いわば人生論的な世界観欲求の産物ではあっても、政治的リアリズムとは無縁なものである。

④「**文明批評家としての文学者**」(明治34・1)から「**美的生活を論ず**」(同・8)へ

○「フリードリヒ・ニーチェ」の名は独逸青年の間に魔語の如く響き渡り……今や蓋し彼れは哲学者と謂はむよりは寧ろ大いなる詩人也。而して詩人として大いなる所以は、実に彼れが大いなる文明批評家Kulturkritikerたる所に存す。

ニーチェは殆どあらゆる方面に於て十九世紀の文明に反抗せり。哲学界に於てはヘーゲル以来、科学界に於てはダルヰン以来、一代の思想を殆ど残り無く風靡し来りたる歴史発達説(ヒストリスムス)も、彼れの眼中には偽学者の俗論に過ぎざるものとなれり。以為(おもえ)らく、十九世紀末の吾人は歴史の多きに勝(た)へざる也。**主観**を没し人格を虐げ、先天の**本能**を無視するものは歴史也。**個人自由の発達を妨げ、凡ての人類を平凡化し、**あらゆる天才を呪咀するものは歴史也。……更に論歩を進めて**民主主義**と**社会主義**とを一撃の下に破砕し、揚言して曰く、人道の目的は衆庶平等の利福に存せずして、却て少数なる模範的人物の産出にあり。是の如き模範的人物は天才也、**超人**(ユーベル・メンシュ)也。……彼れの説は是に到りて現時の民主平等主義を根本的に否定し、極端にして而も最も純粋なる**個人主義**の本色を発揮し来りたるを見る。さはれ、**歴史無く、真理無く、社会無く、国家無く、唯個人各自の『我』あるを認むるもの、**十九世紀末の思想に対して何等の対比ぞや。

是に於て吾人は文明批評家としてのニーチェが偉大なる人格を歎美するを禁ずる能はず。彼れは個人の為に歴史と戦へり、真理と戦へり、境遇、遺伝、伝説、習慣、統計の中に一切の生命を網羅し去らむとする今の所謂**科学的思想**と戦へり。徒に外面皮相の観察を事として精神的生活の幽微を解せざる今の**心理学**と、**認識論**の如き一部煩瑣の研究に陥りて、**本能**と**動機**と**感情**と**意志**とを遺却し去りたる今の哲学とは、彼れの所謂偽学として排斥する所也。彼は青年の友としてあらゆる理想の敵と戦へり。……我邦、文学者を以て自ら居る者甚だ少からず。されど『詩は人生の批評也』と云へるアーノルドが語を真に会得せる者果して幾人ありや……予は街上に爛酔して車夫馬丁と格闘したる知名の小説家あるを耳にせしことあり。而かも一人の**当代文明に反抗して清新なる理想を歌ひたる者**あるを聞かざる也。……」

- 10余年間精神錯乱の状態にあったニーチェが死んだのは1900(明治33)年8月。おそらくそれを機にドイツの雑誌にでも出たニーチェ論を目にしたか、あるいは同年の『帝国文学』に載った**登張竹風**「独逸の輓近文学を論ず」におけるニーチェ紹介によって知ったものであろう。
- それが次の姉崎嘲風(在ベルリン)宛て書簡(明治34・4・24)に見られるごとき、当時の樗牛の精神状態に共鳴したらしい。(樗牛は33年6月、審美学研究のため満3年間の予定で独仏伊3国へ**留学**を命ぜられ、帰朝のあかつきには帝国大学のポストも約束されたが、同年8月、**喀血**して病臥し、出発を翌年2月に延ばすも、同3月、結局渡航取り止めを余儀なくされている。)

「此頃の僕の精神には、此の一両年の間に醪醸(ろうじょう)し来つたかとも思はれる一種の変調が現はれて来た。人は病的と謂ふかも知れぬ、又自分でも境遇、健康等の為に然るのかとも思はれるが、併し僕は僕の精神の自然の発達と外(ほか)

信じ得られない。僕は此の変化を明瞭に君に知らせることが近い内に出来るだらうと信ずるが、要するに**ロマンチシズムの臭気を帯びて居る一種の個人主義**たることは争はれない。僕は曾て日本主義を唱へて殆ど国家至上主義を賛したこともある。今に於ても是の見地を打破るべき理由は僕には持ち得ぬ。唯是の如き主義に満足の出来ぬ様になつたのは、僕の精神上の事実である。僕は道徳、教育、もしくは社会改良に関する今の人の説には、殆どすべて満足の出来ぬ様になつた。曰く国語改良、国字改良、言文一致、風俗改良、是等の主張者には**実用**以外別に**人生の幸福**と為すあるものなしと信じて居る様だ。例へば、**文芸の慰藉訓養**が、此世に如何ばかりの幸福を齎すかは、今の俗学者は解し得ぬらしい。僕は**宗教**に関しても少からず考へた。曾ては一種の反感を以て迎へたが、今では如何なる宗教に対しても少くとも同情を以て見る迄になつた。あゝ吾人は自己の弱点を掩はむが為に、知らず知らず**自己の性情の欠如せる所の者**を自己中心の信仰として発言することがないか。僕の過去は多少此趣があると今では思はれる。」

○「何の目的ありて是の世に産出せられたるかは吾人の知る所に非ず、然れども生まれたる後の吾人の目的は言ふまでもなく**幸福**なるにあり。幸福とは何ぞや、吾人の信ずる所を以て見れば**本能の満足**即ち是れのみ。本能とは何ぞや、人性本然の要求是れ也。**人性本然の要求**を満足せしむるもの、茲に是を**美的生活**と云ふ。

道徳と理性とは、人類を**下等動物**より区別する所の重なる特質也。然れども吾人に最大の幸福を与え得るものは是の両者に非ずして実は**本能**なることを知らざるべからず。蓋し人類は其の本然の性質に於て下等動物と多く異なるものに非ず。世の**道学先生**の説くところ、理義如何に高く、言辞如何に妙なるも、若し彼等をして其の衷心の所信を**赤裸々に告白**するの勇気だにあらしめむか、必ずや**人生の至楽は畢竟性欲の満足に存すること**を認むるならむ。吾人に知識の慾ありて**真理**を悟らむことを欲し、道義の念ありて**善徳**を修めむことを望む。是等の欲望の到達せられたる処に一種の快楽あるや素より論無し。然れども……是れ一種の**偽善**に過ぎざるのみ。**哲学書一巻を読破して未了の知識に逢着する時、快は即ち快ならむも、終日労し来りて新浴方に了り、徐に一盞の美酒を捧げて清風江月に対する時と孰れぞ。貧を卹れみ孤を助くる時、快は即ち快ならむも、佳人と携へて芬蘭の室に憑り、陶然として名手の楽に聴く時と孰れぞ。**」

•「凡百の**道徳**は其の成立の上に於て少くとも両様の要件を具足するを必とすと見るを得む。両様の要件とは何ぞ。一に曰く、**至善の意識**也。二に曰く、是の意識に遵ふて外に現はされたる行為の能く其の目的に協へる事也。……古の**忠臣義士**の君国に殉せるもの**孝子節婦**の親夫に尽せるもの、……果して所謂至善の観念を有せし乎、……換言すれば君国の為にするは彼等の理想にして、而して死は是に対するの手段なりと考へし乎。……**楠公の湊川に討死せる時、何ぞ至善の観念あらむ、何ぞ其の心事に目的と手段との別あらむ、唯々君王一旦の知遇に感激して微臣百年の身命を擲ちしのみ**。是の如くにして死せるは楠公にとりて至高の満足なりし也。

……戦国の武士は吾人に幾多の美譚を遺したり。然れども或は勇士意気に感じて

は輙ち身を以て相許し、或は受くる所は僅かに一日の粟、而かも甘んじて己れを知る者の為に死す。是の間の消息何ぞ至善あらむ、何ぞ目的あらむ、又何ぞ手段あらむ。彼等の忠や義や、到底道学先生の窺知を許さゞるものある也。喩へば**鳥の鳴くが如く、水の流るゝが如けむ、心なくしておのづから其の美を済せる也**。……道徳的行為は意識を要し、考察を要し、戮力を要す。而して彼等の行為や雲無心にして岫（しゅう）を出づるが如き也、麋鹿（びろく）のおのづから渓水に就くが如き也。彼等が其の君国に殉し其の親夫に尽せるは猶ほ**赤児の其の母を慕ふが如く**にして然り。其の心事や渾然として理義の解析を容れざる也。赤児の其の母を慕ふは**人性自然の本能**に本づく……」

- 「美的生活は人性本然の要求を満足する所に存するを以て、**生活其れ自らに**於て既に**絶対の価値**を有す。理も枉ぐべからず、智も揺がすべからず、天下の威武を挙げて是に臨むも如何ともすべからざる也。……其の価値や既に絶対也、**イントリンジック**也。依る所無く、拘はる所無く、渾然として理義の境を超脱す。是れ安心の宿る所。平和の居る所、生々存続の勢力を有して宇宙発達の元気の蔵せらるゝ所、**人生至楽**の境地是れを外にして何処にか求むべき。……美的価値の最も醇粋なるもの、是を本能の満足となす。然れども**本能以外の事物と雖も、其の価値の絶対と認めらるゝものは亦美的**たるを妨げず。是に於てか美的生活の範囲も亦随うて本能の満足以外に拡充せらるゝことを得。……**道徳其物**に絶対の価値ありと為し、其の奉行を以て人生究竟の目的なりとなさば、是れ既に道徳的に非ずして、美的なり。……古の**忠臣義士、孝子烈婦**の遺したる幾多の美談は、道徳の名によりて伝はれりと雖も、実は一種の美的行為のみ。……**真理其物**の考察を以て**無上の楽み**となし、何が故に真理を考察するかてふ**本来の目的を遺却するものも**、亦知識的生活を超脱して美的生活の範囲に入れるもの也。……世に**守銭奴**と称するものあり、彼は金銭を貯ふるを以て人生の至楽となす。是れ明かに金銭本来の性質を遺却し、**手段を以て目的と誤認**したるものなるを以て、道徳上の痴人……而かも……既に美的生活中の人たる也。……

　恋愛は美的生活の最も美はしきものの一乎。是の憂患に充てる人生に於て、**相愛し相慕へる年少男女が、薔薇（ばら）花かをる籬の蔭、月の光あかき磯のほとりに、手を携へて互に恋情を語り合ふ時**、其の楽みや如何ならむ。……**一旦世事意の如くならず、思ひしことは泡の如く消えて運命鉄の如く彼等の間を断たむとする時、百年の命を以て一日の情に殉し、相擁して莞爾として死に就く**が如きは、人生何物の至楽か能く是に類ふべき。……昔者印度に瑜伽（ヨーガ）と称する苦行の学徒ありき。……苦行は彼等にとりて即ち解脱の道也、無上の浄楽也。……**富貴名利の外**に人生の楽地を求め得たる彼等は幸ひなる哉。……是の如きは美的生活の二三の事例也。金銭のみ人を富ますものに非ず、権勢のみ人を貴くするものに非ず、**爾の胸に王国を認むるもの**にして初めて与に美的生活を語るべけむ。」

（イ）「十九世紀文明」の批判——「反抗」——個人主義・主観主義

（ロ）**主情的「惑溺」の論理**——“合理化”（形成の時代における）と“ロマン化”（「閉塞の時代」における）——二元的緊張の論理と主体性の放棄——cf. 北村透谷の「恋愛

至上主義」(「厭世詩家と女性」) との違い。また、岩野泡鳴の「神秘的半獣主義」との違い。

(ハ)「国家」・「道徳」・「真理」の**「偽善」暴露**——天皇制国家の下での“体制的偽善”の進展——他方、居直り的「現実主義」と「**欲望自然主義**」(神島) の大量登場——“維新日本”から“**帝国日本**”への変質

⑤「日蓮上人と日本国」(明治35・6)

○「[天外生なる人物の寄書に答へて] 日蓮は生の疑へる如く、**日本国の滅亡を意とせざりし**生の所謂る大不忠漢なりき。……此の世に於て最も大いなるものは、必ずしも国家には非さるぞかし。最も大いなるものは法也、信仰也。而して法に事ふるの人も、亦時としては国家よりも大いなることある也。是の如き人にありては、**法によりて浄められたる国土に非ざれば、真正の国家に非ざる**也。日蓮は即ち是の如き人なりき。

……日蓮は**真理の為めに国家を認む、国家の為めに真理を認めたるに非ず**。彼れにとりては真理は常に国家よりも大也。是れを以て彼れは**真理の為めには国家の滅亡を是認**せり。否、是の如くにして滅亡せる国家が、**滅亡によりて再生**すべしとは、彼れの動かすべからざる信念なりし也。蒙古襲来に対する彼れの態度の如き、亦実に是の**超国家的大理想**に本づく。

……**生を此土に受けたるが故に是の国を思ふと謂ふ**が如きは、極めて**浅薄なる愛国者**と謂はざる可からず。……英国史上の愛国者の最も大いなる者、吾人先づ指をクロムエルに屈す。而して彼れが英吉利及び其の国民を愛したるは、其の生国たるが為めに非ずして、**上帝の摂理を負へる神聖なる撰民なりてふ偉大なる信念**に基きたりき。……日蓮の理想は、**法華経の真理を宇内に光被せしむる**にあり。……彼れにして若し**特に日本国を愛したり**とせば、そは生国の因縁以外に於て**真理其物と是の国土との間の或る必然的関係**に基づかざるべからず。……他無し、法華経本門に於て末法化導の寄托を受けたる**上行菩薩出現の国土は即ち日本国**なる事、及び上行菩薩は**日蓮其人**に外ならずとの自覚、即ち是れ也。……**時の政権に奴隷たらざる**の故を以て、直ちに擬するに**叛逆**の名を以てするは、彼れの為さざる所也。……

日蓮流されて佐渡に在るや、地頭の本間六郎左衛門に向つて曰へらく (種々御振舞御書)

吾が言を用ひずば、国必ず亡ぶべし。日蓮は幼若なれども、法華経を弘むれば**釈迦仏の御使**ぞかし。僅の**天照大神、正八幡なむ**ど申すは、此の国には重けれども、梵、釈、日月、四天に対すれば、小神ぞかし。……**又此度も用ひずば、大蒙古国より打手を向ふて日本国亡ぼさるべし。**

……畢竟三界は悉く皆仏土たり、日本亦其の国土と神明と万民とを併せて、教主釈尊の一領域たるに過ぎず。苟も仏陀の悲願に適はず、真理の栄光に応へざるものは、其の国土と民衆と、共に**膺懲**し、**改造**せられざるべからず。……北条時宗何者ぞ、所謂る『**わづかの小島の主**』に非ずや。其の諌の聴かれたると聴かれざると、彼れに於て何の軽重する所ぞ。……日蓮の眼より視れば、**蒙古は外敵の仮面を被れる仏陀の遠征軍**のみ。彼れが二十余年間呼号し来りたる真理の声に目覚めざる謗法の国民は、是の遠征軍の剣に流るべき自己の血潮を以て、自ら浄めざるを得ざる也。是の如くにし

て国は或は亡びなむ、民は或は殺されなむ。唯真理の光、是れによりて輝き、妙経の**功徳新国土に光被する**を得ば、又恨む所無かるべき也。日蓮は日本国の上に懸かれる是の一大惨劇の運命を忍受せむが為めに、鎌倉を去りて身延の幽谷に退隠したるのみ。……」

• 〈国家意識〉の3（or 4）形態？
(1)「科学的」・現世的——特殊主義 “現実主義”「日本主義」の「現世的国家主義」
(2)「美的」・心情的——忠誠 “ロマン化”「美的生活」論の「忠臣義士」
(3) 宗教的・「超越的」——国家使命 “宗教化” 日蓮論の「超国家的大理想」
or (1) 倫理的 (2) 現実的 (3) 心情的 (4) 超越的

⑥「感慨一束」（明治35・8）・**「無題録」**（明治35・10）

○「……本邦の思想界は余りに**平気**に御座候。疑ふべきこと、怪むべきこと、驚くべきこと、怖るべきこと、憂ふべきことの充ち満てる此の時世に於て……

天皇神権説は今日に於ても尚ほ青年法学者の頭脳を支配し居るは**意外にも**事実に御座候。祖先教に基ける**国体論**は、**国家主義**と並びて、倫理学者の金科玉条たることも依然として故の如し。……所詮は人々自ら悟るの外無しと存じ候。自ら悟らむと欲せば先づ自ら疑ふに若くは無し。**個人は個人の存在を疑へ。**其の何の為に既に生き、又何の為に将に生きむとするやに就いて真摯なる考察をめぐらせよ。是れ最も古き疑問にして又最も新しき必要也。社会も亦其の存立の根拠を疑へ。殊に**国家は其の憲法と法律と広大なる版図と強盛なる軍備とを擁して何の為に存在するか、又存在せざるべからざるかを疑へ。……当代文明の革新は社会の上下にゆき亙れる現世的国家主義の桎梏を打破するにあり。**……」

○「……山に入りて山を見ず。此の世の真相を知らむと欲せば、**吾人は須らく現代を超越せざるべからず。**斯くて一切の学者と道徳とを離れ、**生まれながらの小児**の心を以て一切を観察せざるべからず。……形式、方便、習慣に充ち満てる一切現世の桎梏を離れ……たゞたゞ本然の至性を披いて天真の流露に任すもの、あゝ独り夫れ小児の心乎。

人の生を求むるは此の生に価値を認むれば也。即ち知る、人生**畢竟価値に外ならざるを。**……価値はそを有する者のみの価値也。能持の**主体**を離れて世間又価値なる者の存せざる……即ち価値の物たる、**主観的**也。……価値は畢竟**個性の反応**に外ならざるを以て……**個人的**也。……価値は**自ら創造**し得る者にして初めて其の所有者たり得べきのみ。……**吾れは吾れ自らの為に生きずして抑々何物の為に生くべき乎。……一個の客体としての社会**は吾れに於て**没交渉**也。唯々是の客体にして吾が**主観上の事実**となり、茲に吾が生存上の上に於て多少の**価値**を認めらるゝに及びて、吾と彼等と初めて亦多少の関係を有し来るべきのみ。吾人は是の意味に於て**輿衆**を認容し、**国家**を認容す。畢竟外より吾を折くに非ずして、内より彼等を摂するのみ。是の摂折の意義を解せざる人は、未だ曾て**個人の尊厳**を解せざるの人也。……」

• 内面的な価値を主体的に選び採る自由に「個人の尊厳」を見いだすことから出発し直すことの確認が、有為転変の果ての樗牛の最後の言葉だった。

—66—

第16回　明治社会主義の思想（1）
――「志士仁人」の社会主義（幸徳秋水）

［略年譜］

1871（明治4）	土佐中村の町老役だが没落しつつある酒造業・薬種商の三男に生まる。
1876（明治9）	中村小学校に入学。
1881（明治14）	同卒業。中村中学（高知中学校中村分校）に入学。
1885（明治18）	同校廃校。翌年、高知の遊焉義塾に入る。
1887（明治20）	家出して上京。林有造の書生となり、英学館に通学。同年暮れの保安条例により東京三里外に追放さる。
1888（明治21）	11月、大阪で横田金馬の紹介で中江兆民の学僕として住み込む。翌年、中江家の家族とともに上京。
1891（明治24）	国民英学会に通学。翌年卒業。
1893（明治26）	『自由新聞』に入社。英字新聞の翻訳担当。
1895（明治28）	『中央新聞』に入社。
1897（明治30）	社会問題研究会に入会。『団々珍聞』の「茶説」を担当。
1898（明治31）	『万朝報』に入社。普選期成同盟会および四国非増税同盟会に参加。社会主義研究会創立され、入会。
1900（明治33）	社会主義研究会を社会主義協会に改組。兆民の依頼で「自由党を祭る文」を執筆。
1901（明治34）	『廿世紀之怪物帝国主義』刊。社会民主党を安部磯雄、片山潜、木下尚江、西川光二郎、河上清とともに結成するも、禁止さる。理想団に参加。兆民の『一年有半』『続一年有半』を刊。田中正造の足尾鉱毒についての直訴文を代筆。
1902（明治35）	『長広舌』『兆民先生』を刊。
1903（明治36）	『社会主義神髄』刊。『万朝報』に堺利彦と連名で「退社の辞」を発表。堺らと平民社を設立し、週刊『平民新聞』を創刊。
1904（明治37）	「与露国社会党書」、「嗚呼増税」（発禁）、「露国社会党の檄文」（レーニン筆の翻訳）、「共産党宣言」（堺と共訳、発禁）等を『平民新聞』に掲載。『社会民主党建設者ラサール』刊。社会主義協会解散せらる。
1905（明治38）	『平民新聞』廃刊。同号に「露国革命の火」掲載。後継誌『直言』発刊。一連の『平民新聞』筆禍事件で禁錮五カ月の刑をうけ巣鴨監獄に入獄。平民社解散。11月、アメリカに渡る。サンフランシスコでアルバート・ジョンソン、フリッチ夫人等に会う。アメリカ社会党に入党。
1906（明治39）	4月、サンフランシスコ大地震。6月、在米日本人の「社会革命党」結党に臨む。帰国。「世界革命運動の潮流」を演説。クロポトキンと文通開始。
1907（明治40）	『日刊平民新聞』発刊。2月、足尾鉱山暴動。「予が思想の変化」発表。日本社会党第二回大会で議会政策派に反対し直接行動を主張。日本社会党結社禁止。4月『日刊平民新聞』廃刊。『平民主義』刊、発禁。6月『大阪平民新聞』『社会新聞』発刊。8月『革命奇談神愁鬼哭』刊。9

月、堺・山川らと金曜会を結成。11月、サンフランシスコで『暗殺主義』まかれる。

1908（明治41）　中村でクロポトキン『麺麭の略取』翻訳。6月、東京で「赤旗事件」。7月、第二次桂内閣成立。中村を出発、紀州新宮・箱根を経て東京へ。

1909（明治42）　『麺麭の略取』刊、発禁。3月、千代子を離婚。平民社を千駄ヶ谷に移転、管野スガ、新村忠雄も同居。5月、スガと『自由思想』創刊、発禁。10月、伊藤博文ハルピン駅頭で暗殺さる。11月、宮下太吉、爆弾試作に成功。

1910（明治43）　5月、信州爆弾事件発覚し、宮下・新村が逮捕さる。6月、秋水、湯河原で逮捕され、東京監獄に収監。11月、獄中で『基督抹殺論』脱稿。

1911（明治44）　1月18日、被告24名に死刑判決。翌日、12名に恩赦による減刑、無期懲役。同24日、秋水ら11名死刑執行。2月、議会で南北朝正閏問題起こる。

- 「予は如何にして社会主義者となりし乎

境遇と読書の二なり、境遇は土佐に生れて幼より自由平等説に心酔せし事、維新後一家親戚の家道衰ふるを見て同情に堪へざりし事、自身の学資なきことの口惜しくて運命の不公を感ぜし事、読書にては孟子、欧州の革命史、兆民先生の三酔人経綸問答、ヘンリー・ヂョーヂの『社会問題』及『進歩と貧窮』、是れ予の熱心なる民主主義者なり、且つ社会問題に対し深き興味を有するに至れる因縁なり、左れど『予は社会主義者なり』と明白に断言し得たるは、今より六七年前初めてシャフレの『社会主義神髄』を読みたる時なり。」　　（『平民新聞』10号、明治37年1月17日）

①土佐・民権　　②兆民　　③新聞ジャーナリズム・万朝報

◎「志士仁人」の社会主義

「起て、世界人類の平和を愛し、幸福を重んじ、進歩を希ふの志士、仁人は起て。起つて社会主義の弘通と実行とに力めよ。予不敏と雖も、乞ふ後へに従はん。」（『社会主義神髄』結尾）（cf.「万国の労働者、団結せよ」）
「子曰、志士、仁人、無求生以害仁、有殺身以成仁」（論語、衛霊公）

① 時代認識　　（a）‘明治国家’観（立憲制観・天皇観）　　（b）「社会問題」把握

「この時期に『社会問題』の発生に直面した人々にとって、それは彼らがその中に育まれた明治国家体制にとっての脅威——『亡国』の危険——として意識され、労働組合主義や社会主義はこうした危険に対して国家体制を防衛——しばしば先制的予防——するための根本的方策として構想されていた。／一九一〇年代末までの彼らにとって明治国家体制は所与であり、その基本的な正当性は疑う余地なく自明だった。」（松沢弘陽「明治社会主義の思想」1968『日本社会主義の思想』）
「我日本維新の革命は実に自由、平等、博愛の精神を以て成れるものにして、此大趣意

を推拡し、之を利導して宜しきに処せば、以上の弊害は之を未発に防遏して健全の発達を為す難きに非ず。然るに我国の政治家は全く当初革命の目的、精神を喪失し、我進歩発達に大頓挫を来し、却て今日の大腐敗、大堕落を助長したるの形跡あり。」（幸徳「現今の政治社会と社会主義」『六合雑誌』1899・7・15）

「彼らは明治国家体制に深く一体化し、その多くが自らそこそこの新しい国家体制の『真意義』を体得した国政の正統な継承者と意識していた。……彼らには国家体制の正統な継承者という自己意識こそあれ、そこから全面的に疎外されたアウトサイダーの意識はなかった。日露戦争中を通じる『非戦論』の主張のゆえに、国家機構によって、予期せず異端とされた後初めて、アウトサイダーとしての自覚と、国家体制とその正当性原理を全面的に変革の対象とする志向が、彼らの間に生れて来たのである。」（松沢同前論文）

「『古のふみ見るたびに思ふ哉、己が治むる国は如何にと』『綾錦とり重ねても思ふかな、寒さ掩はむ神もなき身を』、嗚呼其民人を恤み其家国を念とし玉ふの深き、何ぞ一に如此くなるや、吾人は誦して二種の御製に至る毎に、感極まつて泣かずんばあらず。……彼の高津の宮の、民の富は即ち朕の富なりと詔らせ玉ひ、延喜の帝の、寒夜御衣を脱し玉へるが如き、……吾人は此御趣意、御精神を名けて、完全なる民主々義と名くるを甚だ適当なることを信ず。夫れ然り而して吾人の所謂民主々義が、国史の上に無前の光輝を放てる事は、実に今上の維新中興の際に在りき。戊辰三月、畏くも親しく天地神明に誓ひ玉へる五ヶ条の御誓文を見よ。彼万機公論に決すと云ひ、上下心を一にすと云ひ、官文［武］一途庶民に至るまで各其志を遂げしめんと云ひ、天地の公道に基くと云ひ、知識を世界に求むと云ふ。豈に是れ所謂民主々義の神髄精華を発揮し尽して余蘊なき者に非ずや。……是れ我国是也、国体也。之に背き之を忌む者は、実に陛下の罪人也、而して宗祖列聖の罪人なるを断言する也。」（幸徳「日本の民主々義」『万朝報』1901・5・30）（cf. 木下）

但し、「私立」の「平民社」による‘私設「社会主義」’志向。その限り、それ自体としての権力志向や、官僚機構を作りたがる「国家」指向とは切れている。

その上で、都市化・産業化とともに現れた新中間層が、成金的俗物文化に同調して、さなきだに脆弱な生活の経済的基礎を自ら掘り崩しているという倒錯にたいする、道徳的批判、および、彼ら明治社会主義の中心世代が深い信頼と期待を寄せてきた「立憲政体」に現れた「金権政治」の諸現象にたいする、道徳的・政治的批判が根底にあった。

「従来欧米諸国に於て社会主義の急要を感じ若くは其発生を促せる所以の状態は、主として自由競争、殖産的革命等より生ぜる貧富の懸隔、労働者の困難等にあり。我日本も亦斯る危険の状態に陥るべき趨勢あるは論なきも、今日に在ては未だ正当の能力を有する労働者が職を失ふて餓ゆるといふ程にもあらず。此点に於ては欧米に比して比較的に社会主義の急要を感ずるの度少なきが如し。然れども眼を我政治社会の現状に転ずれば、社会主義の急要を感ずる遙かに欧米に過ぐるを見るなり。」（幸徳、前出「現今の……」）

「紳士の原語はブールジョアにして、時に富豪と訳され、時に豪族と訳され、又多く資本家と訳さるゝもの。然れども吾人は種々推敲を費したる後、姑く之を紳士と訳す。紳士とは元来君子人を意味するの語なれども、近来日本に於ける紳士紳商と言ふが如き用法に従へば、私利的にして俗悪なる、一般上流社会の人物を表現するの語として、其の頗る適切なるを見るに非ずや。……平民の原語はプロールタリアンにして之を労働者と訳するも可なり。」(『平民新聞』1904・11・13、「共産党宣言」の幸徳・堺による初訳、発禁)

- 「ブールジョア……之を階級として見る場合には、更に之を『紳士閥』と呼ぶ事にした。『門閥』『藩閥』『学閥』『党閥』『財閥』等の諸閥が相結合して今の社会の上流階級となり、権力階級となって居るので、之を一纏めにして『紳士閥』と呼ぶのは実に当然であらうと思ふ。扨て今の社会は、此紳士閥と平民(即ち貧民)との二大階級に別れて居る。」(堺利彦「新聞紙と紳士閥」『平民新聞』1904・12・11)

② 理想社会像　　「自由競争」の否定された社会

「現時の経済的自由競争が殖産的革命の前後に於て、世界商工の発達に与つて大に力ありしことは、予も亦之を疑はず。然れども此等競争を必要とせし時代は既に過ぎ去れり。今や自由競争は果して何事を意味すとする乎。唯だ少数階級の横暴に非ずや、多数人類の痛苦に非ずや、貧富の懸隔に非ずや、不断の恐慌に非ずや、財界の無政府に非ずや。是れ実に社会の進化に益なきのみならず、却つて其堕落を長ずる者に非ずや。……

於是乎生存競争の性質方法は、更に一段の進化を経ざることを得ず。社会主義は実に這個進化の理法を信じて、社会全体をして此理法に従はしめんと欲す。然り現時卑陋の競争を変じて高尚の競争たらしめんと欲す、不公の競争を変じて正義の競争たらしめんと欲す。換言すれば即ち衣食の競争を去て、智徳の競争を現ぜんと欲する也。」(『社会主義神髄』)

cf. 堺:「社会主義者は……人類同胞の共同生活を理想とし、自由競争に代ふるに相互扶助を以てし、動植物界の悲惨なる境遇を脱して安楽なる無競争の社会に入らんことを望んでゐる。」(「菜食主義について」『直言』1905・4・2)

「世の中に経済的関係と云ふ忌はしいものが廃滅し、温かくして清らかな愛情的の関係ばかりが自由に翼を拡げるようになつた」「皆が寄り合つて、助け合つて、真に兄弟同胞の思をして、清く、美しく、高く、尊き社会。」(「家庭に於ける階級制度」『家庭雑誌』1904・4、「社会主義の大意」『直言』1905・8・27)

③ 担い手　　「志士仁人」

「〔『社会主義神髄』前引箇所の続き〕試みに思へ、人生の進歩向上にして、単に激烈なる衣食の競争の結果なりとせん乎、古来高材逸足の士は必ず社会最下層の窮民中に出づべきの理也。而も事実は之に反す。人物が多く富貴の家に生ぜざると同時に、極

貧者の中に出づること亦甚だ稀なるに非ずや。他なし、富貴の階級や、常に佞媚阿諛の為めに囲繞せられて、志驕り気萎ゑ、徒らに快楽の奴となり、窮乏の民や、終生衣食の為めに遑々として、唯だ飢凍に免るゝに急なれば也。／然り高尚なる品性と偉大の事業とは、決して社会貧富の両極端に在らずして、常に中間の一階級より生ずる者也。……見よ封建の時に於て、武士の一階級が其品性の尤も高尚に、気力の尤も旺盛に、道義の能く維持せられたる所以の者は、実に彼等が衣食の為めに其心を労するなくして、一に名誉、道徳、真理、技能の為めに勤勉競争するの余裕機会を有せしが為めに非ずや。若し彼等にして初めより衣食のために競争せざる可らざらん乎、直ちに当時の『素町人根性』に堕落し去らんのみ。豈に所謂『日本武士道』の光栄を担ふことを得んや。／……而して社会を挙げて是等中等民族と為さんとするは、是れ社会主義の目的とする所に非ずや。」

堺：「今日の社会は全く士族を忘れたり。然れども其風教を維持する所以は猶士族の品性に依ること甚だ多し。……嗚呼々々、士族亡びんとして後継未だ起らず。武士道地に落ちんとして紳士道未だ起らず。」（「士族と紳士」『万朝報』1901・10・21）

④移行の論理、政策・戦術（「革命」の方法論）　「議会政策」と「伝道」

「実行々々といふ御注文が処々から参りますが、さう容易に実行の出来るものなら何も騒ぐ事は無いのであります。おれは社会主義を実行するなどゝ云ふのは無意味の言葉であります。社会主義を実行するには政権を握らねばなりませぬ。政権を握るには議会の多数を占めねばなりませぬ。議会の多数を占めるには多数人民の輿論を作らねばなりませぬ。そこで思想の伝播と言ふ事が第一の要件となるのであります。……多数の人に此思想を吹込むのが第一であります。……そして普通選挙に依つて多数の社会党議員を議会に出し、終に社会党内閣を作つて其理想を行ふの外はありませぬ。（記者）」（『平民新聞』1904・10・16）

◎「直接行動」論と「大逆事件」

①“逆転”の論理と連続性

1　第一次ロシア革命（エス・エル）モデルへ（←ドイツ社会民主党S. P. D. モデル）

「革命は来れり、革命は初まれり、革命は露国より欧州に、欧州より世界に、猛火の原を燎くが如く蔓延しつゝあり、積水の堤を決するが如く氾濫しつゝあり、今の世界は革命の世界也、今の時代は革命の時代也、我は時代の児也、革命党たらざる能はず。……露国は羨やむ可き哉、政治的革命に於て西欧に後るゝ殆ど百年、日本よりも後るる十余年なりし露国は、今や眠れる獅子の醒めたる如く、政治的革命に向つて、一大飛躍を為せるのみならず、同時に世界万国の未だ決行する能はざりし経済的革命、社会的革命の大旋風を捲起せり。」（「一波万波」『光』1906・3・20）

「余は曾て独逸社会主義者若くば其流れを汲める諸先輩の説のみを聴て、余りに投票と議会の効力に重きを置いた、『普通選挙にして行はるれば必ず多数の同志が選出される、同志が議会の多数を占むれば、議会の決議で社会主義を実行することが出来る』と思つて居た、無論之と同時に労働者団結の急務をも認めて居たには相違ないが、少なくも日本の社会運動の第一着は、普通選挙の外にはないと信じて、口でも論ずれば筆にも書いたが、是は甚だ幼稚な単純な考へであつたと思ふ。／細かに察すると今の所謂代議制なるもので、多数の幸福が計り得らるゝ筈がない、先づ其選出の初めから、候補者、運動者、壮士、新聞紙、瞞着、脅嚇、饗応、買収とゴッタ返して選出せられた代議士に、果して幾人が国家とか人民とかいふ真面目な考へを持つのがあらう、……／……マルクスの国たり、ラサールの国たる独逸が普通選挙の下に於て、初めて選出した同志は僅かに二人であつた、爾後八十一人まで漕つけるのに、実に三十余年の日月を費したのである、而つて此三十余年の難戦苦闘の結果が、僅かに一片の解散詔勅の為めに吹飛ばされて何等の抵抗も出来ぬといふに至つては、投票の多数てふ者は如何に果敢ないものではないか。／……労働階級の欲する所は、政権の略取でなくて、『麵麭の略取』である、法律でなくて衣食である、故に議会に対して殆ど用はないのである、……／同志諸君、余は以上の理由に於て、我日本の社会主義運動は、今後議会政策を執ることを止めて、一に団結せる労働者の直接行動を以て其手段方針となさんことを望むのである。」（「余が思想の変化」『日刊平民新聞』1907・2・5）

大正期におけるジャーナリズムの役割——総合雑誌を中心に

1　前史

○明治前期「雑誌」史略（西田長寿『明治時代の新聞と雑誌』昭和36より）

『明六雑誌』	（明治7・3創刊　森有礼・西周・福澤諭吉ら明六社）	「評論雑誌」
『共存雑誌』	（明治8・2創刊　小野梓ら共存同衆）	（知識人の自発的「結社」の機関誌）
『評論新聞』	（明治8・3創刊　海老原穆ら士族民権派）	「政論雑誌」
『近時評論』	（明治9・6創刊　林正明ら民権派）	
『嚶鳴雑誌』	（明治12・10創刊　沼間守一・嶋田三郎ら嚶鳴社）	
『愛国志林』	（明治13・3創刊　後『愛国新誌』と改題　植木枝盛ら土佐自由党）	
『東京輿論新誌』	（明治13・11創刊　大岡育造・肥塚竜ら）	
『政理叢談』	（明治15・2創刊　中江兆民ら仏学塾）	欧米政治理論紹介誌
『東京経済雑誌』	（明治12・1創刊　田口卯吉ら自由主義経済論派）	経済雑誌
『六合雑誌』	（明治13・10創刊　小崎弘道ら）	キリスト教関係誌
『団々珍聞』	（明治10・3創刊）	滑稽風刺雑誌
『女学雑誌』	（明治18・7創刊　巌本善治ら）	婦人雑誌
『教育時論』	（明治18・4創刊）	教育雑誌

○「総合雑誌」の起源？

『国民之友』　（明治20・2創刊　徳富蘇峰ら民友社）

「政治社会経済及文学之評論」（表紙題字下）

『日本人』　（明治21・4創刊　志賀重昂・三宅雪嶺ら政教社）

「日本人民ノ意匠ト日本国土ニ存在スル万物ノ囲外物トニ恰好スル宗教、教育、美術、政治、生産ノ制度ヲ選択……」（表紙裏　創刊の辞）

- しかし、前者は「平民主義」を、後者は「国粋保存旨義」を掲げ、明治10年代の自由民権期の「政論」雑誌との連続性。但し、狭義の政治思想の域を越えた、文化のレベルにまで根ざしたdemocratizationやnation建設をめざしての、「総合」性。とくに前者は労働問題や社会主義思想の紹介のほか、文学や史論にもスペースを割いた。

○次の画期は**『太陽』**（明治28・1創刊　博文館）の登場

- いわば「商業総合雑誌」の初め？（『日清戦争実記』の成功が同誌創刊の基礎）（cf. 陸羯南：「機関新聞」「営利新聞」「独立新聞」の区別）
- 同時に、創刊号の久米邦武（『米欧回覧実記』「神道は祭天の古俗」の著者）の巻頭論文「学界の大革新」は、「分業専修の練兵」が日清戦争勝利の原動力とし、「分業世界」の自由競争を強調。
- 但し、高山樗牛の「日本主義」（明治30・5→「美的生活論」明治34・8）や、浮田和民の「倫理的帝国主義」の提唱（明治43、同名書）など、時の編集長の思想が誌面に一定の「政論」の色調を与える側面をなお持っていた。

• ほかに、

『東洋経済新報』	（明治28・11創刊　町田忠治ら、のち石橋湛山）	経済雑誌
『世界之日本』	（明治29・7創刊　竹越三叉・西園寺公望ら）	
『実業之日本』	（明治30・6創刊　増田義一）	通俗経済雑誌
『労働世界』	（明治30・12創刊　片山潜ら）	労働雑誌
『中央公論』	（明治32・1創刊　もと禁酒雑誌『反省会雑誌』を改題　麻田駒之助ら）	
『独立評論』	（明治36・1創刊　山路愛山）	
『新潮』	（明治37・5創刊）	文学雑誌
『新日本』	（明治44・4創刊　大隈重信・永井柳太郎・樋口龍峡ら）	
『東京独立雑誌』	（明治31・6創刊　内村鑑三）	キリスト教雑誌
『新人』	（明治33・10創刊　海老名弾正ら本郷教会）	同
『精神界』	（明治34・1創刊　清沢満之ら）	仏教雑誌
『社会主義研究』	（明治39・3創刊　堺利彦ら）	社会主義雑誌
『婦人の友』	（明治41・1創刊　羽仁もと子）	婦人雑誌
『青踏』	（明治44・9創刊　平塚雷鳥）	同

2　大正デモクラシーと『中央公論』&『大阪朝日』

○大正期の『中央公論』と**吉野作造**の登場

大正2・2　「大正政変」（「閥族打破、憲政擁護」を掲げた民衆運動が議会を包囲、桂内閣総辞職）

大正2・5　**中沢臨川**「ベルグソン」（中公）（電気工学士。『旧き文明より新しき文明へ』『新社会の基調』等）

大正2・10　**田中王堂**「評論家としての福沢諭吉」（同）（英米哲学。「文明批評家」を自称。『書斎より街頭に』等）

大正3・1　吉野作造「学術上より観たる日米問題」（同）

大正3・4　同「**民衆的示威運動を論ず**」（同）

大正4・1〜7　同「欧州動乱史論」（同）

大正4・10〜　吉野「内外時事評論」欄担当。
（「古川学人」の名で、正宗白鳥「文芸時評」、中沢「思潮評論」とならんで）

大正5・1　「**憲政の本義を説いて其有終の美を済すの途を論ず**」（100頁近い長論文。なお同号の「社論」として「精神界の大正維新」も執筆。なおcf. 滝田樗陰の役割）（同年1月1日から『大阪朝日』では、佐々木惣一が「立憲非立憲」を連載）⟶「民本主義」論争

○『大阪朝日』と「**白虹事件**」⟶吉野と浪人会の立合演説会⟶「新人会」「黎明会」

大正7・8・2　寺内「ビリケン」内閣、**シベリア出兵宣言**　8・3　富山で米騒動勃発
（⟶9・21　内閣総辞職　9・29　原敬内閣成立）

8・26　「白虹事件」で大阪朝日新聞夕刊発売禁止（寺内内閣弾劾関西新聞記者大会の記事中「白虹日を貫けり」）

9・28　大朝社長**村山龍平**、中之島で壮士に襲わる　10・14　村山社長辞任

	10・15	編集局長**鳥居素川**、社会部長**長谷川如是閑**、退社。引き続き調査部長花田大五郎、通信部長丸山幹治、論説記者大山郁夫らも連袂退社（cf. 如是閑「『大阪朝日』から『我等』へ」。「国家主義」と「厳正中立」）
大正7・11		吉野作造「**言論自由の社会的圧迫を排す**」（中公）
	11・23	神田南明倶楽部で吉野と内田良平ら**浪人会**との立会演説会
	12月上旬	赤松克麿、宮崎龍介ら東大法学部学生、「**新人会**」結成。（機関誌『デモクラシイ』）
	12・23	福田徳三、吉野ら、知識人の運動団体「**黎明会**」を結成。（『黎明会講演集』を毎月刊）

［→　大正13.2　東大を辞し朝日新聞入社。同・6　講演「現代政局の史的背景」と論説「枢府と内閣」により検事局取調べ。朝日退社、東大講師に復帰。］

3　大正8年という年――「改造論の一年」――諸団体と諸雑誌の噴出

（室伏高信、中央公論12月号）

前々年のロシア十月革命、前年のドイツ革命、第一次大戦終結を受けて、この年は、パリ講和会議開催、コミンテルン創立（モスクワ）、3・1運動・万歳事件（朝鮮）、5・4運動（中国）、ワイマール憲法採択、ベルサイユ講和条約調印、等々が相次いだ。国内では、「火事泥」的「大戦景気」による日本資本主義の急膨張とともに、「労働問題」が一挙に本格化し、東京砲兵工廠、石川島造船所、足尾銅山、等の大ストライキをはじめ、各地で争議が激増し、労働組合が続々結成される。

○この年結成された、「社会改造」を標榜する諸団体

•改造同盟（8月、馬場恒吾、植原悦二郎、永井柳太郎、中野正剛、杉森孝次郎、石橋湛山、北沢新次郎ら）」　**•青年改造同盟**（10月、西岡竹次郎、加藤勘十ら）　**•啓明会**（下中弥三郎らによる最初の教員組合）　**•文化学会**（6月、島中雄三、石田友治、下中弥三郎、三浦銕太郎、木村久一、野村隈畔、満川亀太郎ら）　**•北風会**（3月、大杉栄、和田久太郎、近藤憲二ら）　**•大原社会問題研究所**（2月、大原孫三郎、高野岩三郎ら）　**•協調会**（12月、渋沢栄一、床次竹二郎ら）　**•民人同盟会**（2月、早稲田大学の学生思想団体）　**•オーロラ会**（2月、明治大学の同様団体）　**•扶信会**（2月、法政大学の同様団体）　**•建設者同盟**（9月、早大OB中心、民人同盟会の分裂発展したもの）　**•青年文化同盟**（10月、各大学の学生思想団体の連合体）　**•一高社会思想研究会**（11月）　**•興国同志会**（6月、上杉慎吉指導の右翼学生団体）　**•猶存社**（8月、大川周明、満川亀太郎、北一輝、鹿子木員信、安岡正篤ら）

○この年創刊された諸雑誌

『改造』（4月、山本実彦）**『解放』**（6月、麻生久、福田徳三ら）**『デモクラシイ』**（3月、新人会）**『社会問題研究』**（1月、河上肇の個人雑誌）**『我等』**（2月、長谷川如是閑、大山郁夫、櫛田民蔵ら）**『批評』**（3月、室伏高信、尾崎士郎、加田哲二、森恪ら）**『国家社会主義』**（4月、髙畠素之ら）**『社会主義研究』**（4月、堺利彦、山川均ら）**『労働運動』**（10月、大杉栄、和田久太郎ら）〔**『経済学研究』**（9年1月、東大経済学部

高野岩三郎、大内兵衛ら。森戸辰男「クロポトキンの社会思想の研究」）→森戸事件〕

4 「転換期としての大正」と綜合雑誌の役割変化

“明治国家”の解体 disintegration ⟶“自我”と“社会”の隆起
究極的には工業化と都市化の進展による　　他方、共同体の解体

“内面的主体化”・“実証的対象化”・“ロマン的合一化”の3志向への分化

また、cf.「個人析出の諸形態」（丸山眞男、1961。M. ジャンセン編『日本における近代化の問題』所収）[p. 58〔巻末83頁〕individuationの図式]
私化 privatization ⟶ **自立化** individualization ⟶ **民主化** democratization
or **私化** ⟶ **原子化** atomization （⟶ファッショ化）

○大正期における綜合雑誌の変化
- 送り手・書き手
「**大学教授の評論**」が中心に（⇔「大記者」の消滅。記者のサラリーマン化）
　esp. 吉野作造・大山郁夫以後　明治19年の帝国大学令以下の学校体系の整備以降に知的形成した、「制度通過型インテリ」の世代
　但し、吉野は「民衆と共に動き、而かも民衆より一歩先に進む」ことを「識者」に求め（「大正政界の新傾向」大正4・7）、自身、「現実の政治形態に即してその発展過程を刺激する」ところに自己の職分を見いだしていた（如是閑「吉野作造博士とその時代」昭和8）。その手段としての雑誌を媒体とした評論を自覚的に。
- 他方、「**文明批評家**」の登場
　長谷川如是閑のタイプ（「専門の学者でなく、ジャーナリストとしてのその見識の底に、深い学問、思想の造詣を根拠としてもつてい」た、明治中期の「第一流の新聞記者」をモデルに、「文明批評家」を志望（「ある心の自叙伝」）。新聞「日本」→「大阪朝日新聞」→同人雑誌「我等」）
　土田杏村のタイプ（生物学専攻から文学・社会・哲学に関心。「カントとマルクス」の架橋と「文化主義」。個人雑誌「文化」大正9・1創刊）
　室伏高信のタイプ（新聞記者生活ののち同人雑誌「批評」創刊、『デモクラシー講話』大正8、『社会主義批判』大正8、『文明の没落』大正12、『土に還る』大正13、『亜細亜主義』大正15、etc.）
- 受け手・読者
reading publicの拡大
　　大正9　　**新大学令**による私立大学認可で大学生倍増し、2万余名に。
　　大正15　　私立大学生だけで3万名、全5万名の大学生。
　学生運動や労働運動の興起に伴う「**思想**」や「**政治**」（「国家政治」にあらざる「社会政治」）への関心　　（cf. 明治末年の「高等遊民」化と脱政治化＝私化）
- 媒体・雑誌
商業主義化・マスプロ化の進展　esp. 大震災後　（大都市中心に大衆社会化状況）

飯田泰三（いいだ・たいぞう）

1943年生。東京大学大学院法学政治学研究科博士課程修了。法政大学名誉教授、島根県立大学名誉教授。日本政治思想史専攻。著書に『批判精神の航跡――近代日本精神史の一稜線』（筑摩書房、1997年）、『戦後精神の光芒――丸山眞男と藤田省三を読むために』（みすず書房、2006年）、『大正知識人の思想風景――「自我」と「社会」の発見とそのゆくえ』（法政大学出版局、2017年）。編書に『北東アジアの地域交流――古代から現代、そして未来へ』（国際書院、2015年）。共編書に『長谷川如是閑集』（1989–90年）、『吉野作造選集』（1995–96年）、『丸山眞男集』（1995–2015年）、『福澤諭吉書簡集』（2001–03年、以上、岩波書店）、『藤田省三著作集』（みすず書房、1997–98年）、『丸山眞男講義録』（東京大学出版会、1998–2000年）、『転形期における中国と日本――その苦悩と展望』（国際書院、2012年）。監修書に朴忠錫『韓国政治思想史』（法政大学出版局、2016年）ほか。

近代日本思想史大概

2024年11月15日　初版第1刷発行
2025年 2 月20日　　第2刷発行

著　者　飯田泰三
発行所　一般財団法人　法政大学出版局
〒102-0071 東京都千代田区富士見2-17-1
電話03(5214)5540　振替00160-6-95814
組版：HUP　印刷：日経印刷　製本：誠製本

Printed in Japan
ISBN978-4-588-62545-9